最新现代高等物流教育系列

# 李严锋

管理学博士，云南财经大学教授，云南经济管理学院现代供应链研究院院长和特聘教授，教育部"银龄计划"教授（滇西应用技术大学）。兼任中国物流学会副会长，教育部全国物流管理与工程类专业教学指导委员会委员（2006—2018）；云南省教学名师，云南省中青年学术和技术带头人，国家重点研发计划和国家社科基金项目评审专家。主持完成国家科技支撑计划、国家社科基金项目和教育部人文社科规划项目等40余项纵横向项目，发表论文200余篇。

# 刘胜春

管理学博士，教授，云南财经大学硕士生导师。长期从事电子商务与物流管理教学与科学研究工作，因病不幸于2020年逝世。

最新现代高等物流教育系列

Logistics

# 第三方物流

## THIRD PARTY LOGISTICS

（第五版）

李严锋 刘胜春 主编

东北财经大学出版社 大连
Dongbei University of Finance & Economics Press

**图书在版编目（CIP）数据**

第三方物流 / 李严锋，刘胜春主编. —5版. —大连：东北财经大学出版社，2022.3（2024.1重印）

（最新现代高等物流教育系列）

ISBN 978-7-5654-4479-1

Ⅰ．第… Ⅱ．①李…②刘… Ⅲ．第三方物流-高等学校-教材 Ⅳ．F253

中国版本图书馆CIP数据核字（2022）第039211号

东北财经大学出版社出版

（大连市黑石礁尖山街217号　邮政编码　116025）

网　　址：http：//www.dufep.cn

读者信箱：dufep@dufe.edu.cn

大连天骄彩色印刷有限公司印刷　　东北财经大学出版社发行

幅面尺寸：185mm×260mm　字数：441千字　印张：18.75　插页：1

2022年3月第5版　　　　　　　　2024年1月第3次印刷

责任编辑：郭　洁　石建华　刘贤恩　　　　责任校对：喜乐多

封面设计：张智波　　　　　　　　　　　版式设计：原　皓

定价：47.00元

# 第五版前言

我国现代物流是与改革开放进程同步发展的，特别是党的十八大以来，国家高度重视现代物流，在国家高度和发展全局上做出了部署。从颁布《物流业发展中长期规划》，到党的十九大报告提出加强"现代供应链、物流等基础设施网络建设"，再到党的二十大报告明确了建设"中国式现代化"，"建设高效顺畅的流通体系，降低物流成本"的目标任务，我国现代物流实现了历史性变革，取得了举世瞩目的成就，为增强综合国力和增进民生福祉，全面建成小康社会做出了卓越贡献。特别是在极不平凡的2020—2022年统筹疫情防控和经济社会发展工作中，现代物流的地位和作用得到了充分体现。

目前，"十四五"规划以及2035年远景目标蓝图徐徐展开，二十大报告精神深入人心，党和国家谋划了发展战略、明确了发展方向，我国正从"物流大国"迈向建设"物流强国"的新征程。

物流业高质量发展和向物流强国的转型发展带来了对物流人才的更高要求，我国物流教育呈现出飞速发展态势，开设物流专业本科院校从2001年的1所（北京物资学院），发展到2023年的742所（其中设置物流管理专业523所，物流工程专业139所，供应链管理专业74所，采购管理专业6所），111个物流类专业入选国家级一流专业建设点，高职高专超过1 000所，大多数开设了"第三方物流"课程。截至2022年年末，我国物流从业人员超过5 500万人，他们也迫切需要学习第三方物流管理理论知识，提升物流管理能力。

本书自2005年出版第1版以来，历经19年修订重印，见证了中国物流业特别是第三方物流发展的波澜壮阔的历程，当年本书中提出的"新理论""新概念"都已逐渐成熟完善，在业界得到广泛运用。随着现代物流和科学技术的飞速发展，第三方物流的理论和实践又已经并还正在发生新的变化，这也是我们对本书不断进行修订的缘由。

本次修订我们的主要工作是：

1.新的《物流术语》国家标准GB/T 18354—2021已经发布，本版对相关物流术语进行了全面更新。

2.根据国家教材委员会《习近平新时代中国特色社会主义思想进课程教材指南》精神，推进党的二十大精神进教材，将课程思政融入本书，增加相应的课程思政理论和案例，讲好中国故事，体现中国创造。

3.数据更新、资料替换。将上一版中的陈旧数据进行了更新，对存在的错漏进行了订正，对部分案例进行了更换，体现出第三方物流业发展的时代特征。

4.对原书过于累赘和冗余的内容进行了凝练，突出了知识点、技能点和态度点。

5.运用"大数据"及"互联网+"在第三方物流领域的最新研究及实践成果，将科学技术与管理理论进行了有机结合。

　　本版仍保持了12章的篇幅。由于本书主编之一的云南财经大学商学院刘胜春教授2020年因病不幸离世，本版由原书的另一位主编——中国物流学会兼职副会长、云南财经大学李严锋教授主持修订（第1、2章和全书统稿），云南经济管理学院王元十教授（第3、4章）、单维霞副教授（第5、6章）、张竞匀（第7、8章）、陈倩（第9、10章）、杨一达副教授（第11、12章）以及云南财经大学张焰副研究员参与了本版的修订工作。

　　本书在编写修订过程中参考和引用了很多最新出版的书籍和论文资料，在此对这些文献的作者表示衷心感谢！对参与2~4版修订工作的老师们表示诚挚的感谢！同时还要特别感谢东北财经大学出版社的大力支持和帮助。

　　由于编者水平和经验有限、时间仓促，书中难免有不足和疏漏之处，敬请读者批评指正。

编　者

2022年1月·昆明

修改于2024年1月

其他各版次前言

# 前　言

　　进入21世纪以来，中国物流业受到了各级政府的高度重视，物流配送已经纳入到我国的第十个五年计划纲要之中，成为我国新世纪发展的重要领域。实际上，物流业一般被认为是国民经济发展的动脉和基础产业，其发展程度已经成为衡量一国现代化程度和综合国力的重要标志之一，这种观点已被我国政府采纳，并纳入战略发展纲要。

　　物流业的发展被普遍认为是企业在降低物质消耗、提高劳动生产率以外的"第三利润源泉"。现代物流业正在世界范围内广泛兴起，我国物流业刚刚起步，与发达国家相比存在很大差距，特别是第三方物流的发展更是落后。大多数物流企业目前只能提供运输、仓储等一般性服务，只有极少数企业可提供国际流行的物流网络设计、预测、订货管理、存货管理等物流服务。据统计，物流总量中通过第三方物流完成的比例分别为：美国57%、日本80%、欧盟约33%，而我国仅为18%。第三方物流在国民经济发展中的重要作用和巨大的潜在市场，已引起政府和广大企业的广泛关注，因而迅速发展起来。

　　随着中国的"入世"，中国总额巨大、年增长速度在30%以上的物流市场，竞争正在逐渐加剧，国际巨头们已经开始着手抢滩布点，国内的物流业面临与国际巨头的激烈竞争。如何借鉴国外第三方物流的成功经验和运作模式，结合中国国情，将现代管理技术和信息技术运用到这一领域，研究出第三方物流的最佳运作模式，成为物流业界乃至政府关注的焦点。

　　近几年来中国的物流业得到了迅速发展，发展物流产业、建立稳定高效的物流系统已成为中国经济的一大热点，但物流人才的奇缺却不能满足中国物流业发展的需要。根据中国物流采购联合会2003年的调研，物流人才是全国12种紧缺人才之一，物流规划人员、物流管理人员、物流研究人员、物流师资全面紧缺。"到2010年中国共需物流人才100万，而目前此类人才仅有5万，这个缺口是巨大的。因此，不光是物流专业毕业生，即使没有相关学科背景，只要足够优秀，在这个行业内也是会得到认可的。"财富500强企业TNT集团日前通过中央电视台《绝对挑战》栏目挑选新人，该集团人力资源总监沈秀金女士接受采访，介绍了目前物流业人才的需求趋势。目前全国已有47所高等院校开设了物流本科专业，70余所院校开设了物流专科专业（均为目录外），不少院校开设了物流管理相关课程。

　　本书编写的指导思想是立足现代物流管理发展的最新理论与实践成果，全面、系统地分析研究第三方物流管理的理论、思想、方法和技术，试图从新的视野重新审视第三方物流的本质，通过及时追踪国际、国内第三方物流的发展动向，揭示当代第三方物流的发展规律、特点和管理模式。书中介绍了物流外包与物流一体化的演化过程及与第三方物流的关系，对第三方物流的概念进行了总结，分析了国内外第三方物流的发展现状。书中还重点介绍了第三方物流企业的发展战略、第三方物流方案设计、第三方物流的管理、第三方物流信息系统、第三方物流的成本核算与绩效评测、第三方物流与电子商务，并对我国第三方物流产业发展进行了分析。各章均给出典型案例，力求理论与实践相结合，立足于基本理论、基本知识和基本技能的教育，着眼于运用。本书可作为普通高等学校物流管理课程的教学用书，也可供成人教育学生、企业物流管理人员和相关专业人员自学提高之用。

本书编写过程中参考了大量的相关书籍和论文，并引用了其中的有关概念和论点，由于篇幅较多，这里不一一介绍，在此对所引用书籍和论文的作者表示衷心的感谢。本书的编写和出版还要特别感谢东北财经大学出版社的大力支持和帮助。

本书由云南财贸学院商学院副院长、教授李严锋博士和刘胜春副教授担任主编。刘胜春编写了第1章、第5章、第8章，张丽娟编写了第2章、第6章、第9章，刘贡编写了第3章、第4章、第7章，杨琦编写了第10章；全书由李严锋教授总纂定稿。由于编者学识水平所限，书中不当之处在所难免，敬请读者批评指正。

李严锋

2005年11月于昆明

# 目　录

第1章　物流与第三方物流概述／1

　◆　学习目标／1

　◆　导入案例　2021"双11"购物狂欢节／1

1.1　物流的概念及其发展／1

1.2　物流的价值／3

1.3　物流一体化／5

1.4　企业业务外包与物流外包／10

1.5　第三方物流的概念与类型／15

　◆　案例分析　备战2018"双11"——苏宁的
　　　　　　　　物流策略／17

　◆　本章小结／19

　◆　关键概念／20

　◆　思考题／20

第2章　第三方物流的理论基础／21

　◆　学习目标／21

　◆　导入案例　我国第三方物流企业的
　　　　　　　　构成／21

2.1　社会分工理论／22

2.2　产权及公司治理理论／28

2.3　核心竞争力理论／31

2.4　供应链管理理论／34

　◆　案例分析　"德邦物流"的物流
　　　　　　　　一体化及发展／36

　◆　本章小结／38

　◆　关键概念／38

　◆　思考题／39

第3章　第三方物流的类型与作用／40

　◆　学习目标／40

　◆　导入案例　希腊邮政使用中国微型机器人
　　　　　　　　进行邮件分拣／40

3.1　第三方物流的价值创造／41

3.2　消费服务型第三方物流／46

3.3　生产服务型第三方物流／49

3.4　电商服务型第三方物流／54

　◆　案例分析　开启"互联网+物流"新时代
　　　　　　　　助力物流行业加速跑／61

　◆　本章小结／63

　◆　关键概念／64

　◆　思考题／64

第4章　第三方物流战略规划／65

　◆　学习目标／65

　◆　导入案例　专业化重组又下一城 物流
　　　　　　　　"国家队"来了／65

4.1　第三方物流战略概述／66

4.2　第三方物流战略分析／71

4.3　第三方物流的发展战略／76

4.4　第三方物流的经营战略／79

　◆　案例分析　中国物流企业的
　　　　　　　　国际化／84

　◆　本章小结／85

　◆　关键概念／86

　◆　思考题／86

第5章　第三方物流服务方案／87

　◆　学习目标／87

　◆　导入案例　宝象智慧供应链云平台的
　　　　　　　　仓配一体服务／87

5.1　第三方物流的组织架构／88

5.2　第三方物流的服务内容／94

5.3　客户物流需求分析／101

5.4　物流服务方案的设计／103

　◆　案例分析　××物流有限公司第三方物流
　　　　　　　　服务方案／111

◇ 本章小结／114

◇ 关键概念／115

◇ 思考题／115

**第6章　第三方物流职能管理／116**

◇ 学习目标／116

◇ 导入案例　中老铁路开通 助力物流
服务业发展／116

6.1　第三方物流运输管理／117

6.2　第三方物流仓储与配送管理／122

6.3　第三方物流装卸搬运与
流通加工管理／131

6.4　物流服务项目监控／135

◇ 案例分析　日日顺物流／139

◇ 本章小结／141

◇ 关键概念／142

◇ 思考题／142

**第7章　第三方物流服务合同／143**

◇ 学习目标／143

◇ 导入案例　仓储运输合同纠纷／143

7.1　第三方物流服务合同概述／144

7.2　第三方物流服务合同设计／145

7.3　我国《民法典》（合同编）中有关
第三方物流合同的条款／152

7.4　第三方物流合同范本／157

◇ 案例分析　运输合同纠纷案／162

◇ 本章小结／163

◇ 关键概念／163

◇ 思考题／163

**第8章　第三方物流的电商服务／164**

◇ 学习目标／164

◇ 导入案例　菜鸟收购点我达：搭建
智能物流骨干网／164

8.1　电子商务企业的物流需求／165

8.2　电子商务物流系统／171

8.3　第三方物流的信息化策略及
电子商务策略／179

8.4　第三方物流的电子商务运营／184

◇ 案例分析　京东物流"6·18"运营
举措／189

◇ 本章小结／190

◇ 关键概念／191

◇ 思考题／191

**第9章　第三方物流绩效管理／192**

◇ 学习目标／192

◇ 导入案例　李宁公司第三方物流
绩效管理／192

9.1　第三方物流绩效管理概述／193

9.2　关键绩效指标／196

9.3　平衡计分卡／202

9.4　标杆法／208

◇ 案例分析　UPS（DL）的平衡计分卡／210

◇ 本章小结／213

◇ 关键概念／213

◇ 思考题／213

**第10章　第四方物流概述／214**

◇ 学习目标／214

◇ 导入案例　"宝供"的物流服务模式／214

10.1　第四方物流的概念及成因／215

10.2　第四方物流服务的内容／220

10.3　第四方物流的特点与运作模式／228

10.4　第四方物流企业的组织模式／234

◇ 案例分析　传化智联："第一方"到
"第四方"的跨越／236

◇ 本章小结／238

◇ 关键概念／239

◇ 思考题／239

**第11章　第四方物流的服务与运作／240**

◇ 学习目标／240

◇ 导入案例　优衣库的供应链管理秘诀
是什么？／240

11.1　第四方物流服务——流程改善
工具／242

11.2　第四方物流服务——供应链驱动
策略／248

11.3 第四方物流服务——供应链库存
策略／250
11.4 第四方物流服务——供应链管理
工具／255
◆ 案例分析 飞马国际:探索互联网+大宗
商品供应链服务之路／262
◆ 本章小结／264
◆ 关键概念／265
◆ 思考题／265
第12章 第五方物流／266
◆ 学习目标／266

◆ 导入案例 未来供应链管理的几个
趋势／266
12.1 第五方物流概述／268
12.2 第五方物流服务中的信息流／273
12.3 第五方物流信息平台／277
◆ 案例分析 "物联网+区块链"实现
货物运输透明／283
◆ 本章小结／284
◆ 关键概念／285
◆ 思考题／285

主要参考文献／286

# 第1章

## 物流与第三方物流概述

### 💧 学习目标

现代企业管理理论中把实物流动的部分称为物流，并将其与所有权的转移（商流）、资金的流动（资金流）和信息的流动（信息流）称为商品流通的四大要素。虽然自人类社会出现商品就开始有了物流活动，然而现代激烈的商业贸易竞争又赋予了古老的物流活动新的含义：系统化、一体化的物流成为现代物流的典型特征。通过本章的学习，我们将了解到与第三方物流密切相关的现代物流、物流外包的基本概念，学习作为第三方物流发展前提的物流一体化的提出及其概念；同时也能够熟练掌握第三方物流的不同定义、其具有的类型和形式，以及第三方物流服务的作用，了解发达国家第三方物流的发展状况和特点。

### 💧 导入案例

**2021"双11"购物狂欢节**

2021年"双11"购物活动，是该活动举办以来的第十三次活动。数据显示，2021年的"双11"全网交易额为9 651.2亿元，同比增长12.22%，比2018年增长207%，接近突破万亿大关，再次刷新纪录。从交易份额来看，两大头部平台交易额占全网交易额的92.15%，即淘宝、京东的交易份额占比分别为57.8%、27.1%。2021年的"双11"，消费者不用再熬夜，两波预售时间提前了，包裹数量被分流，但丝毫没影响快件的"爆仓"。由于2021年电商平台促销模式和节奏发生了变化，整个促销期内快递业务量从"单高峰"变为了"双高峰"，其中第一个高峰出现在11月1日，当日全国共揽收快递包裹5.69亿件，同比增长了28.5%，是2021年前9个月日均业务量的1倍以上；第二个高峰出现在11月11日，当天全国共揽收快递包裹6.96亿件，稳中有升，再创历史新高。

（根据国家邮政局监测数据、中商情报网等的公开资料整理）

案例思考：

（1）伴随着网络营销的发展，"双11"这样的大型购物狂欢节所带来的巨额订单该如何处理？

（2）"双11"淘宝、京东是如何实现发货的？它们的营销模式分别是什么？各有何利弊？

（3）面对庞大的物流订单，物流公司该如何运营来保障"双11"包裹的运输？快递公司、运输公司、仓储管理公司的本质属性有何异同？它们和第三方物流是什么关系？

## 1.1　物流的概念及其发展

### 1.1.1　物流概念的来源和发展

中文的"物流"，源自日语中对英文"Physical Distribution"一词的翻译，其实，当我国引入"物流"这个词的时候，物流的内涵已经发生了改变。

作为原意的"物流"，Physical Distribution 最早出现在美国。1915年阿奇·萧在《市场流通中的若干问题》一书中就提到过它，并指出"物流是与创造需求不同的一个问题"。因为在20世纪初西方一些国家出现了生产大量过剩、需求严重不足的经济危机，企业因此提出了销售和物流的问题，此时的物流指的是销售过程中的物流。

第二次世界大战（以下简称"二战"）中，围绕战争供应，美国军队建立了"后勤"（Logistics）理论，并将其用于战争活动。此时提出的"后勤"是指将战时的物资生产、采购、运输、配给等活动作为一个整体进行统一布置，以求战略物资补给的费用更低、速度更快、服务更好。后来"后勤"一词在企业中广泛应用，又出现了商业后勤、流通后勤的提法，这时的后勤包含了生产过程和流通过程的物流，因而是一个范围更加广泛的物流概念。因此，物流概念从1915年被提出（Physical Distribution），经过70多年的时间才有定论（Logistics），现在欧美国家把物流称作 Logistics 的多于称作 Physical Distribution 的。Logistics 既包含生产领域的原材料采购、生产过程中的物料搬运，也包含厂内物流和流通物流或销售物流（Physical Distribution），可见其外延更为广泛。

物流的概念主要通过两条途径传入我国：一是在20世纪80年代初随"市场营销"理论的引入而传入的，因为在欧美的所有市场营销教科书中，都毫无例外地要介绍"Physical Distribution"，这两个单词直译为中文即为"实体分配"或"实物流通"。所谓"实体分配"指的就是商品实体从供给者向需求者进行的物理性移动。另一条途径是"Physical Distribution"从欧美传入日本，日本人将其译为日文"物流"，20世纪80年代初，我国从日本直接引入"物流"这一概念。

在物流概念传入我国之前，我国实际上一直存在着物流活动，即运输、保管、包装、装卸、流通加工等物流活动，其中主要是存储运输即储运活动。我国的物流业基本上就是国外的储运业，但两者并不完全相同，主要差别在于：

（1）物流比储运所包含的内容更广泛，一般认为物流包括运输、保管、配送、包装、装卸、流通加工及相关信息活动，而储运仅指储存和运输两个环节，虽然其中也涉及包装、装卸、流通加工及信息活动，但这些活动并不包含在储运概念之中。

（2）物流强调诸活动的系统化，从而达到整个物流活动的整体最优化，储运概念则不涉及存储与运输及其他活动整体的系统化和最优化问题。

（3）物流是一个现代的概念，在二战后才在各国兴起，而我国的储运则是一个十分古老、传统的概念。

### 1.1.2　物流的基本概念

现代物流作为一种先进的组织方式和管理技术，被广泛认为是企业在降低物资消耗、提高劳动生产率以外重要的第三利润源泉。

关于物流的概念有很多类似但又不尽相同的定义，例如：

最早由美国物流管理委员会（National Council of Physical Distribution Management, NCPDM）给物流所下的定义是：作为客户生产过程中供应环节的一部分，它的实施及控制提供了有效的、经济的货物流动及存储服务，提供了从货物原始地到消费地的相关信息，以期满足客户需求。其核心在于生产物流中的供应部分。1985年，NCPDM更名为美国物流管理协会（Council of Logistics Management，CLM），其将物流定义为：是为满足消费者需求而进行的对原材料、中间库存、最终产品及相关信息从起始点到消费地的有效流动，以及为实现这一流动而进行的计划、管理和控制过程。将物流从生产领域扩展到了整个供应链。1992年又将该定义修订为：物流是有计划地将原材料、半成品及产成品由生产地送到消费地的所有流通活动。其内容包括为用户服务、需求预测、情报信息联系、材料搬运、订单处理、选址、采购、包装、运输、装卸、废料处理及仓库管理等。在原来定义的基础上大大扩展了物流的外延和内涵，既包括生产物流，也包括服务物流。1998年再次修订该定义，将物流明确为供应链管理的一部分，"是为了满足客户需求而对商品、服务及相关信息从原产地到消费地的高效率、高效益的正向与逆向的流动及储存而进行的计划、实施与控制过程"。

日本通商产业省运输综合研究所的定义是，物流是产品从卖方到买方的全部转移过程。为了全面实现某一战略、目标或任务，把运输、供应仓储、维护、采购、承包和自动化综合成一个单一的功能，以确保每个环节的最优化。

我国台湾地区物流协会的定义是，物流是一种物的实体流通活动，在流通过程中，透过管理程序有效结合运输、仓储、装卸、包装、流通加工、资讯等相关物流职能性活动，以创造价值，满足顾客及社会需求。简单地说，物流是物品从生产地至消费者或使用地的整个流通过程。

根据2021年颁布的中华人民共和国国家标准《物流术语》（GB/T 18354—2021），物流（Logistics）被定义为：物品从供应地向接收地的实体流动过程。根据实际需要，将运输、储存、装卸、搬运、包装、流通加工、配送、信息处理等基本功能实施有机结合。

## 1.2　物流的价值

物流不创造价值，却可以实现价值增值，所创造的主要价值增值包括时间价值、场所价值和加工附加价值。参见表1-1。

1.时间价值

"物"从供给者到需要者之间有一段时间差，因为改变这一时间差所创造的价值增值称为"时间价值"。时间价值通过物流获得的形式有以下几种：

（1）缩短时间创造价值增值。缩短物流时间，可获得多方面的好处，像是采取技术的、管理的、系统的方法减少物流损失，降低物流消耗，加速物的周转，节约资金、提升客户满意度等。例如，物流中的高速自动分拣技术缩短了物流中心的入库出库时间，快递实现了物品配送的快速响应，智能化物流系统缩短了生产物流时间从而提高了劳动生产率等。

表1-1　　　　　　　　　　　　　物流的价值体系

| 物流价值 | 主要体现 | 主要特点 |
| --- | --- | --- |
| 时间价值 | 缩短时间 | 加速物的周转，节约资金，提高客户满意度 |
| | 时间差 | 以科学系统的方法来改变供给和需求的时间差 |
| | 延长时间 | 通过物料储备时间的延迟来产生价值增值 |
| 场所价值 | 集中生产场所流入分散需求场所 | 通过物流将产品从集中生产的低价位区转移到分散于各处的高价位区可以获得很高的利润 |
| | 分散生产场所流入集中需求场所 | 物流园区、物流中心、物流节点等物流产业聚集产生的价值增值 |
| | 生产的甲地流入需求的乙地 | 供给与需求空间差都是靠物流来调节的，物流也从中获得了利益 |
| 附加价值 | 流通加工 | 如钢材物流中对钢材进行剪切、加工、配送，提高经济效益 |
| | 第三方物流 | 发挥专业化作用降低运作成本，增强竞争力，促进社会化分工 |
| | 第四方物流 | 提供全程物流服务，发挥资源效率，提升客户体验 |
| | 第五方物流 | 专业的物流信息服务、智慧物流服务、虚拟物流服务、人才培训等 |
| | 物流金融 | 运用金融工具使物流价值增值的融资和结算服务 |
| | 供应链管理 | 通过供应链最优化使产品低成本、高效率到达用户 |

（2）弥补时间差创造价值增值。经济社会中，需求和供给普遍地存在着时间性差异。例如，粮食生产有严格的季节性和周期性，这就决定了粮食的集中产出，但是人们的粮食消费是一年365天天天有所需求的，因而供给和需求之间就出现了时间差。物流便是以科学的系统方法来弥补（或改变）这种时间差，实现"时间价值"。

（3）延长时间差创造价值增值。在某些具体实践中也存在人为地、能动地延长物流时间来创造价值增值的情况。例如，未来市场价格预期上涨的生产资料的存储便是一种有意识地延长物流时间来创造价值增值的活动。仓库的重要价值之一就是通过物料储备的时间延迟来产生价值增值，如当国际大宗商品由于某种突发因素出现价格暴跌时，进行低位收储，就可能获得非常高的价值增值。

2.场所价值

"物"从供给者到需求者之间有一段空间差异。供给者和需求者之间往往处于不同的场所，因为改变这一场所的差别创造的价值增值被称作"场所价值"。物流创造场所价值是由现代社会产业结构、社会分工和价值规律所决定的，主要原因是供给和需求之间的空间差，商品在不同的地理位置有不同的价值，通过物流将商品由低价值区转移到高价值区，便可获得价值差，即"场所价值"。场所价值有以下几种具体形式：

（1）从集中生产场所流入分散需求场所创造价值增值。现代化大生产的特点之一就是通过集中的、大规模的生产来提高生产效率、降低成本。通过物流将产品从集中生产的低价位区转移到分散于各处的高价位区有时可以获得很高的利润。例如，现代生产中钢铁、水泥、煤炭等原材料的生产往往大规模地聚集在一个地区，需通过物流方式流入分散的需求地区，物流的"场所价值"也依此决定。

（2）从分散生产场所流入集中需求场所创造价值增值。这是一种与上面正好相反的情况，在现代社会中也不少见。例如，粮食是分散生产出来的，而一个大城市的需求却是大规模集中的；一个大汽车厂的零配件生产也分布得非常广，但却集中在一个大厂中装配……这些都形成了分散生产和集中需求，物流便因此取得了场所价值。

（3）从生产的甲地流入需求的乙地创造价值增值。现代社会中供应与需求的空间差比比皆是，十分普遍，除了大生产所决定的之外，有不少是由自然地理和社会发展因素决定的。例如，农村生产粮食、蔬菜与城市消费不在同一地点，南方生产荔枝、北方生产高粱与各地消费不在同一地点等。复杂交错的供给与需求空间差都是靠物流来调节的，物流也从中获得了利益。

**3.加工附加价值**

物流可以根据客户需要提供各种延伸业务活动，即为客户提供其他服务性的物流增值项目，如流通加工、第三方物流、第四方物流、第五方物流、物流金融、供应链管理等等。

以流通加工为例，物流可以创造加工附加价值。加工是生产领域常用的手段，并不是物流的本来职能。但是，现代物流的一个重要特点，是根据自己的优势从事一定补充性的加工活动，这种加工活动不是创造商品的主要实体、形成商品主要功能和使用价值，而是带有完善、补充、增加产品需求便利性的特点，这种活动必然会形成劳动对象的附加价值。例如，某些企业在钢材物流中对钢材进行剪切、加工、配送，因而获得了六倍以上的经济效益；某地将茉莉花加入到云南的普洱茶，成为中国最大的茉莉花茶生产基地等。

## 1.3 物流一体化

### 1.3.1 物流一体化及其发展

物流一体化（Logistics Integration）指不同职能部门之间或不同企业之间通过物流活动的合作，达到提高物流效率、降低物流成本的效果。

美国物流学专家Jammes M.Master和Terrance L.Pohlen认为，物流一体化经历了职能管理阶段、内部物流一体化阶段、外部一体化阶段。Bernald J.Lalonde认为，物流一体化经历了产品分销阶段、内部物流一体化阶段和外部一体化三个阶段。也有学者认为物流一体化分为物流自身一体化、微观物流一体化和宏观物流一体化三个层次。在这里，我们将物流一体化的发展分为产品分销一体化、物流职能一体化、内部一体化和外部一体化四个阶段。参见表1-2。

表1-2                                物流一体化的发展阶段

| 20世纪 | 发展阶段 | 主要特征 |
| --- | --- | --- |
| 60年代 | 产品分销一体化阶段 | 运输、仓储、库存管理、搬运和订单处理、顾客服务等活动实现了协同管理 |
| 70年代 | 物流职能一体化阶段 | 建立整合的物流部门，全面负责运输、储存、产成品及生产物料的搬运 |
| 80年代 | 内部一体化阶段 | 物流职能与其他职能（如生产、营销等）紧密协作，实现了企业内部系统的一体化 |
| 90年代后 | 外部一体化阶段 | 物流外包和与外部企业缔结战略联盟 |

**1. 产品分销一体化阶段**

20世纪60年代以前，物流成本主要集中在成品库存上（成品库存一般占库存资产的40%）。20世纪60年代，人们认识到分销服务质量对销售额、市场占有率和长期顾客忠诚度有着巨大影响，分销也因此能在平衡表中的成本和收入两方面影响公司的获利能力。新的分销部门开始通过订单处理、仓储和交货作业的密切协作开发明晰的顾客服务战略。所以，产品分销一体化成为物流发展的第一个阶段。在这一阶段，企业实现了对与成品有关的运输、仓储、库存管理、搬运和订单处理、顾客服务等活动的协同管理。产品分销的一体化使企业能够充分利用各项合作，通过建立分销组合，以最低成本满足顾客需求。在设计一体化分销系统时，企业着力于在不同活动成本之间实现最优化权衡。也就是说，以最低的产品分销成本，既提高顾客服务水平，又最大化地赚取利润。

**2. 物流职能一体化阶段**

随着产品分销活动一体化管理成效的显现，运输材料、部件和装配件的有关物流活动也被整合，通常被称为物料管理。到20世纪70年代末，许多企业开始建立整合的物流部门，全面负责运输、储存、产成品及生产物料的搬运。这有助于企业利用高水平协同，在运入与运出物流中分享物流资产，在整个经营中一致地运用物流原理。

**3. 内部一体化阶段**

到了20世纪80年代，美国企业又设法将物流职能与其他职能（如生产、营销等）紧密结合起来，实现了企业内部系统的一体化（以往，许多企业在生产、采购、营销、物流、销售等具体职能部门建立了"垂直"结构，各有自己的目标和预算；而管理者通常都以自身部门的利益为重，忽视整个企业的获利能力）。在这种情况下，由于与其他多数职能部门可以相互作用，物流就成了各部门交叉职能协调的工具、沟通与联络的纽带，以及获得更好系统业绩的有效途径。

**4. 外部一体化阶段**

上述三个阶段的物流一体化均是基于单个企业自身的物流管理。20世纪90年代后，竞争日益激烈，此时，如果供应链上的所有企业各自优化它们的物流活动，跨越供应链的产品流就很难达到优化目的。为了实现供应链的优化，链上不同层次的企业需要合作经营，这就促使企业整合外部资源，以实现外部的供应链一体化物流。供应链企业之间更为开放的信息交流和物流活动的密切合作，使得跨企业的整个供应链库存大大降低，而且实现了交通装载量的最大化、空载运行的最低化、各种运输方式之间搭配的最优化以及搬运系统的标准化。

外部一体化的具体表现形式为物流外包和与外部企业缔结战略联盟。

（1）物流外包

物流外包是指从外部购买物流服务，而不是自己从事物流业务或建立子公司。像其他结构变更一样，物流外包也是战略再造的结果。美国IDC公司21世纪初期进行的一项供应链和物流管理服务的研究就预测全球物流业务外包会在2000—2006年年均增长17%，而至2006年市场外包业务总额已达3 087亿美元。美国第三方物流（Third-Party Logistics，3PL）市场在2016年再次显示扩张，物流外包支出同比2015年增长了3.6%，达到1 668亿美元。

（2）与外部企业缔结战略联盟

这是指核心企业打破供应链伙伴之间传统的交易关系，积极寻求与供应商、分销商、顾客等供应链外部参与者的合作或联盟，以广泛的团队，通过共担风险、共享收益、共享信息、共同完成长期目标，实现对顾客需求的快速反应及整条供应链总利润的最大化。例如，三菱汽车制造商通过与GATX缔结战略联盟，不仅大大提高了物流效率（即使在冬天恶劣的天气下GATX仍能保证三菱装配线连续不断地运转），还大大降低了物流成本。

### 1.3.2　物流一体化的成因

#### 1.产品分销一体化

由于成品占库存资产的比重大，产品分销会直接影响顾客的期望和行为。另外，对成品的管理既可以强化重要物流过程的管理，又不会影响到生产过程或其他成本中心，再加上产品分销管理本身就是企业管理的难点：一方面，如果武断地减少仓库的数量、降低库存，而没有运输系统的配合，就会带来顾客服务水平的降低；另一方面，分销中发生的成本费用是产品总成本的50%，运输费用、库存保管费占据绝大部分比例。因此，要降低分销成本，就必须将运输、库存等分销活动纳入一体化管理，通盘考虑。

#### 2.职能一体化

在物流职能实现一体化以前，整个企业的物流活动被分散在不同部门，而各部门有各自追求的目标，这些目标往往相互冲突，难以统一，如表1-3所示。

为了克服部门间的目标（利益）冲突，企业就会倾向于将物流活动集成在一个部门（诸如物流部）来完成，对物流进行统一运作与管理。

一方面，物流系统的构成要素既相互联系又相互制约，其中一个要素的变化会影响到其他要素相应地发生变化，如运输越集成包装越简单，而杂货运输对包装的要求却很严格。再者，商品储存数量和仓库地点的改变，会影响到运输次数、运输距离甚至运输方式的改变等等。因此，只有对系统的各功能进行统一管理，才能更有效地提高整个系统的运作效率。另一方面，物流各项成本间存在交替损益关系，如图1-1所示。

表1-3                            分项物流管理的目标冲突

| | 企业经营目标 | | |
|---|---|---|---|
| | 营销 | 生产 | 财务 |
| 责任 | 销售服务 | 制造 | 信息系统/预算 |
| | 分销渠道管理 | 供应/仓储 | 预算 |
| | 退换货与保修 | 运输 | 库存 |
| 部门目标 | 大量库存 | | 少量库存 |
| | 小批量、多品种 | 大批量、少品种 | |
| | 分散仓储 | 厂房仓储 | 集中仓储 |
| | 快速订单处理 | | 廉价订单处理 |
| | 宽松的退换货政策 | | 严格的退换货政策 |
| | 快速运输 | | 低成本运输 |

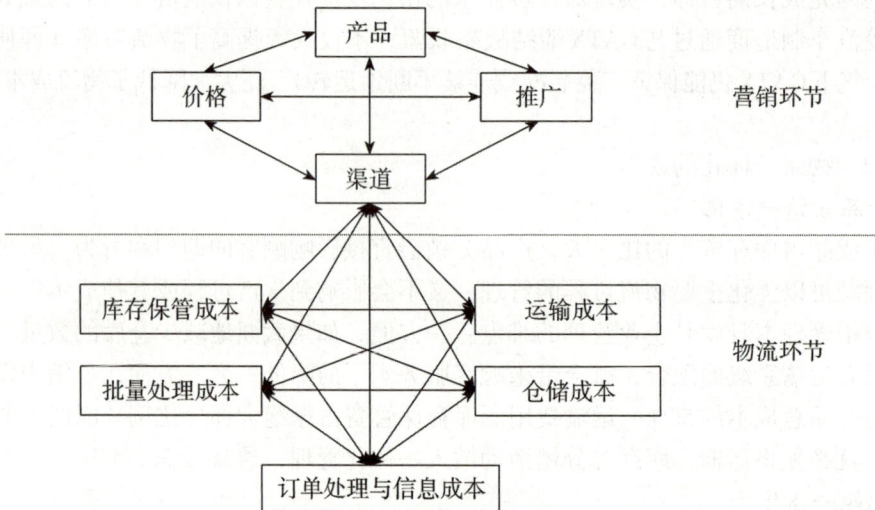

图1-1　物流成本的交替损益关系

一般说来，物流成本由六个要素构成：顾客服务水平成本、库存保管成本、仓储成本、运输成本、批量处理成本、订单处理与信息成本。

这里，顾客服务水平成本主要指丧失销售收入的成本，包括实际的以及潜在的丧失销售收入所带来的成本。然而，实践中，由于顾客服务水平成本难以正确度量，因此，物流管理的目标是在既定的顾客服务水平下，降低其余五项成本之和，即：

总成本（TLC）=库存保管成本+仓储成本+运输成本+批量处理成本+订单处理与信息成本

因此，如果采用分项物流管理，各个部门追求自身的"最优化"，势必会影响到整个系统的优化。只有通过一体化物流管理的方式，把相关的物流成本放在一起考虑，才能在既定的顾客服务水平下实现整个系统的最优化，实现最低总成本物流。

3.内部一体化

在激烈的市场竞争中，要提高企业的竞争力，仅仅实现职能一体化还远远不够。因为，不仅物流的内部职能存在着交替损益关系，物流与生产、营销等不同职能部门间也存在着交替损益关系。如果不将物流纳入到企业总体战略中，顾客服务水平就会受到总体战略的限制，物流的潜力也难以发挥。

（1）顺畅的物流是高效生产的基础保障

生产和物流的一体化是指企业内部生产与物流职能不单纯考虑部门利益，而是着眼于企业的整体利益，相互协调、密切合作，淡化职能界限，借助现代信息技术和信息共享手段，使得生产的前、中、后三个不同阶段都能实现无缝衔接，达到企业总体经营成本最小化、生产周期缩短、顾客满意度提高、市场竞争力增强的目的。

（2）内部一体化有效降低物流总成本

由于生产与物流之间存在着交替损益关系，如果不实行一体化，物流和生产部门都会追求部门利益而使整个企业的利益受损失。如果没有一体化管理，企业就不能从整个企业利益的角度安排生产计划和物流计划，不能保证物流与生产的无缝隙衔接，更谈不上降低产品的交付成本和提高顾客服务水平。只有一体化管理才能使整个企业在既定的顾客服务水平的前提下真正实现总成本最小化。

（3）物流与营销密不可分

物流与营销的一体化与良好的分销服务绩效密切相关。物流与营销一体化可以大大地缩短订货周期，提高顾客价值和顾客服务水平。企业在向顾客交付产品的过程中，是否具有持之以恒地满足顾客的交货日期和数量要求的能力，能否对主要顾客的需求做出快速反应，能否与顾客更好地沟通，如交货延迟或产品短缺时能否预先、及时地通知顾客等等，都会影响到顾客服务水平和营销效果。共同明确责任，共享观点、信息和资源，并组成一个团队，为解决经营问题一起工作，这种协调性的营销和物流间的跨部门关系有助于企业提供优质的顾客服务。

（4）内部职能的统一协调管理才能提高企业运作效率

只有企业实施一体化管理，才能更好地消除生产、物流、营销等不同职能部门间的利益冲突，依次做出更好的、协调的生产计划、物流计划和分销计划，实现分销、物流和生产的协同运作，打破传统的来自生产部门和销售部门的限制和束缚，不断发挥物流的潜力，进而真正实现物流总成本最小化，不断挖掘第三利润源泉，提高顾客服务水平，从而提高企业的竞争力。

4.外部一体化的成因

（1）增强企业的柔性和敏捷性

物流过程的管理需要大量的不同资源和活动，而且多数企业在物流经营领域没有核心能力，通过物流业务外包或与外部企业缔结战略联盟，企业不仅可以因甩掉了包袱而"瘦身"，而且因为专注于市场和产品的研发与生产，有助于灵敏地对市场需求做出快速反应，更好地满足顾客日益多样化和个性化的消费需求。

（2）降低整个供应链的成本，提高竞争力

内部一体化只能实现厂商内部的最优化。很显然，供应链上的所有企业都各自孤立地优化它们的物流活动，跨越供应链的物流很难达到优化。就物流成本来说，运输成本和库存保管成本在物流成本中占据绝大部分比例。如果仅仅实行内部一体化，由于没有与供应商和分销商实现一体化管理，供应商或分销商往往保有大量原材料或产成品库存，这些库存保管成本归根到底都要转嫁给最终消费者，这种成本的转移并不能提高企业的竞争力。因此，要真正做到减少甚至消除原材料和产成品库存，降低交付成本，就必须与上游供应商和下游分销商合作，进行统一管理、统一行动。

（3）强化供应链核心竞争力，扩大企业竞争优势

核心竞争力被认为是企业借以在市场竞争中取得并扩大优势的决定性力量。任何企业所拥有的资源都是有限的，它不可能在所有的业务领域都获得竞争优势。有的企业具有核心技术能力、核心制造能力，却不具备核心营销能力、核心组织协调管理能力和进行企业战略管理的核心能力。20世纪90年代以来，企业纷纷将有限的资源集中在核心业务上，强化自身的核心能力，而将自身不具备核心能力的业务通过外包或战略联盟等形式交由外部组织承担。通过与外部组织共享信息、共担风险、共享收益，整合集成供应链的核心竞争力，赢得并扩大企业的竞争优势。

## 1.4 企业业务外包与物流外包

### 1.4.1 企业业务外包的概念

企业业务外包（Outsourcing）是指企业运用合同形式，充分利用企业的外部资源的一种新型管理方法。事实上，从广义上来讲，"管理/项目咨询""外派人员""来料加工（贴牌生产）/对外承包"等传统的经营手段也是业务外包的表现形式，这样，企业业务外包就可以定义为所有利用外部资源完成企业内部职能目标的业务形态。而我们这里所讲的义务外包则是根据业务外包提供方对业务参与的程度来定义的。这种通过外包服务提供商对业务的参与程度来定义业务外包的方法也被称为"花田模型"。其定义方法如图1-2所示。

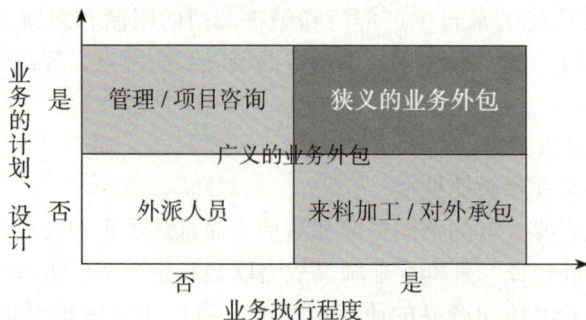

图1-2　花田模型

　　企业基于将自己的一部分业务委托给其他企业而将自身的资源专注于核心业务的管理思想，在经营管理中大量采取业务外包方式的经营手法，作为一种新型的管理模式，从20世纪80年代开始在美国出现以来，在日本以及欧洲的发达国家得到了广泛的认可和应用。

　　在现代美国企业中，几乎所有的商务部门业务都可以作为外包的对象。采用了各种形式的业务外包的企业已经占到全部企业的80%以上，提供外包服务已经形成了一个巨大的产业。随着经济全球化的进一步推进，为了强化企业的竞争力，业务外包这种新型的企业管理战略，将会被更多的企业所认可和采用。

### 1.4.2　业务外包的历史和发展

#### 1.业务外包的历史

　　从20世纪60年代开始，在欧美等地的发达国家中，随着信息系统开始进入到企业的管理部门，对电脑设备的大量投资和运营费用大幅上升，给企业带来了巨大的负担和压力。看到了这个问题的罗斯·佩罗（Ross Perot）便开始了其基于委托计算和委托软件开发的服务，在美国成立了被称为首家业务外包提供商的EDS公司（电子数据系统公司）。EDS公司的成立被后来的管理学者认为是企业业务外包形式正式出现的标志。当时（即使到现在这个问题也没有得到根本的改变），企业信息系统的构建需要庞大的资金，整个系统的运转也伴随着大量的成本投入。加上新技术的不断出现，使企业对于设备的改造疲于应付，同时，企业中得到能熟练掌握这些尖端系统的技术人员也非常困难。对于企业面临的这类难题，如果EDS公司能够予以解决，势必会使接受其服务的企业获得巨大的帮助。于是，EDS公司将用户削减费用、提高运营效率的目标作为自己的经营项目的想法，使它本身找到了赖以生存的土壤。与此同时，企业也可以通过利用EDS公司这样的外部资源，达到实现企业经营目标的目的。这种各取所需的合作方式使服务方与被服务方两者间达成了一种战略的合作伙伴关系。

　　到了20世纪80年代，美国经历了二战后最为严重的经济低迷，在这种残酷的经营环境之下，众多的企业开始被迫考虑企业的流程重建问题（Re-Engineer）。解决管理机构的官僚主义和低效率问题成为许多企业的主要任务，"机构精简"和"业务过程重组"就成为了改善经营状况的关键步骤。企业业务外包的出现刚好适应了这样的时代要求，作为一种以削减成本为目的的经营策略而出现的新型经营形式也逐渐转化为一种有效提升企业竞争力的战略手段。

　　采用业务外包的另一个原因是通过合同形式将某个具有某种优势职能的外部企业或者组织作为合作伙伴引入到本企业的经营业务当中，以达到强化本企业核心竞争力的目的。这样做是为了可以将本企业的资源用于自身具有优势的职能当中，以便使这种优势能够得以进一步扩大，通过对自身所有职能业务的"选择"和"集中"，进一步提升企业的核心竞争力，从而将创造出新的附加价值作为业务外包的目标。这里需要指出的是，采用业务外包的实质并不是要企业放弃自身原有的某种业务职能，而是将在该项业务方面具有优势的外部企业的这种优势竞争力吸收到本企业的经营过程中来，以达到强化本企业综合竞争力的目的，它是一种经营战略。

例如，某企业共有A、B、C三个具有不同经营职能的事业部，运用外包战略通过合同形式将A、B两个事业部具有类似加工特性的生产过程委托给普通加工企业甲，C事业部的特殊的生产过程委托给专业加工企业乙，同时，由于三个事业部均具有类似的物流需求，所以再将整个企业的物流过程委托给物流企业丙，另外销售职能也根据产品特性，分别委托给企业丁和企业戊（如图1-3所示）。这样，对于该企业来说，就可将内部资源全部用于其核心部门——开发和供应。

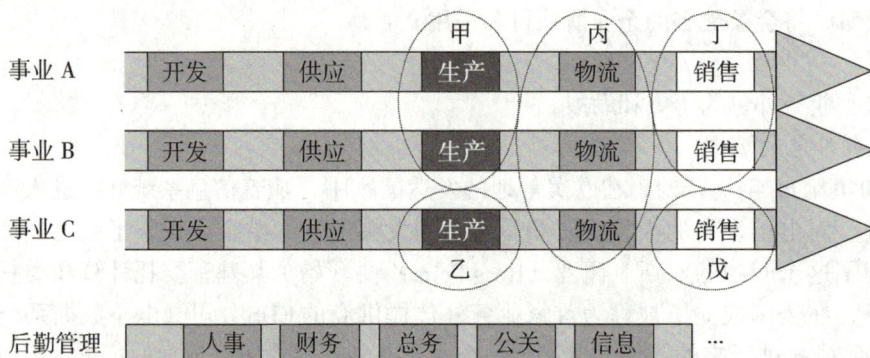

图1-3　某企业的物流外包策略示意图

**2.虚拟企业**

为了强化本企业的核心能力、提升竞争力，选择比自身更具有优势的外部资源就显得非常重要。如果决定这样做的话，需要双方企业都可以从对方企业那里找到自己想要的东西，而要想做到真正的利益共享，就必须信息共享和建立互利互惠的合作伙伴关系，这样一来，相应的对组织关系、协调方式的约定就显得非常重要。这就形成了一种超越了当今企业组织观念的组织形式——虚拟企业（如图1-4所示）。这里的虚拟企业，是指为了满足某种市场需求，由多家企业联合组成的一种利用信息系统连接、共同执行、利益共享的新型企业组织形态。基于这样的形式，参加的企业都有某种共同的目标，各个企业将各自的优势职能部门，如研发、制造、物流、销售、金融、后勤管理等，互补地结合在一起，使创造出更多附加价值成为可能。

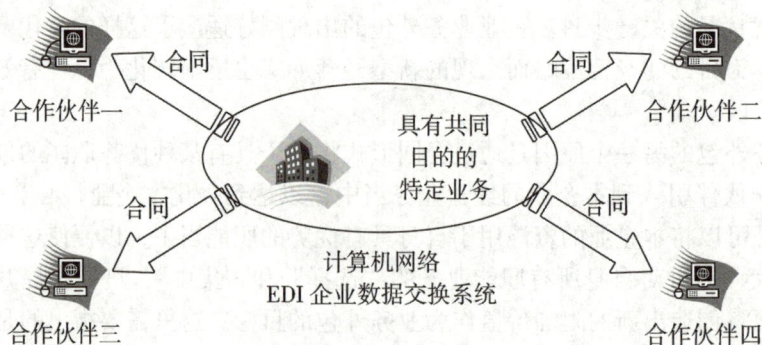

图1-4　虚拟企业的概念

### 1.4.3　强强联合的时代

从另一个方面看，我们也可以将企业采用业务外包理解为企业利用外部资源来补充企业自身不足的一种经营策略。如果自己的企业是一个制造企业，那么将本企业的经营资源集中于研究开发和生产，通过将销售、物流以及管理等部门的运营委托给其他在这些方面具有优势的外部企业，从而达到进一步强化自己的优势部门的目标应该是可行的。进一步，如果再将生产部门也委托给其他加工企业的话，那么本企业就可以将全部精力和资源都放到研究开发上来。作为一家制造企业而将生产加工都委托给其他企业，会让人觉得不可思议，然而这正是企业强化其他企业无法模仿的核心能力（Core Capacity）的一种有效的战略手段。同时，如果企业拥有了这样一种特有的优势能力，具有高度专业性的话，也可以利用这种优势成为向其他企业提供相应外包服务的外包供应商。另外，通过利用合同将企业的生产、销售等业务发包给该领域的龙头企业，便可以和这些行业的先导企业结成一个由行业强者组成的网络，从这个角度来讲，将可以帮助企业在激烈的市场竞争中进一步确立竞争优势。

### 1.4.4　物流外包及利弊分析

制造企业或销售企业等为集中资源、节省管理费用、增强核心竞争能力，将其物流业务以合同的方式委托给专业的物流公司（第三方物流，3PL）运作的方式被称为物流外包。

1.企业物流外包的作用

物流外包可以帮助企业节约成本、提高生产效率、提高资本回报率等。

（1）有利于企业有效降低成本

在竞争激烈的市场上，降低成本、提高利润常常是企业追求的首选目标，在企业的总成本中，物流成本通常占较大的比例。如果第三方的专业化企业拥有现代化的物流技术、信息管理系统和丰富的节点网络以及经验丰富的专业物流人员和技术人员，那么企业通过将运输、仓储等相关业务交由这类专业的物流服务供应商进行运作，充分利用其专业化的物流设备、设施和先进的信息管理，发挥其专业化物流运作和管理经验，发挥其规模化的经营优势，就可以大大减少自己在运输、仓储、单证处理、人员等方面的投资，只需支付较低的可变成本即可。

（2）有利于企业资源集中于核心竞争力

企业的持续的竞争优势是由核心竞争力决定的。企业所拥有资源的有限性，决定其不可能在所有业务领域都拥有竞争优势，为此，企业必须把有限的资源集中在核心业务上。一般企业在物流技术、信息系统、运输网络等方面都存在局限性，这也就决定了企业的物流运作往往不是其核心能力。而对第三方物流服务商来说，物流运作则是其核心能力。通过将一揽子物流业务交由专业化的第三方物流服务商来运作，企业就可以将有限的资源用于发展其核心业务，同时又可以利用第三方物流的核心能力，强化整个企业的核心能力，从而提高企业的竞争力。

（3）有利于提高顾客满意度

在日益激烈的市场竞争环境中，消费需求更为苛刻。消费者不仅希望企业以最小的总成本满足其多种多样的产品需求，还要求企业提供更高水平的服务。然而，仅靠企业自身的力量，难以满足顾客的需求。企业将物流外包，可以利用第三方物流的信息网络和节点网络，加快对顾客订单处理的速度，实现产品的快速交付，从而提高顾客的满意度；可以利用其先进的信息和通信技术加强对在途货物的监控，及时发现、处理配送过程中出现的事故，尽力保证产品及时安全地送达目的地，兑现对顾客的承诺；由于第三方物流具有网点丰富、反应快速的特点，企业可以向第三方物流提供业务培训并将产品的售后服务交给第三方物流来做，保证企业为顾客提供稳定、可靠的高水平服务。

（4）有利于提高企业的生产效率

当效率概念应用于个别企业时，所要研究的问题主要是企业是否利用一定的生产资源生产了最大量的产出，或者反过来，是否在生产一定量产出时实现了"成本最小"，这种效率称为"技术效率"。第三方物流是以服务为导向的专业化物流公司，可以为企业提供高效的物流设计、运作和管理服务，企业因此能够获得物流运作成本上的节约，有利于企业把更多的财力、人力、物力集中到产品的研发和生产过程当中，使资源在不同的环节得到合理配置，优化生产结构，从而提高了企业的生产效率。

（5）有利于提高企业的资本周转速度

使用第三方物流，企业还有可能最大限度地缩短采购周期，实现零库存资金占用和零距离销售，提高产出效率。

2.企业物流外包的风险

虽然物流外包能给企业带来许多好处，但也会给企业带来诸多风险，如对职能部门的冲击带来的风险、技术与信息资源风险、可靠性风险、决策风险等。

（1）对职能部门的冲击带来的风险

业务流程再造将对管理资源进行整合，如把人力资源开发、技术质量管理、信息管理、财务管理等职能部门从各事业本部分离出来，原来的职能型的结构转变成流程型网络结构，在这个过程中企业内所有员工都会受到很大的影响，如果处理不当，就可能会招致企业内部员工的抵制从而影响企业正常的生产经营活动。

（2）技术与信息资源风险

信息共享使得企业能够及时了解市场供求，更好地安排生产作业，及时配送产品，在降低成本的同时提高顾客的满意度。但信息共享会增加企业风险成本。企业可能会由于物流服务商的"不忠"而导致信息资源的损失、核心技术及商业机密的泄露。

（3）可靠性风险

企业与物流服务商之间事实上是一种委托-代理关系。当存在信息交流障碍时，每个当事人在自己行动之前都无法观察到其他人的行动，在这种情况下双方均不会很好地进行合作，最终给委托带来极大损害。例如，企业出于自身利益的考虑，可能会保护自己的部分信息，从而造成信息的不对称。另外，物流服务商可能因为自身的利益，在企业对其控制力减弱的情况下，提供较差的服务或抬高服务价格，增加企业的经营成本和风险。

　　另外，在第三方物流还未得到充分发展（如物流信息系统落后、现代物流管理经验缺乏等）的情况下，外包的可靠性也难以得到很好的保证。

　　企业选择与第三方物流服务商合作，尽管存在着一定的风险，但从总体上说还是利大于弊。企业在与第三方物流服务商合作时如能有效地"趋利"而"避害"，将极大地提升企业竞争力，使企业在激烈的市场竞争中获得一席之地。

## 1.5　第三方物流的概念与类型

### 1.5.1　第三方物流的概念

　　"第三方"是相对于"第一方"发货方和"第二方"收货方而言的。自20世纪90年代以来，第三方物流作为一种新的物流形态，受到了广泛关注。

　　中国国家标准《物流术语》（GB/T 18354—2021）中将第三方物流定义为："由独立于物流服务供需双方之外且以物流服务为主营业务的组织提供物流服务的模式。"这一定义明确了"第三方"的内涵，即物流服务提供者作为发货人（甲方）和需求者作为收货人（乙方）之间的第三方，代表甲方或乙方来执行物流功能。新国标解决了原国标对于"物流企业"和"物流服务"等概念界定不明的问题。

　　在国外的有关著作中，对第三方物流的定义基本是：非货主企业通过合同的方式确定回报，承担货主企业全部或一部分物流活动。所提供的服务包括与运营相关的服务、与管理相关的服务以及两者兼而有之的服务，无论哪种形态，都必须高于过去的公共运输业者（Common Carrier）和契约运输业者（Contract Carrier）。与我国的《物流术语》相比，这一定义除了强调"第三方"不拥有货物所有权外，特别突出了第三方物流企业与传统仓储业的重大区别，即管理功能和契约式共同利益。

　　日本对于第三方物流的理解是：供方和需方以外不持有商品所有权的业者为第三方，向货主企业提供物流系统，为货主企业全方位代理物流业务，即物流的外部委托方式。强调物流全系统全方位代理。

　　还有一些别的术语，如合同物流（Contract Logistics）、物流外协（Logistics Outsourcing）、全方位物流服务公司（Full-Service Distribution Company，FSDC）等，也基本能表达与第三方物流相同的意思。

　　此外，和社会经济领域的许多概念一样，第三方物流有广义和狭义的理解，因而在不同的领域涵盖的范围也就不同。

　　1.广义的第三方物流概念

　　广义的第三方物流是相对于自营物流而言的。凡是由社会化的专业物流企业按照货主的要求所从事的物流活动，都可以包含在第三方物流的范围之内，至于第三方物流从事的是哪一个阶段的物流，物流服务的深度和服务水平如何，与货主的要求有密切关系。

2.狭义的第三方物流概念

狭义的第三方物流主要是指能够提供现代化的、系统的物流服务的第三方的物流活动。其具体标志是：

（1）有提供现代化的、系统物流服务的企业素质。

（2）可以向货主提供包括供应链物流在内的全程物流服务和特定的、定制化服务的物流活动。

（3）不是货主与物流服务提供商偶然的、一次性的物流服务活动，而是采取委托-承包形式的长期业务外包形式的物流活动。

（4）不是向货主提供一般性物流服务，而是提供增值物流服务的现代化物流活动。

因此，第三方物流这一术语的运用，因人、因地的不同其含义也有所区别。一般而言，我们在研究和建立现代物流系统时，第三方物流并不是单纯按照自营物流与否来进行区分的。尤其在我国，小生产式的物流服务活动还相当多，并且还不能在很短时间内解决这个问题，如果把这些企业都包括在第三方物流企业中，必然会混淆人们对第三方物流的认识。所以，我们在讲第三方物流时，应当从狭义的角度去理解，把它看成是一种高水平、专业化、现代化的物流服务形式。

第三方物流与第一方物流、第二方物流的关系如图1-5所示。

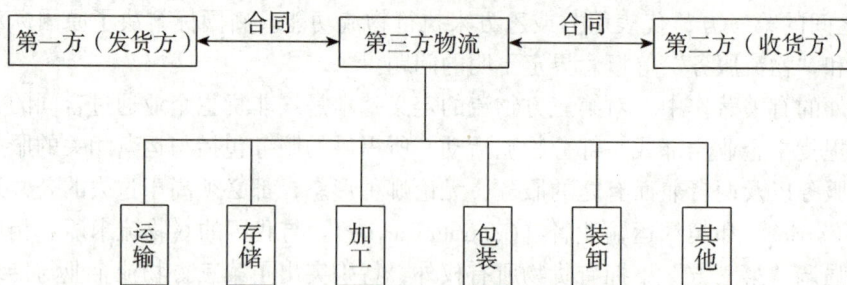

图1-5　第三方物流与第一方物流、第二方物流的关系

### 1.5.2　第三方物流的类型

商品生产发展到一定阶段必然会出现第三方物流。综观国内外物流现状，物流企业种类繁多，不同的物流企业承担不同的功能。按照不同的标准，可以将第三方物流企业分为不同的类型。

1.职能型物流企业和综合型物流企业

按照物流企业完成的物流业务范围的大小和所承担物流功能的不同，可将物流企业分为职能型物流企业和综合型物流企业。

职能型物流企业也可叫功能型物流企业，即它仅仅承担和完成某项或少数几项物流功能。这类物流企业按照其主营的业务范围，又进一步分为运输企业、仓储企业、流通加工企业等。目前，无论是在国内还是在国外，这类企业都数量众多，有些还有比较悠久的历史，有些则已经成为世界知名的跨国企业，如美国的联邦快递公司、总统轮船公司，日本的佐川急便等等。

　　综合型物流企业是能够承担和完成多项甚至全部物流功能的企业，其业务涵盖了从配送中心的设计到物流的战略策划乃至商品实物的运输等多个方面。综合型物流企业一般规模大、资金雄厚，并且有着良好的物流服务信誉。这类企业由于承担综合性物流服务，所要求的管理水平比较高，具有相当的竞争力。综合型物流企业有许多是跨国公司，其触角伸向全世界。例如，日本的运通公司（日通公司），它的服务网络连接世界500多个城市，通过全球服务系统为世界客户服务，其拥有的港口运输中心遍及各地，其中任何一个都可以进行国际运输。

　　2.物流自理企业和物流代理企业

　　按照企业的运作方式是自行完成和承担物流业务，还是委托他人进行操作，还可将物流企业分为物流自理企业和物流代理企业。

　　物流自理企业是自行完成全部或大部分物流业务的企业，同样，它还可进一步按照业务范围进行细分，分为综合型物流自理企业和职能型物流自理企业。物流代理企业同样可以按照物流业务代理的范围，分为综合型物流代理企业和职能型物流代理企业。从事综合物流代理业务的企业可以不进行大的固定资产投入，用低成本经营和简便入市的方式，将主要的业务操作及产品服务部门的大部分工作委托他方处理，着力建设自己的销售队伍和管理网络，实行特许代理制，将协作单位纳入自己的经营轨道，公司的核心业务就是实行综合物流代理业务的销售、采购、协调管理和组织设计，并且注重业务流程创新。职能型物流代理企业按照其功能的不同，又包括运输代理企业、仓储代理企业、包装和流通加工企业等等。

　　世界著名的第三方物流企业有美国的联合包裹运送服务公司（UPS）和日本的佐川急便等。国内专业化的物流企业主要是由原来的国家大型仓储、运输企业发展而来以及中外合资或外商投资创办的专业物流公司，如中国国际货运公司、中国对外贸易运输（集团）总公司、中国外轮代理公司、天地快运、EMS等。这些企业的营业范围涉及全国配送、国际物流服务、多式联运和邮件快递等。其实，这些企业都在不同程度地进行着综合物流代理运作模式的探索和实践。

💧 **案例分析**　　**备战2018"双11"——苏宁的物流策略**

2018年"双11"大促活动临近之时，各大电商摩拳擦掌、跃跃欲试，准备一显身手，赢取消费者的青睐。然而，与此同时，不少快递企业却纷纷上调费用，引发多方关注。

9月27日，苏宁物流常务副总裁姚凯通过微头条发声，承诺这个"双11"，苏宁快递费用不涨一毛钱！他认为，不为用户省钱还让用户多掏钱的"双11"，缺少最基本的真诚。相比于其他电商，苏宁易购将2018年的主题定为"全民嘉年华"，主打"让购物更简单"的消费理念，省去使用规则复杂的优惠券，采用全场联通的"购物补贴"，让消费者可以任性"买买买"。同时举办新丝路选秀、电竞比赛、3V3足球赛和广场舞大赛四场线下活动，将"双11"打造成一场真正的全民嘉年华。

为备战"双11"，苏宁物流做了以下的充分准备：

一、"双11"运费不涨价

官方称，承诺"双11"运费不涨价的背后，是苏宁物流对服务的重视。大促期间，物流资源本就紧张，能做到快递费用不涨价，得益于多年来苏宁物流对整体运营能力的调度、把控及多元化仓储布局、科技智能化水平的提升。

据介绍，2018年"8·18"期间，苏宁物流的全国物流中心新增的"四位大咖"——合肥、福州、天津、徐州四城的几十万方仓储配套设施正式迎来了大促海量订单的检阅。加上原有的北京、上海、西安等13个全国性大型物流基地，苏宁物流已经拥有17个全国一级物流中心。

以合肥为例，作为安徽省会，同时也是中部城市中崛起的战略重地，苏宁合肥南岗物流基地的辐射范围涵盖亳州、淮北、淮南、巢湖、六安、安庆、阜阳、蚌埠、滁州、宿州10座城市。仓储网络的完善直接提升了当地的配送时效，合肥主城区用户可享受"半日达"服务，上午买下午到。在苏宁物流打造的一张极具张力的仓储网络中，像合肥这样的城市变得越来越多。

不仅如此，苏宁冷链也异军突起。从2018年2月开始，苏宁物流在北京、上海、广州、南京、杭州、重庆、济南等45个城市的冷链仓相继完成了建仓，辐射范围进一步扩大到全国173个城市，真正做到了用户餐桌上各类生鲜的新鲜速达。

一直以来，苏宁物流坚持把仓储建到离用户更近的地方。已经有北京、南京等多个前置仓正式投入使用了，它们协同苏宁小店完成门店补货、同城即时配送等服务。此外，苏宁在广州、天津等新增的保税仓也开仓备货。

截至2018年6月末，苏宁物流及天天快递拥有仓储及相关配套面积735万平方米。苏宁物流通过科技、社会化协同的方式全面搭建了服务于多领域合作伙伴的基础网络，加速骨干仓网和社区仓网的建设，苏宁物流冷链仓、前置仓、海外仓、保税仓、产地仓、门店仓等多种仓储形式也在全国遍地开花。

## 二、末端配送智能化创新最后一公里

伴随着全国仓储规模的急速扩张，"科技武装"在苏宁物流也大放异彩。这一切让效率更快、调度更精准。

在南京，苏宁"超级云仓"雨花物流基地是亚洲最大的智慧物流基地，约2 000万件商品在这里实现从入库、补货、拣选、分拨到出库的全流程智能化作业，每个订单最快可在30分钟内出库。

上海奉贤物流基地有上百台AGV机器人与人协同合作，2017年"双11"就实现了"货到人"拣选，单件商品平均拣货时间减至10秒。2018年4月，苏宁在济南也投入使用了AGV机器人仓。

2018年5月，作为苏宁无人驾驶项目里重要的一环，"行龙一号"无人重卡成功路测，主要解决苏宁物流园区到物流园区的干线运输和园区内的自动驾驶问题。

在最后一公里配送上，智能化科技水平的应用功不可没。城市末端有无人车"卧龙一号"、乡村末端有无人机。前者能担当恶劣天气以及夜晚的24小时配送，真正做到全天候服务，2018年"8·18"期间，南京成为继北京苏宁无人车配送的"下一城"，后者则面向农村地区的物流需求，解决偏远地区精准、迅速、安全的投递问题，让更多城镇、农村用户享受到和城市居民一样的智慧便捷服务。

## 三、打造全国最具性价比的运费模式

以苏宁易购网上订单为例，苏宁物流基础运费为5元，自营普通商品订单支付金额大于86元时免运费，对于V3、V4会员满76元即享免运费优惠。苏宁全国5 500家门店都支持用户免费自提。2018年上半年，苏宁还与递易（上海）智能科技有限公司达成战略合作，双方多线发力，打造一站式智慧社区、校园服务生态，实现新增10万家快递自提点的目标，全方位提升最后100米收货体验。

相关负责人称，苏宁物流坚持"有温度的交付"，每一件包裹的传递都是对用户的尊重和爱护。苏宁物流找准时效与运费的平衡点，最大限度地为用户提供各色高效的增值服务。截至2018年底，凭借强大的基础设施网落，全国60个城市的用户能享受"当日达"服务：上午买、下午到；355个城市用户享受"次日达"服务：今天买，明天到。2018年，苏宁物流还进军即时配领域推出"苏宁秒达"，在全国100个城市围绕上千家苏宁小店提供3公里范围内半小时达、1小时达的服务。

苏宁物流在全国还进一步加强精准化配送推广。北京、广州、南京、上海、沈阳、成都、武汉、西安8大城市的用户，精准配送的2小时准时达服务升级为1小时准时达，全天12个时间段，消费者可以任选一周内任一个1小时时间段收货；全国100城的用户可享受全天6个时间段，任选一周内2小时时间段收货。值得一提的是，这项"准时达"服务是供用户免费使用的。

苏宁物流还推出一项新服务——准时取，消费者在苏宁易购上购买的商品，在退货时可以自由选择快递小哥上门时间，省去了等候取件的烦恼。准时取服务与"准时达"服务范围同步，覆盖北京、上海、广州、深圳、南京等全国100个城市，实现百城正逆向准时达服务全覆盖。

不仅如此，苏宁物流的一系列特色服务也被用户称赞。整合物流、零售、体验等多项内容，行业首创的"送装一体"服务已覆盖全国2741个区县，用户免去繁杂的预约和等待，可真正实现"一键购物、即买即享"。"代客检"服务送货上门的同时开箱验机，保障消费者权益。

**四、包裹自提免费，升级最后100米收货体验**

除了承诺快递费不涨一毛钱，苏宁物流也为消费者提供了多场景的"智慧、准时、轻简"的快递服务，打造一站式智慧社区、校园服务生态，全方位提升最后100米收货体验。

据了解，2014年以来，我国快递业务量每年都稳居世界第一，2017年正式进入常态化日均业务量"亿件时代"。城市社区、大学校园成为快递服务最为集中的区域。2018年4月，苏宁与递易（上海）智能科技有限公司在校园、社区、资源联动等领域达成战略合作，加速在全国社区、高校自提网络的布局，实现新增10万家快递自提点的目标。这10万个自提网点，与苏宁现有自提网点形成有机结合，为全国数万家社区、数百万学生群体提供更智慧、准时、轻简的服务体验。同样，在末端服务上，苏宁在全国拥有的5 000余家门店、近2 000个智能自提柜、23 416个社区快递点，为消费者提供了全免费的包裹自提服务。未来，无论用户在何时何地下单，在苏宁物流覆盖到的自提点均有望得到"随时随地"的服务。

（根据相关的公开资料整理）

分析思考：

（1）苏宁是如何体现物流一体化的？

（2）苏宁的第三方物流业务有什么特点？存在怎样的问题？你认为苏宁物流中有哪些优势和劣势？

（3）通过发展第三方物流来降低成本，苏宁物流能否以此来提升用户的服务体验？

### 🌢 本章小结

物流作为一个管理学概念被提出是20世纪初的事了，但是我国引入这个概念，并渐渐接受现代物流的观点还是改革开放以后的事情。

从物流概念的提出到今天，共经历了实物配送、后勤和供应链管理三个阶段。这种概念内涵的改变是以一体化范围的扩大为基础的。与此相应，企业在对物流的管理问题上，也经过了以职能为导向，逐渐到分销一体化、职能一体化、内部一体化最终到外部一体化的过程。这种认识的改变又是建立在系统的观点之上的。这种一体化范围或者说物流内涵的扩大，始终都没有离开过企业经营的核心目标——从内部运营过程中挖掘成本的潜力，从而增强企业的盈利能力。

企业的物流一体化发展到外部一体化阶段时，一种全新的经营方式也出现了，那就是企业将自身的非核心业务，通过合同的形式外包给企业外部的合作伙伴来完成，借此充分利用自身资源聚焦核心业务。对于大多数制造企业和流通企业来说，物流都被看作是为制造和销售服务的辅助性职能，因此，物流业务就顺理成章地成为仅次于企业信息系统之外的第二代外包对象。而提供这种物流外包服务的第三方物流也就顺势出现了。

　　长期以来，以提供运输、仓储等物流服务为经营内容的行业就已存在了，这就是广义的第三方物流——只要不是自营的物流业务都可以看作是第三方物流。但是，这种广义的第三方物流由于往往只具备某一个单独的物流职能，从本质上讲，仍然属于传统的运作模式（与企业自己按照传统方式运作没有什么不同），对企业生产经营所产生的影响较小。因此，狭义的，亦即现代第三方物流的概念顺势而生：由独立于物流服务供需双方之外且以物流服务为主营业务的组织提供物流服务的模式。相应地，根据第三方物流的业务范围和所承担物流功能的不同，我们又可将物流企业分为职能型和综合型物流企业；按照它们运作方式的不同分为物流自理企业和物流代理企业。

### 关键概念

现代物流　传统物流　实物配送　后勤　物流一体化　业务外包　第三方物流

### 思考题

1. 企业业务外包产生的最根本原因是什么？
2. 物流的价值主要体现在哪些方面？
3. 物流一体化主要包括哪些方面的内容？
4. 什么是第三方物流？其主要特点是什么？
5. 试分析企业采用物流外包策略的利弊。
6. 请解释广义的第三方物流概念和狭义的第三方物流概念。
7. 狭义的第三方物流的具体标志是什么？
8. 第三方物流有哪些主要类型？
9. 我国第三方物流发展存在的主要问题是什么？应如何解决？

# 第2章

# 第三方物流的理论基础

## 💧 学习目标

　　作为现代物流思想在实践中的应用，第三方物流的兴起应该是一个显著的标志。从经济学和管理学的角度来看，第三方物流的出现和发展是社会经济发展的必然。无论是从亚当·斯密对社会分工的阐述中，还是从上世纪90年代末以来大行其道的"蓝海战略"中，我们都可以从不同的视角对这个既古老而又年轻的行业在社会经济生活中发挥越来越大的作用和影响力的现象进行解析。通过这一章的学习，我们将重温经济学中的社会分工理论、交易费用理论、委托代理理论以及管理学中的核心竞争力理论和供应链管理理论，通过对这些理论的学习和理解，帮助我们深入了解第三方物流的行业本质和服务实质，也为今后学习和应用相关知识打下理论基础。

## 💧 导入案例

### 我国第三方物流企业的构成

　　进入21世纪，随着作为新兴产业之一的现代物流业的迅猛发展，国内的物流企业如雨后春笋般涌现，进而形成了第三方物流产业。相比传统的物流企业，第三方物流更专业化，综合成本更低，配送效率更高，已经成为国际物流业发展的趋势、社会化分工和现代物流发展的方向。

　　从第三方物流企业的形成方式来看，国内第三方物流企业可以分为五种：（1）传统仓储、运输企业转型；（2）企业内物流部门的拓展；（3）新兴的民营物流企业；（4）外资物流企业；（5）中国邮政。

　　**（一）传统储运企业转型**

　　由传统仓储、运输企业经过改造转型而来的第三方物流公司，企业规模较大、基础较好，在市场中占主导地位。如中远海运国际货运公司、中国对外贸易运输（集团）总公司、中国物资储运总公司等等，凭借原有的物流业务基础和在市场、经营网络、设施、企业规模等方面的优势，不断拓展和延伸其他物流服务，实现了从传统物流行业不断向现代物流企业的转变。近日，从我国传统仓储业的老大——中国物资储运总公司获悉，该公司调配骨干技术管理人才，正式成立了第三方物流配送中心，并与软件开发公司合作，组建发展第三方物流的系统软件研究中心。这表明，我国传统仓储业将以全新的姿态，积极参与现代物流产业市场的新一轮竞争。

　　**（二）制造业集团的物流部门拓展**

　　很多大型企业受传统观念"大而全、小而全"的理念影响，都是自办物流。但随着市场竞争的加剧，社会分工层次的提升，企业为了专注于其核心竞争力的形成，增强物流资源的利用率，一些有战略眼光的企业开始将原来自有的物流部门从企业中独立出来，利用原公司的客户资源来发展自己的客户网络，帮助新成立的物流企业发展，并以此为基础不断开拓其他客户资源，逐步成为独立的第三方物流服务企业，如海尔集团青岛海尔物流有限公司、安得物流股份有限公司等等。近年来，国内一些著名的制造业集团纷纷宣布积极参与第三方物流业务。例如，海尔、康佳、TCL等纷纷加盟物流产业，它们以大型生产企业、商业企业和电子商务公司为服务对象，以为包括原材料物流、生产物流、成品转移和销售物流在内的供应链过程提供支持为服务内容，力争发展成为以提供物流能力评估、系统设计与咨询、全过程物流代理为服务方式的国际化、专业化的第三方物流企业。

**（三）新兴的民营物流企业**

这种公司成立的时间不长，是在第三方物流概念引入和发展的过程中诞生的。此类公司大多是私有或者合资企业，其业务地域、服务和客户相对集中。由于这些公司的根基不深，经营规模不大，只能在有限的区域内集中利用自己的资源，提供高质量的物流服务。由于新型的组织结构拥有进取向上的企业文化和先进的管理理念，企业的效率相对较高，发展速度很快，它们一般都拥有先进的管理信息系统和经营理念，机制灵活、管理成本较低，是物流企业中最具活力的第三方物流企业。随着电子商务在中国发展步伐的加快，围绕着电子商务的配送服务也蓬勃发展起来了。可以预见，伴随着我国电子商务的快速发展，与国际上出身于快递企业的知名第三方物流企业 UPS、FedEx 相仿的中国未来知名第三方物流企业也将从大量民营中小快递企业中脱颖而出。

**（四）外资物流企业**

外资物流企业一方面为原有客户中的跨国公司进入中国市场提供延伸服务，另一方面用它们的经营理念、经营模式和优质服务吸引中国企业，逐渐向中国物流市场渗透，如丹麦有利物流公司主要为马士基船运公司及其货主企业提供物流服务，日本近铁物流公司主要为日本的在华企业服务。

**（五）中国邮政**

中国邮政拥有庞大的物流配送网络，但其目前主要是为个人消费者提供服务，属于向公众提供普遍服务的公用企业，随着现代社会物流理念的进一步深入人心，中国邮政也将成为中国第三方物流业中一个强有力的竞争者。

案例思考：

（1）出现第三方物流行业的社会内在原因是什么？

（2）从我国第三方物流企业的形成方式来看，不同属性的企业进入第三方物流市场的驱动力是否一样？如果不一样又各是什么？

## 2.1　社会分工理论

大多数情况下，一个新兴行业的产生，总是伴随着新产品或新服务的出现。例如，纺织业是由于自动化纺织机械的出现而带来的大规模生产；计算机的发明则直接导致了信息产业的出现。同样，第三方物流行业或者说第三方物流理论产生的根本原因也是由于系统化和一体化的物流管理思想的出现。作为一个独立的业态，并且以"合同物流"为主要服务手段而存在的狭义的第三方物流产业最早出现在20世纪50年代的美国，其背景正是物流管理的发展从"Physical Distribution"阶段进入到"Logistics"阶段的时候，这与中国今天的情况类似。当今国际上的第三方物流巨头也大多源自传统的物流行业，如UPS源自快递、APLL源自海运业，FedEx源自仓储业，另外还有大量从制造业中分离出来的第三方物流企业，如日本的日立物流、我国的海尔物流等。因此，我们自然也可以把第三方物流行业的出现看作是一次社会生产的进一步分工深化。

### 2.1.1　西方经济学中的社会分工理论

**1.古典经济学**

在经济学史上，最早研究生产分工现象的学者当推古希腊的色诺芬和柏拉图。但是，第一个对分工进行系统分析的则是英国古典经济学的创始人亚当·斯密。

亚当·斯密在其划时代的巨著《国民财富的性质和原因的研究》(《国富论》) 中研究的中心问题是国民财富的增长。在斯密看来，推动经济增长的最根本原因就是劳动分工的日益深化和不断演进，而新的劳动分工的深化取决于市场范围的扩大。斯密把这两者结合起来形成了凭借持续引进新的分工而自我维持增长的理论，而且更深刻地指出，技术变迁以分工加速知识积累的形式，成为报酬递增永不枯竭的源泉。但是，在处理分工与市场扩大的关系时，由于受历史时代所限，对市场范围的讨论只是从地理角度出发，并认为运输的发展是限制市场范围扩张的主要原因，同时考察了人口规模对生产规模进而对分工的影响。可见，以斯密为代表的古典经济学的基本逻辑是，分工带来的专业化导致技术进步，技术进步产生报酬递增，而进一步的分工依赖于市场范围的扩大。分工既是经济进步的原因又是其结果，这个因果累积的过程所体现出的就是报酬递增机制。因此，专业化和分工应该成为研究经济增长和社会发展的出发点。

从古典经济学中的分工理论来看，第三方物流的出现也可以看作是物流专业化发展的结果，同时也是促进物流专业化发展的动力和原因。从第三方物流产生的时代背景来看，19世纪50年代也正是世界经济新秩序形成的重要时期，全球东西方两个世界经济格局的形成也促进了市场范围的扩大，这种市场规模的扩大直接导致了制造业、商业以及储运业的进一步分工细化。如果将现代物流理论（系统物流）的出现看作是一种技术进步，那么这种分工的细化就是导致这种进步出现的原因，同时也是这种技术进步的必然结果（如图2-1所示）。20世纪90年代，我国第三方物流行业的兴起和发展是由于国家"改革开放"政策的进一步深化，区域限制被打破，特别是加入WTO后与世界市场的接轨，这些都在一定程度上印证了斯密关于市场范围扩大会导致社会分工进一步深化的理论。

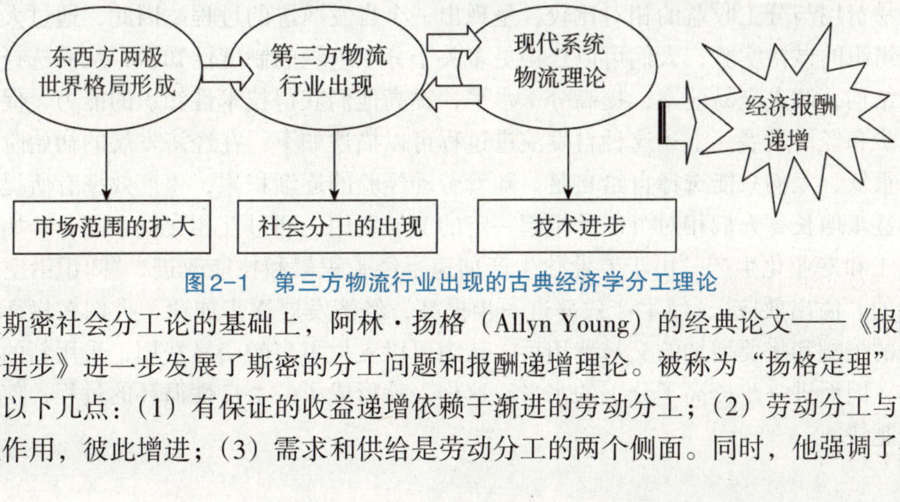

图2-1　第三方物流行业出现的古典经济学分工理论

在斯密社会分工论的基础上，阿林·扬格 (Allyn Young) 的经典论文——《报酬递增与经济进步》进一步发展了斯密的分工问题和报酬递增理论。被称为"扬格定理"的成果主要有以下几点：(1) 有保证的收益递增依赖于渐进的劳动分工；(2) 劳动分工与市场规模相互作用，彼此增进；(3) 需求和供给是劳动分工的两个侧面。同时，他强调了分工中所有人作为生产者和消费者的对称地位，每个人的需求都是由其供给决定的，扬格称之为倒数需求律。他用三个概念来描述分工，分别是个人专业化水平、间接生产链条的长度、此链条上每个环节中产品品种数。

　　2. 新古典经济学

1890年马歇尔《经济学原理》的出版，标志着新古典经济学的形成。该书主要关注的是资源配置问题中的价格理论，同时也继承了斯密对劳动分工的开创性观察。马歇尔对斯密定理中两难困境和报酬递增的处理是，提出了外部规模经济的概念，并将外部规模经济等同为报酬递增。

　　第三方物流产业的形成，运用马歇尔的理论可以理解为是为了获取外部规模经济提供的利益，这种利益包括提供协同创新的环境，共享辅助性工作的服务和专业化劳动力市场，平衡劳动需求结构和方便顾客等，即作为服务业而独立出来的第三方物流产业有利于技能、信息、技术和新思想在更专业化的企业中的应用和开发。在这种分析框架下，企业内分工、创新、技术变化都被抽象掉了。马歇尔没有指明外部规模经济的来源是什么，同时以静态均衡分析处理动态的报酬递增也是不合适的。

　　3. 新兴古典经济学

20世纪50年代，数学家发展了线性规划和非线性规划等方法，为处理分工与专业化问题提供了强有力的定量实证分析工具。20世纪80年代以来，以澳大利亚华人经济学家杨小凯为代表的一批经济学家，用超边际分析法和其他非古典数学规划方法，将古典经济学中关于分工和专业化的高深经济思想形式化，发展出新兴古典经济学，使经济学的研究对象由给定经济组织架构下的最优资源配置问题，转向技术与经济组织的互动关系及其演进过程。新兴古典经济学的理论基石是以斯密、扬格为代表的古典经济学中的分工理论，其分析工具比新古典经济学更新，而思想渊源则比新古典经济学更古老。

　　新兴古典经济学关于专业化分工和报酬递增的核心思想是：制度变迁和组织创新对分工深化有着决定性的影响，而能否实现高水平分工则与交易效率有关；分工和专业化水平决定着专业知识的积累速度和人类获得技术性知识的能力，决定报酬递增。分工的深化取决于交易费用与分工收益的相对比较，呈现出一个自发演进的过程。因此，通过大量的关于分工组织的试错实验，人们可以获得更多关于分工组织的制度性知识，从而选择更有效的分工结构，改进交易效率，提高分工水平，提高他们获得技术性知识的能力，促进内生技术进步和经济发展。上述这种自发演进过程可以描述如下：在经济发展的初始阶段，生产效率很低，人们只能选择自给自足。随着劳动经验的逐渐积累，生产效率有所提高，经济开始逐步增长，人们相对可以承担起一定的交易费用，通过互相交换产品，开始产生初步的分工和专业化生产。由于专业化生产加速了经验积累和技能改进，"知识沿空间的互补性"的"溢出效应"，使生产效率进一步提高，经济发展逐步加速，人们在权衡专业化将带来的报酬和将要增加的交易费用后，认为可以支付更多的交易费用，采用新的分工组织形式，因而进一步提高了分工的水平。这样，就形成了一个良性循环的过程，使分工演进越来越快。

### 2.1.2　马克思经济学中的社会分工理论

对亚当·斯密的分工理论，马克思给予了高度的评价，并在批判其理论缺陷的基础上，建立了自己独具特色的社会分工制度理论。在《资本论》第3卷中马克思指出，生产力的这种发展，归根到底总是来源于发挥着作用的劳动的社会性质，来源于社会内部的分工，来源于智力劳动特别是自然科学的发展。资本家正是利用了整个社会分工制度的优点。马克思使用了"社会分工制度"范畴，并在其经济学著作特别是《资本论》中建立起了完整的社会分工制度理论体系。

社会分工制度是指包含了部门、行业和企业内分工的整个社会分工体系。由于商品经济和市场经济是在分工基础上产生和发展的，因此，也可以把社会分工制度理解为建立在复杂分工体系基础上的市场经济体系。可见，马克思构建社会分工理论体系，并未局限于某一社会发展阶段的分工，也未局限于分工的某个侧面、某个局部，而是从社会整体上对社会分工做出系统解释。马克思的分工理论既研究一般分工，又研究各个历史时期、各个产业的特殊分工，包括自然经济的内部分工、简单商品经济的社会分工、资本主义社会的分工以及未来社会的分工及其一般趋势，等等。在《资本论》中，马克思非常强调劳动的社会性，认为在分工的条件下，一个部门的产品是另一个部门的投入，一个部门的劳动生产力的发展决定着另一些部门生产资料的价值，即构成了另一些部门生产费用减少的条件。

一方面，分工表现为生产要素在国民经济各个部门的配置，是劳动和资本在各个不同部门之间的分配。不同特点和数量的生产要素聚集在各个生产领域，就形成了国民经济的各个生产部门。另一方面，对劳动者而言，聚集在不同的生产部门的劳动者形成了不同的职业划分，在所有这些不同职业中，每一种职业都是社会分工中的一个部门。在商品经济中，发达的分工是作为前提存在的，而社会分工使生产者的劳动首先是个别劳动，首先是生产使用价值的具体劳动。因此，这种有用劳动生产出来的使用价值，即丰富多彩的商品世界，也反映出了社会分工。

在不同的生产力发展水平上，分工的形态也不相同，或者说，分工发展的不同阶段就是生产力的不同发展阶段。马克思认为，工业以分工为基础，而且只有依靠分工才能存在，分工与自然力的利用、机器生产一起，构成现代工业的三个特征。"一个民族的生产力发展的水平，最明显地表现在该民族分工的发展程度上，任何新的生产力都会引起分工的进一步发展，因为它不仅仅是现有生产力的量的增加（如开垦新的土地）。"[①]分工既是生产力发展的结果，又是生产力发展的条件，生产力的发展状况通过分工的形式表现出来，而生产力的发展又引起分工的进一步发展，产生新的分工。因此，社会分工制度就是一定社会形式下生产力的表现形式。

马克思基于唯物史观的方法，首先从分工起源的角度分析了分工的历史性，然后研究了分工的演进过程和机制，在劳动价值论基础上建立了一个分工演进的动态理论框架。

---

①　中共中央马克思恩格斯列宁斯大林著作编译局. 马克思恩格斯全集：第23卷［M］. 北京：人民出版社，1972.

1.分工的起源

（1）社会分工的二重起源。社会内部的分工是从两个相反的起点发展起来的：一个起点是原始公社的氏族内部的自然分工；另一个起点是原始公社之间的交换。在家庭和氏族内部，存在着按照性别和年龄的自然分工，这种纯生理分工是分工的起点。不同的原始公社，因地域、气候、文明程度不同会产生不同产品，这种自然差别在公社接触的地方引起了产品交换进而发展为商品交换。

（2）工场手工业的二重起源。根据马克思的研究，工场手工业也是以两种方式产生的：一种方式是，不同种的独立手工业的工人在同一个资本家的指挥下联合在一个工场里，产品必须经过这些工人之手才能最后制成；另一种方式是，许多从事同一个或同一类工作的手工业者，同时在同一个工场里为同一个资本家所雇用。第一类是混成的工场手工业，第二类是有机的工场手工业，这种手工业是工场手工业的完成形式。

2.分工的演进

马克思讨论分工演进的理论前提是，假定已经存在相当发达的社会分工，即在商品经济的前提下讨论分工发展的逻辑。资本主义生产的实质是生产剩余价值，从成本-收益的角度看，就是用尽可能低的成本获取尽可能多的价值。分工决定了成本和收益，分工的演进可以带来技术溢出和报酬递增，从而带来收益的增加。从生产成本视角来分析分工问题，实际上就是要研究社会必要劳动与分工的相互关系。

（1）社会必要劳动决定分工。社会必要劳动是形成社会分工的条件，是企业内分工发展的动力，决定了企业内分工的技术规律，从而决定了分工演进的方向，即尽可能地节省社会必要劳动。第一，按照社会必要劳动时间来分配社会总劳动是形成社会分工的条件。要生产剩余劳动和剩余价值，直接生产者的劳动时间必须超过再生产劳动力所必需的时间，再生产劳动力所必需的时间就是生产食物的时间，这个必需的时间就是农业部门所需要的第二种含义的社会必要劳动时间。第二，节省社会必要劳动时间是企业内分工发展的动力。从单个企业来讲，通过扩大分工、改进技术来提高劳动生产率的直接动机是获得超额剩余价值，但是当所有企业都提高劳动生产率后，就降低了制造生活资料的社会必要劳动时间，所有企业都可以获得相对剩余价值。如果产业或行业内所有企业都只能获得相同的相对剩余价值，企业内分工和社会分工就处在相互替代的均衡点上。第三，社会必要劳动时间决定了企业内分工的技术规律。在企业内部，每个局部工人的局部产品同时只是同一制品的特殊发展阶段，在每一局部过程中，取得预期效果所必要的劳动时间是根据经验确定的，工场手工业总机构是以在一定的劳动时间内取得一定的结果为前提的。只有在这个前提下，互相补充的各个劳动过程才能不间断地、同时地、空间上并存地进行下去。

（2）社会必要劳动的生产条件。生产条件特别是生产工具不同，生产商品所需要的社会必要劳动时间就不同，同时决定了分工的水平和性质也不同。

（3）分工引起进一步的分工。资本主义生产的目的是获取尽可能多的剩余价值，为了在竞争中获得胜利，资本家不断地进行资本积累，采用新的机器，更细地进行分工，尽力节省社会必要劳动时间，降低生产费用，更便宜地出卖商品。但同他竞争的资本家也会以同样的或更大的规模采用这些机器和进行分工，导致分工在更大的规模上被复制出来。因此，分工导致了进一步的分工，分工的演进是一个动态的过程。

3.分工对经济增长的作用

亚当·斯密认为，分工使劳动专门化，提高了工人的熟练程度，节省了劳动转换时间的损失，使生产工具专门化，有益于工具改进和机器的发明，从而提高了劳动生产率。马克思不但继承了以斯密为代表的古典经济学的传统，同样高度重视分工对经济增长的重要促进作用，而且从多个方面发展了斯密的分工促进经济增长的理论，达到了新的理论高度。

（1）社会分工制度促进了资源配置效率的提高

资本主义经济之所以能比它以前的社会制度取得更快的发展速度，主要是由于资本主义制度利用了比自然经济优越的、孕育了市场机制的社会分工制度。资本主义制度建立在商品经济和商品交换的基础上，可以通过市场机制的作用来实现社会经济资源的优化配置。市场机制对经济资源的配置过程，实质上就是在社会分工的基础上，在价格机制、供求机制和竞争机制的作用下，通过商品流通和商品交换方式促进社会生产力的发展。回望我国改革开放40年来的经济增长过程，可以找出很多促进经济高速增长的原因，但是，其中最重要的原因无疑是资源配置方式从计划经济向市场经济的转轨。

（2）社会分工制度具有技术溢出和报酬递增效应

作为与斯密分工理论的一个区别，马克思区分了社会分工和企业内分工，除了肯定企业内分工的作用外，马克思基于分工的本质是社会劳动的思想，着重分析了社会分工对生产力的促进作用。马克思明确指出，社会分工具有技术溢出效应，这是促进增长的重要因素。在分析社会分工制度的优点时马克思谈到，一个产业部门不变资本的节约、利润率的提高，都要归功于另一个产业部门劳动生产力的发展；劳动生产力在其他部门即为资本家提供生产资料的部门的发展，相对地降低了资本家所使用的不变资本的价值，从而提高了利润率。很显然，马克思在这里强调了部门间的联系，明确提出了技术溢出和报酬递增对经济增长的作用，这一思想是对分工理论的一个重大贡献。

（3）分工制度对经济增长与发展的负面作用

与斯密等西方经济学家只看到分工对经济增长的促进作用不同，马克思尽管也强调分工对经济增长的作用，但他认为分工具有双重作用：一方面，分工是社会生产力进步的杠杆；另一方面，分工也会造成社会不平等，进而损害经济增长和发展。

4.马克思经济学理论对第三方物流发展的启示

按照马克思经济学的观点，分工可以带来生产成本的节约，从而导致资本主义生产组织的变迁。社会分工体系的动态周期性扩张，促使市场规模不断扩大，导致市场需求的变动，相应地使生产组织面临着外部不确定性，从而使既定技术和分工条件下的生产组织产生不适应性，要求改进组织本身，出现新的分工和协调机制，以降低生产成本，获得价值增值的能力。新生产组织形式适应市场需求不确定性的能力和相对于旧组织的效率优势，使其在本行业和其他行业乃至整个国家内逐渐被模仿而不断扩散，最终成为占主导地位的生产组织。可见，第三方物流行业在欧美的出现及这种业态在全球范围内的扩散也说明，物流外包与第三方物流这种新的生产组织形式与旧的自营模式相比，更具有适应市场需求的不确定性和效率上的优势。联系前资本主义生产组织的变迁过程，即行会制度演变为包买商制度，再演变为资本主义性质的手工工场，都表明了一种新型生产组织的产生是建立在分工基础上的。

马克思将资本主义生产组织的变迁分为三个阶段：以简单协作为基础的手工工场阶段、以分工为基础的手工工场阶段和以机器大工业为基础的工厂制度阶段。如果沿着这个思路，当今外包经营模式和生产性服务业的大量出现，我们也可以称其为第四个阶段：以跨境资本协调为基础的社会性生产阶段。

## 2.2　产权及公司治理理论

### 2.2.1　交易费用理论

交易费用理论是由著名经济学家罗纳德·科斯（Ronald H. Coase）在其1937年的那篇著名论文《企业的性质》中首次提出的。该理论认为，企业和市场是两种可以相互替代的资源配置机制，有限理性的存在、机会主义、不确定性与小数目条件，使得市场交易费用高昂。为节约交易费用，企业作为代替市场的新型交易形式应运而生。交易费用决定了企业的存在，企业采取不同的组织方式的最终目的也是节约交易费用。所谓交易费用，是指企业用于寻找交易对象、订立合同、执行交易、洽谈交易、监督交易等方面的费用与支出，主要由搜索成本、谈判成本、签约成本与监督成本构成。企业运用收购、兼并、重组等资本运营方式，可以将市场内部化，消除由于市场的不确定性所带来的风险，从而降低交易费用。交易费用包括两项费用：一是企业为搜集有关交易对象和市场价格的信息而付出的相应费用，称之为获取准确市场信息的费用，即搜寻费用；二是为避免冲突进行的谈判、缔约并付诸法律支付的有关费用，称之为谈判、履行以及监督费用。威廉姆森等经济学家在科斯理论的基础上重新审视并界定了交易费用，把交易费用分为事前交易费用和事后交易费用。

站在交易费用的角度来看社会分工，则分工的发生不仅取决于分工后的生产成本，还取决于分工后的交易成本。图2-2说明了交易成本对分工的影响。在图中：C为成本；N为交易次数，亦即社会分工的细化程度；$\dfrac{dPC}{dN}$为边际生产成本；$\dfrac{dTC}{dN}$为边际交易成本。边际生产成本会随分工程度的加深而降低，原因是分工促进了专业化，专业化降低了边际生产成本，与此同时，边际交易成本则会随着交易效率（不是交易次数）的增加而下降。分工的水平取决于边际生产成本曲线与边际交易成本曲线的交点，如果交易效率上升，边际交易成本就会下降。在新经济条件下，企业通过较为稳定的合同形式，采取外包（Outsourcing）方式把物流委托给第三方物流管理后，提高了交易效率，从而降低了边际交易成本。在图2-2中就反映为边际交易曲线AA'移到BB'的位置，边际交易曲线与边际成本曲线的交点从n移到n'。因此，第三方物流服务模式的出现是一次可以降低社会总成本（生产成本与交易费用之和）的分工细化。

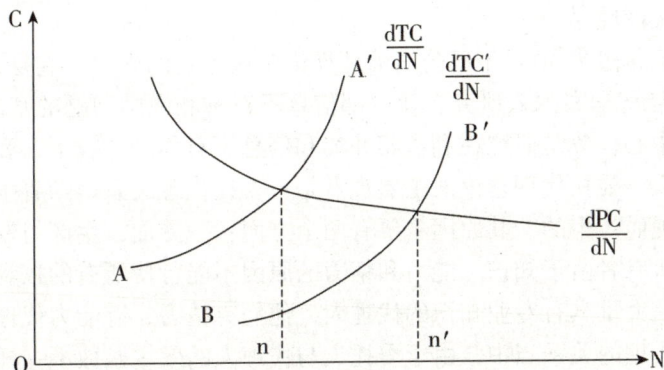

图2-2　交易成本与分工的关系

第三方物流产业的出现，以及企业广泛地将自己的物流业务外包给社会化的专业组织，益处明显。

从交易主体的行为来看，可以通过建立一种紧密的合作关系，利用合作双方对不确定因素认识能力的差异，减少因交易主体的"有限理性"而产生的交易费用，从而避免过多的讨价还价引起的交易成本。物流外包方与物流企业之间的长期合作在很大程度上抑制了交易双方的机会主义行为，机会主义行为以及对机会主义的担心则是迫使企业采用自营方式的重要原因，而这种方式会削弱企业的竞争力，使企业把有限的资源耗费在与核心业务关系不大的物流上，制约了企业核心能力的培养和巩固。采用第三方物流的运作方式，就可以通过合同约束机制，使交易双方将机会主义行为所带来的交易费用控制在最低限度内。

从交易过程来看，由于物流合作伙伴之间经常沟通与联系，可使搜寻交易对象的费用大为降低；物流伙伴之间形成的相互信任和依赖关系，可以减少各种履约风险；在冲突发生时，可以根据契约通过协商加以解决，避免烦琐的讨价还价以及诉诸法律所产生的费用。

从交易特征来看，交易双方的依赖性会使企业间建立物流联盟。对于那些物流在企业战略中起关键作用，但自身物流管理水平较低的企业，组建物流联盟将会在物流设施、运输能力和专业管理技巧上收益极大；对于物流在其企业战略中不占关键地位，但其物流水平很高的企业，则可以寻找伙伴共享物流资源，通过增大物流量获得规模效益，降低成本；对于那些物流的战略地位并不很重要，自身物流管理能力也比较欠缺的企业，采用第三方物流是最佳选择，这样能大幅度地降低物流成本和交易费用。交易频率高意味着双方交易量大，相应地会产生较高的交易费用，采取联盟的形式可以通过长期契约的方式大大减少谈判和签约的次数，达到减少事前交易费用的目的；还可以通过规范交易行为、简化交易手续来减少事后交易费用，消除高频率的交易行为所带来的负面影响，使实际的平均交易费用得到有效控制。另外，以信息技术与网络技术为基础的电子商务的迅速发展可以实现企业间的信息交换，这一方面可以克服人的理性局限，另一方面能增加可供选择的供应商数量，使市场竞争更充分。

### 2.2.2　委托代理理论

委托代理理论是过去30多年里公司治理理论中最重要的内容。它是20世纪60年代末70年代初在一些经济学家深入研究企业内部信息不对称和激励问题的基础上发展起来的。委托代理理论的中心任务是研究在利益相冲突和信息不对称的环境下，委托人如何设计最优契约激励代理人。委托代理理论的主要观点是：委托代理关系是随着生产力大发展和规模化大生产的出现而产生的。其原因主要有两个方面：一方面，生产力发展使得分工进一步细化，权利的所有者由于知识、能力和精力的原因不能行使所有的权利；另一方面，专业化分工产生了一大批具有专业知识的代理人，他们有精力、有能力代理行使好被委托的权利。但在委托代理的关系当中，由于委托人与代理人的效用函数不一样，委托人追求的是自己的财富更大，而代理人追求自己的工资津贴收入、奢侈消费和闲暇时间最大化，这必然导致两者的利益冲突。在没有有效的制度安排的情况下，代理人的行为很可能最终损害委托人的利益。而世界——不管是经济领域还是社会领域，都普遍存在委托代理关系，股东与经理、经理与员工、选民与人民代表、公民与政府官员、原（被）告与律师，甚至债权人与债务人的关系都可以归结为委托人与代理人的关系。所以，为了预防和惩治代理人的败德行为，委托人有必要对代理的过程实行监督，充分发挥"经理人市场"的作用，这样使得代理人的行为符合委托人的效用函数。最早提出委托代理概念的目的是研究股份制公司的管理体制问题。代理问题就是研究如何进行制度设计，使经理层在按自身利益最大化行动时，最大限度地实现股东的利益。委托代理关系的实质是委托人不得不对代理人的行为后果承担风险，而这源于信息的不对称和契约的不完备。委托代理问题在经济生活中普遍存在，只要当事人各方在拥有的信息上有不对称性，就存在委托代理问题。交易费用理论的重点是研究企业与市场的关系、企业的边界、企业存在等，交易费用经济学将重点放在市场和企业的选择上，而代理理论的重点在于企业内部结构与企业中的代理关系，代理理论更为关心企业的内部结构问题。

委托代理关系是指一种显露或隐藏的契约。按照契约，以一个或多个行为主体指定、雇用另一个或一些行为主体为其提供服务，同时授予后者一定的决策权力，并依据其提供服务的数量和质量支付相应的报酬。按照委托代理关系中的确立原则，信息占有量少的一方物流外包者为委托人，信息占有量多的第三方物流企业为代理人。由于信息不对称的存在，使得各参与主体的效用衡量标准及信息占有状况存在差异，其各自的相关行为可能在总体上对风险投资的综合利益目标产生消极影响。所以，必须通过一个有效合理的契约来规划指导各利益主体的行为。当物流外包方将物流业务委托给物流公司并签订契约时，就开始形成委托代理关系。一个委托代理合同首先要以委托代理关系的存在为前提。

在物流业务的委托代理关系中，必须要满足两个约束条件：一是个人理性约束条件，投资者要保证委托代理关系的存在，就要保证物流公司所获得的效用不能小于他在其他地方工作所获得的效用；二是激励相容条件，物流公司将采用使自己效用最大化的方式来选择自己的行动。在委托人设计的契约中，除了要满足以上两个条件，还应根据委托代理理论的原理将显性激励与隐性激励有机结合，共同发挥激励机制的作用（如图2-3所示）。

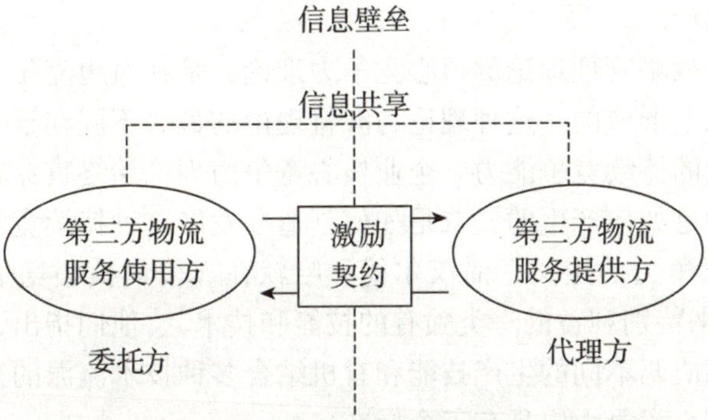

图2-3　第三方物流服务过程中的委托代理关系

　　根据委托代理理论，第三方物流行业的出现以及企业采用物流外包策略而使用第三方物流服务，是社会和企业挖掘利润源泉和科学的发展方式。这种趋势符合经济社会发展的需要和专业化分工协作的客观要求。只要设定合理的协作契约，就可以避免第三方物流服务的提供者的"道德风险"，降低交易费用，使企业通过集中自身的各种要素资源专注于提高核心竞争力，从而更大幅度地提升第三方物流参与各方的效益。同时，第三方物流运作发展的重要条件是建立能促使第三方物流委托方和代理方共赢的委托代理关系。在我国，这一新型的产业形态正处于发展阶段，需要社会各方面，尤其是生产型企业的关注和支持。

## 2.3　核心竞争力理论

　　从管理学的角度，我们也可以找到大量的理论来阐释现代第三方物流的内涵及其出现的原因。在本书中，我们只向大家介绍与第三方物流联系最为紧密的两个管理理论——核心竞争力理论与供应链管理理论。

　　1.核心竞争力理论的产生及其内容

　　与经济学理论不同，企业管理理论是试图从更微观的企业经营角度来探索企业长盛不衰规律的。对于企业竞争力这个概念，大量的管理学者使用过不同的术语，如实力、技能、竞争力、能力、组织知识甚至无形资产等等。这些术语都想描述一个现象，就是一个"好"的企业之所以"好"的因素。对这种企业内在成长因素的探索早在1920年就开始了，彼时阿尔弗雷德·马歇尔（Alfred Marshall）就提出了"企业内在成长论"。随后，20世纪五六十年代，安蒂斯·潘罗斯（Edith Penrose）和理查德森（G.B.Richardson）通过各自独立的深入研究，分别从"企业内部知识积累"和"组织间协调"两个方面完善了这一理论。至今，在经济学和管理学中，形成了互为补充的三个企业竞争力的理论流派：企业资源基础观、企业动力能力观和企业知识基础观。虽然各派理论在研究的着眼点上有所区别，但他们都认为，企业成长的基础是在扩展生产领域的知识和能力的条件下进行不断积累。在企业理论各流派的观点的基础上，企业能力理论得到了长足发展，进而形成了现在的企业核心竞争力理论。

作为第四代企业战略管理理论的核心竞争力理论，是在对迈克尔·波特的产业结构分析方法的批评的基础上形成的。这种理论与波特理论的最大不同在于，其着眼于企业的内部因素，并关注企业的持续竞争能力。企业核心竞争力理论始终贯穿着两个核心问题：一是企业持续竞争优势是如何产生的？二是如何创造并发展这种持续竞争优势？

对于企业核心竞争力的定义，潘汉尔德和哈默在《公司核心竞争力》一文中描述为"能使公司为客户带来特别利益的一类独有的技能和技术"。他们指出，组织中的积累性知识，特别是关于如何协调不同的生产技能和有机结合多种技术流派的知识是核心竞争力的主要来源。企业的核心竞争力应具有三个标准：

（1）核心竞争力必须为市场所认可，即能够提供进入相关潜在市场的机会。

（2）核心竞争力必须给客户带来特别利益，也就是说核心竞争力应当能够提高企业的效率，帮助企业通过降低成本或创造价值来扩大客户的利益。

（3）核心竞争力必须是竞争对手难以模仿的，只有这样才能保证企业基于核心竞争力的优势得以持续。

其后的研究者们又在此基础上增加了一些判断标准，例如：

（4）核心竞争力应当是异质的。

（5）核心竞争力应当是难以替代的。

（6）核心竞争力必须具有较强的延展性等。

核心竞争理论的另一个重要组成部分就是关于核心竞争力的来源和构成。核心能力并不等于公司现有经营资源的拥有量，而更依赖于公司的创造性工作。核心能力不只是技术和人力技能，更是一种制度化的相互依存、相互联系、能够识别和提供竞争优势的企业知识体系。其构成包括四个方面的内容：知识与技能，管理体制，实物系统，价值观。由此可以认为，组织开发核心能力的方式必须是一种制度化、系统化、长期化的行为，其重点是构建能够为公司创造竞争优势的知识体系。

在核心竞争力理论中，企业应当被看作是一个能力（Capability）的集合体。每一项业务或产品都有自己的业务链或生产链，链中的每一个环节都由一定的业务能力来完成，这些业务能力进一步又可以分解为"分能力"和"子能力"。因此，企业实质上是由各种各样的细分能力组合而成。企业的能力来源于企业所拥有的各种经营资源，包括有形的和无形的资源，也包括对各种资源进行整合利用的方法和手段。与企业外部条件相比，企业内部因素对于企业占据市场竞争优势更具有决定性作用。企业内部的能力、资源和知识的积累是企业获得和保持竞争优势的关键。同时，企业拥有的任何一种资源都可以被企业利用来实现一定的目的或功能。因此，企业所拥有的每一种资源都能够形成一种或几种企业能力。但是，在这些能力中，只有那些能够为顾客创造价值，被市场所认可，从而为企业进入某种现实潜在市场提供机会的能力，才是对企业有价值和意义的，才会被企业用来参与市场的竞争，这种能力也才能真正成为企业的竞争能力（Competence）。

毋庸置疑，所有在市场中存在的企业都会拥有一种或多种能力。但是，只有当企业的某种能力（或称为竞争力）具有了异质性，即这种能力能使企业相对于其他企业具有更高的效率，并且与众不同，难以被其他企业模仿，才能为企业带来竞争优势。企业拥有一条或多条业务链或生产链，这些价值增值链中的任何一个环节都可能成为竞争优势的来源（如图2-4所示）。如果企业在这一环节上的能力能够以更高的价值或较低的成本，通过最终产品为顾客创造更多的消费者剩余，这种具有了异质性、独到性或比较优势的能力就被称为独特竞争力（Distinctive Competence）。

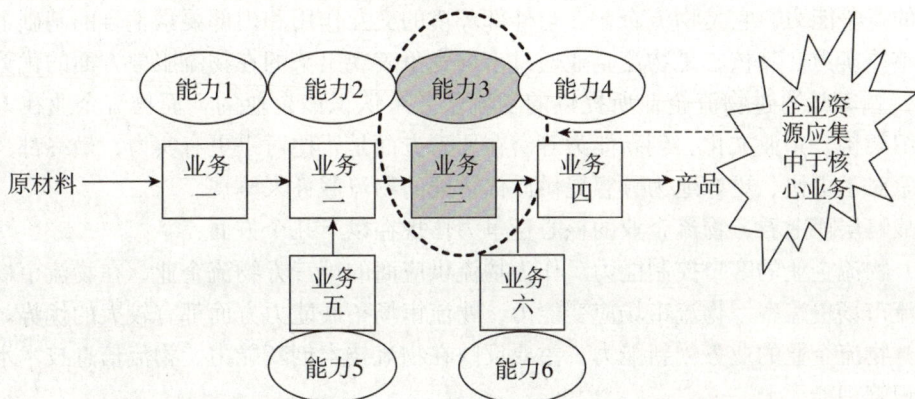

**图2-4　企业核心能力及核心业务的识别**

总之，核心竞争力理论认为企业的绩效和优势来源于企业具有的核心竞争力，而企业战略的成功则是很好地发挥和发展企业本身具有的核心竞争力的结果。因此，核心竞争力理论主张，企业战略的制定应建立在对企业核心竞争力的分析和规划之上。

核心竞争力理论很好地解释了大量跨国企业因20世纪80年代全球纵向一体化风潮而导致的失败，并由此推动了外包理论、供应链管理理论的兴起，自20世纪90年代开始，全球企业间的兼并也逐渐转向基于核心竞争力的横向一体化。

2.第三方物流的兴起与核心竞争力

按照核心竞争力理论，现代企业的优势并不在于它们拥有和管理的资源范围和大小，而在于其对有形资产和无形资产的有机组合，并由此所产生的独特能力。几乎所有的企业都希望其竞争能力超过行业平均水平，然而企业所拥有资源的有限性决定了企业不可能在所有业务领域都具有同样的竞争力，因此有必要将企业的资源和精力都集中在自己具有核心能力的业务及活动上，就像古代的"田忌赛马"一样，利用比较优势在竞争中获胜。典型企业通常将资源集中于经过识别的少数具有竞争力的核心业务，也就是集中在那些使它们真正区别于竞争对手的技能和知识上，而把其他一些虽然重要但不具核心能力的业务、职能外包给企业外部的"专家"企业，通过与这些企业保持紧密合作的关系，从而使本企业的整体经营运作水平提高，以获得更加有利的竞争地位。由此，一个基于核心竞争力和相互受益的长期外部关系的更灵活的组织模式就越来越多地出现在企业实践中。第三方物流行业的兴起也可以说正是在这样的背景下应运而生的，其主要体现在：一般企业在物流技术、信息系统、运输网络等方面都存在局限性，往往制约了其核心业务的迅速发展，而第三方物流供应商在这一领域中存在着很大的优势，通过将运输、仓储等相关业务环节交由第三方物流供应商进行操作，充分利用其专业化的物流优势，可以大量减少企业的投资和运营成本，实现原材料等资源的合理配置以及产品的高效运输和配送，有利于企业集中人力、财力和物力进行核心业务的开发，从而可以帮助企业建立和保持核心竞争力，取得竞争优势。

**3. 第三方物流企业的核心竞争力**

物流业务方面的能力是第三方物流企业核心竞争力的直接体现，也是物流企业外部表现出来的竞争能力，它是物流企业在与外部环境的交互作用和内部要素整合的基础上反映出来的整体实力，其核心是物流企业通过市场竞争表现出来的在物流服务方面的优势。这是因为，顾客是通过物流企业所提供的物流服务来认识该企业的，而物流企业在人力资源、组织架构、企业文化、创新能力等潜在要素方面是否比对手更有实力，最终都只能通过比竞争对手更快、更好地为顾客提供质优价廉的物流服务来体现。

从战略层面上看，物流企业的核心竞争力体现在以下几个方面：

（1）物流企业的客户控制能力。作为物流供应商的第三方物流企业，在物流市场占有率、物流市场覆盖率、物流市场应变能力、物流市场拓展能力方面都有较大的优势。

（2）物流企业的业务创新能力。主要反映在物流技术创新能力、物流信息技术水平和物流知识管理能力上。

（3）物流企业的社会协调能力。通过优化资源配置、协调社会资源，专业物流企业对社会经济产生影响。

从业务层面上看，运输、仓储、流通加工、装卸搬运、包装、配送、信息服务等物流功能中的部分或全部都能成为物流企业的核心竞争力。甚至订单履行、自动补货、运输工具的选择、产品组配、进出口代理等，也能成为物流企业在业务方面的优势。

## 2.4  供应链管理理论

所谓"供应链"，是指生产及流通过程中，围绕核心企业的核心产品或服务，由所涉及的原材料供应商、制造商、分销商、零售商直到最终用户等形成的网链结构。供应链管理（Supply Chain Management）是从供应链整体目标出发，对供应链中的采购、生产、销售各环节的商流、物流、信息流及资金流进行统一计划、组织、协调、控制的活动和过程。供应链的概念和传统的产业链或销售链是不同的，它注重跨越企业边界的整合、系统的管理，从建立合作和战略伙伴关系的新思维出发，从产品生命线的源头开始，终于产品消费市场，从全局和整体的角度考虑产品的竞争力，使供应链从一种运作性的竞争工具上升为一种管理性的方法体系。供应链管理是一种集成的管理思想和方法，它执行供应链中从供应商到最终用户的物流的计划和控制等职能。

**1. 供应链管理的特点**

自20世纪80年代末供应链理论被提出以来，在全球企业尤其是制造业的企业管理中得到了广泛应用，基于供应链管理进行战略思考已成为制定企业战略的基础工作。早期，人们把供应链管理的重点放在管理库存上，作为平衡有限的生产能力和适应用户需求变化的缓冲手段，其主要任务是管理库存和运输。现在的供应链管理则把供应链上的各个企业作为一个不可分割的整体，使供应链上各企业分担的采购、生产、分销和销售的职能成为一个协调发展的有机体。按照核心竞争力理论，面对日趋激烈的市场竞争，企业必须集中核心能力维持其市场竞争优势，不断地提高核心能力是企业获得持续的市场竞争优势之源。同时，企业要充分利用外部资源处理其非核心业务。利用外部资源是指企业或组织将一项或一部分服务交由另外一个经济实体去组织与经营。它涉及企业间构筑长期战略联盟和业务合作伙伴关系的问题，其目的在于加强企业供应、生产、销售等各个环节之间的联系。这种物流管理战略要能够体现形式灵活、结构简单、构造快捷、响应迅速等特点和用户对供应链管理的要求。因此，在供应链运作的过程中，将物流部分的管理交由第三方去实施是一个重要环节。

从供应链管理的定义中，我们可以看出其具有如下几个特点：

第一，供应链管理把对成本有影响和在产品满足顾客的过程中起作用的每一方都考虑在内，从供应商和制造工厂到仓库和配送中心再到零售商和商店。

第二，供应链管理的目的在于追求效率和整个系统的费用有效性，使系统总成本达到最小，这个成本包括运输和配送成本，原材料、在制品和产成品的库存成本。

第三，供应链管理涉及供应链企业中许多层次的活动，从战略层次一直到作业层次。

这一概念的提出同时又是基于制造商与供应商、分销商及物流服务公司的合伙及联盟的趋势。要实现供应链的理念不是一件容易的事，因为它涉及不同利益单位。对总体供应链最优的方案，对个别供应链成员可能其短期利益并不是最优的，但是，供应链方法从节约成本与提高服务水平的角度看，具有很大潜力。

2.第三方物流在供应链整合中的作用

在以提高供应链的效率、取得竞争优势为目的的供应链整合中，对于客户供应链的运作，第三方物流供应方应以什么样的身份参与，以及参与这些作业时是否有足够的能力成为供应链整合的推动力，都取决于与供应链相关的以下基本原理，即：

（1）将最终产品送达最终客户都是在一个唯一起作用的最终市场上进行的，而所有的其他市场，都是原材料转变成产成品的供应链中的一部分。因为只有最终市场才是所有收益的来源，所以其他市场的效益都取决于最终市场。

（2）如果所有的供应链参与方都朝着相同的目标努力，那么它们对最终市场的影响会达到最大，较大的影响可能会导致较大的收益。因此，所有的供应链参与方都可以通过合作而不是竞争得益。合作与整合将使可供各供应链参与方分享的收益大增，这是因为当不必要的交易成本和不确定性得以避免后，提供给市场的服务将更具有竞争力。

（3）整个供应链的范围是很广泛的，也许在市场上很难找到容纳了整个过程的供应链，但第三方供应者服务于一个客户的物流系统中的多个节点是很有可能的。从供应链的管理与整合角度看，应该立足多个节点甚至立足于整个供应链全面地考虑问题。在多个节点和整个供应链作业之间，有一个很大的区别，那就是合同中的客户数目不同。整个供应链作业一般是提供给多个客户的，而多个节点的作业可能只是单个客户范围内的作业。不过，有效地运作多个节点对于整个供应链的成功运作是非常重要的。

### 案例分析　　　　　　　　　"德邦物流"的物流一体化及发展

德邦物流股份有限公司成立于1996年，致力成为以客户为中心，覆盖快递、快运、整车、仓储与供应链、跨境等多元业务的综合性物流供应商。公司凭借坚实的网络基础、强大的人才储备、深刻的市场洞悉，为跨行业的客户创造多元、灵活、高效的物流选择，让物流赋予企业更大的商业价值，赋予消费者更卓越的体验。2018年1月，德邦股份在A股主板成功上市。

目前，德邦正从国际快递、跨境电商、国际货代三大方向切入跨境市场，目前已开通我国港澳台地区、欧洲，以及美国、日韩和东南亚诸国等多条国际精品线路，服务覆盖范围超过220个国家和地区，还在持续扩大。德邦公司一直致力于为我国中小企业提供高品质的公路快运与快递服务，目前的客户类型主要是各类工业及贸易企业。公司主要产品线包括公路快运业务、快递业务和其他业务，其他业务主要包括仓储供应链业务、航空货运代理业务、小额贷款和保理业务及其他物流相关业务。

作为国内领先的公路快运与快递综合服务提供商，在公路快运业务方面，德邦针对不同的时效要求和运输距离，为客户提供精准卡航（高时效长距离）、精准城运（高时效短距离）、精准汽运（普通时效）三类公路快运的标准化产品，满足客户对货物运输时效的不同需求；公司还针对单票重量较大的快运货物提供整车业务服务。同时，公司向零担以及整车业务的客户提供公路快运业务的增值服务，比如上门接送货、代收货款、安全包装及综合信息服务等。

由于电商的发展，传统商品渠道发生变革。2013年11月德邦公司战略布局快递业务，以大件快递为切入点，率先推出3.60特惠件、标准快递等产品，并紧随客户需求而持续创新，于2018年7月正式推出"大件快递3.60"产品，引领客户体验升级。截至2018年6月底，其快递业务的服务网络已基本实现全国省级行政区，地级、区级城市的全覆盖，快递业务增长势头良好。

基于客户需求和公司的战略布局，2015年10月，公司在业务量较大的地区开始为客户提供仓储供应链服务，为客户提供一体化的解决方案。

2018年上半年及前三季度，公司利润高速增长，主要是由于公司整体业务规模持续扩大，效率稳步提升，"降本增效"措施同步推进，公司盈利能力持续加强，利润规模同比增长。从分业务的收入情况来看，公司近三年（2016—2018）重点发展了快递业务，持续提升快递的网络和时效能力，快递市场份额稳步提升。公司快递业务连续多年实现高速增长，增速高于快递行业整体收入增速，已逐步发展成为公司的核心业务。截至2017年12月31日，快递业务的服务网络已经覆盖至国内31个省及直辖市，315个城市（不包含事业合伙人网店）。随着快递业务的收入增长及效率提升，其业务毛利率必然会有较大的提升空间。

作为第三方物流企业，德邦公司的业务主要有三大特点：公路快运为基，快递业务添翼，大件运输领域领军。在当前日趋激烈的行业竞争环境下，德邦快递定位为"中国性价比最高的大件快递"，主要针对货物重量在3kg～60kg的高性价比的快递产品以实现与其他快递公司的差异化服务，以公路快运差异化服务满足不同需求，而公路快运行业是由公路零担货运行业向高端业务延伸形成的新兴行业。

（一）公路快运——零担：提供多层次产品

1.精准卡航业务

精准卡航业务是公司的优势产品，用于运输发运城市与到达城市之间距离在480公里以上的货物。截至2017年三季度末，精准卡航业务已经基本覆盖了珠三角、长三角及京津唐地区出发至全国大部分城市的运输线路。

2. 精准城运业务

精准城运业务是用于运输发运城市与到达城市之间的距离在480公里以内的货物。目前该项业务主要覆盖珠三角、长三角、京津唐、山东、辽宁、川渝等地的城市，基本实现了快速、准点到达和在部分区域的派送。

3. 精准汽运业务

精准汽运业务是公司的普通公路快运产品，在全国所有业务覆盖区域均有经营，且没有运输距离的限制。

**（二）快递业务定位性价比最高的大件快递**

相对于其他主要竞争对手着力于竞争轻货快递市场，德邦快递根据自身的优势，着力于大件快递运输。经过多年在零担运输行业的深耕细作，德邦快递在大件运输方面已拥有了先进的管理经验和运输资源。立足于此，公司提出了"经济快递"的独特概念，将德邦快递定位为"中国性价比最高的大件快递"，其特点表现为：

1. 专注大件重货快递，细分领域竞争优势明显。公司快递业务开展之初就确定了大件快递的细分领域，2014—2016年及2017年前三季度的平均单票货量分别为8.51kg、8.60kg、7.92kg、8.50kg，远高于行业平均水平。

2. 直营模式服务有保障，真正实现价廉质优。直营模式下，运作的时效性与安全性得以保证，通过对人、车、路的精益化管理，确保货物安全高效送达。

**（三）网络覆盖全国，规模效应显现**

1. 营业网点。公路快运和快递企业的核心竞争力主要在于运输网络的覆盖程度以及货物运输的安全性和时效性。截至2018年上半年，公司的网点共计10 641个，其中直营网点6 016个，事业合伙人网点4 625个，已基本实现全国省级行政区、地级、区级城市的全覆盖，其中乡镇覆盖率达到90.7%，能够在较广范围内实现揽货和配送。

2. 分拨中心。截至2018年上半年，公司拥有142处分拨中心，分拨中心总面积188.2万平方米，能较好地满足货物的中转需求。全国快递中转场87个，实现了91%的场地分拣系统的覆盖。

3. 运输线路。通过多年的经营，公司积累了丰富的运营经验，公司线路规划部门通过对各区域市场的深度分析，并引入麦肯锡、IBM等知名的外部咨询公司对运输网络进行了优化及规划。截至2018年6月30日，公司已开设1 574条运输干线，全网航空线路1 700多条，运输线路遍布全国，使各地经营网点及分拨中心实现了高效连接。

随着国家一带一路倡议的落实以及跨境电商的迅猛发展，公司开始尝试迈向国际，2016年5月，德邦跨境业务正式上线，陆续推出涵盖我国港澳台地区和欧洲26国、美国、日韩及东南亚各国等的精品线路，推出跨境电商小包、FBA头程物流服务和联运服务等产品，跨境业务将会成为公司又一个发展的新增长点。

（根据相关的公开资料整理）

分析思考：

（1）德邦公司作为第三方物流企业，它的发展动因是什么？

（2）你认为可以运用什么经济、管理理论来解释德邦物流的发展动因？

（3）从业务的角度来看，你认为德邦物流的核心能力是什么？

（4）德邦物流的供应链是如何实现物流一体化的？

（5）请在分析德邦物流的现状和特点的基础上，预测德邦及我国第三方物流的未来发展方向。

## 本章小结

第三方物流行业的出现和兴起、企业外包理论和实践的盛行以及供应链管理模式的大行其道，都是今天企业管理领域所呈现出来的强烈的时代特征。这些现象出现的背后到底隐藏着何种必然的规律，是所有企业实践者及理论研究者都希望和应该了解的。本章中，我们从社会分工理论、交易费用理论、委托代理理论、核心竞争力理论以及供应链管理理论的角度对第三方物流现象进行了解析和介绍。

根据经济学中的社会分工理论，市场规模的扩大是社会分工进一步细化和深入的诱因。由此，二战后二元格局的形成使世界经济呈现集团化趋势，原先相对封闭的经济体由于所属集团的共同利益的驱动，市场范围迅速扩大至整个集团，这种状况促进了新的社会分工的形成，以从制造企业中独立出来的物流部门为代表的，以为企业提供整体物流解决方案的第三方物流服务形式开始出现，并逐渐形成了现代严格意义上的第三方物流企业。这种社会分工的发展会促进技术进步和实现社会经济报酬的递增。另外，马克思经济学也认为，分工对经济的增长起着重要的促进作用，但也会造成社会分配的不公，主要体现在：（1）社会分工会促进资源配置效率的提高；（2）社会分工制度具有技术溢出和报酬递增效应；（3）分工造成的社会不平等会损害经济增长和发展。

交易费用理论的核心是，交易费用是决定企业边界的唯一标准，因此，新型业态和服务的出现都是为了降低交易费用而对企业边界的重新划分。第三方物流服务形式的出现也不例外，是一次可以降低社会总成本的分工细化。

根据委托代理理论，第三方物流行业的出现以及企业采用物流外包策略而使用第三方物流服务，是社会和企业挖掘利润源泉和科学的发展方式。这种趋势符合经济社会发展的需要和专业化分工协作的客观要求，只要设定合理的协作契约就可以避免第三方物流服务提供者的"道德风险"，降低交易费用，使企业通过集中自身的各种要素资源专注于提高核心竞争力，从而更大幅度地提升第三方物流参与各方的效益。同时，第三方物流运作发展的重要条件是建立能促使第三方物流委托方和代理方共赢的委托代理关系。

按照核心竞争力理论，现代企业的优势并不在于它们拥有和管理的资源范围和大小，而在于其有形资产和无形资产的有机组合，以及由此所产生的独特能力。几乎所有的企业都希望将其竞争能力建立在行业平均水平之上，然而企业所拥有资源的有限性决定了企业不可能在所有业务领域都具有同样的竞争力。因此企业有必要将资源和精力集中在自己具有核心能力的业务及活动上，利用比较优势在竞争中获胜。典型企业通常将资源集中在经过识别的少数具有竞争力的核心业务上，也就是集中在那些使它们真正区别于竞争对手的技能和知识上，而把其他一些虽然重要但不具有核心能力的业务、职能外包给企业外部的"专家"企业，通过与这些企业保持紧密合作的关系，使自己企业的整体运作水平提高，以获得更加有利的竞争地位。企业采用外包方式将物流业务交由更具专业性的物流企业，就是企业将资源聚焦于核心能力的理性选择。同时，第三方物流企业为其他企业提供专业的物流服务，也是其充分发挥自身核心能力的一种战略决策。

供应链管理是一种全新的管理思想，其核心就是实行一种跨企业的管理模式，让供应链上的所有企业都能发挥其核心能力，以使供应链整体的利益最大化。第三方物流服务正是通过协作与供应链物流流程的一体化运作，契合了供应链管理整体效率最高、效益最优的整体目标。

## 关键概念

社会分工　委托代理问题　交易费用　资源基础观（RBV）　核心竞争力（Core Competence）　供应链管理（Supply Chain Management）

💧**思考题**

1．经济学中不同的社会分工理论对第三方物流的解释有何异同？

2．在物流领域，如何理解马克思经济学中所说的社会分工会带来社会的不公？

3．第三方物流服务过程中哪些费用可以算作交易费用？如果是企业自营服务呢？

4．委托代理理论中的道德风险在第三方物流服务过程中指的是什么？

5．企业的竞争力是什么？如何辨别企业的竞争力？

6．供应链中，第三方物流会起到什么样的作用？

7．在供应链中使用第三方物流服务有风险吗？这些风险在供应链管理理论中属于何种性质？

8．不同理论对第三方物流都有不同的阐释，到底哪种理论能更好地诠释第三方物流？

# 第3章

# 第三方物流的
# 类型与作用

## 💧 学习目标

宏观上讲，第三方物流的产生是社会分工的结果；微观上看，第三方物流又是企业强化自身竞争优势以适应供应链管理的手段。那么，第三方物流企业在价值链当中可以发挥怎样的作用？它的出现对价值链上的其他成员产生了怎样的影响呢？通过本章的学习，我们将了解到第三方物流价值创造机理，学习第三方物流价值创造的内涵和概念；分别站在第三方物流的服务对象消费者和制造企业的角度来审视第三方物流的价值所在，帮助掌握第三方物流的分类和不同类型第三方物流的服务特征；了解生产服务型和消费服务型两种不同的第三方物流的一般服务流程和内容。

## 💧 导入案例

### 希腊邮政使用中国微型机器人进行邮件分拣

微型机器人（Micro Robot）是典型的微机电系统。世界各国已经在微型机器人的研究方面取得了不少成果。微型机器人的体形很小，和蜻蜓或苍蝇一样大，有的甚至更小，小到我们看不见它们。微型机器人的应用领域广泛，除了医学科学以及通信技术等方面，最近快递方面的微型机器人也在希腊出现了。

在跨国快递巨头和本土快递公司兴起之前，希腊邮政是唯一在希腊境内经营"慢递"业务的公司。希腊邮政（ELTA）成立于1828年，是希腊政府拥有的邮递服务部门，属半官半商性质。1996年以前，希腊邮政是希腊政府100%持股的国企。1996年，希腊邮政进行了私有化改造，希腊欧洲银行拥有其10%的股份，希腊政府继续拥有其90%的股份。

没有使用分拣机器人之前，希腊邮政的分拣一直采用手工劳动，时间需求量很高，经常发生错误，导致客户交货延迟，公司成本增加。直到希腊邮政看到了中国邮政的成功案例，主动联系中国公司并采购了第一批分拣机器人——55台分拣机器人及相关设备，总价50万欧元左右，大约相当于25个分拣工人一年的工资。

2021年8月中旬，来自中国的55台信件分拣机器人在一个位于雅典北部郊区Kryoneri的邮件分拣处理中心投入使用且运转良好。当机器人接收邮件后，会自动扫描邮件上的邮政编码，将信件或包裹分发到144个分拣目的地。到9月中旬，55台分拣机器人每天可以处理多达168 000件、单件重量不超过15kg的邮件，已经承担了Kryoneri邮件分拣处理中心76%的分拣工作量，使分拣速度提高了250%，完全可以保证邮件第二天的交付。

中国是全球首创、全球领先的柔性智能分拣解决方案的供应商，集物流自动化、智能化设备的研发、生产、销售为一体，创造了世界首个便携式、模块化、自动化单元分拣系统。希腊邮政是欧盟国家中第一个使用中国分拣机器人设备的公司。

希腊邮政表示，引进这些分拣机器人，不是打算用机器人取代人工，而是帮助工人提高工作效率和分拣准确率，减少他们的体力劳动。机器人的部署也有助于在邮件分拣处理中心创造一个无新冠病毒的环境，这是数字化转型的一部分。

　　希腊邮政向中国企业采购55台分拣机器人应该只是外国引进使用该系统设备的开始。希腊邮政的成功示范，会帮助"中国创造"进入更多的欧盟国家。随着中国科研技术的不断提升，我们的相关产品一定会占据更多的市场份额。

（根据相关的公开资料整理）

案例思考：

　　（1）国家邮政系统和通常所说的"第三方物流"有何异同？为何几乎每个国家都要建立这样的国家物流系统？

　　（2）与新兴的"第三方物流"企业相比，邮政系统有何优劣势？

　　（3）建立一套纯粹意义上的"第三方物流"系统，邮政还应提供什么服务？

## 3.1　第三方物流的价值创造

　　第三方物流之所以在许多国家得以迅速发展，其根本原因就在于它可以利用自身所具有的独特作用与价值，通过规模化、专业化的服务，为企业在降低成本、完善服务、分担风险、增强竞争力等诸多方面带来更多的利益，从而帮助企业获得更大的竞争优势。

### 3.1.1　第三方物流的价值

**1.成本价值**

　　降低成本是大多数企业将物流业务外包给第三方物流服务商的主要原因。由于对很多企业而言，削减物流成本较削减制造成本具有更大的潜力，所以降低物流成本作为企业的"第三利润源"而受到普遍重视。第三方物流的成本价值来源于以下几个方面：

　　（1）减少委托方企业的物流设施设备等固定资产投资。企业通过支付服务费用来获得第三方物流服务，可充分利用第三方物流企业的专业化物流设备、设施和先进的信息系统，而不必保有自己的仓库、车辆等物流设施，将相关固定成本转化为可变成本，削减固定资产费用，并节省物流信息系统的投资。企业可将节省的资金用于其核心业务，以获得更高的资金回报率。

　　（2）降低委托方企业的仓储、运输、配送等费用。第三方物流公司可通过大宗交易获得低费率，并可将在仓库、设备、软件等方面的投资在大量货主身上分摊，从而降低单个客户的费用；同时，第三方物流公司通过运用其专业化物流运作的管理经验，精心策划物流计划和适时配送手段，帮助客户实现准时生产，最大限度地减少库存，实现成本优势；第三方物流企业通过自身广泛的节点网络实施共同配送，可大大提高运输效率，为委托企业减少运输费用。

　　（3）减少委托方企业的物流管理相关费用。由更加专业的物流管理人员和技术人员进行物流运作，可提高单证处理效率，减少单证处理费用。企业使用第三方物流服务可减少直接从事物流工作的人员数量，减削工资支出，并降低自营物流活动所需的管理费和伴随而来的因信息的传递、处理等发生的广义的物流费用，获得整体最优的运作效果。

2.服务价值

物流过程直接与客户接触，通过产品运输、配送提供客户所要求的基本服务效用：时间效用和地点效用。配送和其他物流作业经常与客户发生直接联系，影响客户对于产品以及相关服务的感受。因此，对物流进行计划、实施和控制并取得上佳成效，可以使企业从竞争中脱颖而出，区别于其他供应商并创造价值和令顾客满意，进而实现服务增值的目的。第三方物流公司从事的维修服务、设立的服务中心即属此类。

（1）提高委托方企业的客户响应能力。第三方物流企业所具有的专业技术能力，特别是覆盖范围广泛的信息网络和物流节点网络，使其能够迅速对客户需求做出反应。第三方物流通过训练有素的专业人员对订单的及时处理，以及专业化的门到门运输等服务，缩短了客户从订货到收货的时间，实现了货物的快速交付，从而使委托方企业的客户获得更高的满意度。

（2）提高委托方企业的服务水平。第三方物流企业在为委托方企业提供产品售后服务、送货上门、退货处理等服务的过程中，能够利用其先进的信息技术和通信技术加强对在途货物的监控，及时发现、处理配送过程中的意外事故，保证货物及时、安全送达，从而更好地实现企业对客户的承诺，提高委托方的企业信誉，促进企业产品的销售。

3.风险控制

降低经营风险也是企业外包的原因之一。企业自营物流通常会面临两大风险：一是投资风险。企业购置物流设施、设备和信息系统的投资是相当大的，如果缺乏相应的物流管理能力，造成企业物流资源的闲置浪费，这部分在物流固定资产上的投资将面临无法收回的风险。二是存货风险。企业由于自身配送、管理能力有限，为了能对客户订货及时做出反应，防止缺货、快速交货，往往采取高水平库存的策略，而存货要挤占大量资金，随着时间的推移，其变现能力会减弱，从而造成巨大的资金风险。使用第三方物流服务则能降低上述两方面的风险。

（1）降低委托方企业的固定资产投资风险。第三方物流企业拥有完善的物流设施、设备等资源，企业将物流运作外包给第三方物流企业，可利用其资产资源，不需要再进行物流领域的固定资产投资，而是代之以物流服务费用的支出，因而规避了投资风险。

（2）降低委托方企业的存货损失风险。第三方物流企业拥有完善的运输、配送网络和对物流运作的管理控制能力，能够提高客户响应速度，加快存货的流动周转，从而减少了委托方企业内部的安全库存量，降低了企业的投资风险。

4.提升竞争力

企业对提高自身核心竞争力和供应链层面竞争的关注，同样是第三方物流产生和发展的推动力。在专业化分工越来越细的时代，实力再强的企业也不可能在每一个领域都具有竞争优势。将有限的资源用于自身最具竞争力的领域，打造自己的核心竞争力已成为很多企业的共识。第三方物流不仅有助于增强企业的竞争力，而且能够提升整个供应链的竞争力，具体表现在：

（1）增强委托方企业的竞争力。对于那些并非以物流为核心业务的企业而言，将物流运作外包给物流活动中具有优势的专业第三方物流企业来承担，可以使企业专注于自身的核心能力，开发新产品，拓展新市场，建立优质品牌，有助于增强企业的竞争力。

（2）提升整个供应链的竞争力。第三方物流企业在其自身领域所具有的竞争优势，使其能够通过所掌握的物流系统开发设计能力、信息技术能力，将原材料供货商、制造商、批发商、零售商等处于供应链上下游的各相关企业的物流活动有机衔接起来。委托方企业与包括第三方物流企业在内的这些具有不同核心竞争力的企业所构成的供应链，能够形成单个企业无法实现的更为强大的供应链竞争优势。

5.社会价值

第三方物流不仅能为委托方企业创造更多的价值，而且能够为社会带来良好的效益。具体体现在：

（1）整合和利用社会存量资源。第三方物流企业可运用其专业的管理控制能力和强大的信息系统，对分散在不同企业的原有仓库、车队等物流资源进行统一管理、运营和组织，进行共同存储、共同配送，将企业的物流系统社会化，实现信息、资源的共享，从而促进社会物流资源的整合和综合利用，提高整体物流效率。

（2）缓解城市交通压力。第三方物流企业可利用其专业技能加强运输控制。通过制定合理的运输路线，采用合理的运输方式，组织共同配送、货物配载等，减少城市车辆运行数量，减少车辆空驶、迂回运输等现象，解决由于货车运输无序化造成的城市交通混乱、堵塞问题，缓解城市交通压力。

（3）减少环境污染。第三方物流企业提高了城市车辆运输效率，减少了能源消耗，减少了废气排放量和噪声污染等，这有利于环境保护与改善，促进经济的可持续发展。

### 3.1.2　第三方物流价值的相对性

虽然第三方物流能给整个社会、企业和消费者带来极大的价值，但对于具体的单个生产经营企业而言，第三方物流的价值却是相对的，企业在使用第三方物流的时候不可避免地会面临一些问题。

（1）企业和第三方物流之间一般来说信息是不对称的，而物流的畅通对于企业的正常生产经营来说具有重大的关系。如果企业将物流业务外包给不合格的第三方物流商，将会给经营带来重大的隐患。并且由于第三方物流真正发展的时间并不长，不同的第三方物流商其擅长的业务领域以及经营地域也千差万别，所以，企业在考虑物流业务外包时，要认识到其中风险和收益并存。

（2）对于某些生产性企业来说，为了保持其竞争优势，特别需要对自身原材料供应商、生产流程、技术工艺、销售网络等运营要素保持一定的隐秘性。但当企业将运营中的物流要素外包，特别是引入第三方物流来经营其生产环节中的内部物流时，其基本的运营情况将不可避免地向第三方物流商公开，这在日益激烈的市场竞争情况下，势必存在着企业核心运营要素泄露的危险。

（3）企业在将物流业务外包后，其生产运营便在一定程度上依赖于第三方物流商的绩效。当第三方物流商在企业物流方面占有了更多业务后，企业将面对某些控制权失控的问题，并且随着第三方物流商在企业物流业务介入程度的深入，物流商与企业讨价还价的能力也会加强，这将对企业形成潜在的威胁。

因此，并不是任何企业都需要第三方物流服务，第三方物流也不是任何情况下都能体现其价值，企业在决定是自营物流还是采用第三方物流时，需综合考虑自身资源条件和第三方物流商的能力，慎重选择物流模式，以提高企业的效益与竞争力。

### 3.1.3　自营物流与第三方物流的选择

由于第三方物流的价值是相对的，并不是所有企业在任何情况下使用第三方物流服务都可以获得更大的利益，所以企业通常需要将自营物流与使用第三方物流的利弊加以比较，从而做出有利的选择。企业选择第三方物流服务的一般决策过程包括以下几个阶段：

1. 分析自营物流的可行性

企业首先要明确自身当前和未来的物流服务需求，确定需求的数量与顾客服务水平；然后，评估自身运作物流系统的能力，包括设施基础、资金实力、技术水平和管理经验等；最后，在此基础上分析企业对自身物流服务需求的可满足程度，并据此做出初步的选择。

如果企业自身的物流运作能力不能满足其对物流服务的需求，则企业只能选择使用第三方物流服务；反之，如果企业能够通过建立自己的物流系统满足自身的物流需求，则可以考虑采用自营物流，但还需进一步就自营的必要性等其他方面进行分析。

2. 分析自营物流的必要性

具有自营物流能力的企业是否采用自营模式，首先应取决于物流水平对企业市场地位的影响程度和企业的竞争与发展战略。此时，企业通常需考虑三个方面的问题：一是物流对企业业务流程的影响程度；二是它是否需要相对先进的技术，采用此种技术能否使其在行业中领先；三是这种优势在短期内是否会被其他企业所模仿。

如果对上述问题的回答都是肯定的，那么物流水平对企业总体市场地位是至关重要的，企业应该在其竞争与发展战略中将物流服务作为核心竞争力予以开发，也就是说，企业非常有必要建立自己的物流系统，即选择自营物流模式；反之，企业则可以考虑利用第三方物流服务。此时，企业通常需要进一步将自营物流和使用第三方物流的利益加以比较，以做出选择。

3. 自营物流与第三方物流的比较

（1）经济性比较

一般情况下，使用第三方物流较自营物流具有一定的成本优势。但值得注意的是，因为第三方物流实际方案通常是针对不同的客户量身定制的，不具有广泛的适用性，所以这种基于规模经济效益的成本优势并非一定能够真正得以实现。企业应按照物流系统成本构成的具体情况进行相应的核算，以比较在满足一定的顾客服务水平下，自营与使用第三方物流服务的成本。

（2）风险性比较

企业若选择自营物流，物流系统属于自己所有，整个物流系统的运作完全在自己的掌控之下，企业对物流成本和服务水平有较强的控制能力，运作风险较小。使用第三方物流时，企业对物流公司的约束力仅限于双方合同中规定的权利义务，对物流运作的控制力大大降低。一旦双方沟通协调出现问题，就可能产生不能按企业要求完成业务活动的风险。更有甚者，如果物流公司利用其有利的地位提高价格，或产生种种机会主义行为，如不按合同规定的时间配送、装卸搬运过程中故意要挟等，就会给企业带来较大的损失。

（3）适应性比较

企业如果选择自营物流，则必然需要投入大量的资本用于购建所需的设施、设备，如仓库、货车、叉车等设备及管理软件等，并需招聘一定数量的员工以建立相应的部门，从而构建起自己的物流系统。这样的体系一经建立，就会在一定程度上固化企业的资金和人员。当企业的物流需求出现较大变化、需要对系统进行调整时，企业通常会面临一系列棘手的问题，而导致决策困难且难以迅速有效地进行调整。如果企业选择使用第三方物流，企业与物流服务商之间就可以依据双方签订的合同进行合作。针对自身物流需求的变化，企业只需通过对供应商的选择予以调整，即可快速实现系统的重新构建。因此，使用第三方物流通常较自营物流具有更强的适应性。

表3-1是自营物流与第三方物流的比较。

表3-1　　　　　　　　　　　　　　自营物流与第三方物流的比较

| | 经济性 | 风险性 | 适应性 |
| --- | --- | --- | --- |
| 自营物流 | 弱 | 控制能力、运作风险较小 | 弱 |
| 第三方物流 | 强 | 控制能力、运作风险较大 | 强 |

需要说明的是：企业应按照物流系统成本构成的具体情况进行相应的核算，以比较在满足一定的顾客服务水平的条件下，自营与使用第三方物流服务的成本。上述表3-1仅代表一般情况。

综合上述因素可以看出，自营物流与使用第三方物流在风险性和适应性上各有利弊。因此，对于有自营物流能力，而又并非由于战略需要必须自营物流的企业而言，经济性往往是起决定作用的。在选择和设计物流系统时，企业通常对系统的总成本加以检验，最后选择成本最小的物流系统。

4.选择第三方物流服务商

如果企业在经过上述比较后决定使用第三方物流，接下来就要选择第三方物流服务商了。假如企业只是与第三方物流服务商进行短期合作，则下列因素构成了企业选择物流服务商的主要依据：

（1）服务商的服务水平，如每吨公里成本和准时送货率。

（2）服务商的品牌与信誉。

（3）服务商的网络覆盖率。

假如企业打算与第三方物流服务商建立长期的合作伙伴关系，则在考察上述因素的同时，还要考虑以下几个因素：

（1）服务商的战略定位与本企业战略是否匹配。

（2）服务商在技术上是否具备创新能力以满足企业未来发展的需要。

（3）服务商的服务范围是否能够满足企业未来业务扩展的需要。

（4）服务商的资本实力能否维持其未来业务的持续增长。

（5）服务商的组织结构是否具备适应物流整合发展所需要的可变性。

企业在依据上述诸因素对服务商进行充分考察的基础上，可选出符合自身要求的第三方物流服务商。

## 3.2  消费服务型第三方物流

### 3.2.1  消费者物流与消费服务型第三方物流

第三方物流服务的对象主要有两类，一类是生产型客户，另一类是流通和消费型客户。针对不同类型的客户，为其提供物流服务的方式和侧重点、时间和质量要求都有所不同。

从供应链的角度，可以很清楚地看出针对不同类型企业的第三方物流服务所处的位置及服务范围，如图3-1所示。

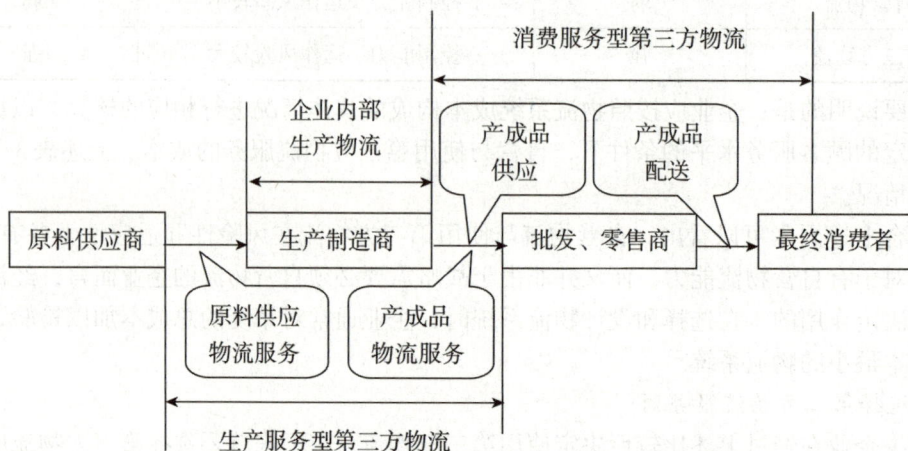

图3-1  不同类型第三方物流服务的构成及范围分布

目前，第三方物流服务最大的供应者来自仓储和运输业，这些公司均提供一体化的物流服务，包括运输、仓储、EDI信息处理等，以及其他许多增值服务。例如，在美国，专注于物流和仓储综合业务的第三方物流得到了快速发展，已经成为物流行业的重要参与者，至2017年，全美营收超过10亿美元的第三方物流企业就已超过30家。新冠肺炎疫情全球暴发前的2019年，美国物流总支出估计为1.63万亿美元，占当年GDP的7.6%，大趋势上看占比仍然呈下降趋势，但相比于1990—2000年的情况，下降趋势明显减缓。2019年，美国仓库总量达到18 741个，同比增加了570个，保持逐年递增态势。总体而言，近年来第三方物流应用持续扩大，并不断地融入新的关系、新的手段，以改进分销渠道，满足消费者日益苛刻的服务需求。

第三方物流服务的最大用户群，通常是那些在杂货店销售日常洗涤用品、纸制品、化妆品和食品等的零售商，我们将此类直接作用于最终消费者的物流服务称为消费者物流，而专门提供消费者物流服务的第三方物流供应商被称为消费服务型第三方物流企业。

消费服务型第三方物流的服务对象通常包括批发企业、零售企业或外贸企业等。这类企业往往需要通过第三方物流将商品送到最终的客户或消费者手中。这一物流过程通常包括商品包装、商品储存、商品配送、装卸搬运、流通加工、物流信息、分销物流网络规划与设计、物流网点内部的物流管理等活动。消费者物流是企业物流与社会物流的又一个衔接点，所涉及的产品需求数量较大、品种相对较多。消费服务型物流企业的物流活动内容参见表3-2。

表3-2　　　　　　　　　　消费服务型物流企业物流活动内容

| | 活 动 内 容 |
|---|---|
| 商品包装 | 包装材料的选择、包装标志的设计、包装耗材的采购与使用等 |
| 商品储存 | 仓储规划、仓库选址、库区划分、货位规划、仓储作业、仓储机械、库存管理、库存控制、库存合理化、货品管理、库存信息管理 |
| 商品配送 | 配送计划的制订，配送路线的选择，运输方式的确定以及货物搭配 |
| 装卸搬运 | 装卸搬运设备、装卸搬运方式的选择，集装单元化作业的实施，使物流业务的运作更加机械化、自动化、智能化 |
| 流通加工 | 流通加工方式、成本、效益，流通加工与配送的结合运用、废物的再生利用等 |
| 物流信息 | 物流信息系统的开发，要实现物流信息处理电子化、信息化、网络化、集成化、效率化、标准化 |
| 分销物流网络规划与设计 | 市场结构、需求分布、地理位置、市场环境条件等 |
| 物流网点内部的物流管理活动 | 网点内部的物流管理，使其更加合理化、效率化、集成化 |

### 3.2.2　消费服务型第三方物流的一般流程

包括零售企业在内的流通业位于供应链末端，也是消费者直接面对的业态。所以，消费服务型第三方物流的客户服务直接体现供应链的整体服务水平，要求必须尽量及时、准确、完好地送到客户指定的地点。为了保证流通企业物流的顺利进行，降低各个环节的成本，为客户提供满意的服务，实现较高的收益，企业需要做好商品包装、储存、订单信息的处理、发送运输、装卸搬运等方面的工作。其具体的物流作业流程如图3-2所示。

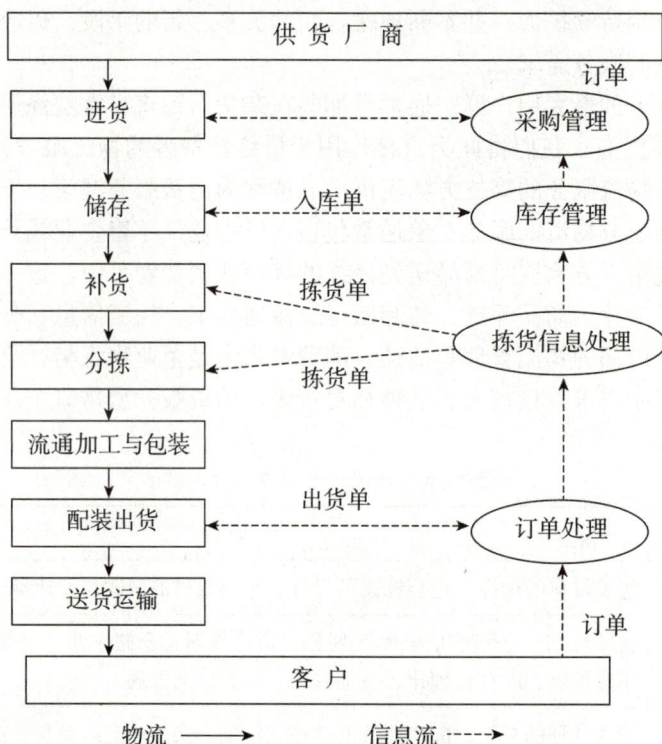

图3-2　消费服务型第三方物流企业作业流程图

**1.进货运输**

这是指批发、零售企业依据订单需求或市场的需求预测，向上游供应商实施订货、接货和检验作业。物品从供应商运送到流通企业的操作过程可由第三方物流企业来承担，包括把货品从供应商处进行实体接收，安排装车，核对该货品的数量及状态（数量检查、品质检查、开箱等），然后记录必要信息。

**2.装卸搬运**

装卸搬运是指出于运送或重新摆置物料的需要，将不同形态的散装、包装或整体的物品，在平面或垂直方向提起、放下或移动，使货品能适时、适量移至适当的位置或场所存放。其操作方法要合理，配合流通企业需要的物品特点分别进行操作。

**3.入库储存**

这是指从供应商处将流通企业所需的物品运送到仓库，将未来要使用或者要出货的物品进行搬运、入库保管存放。仓库的保管作业可以由流通企业自身完成，也可由专职的第三方物流仓储服务来实现。储存过程中要经常做库存品的检验和控制，货品存放时要注意充分利用空间，还要注意存货进出的综合管理。因货品不断地进出库，经过长期累积，库存资料容易与实际数量不符，或者有些产品因存放过久、保管不当，致使品质功能受到影响，难以满足客户的需求。为了有效地控制货品数量，需要对各储存场所进行盘点作业。

**4.订单处理及分拣配货**

订单处理是由接到客户订货开始至着手分拣之间的作业，包括有关客户、订单的资料确认，存货查询，单据处理以及出货配发等。将订单要求的不同种类、不同数量的商品由配送中心取出集中在一起，目的在于正确且迅速地集合顾客所订购的商品。将分拣完成的货品，按客户的订单要求进行分类、整理后做好出货检查，装入合适的容器，做好标志，等待装车出库。这部分作业一般由流通企业自己来完成。

5.补货作业

当分拣作业区中的货品存量小于设定的标准时，将货品从保管区域移到分拣区域，并做相应的信息处理。而当仓库保管区域中的货品数量小于设定的数量标准时，需要向上游供应商提出新的订单，进行货品的及时补充。这部分运输作业与进货作业的操作类似，可以由第三方物流服务来完成。

6.商品包装

包装在商品流通过程中起到便于保护、仓储、运输、装卸搬运的作用，并且是满足最终客户要求的必要作业。包装的好坏直接关系到商品质量的完好程度，并对消费者对流通企业的服务评价有着直接的影响。因此，在包装时不仅要考虑包装材料、包装形式要给仓储、运输带来方便，同时还要考虑材料及工艺的成本费用支出。

7.配装出货

这是指将分类完成、包装完好的货品，根据车辆趟次类别或消费者需求类别等指示，运至出货准备区，然后将物品根据装车安排实施装载，选择合理的运输路线，进行配送运输作业。

8.送货交接

将被订购的物品运送至顾客手中，接受顾客对商品的品质检查，然后实施安装、调试及使用方法的说明，顾客满意后，要求顾客进行签收，送货作业完成。

消费服务型第三方物流服务，要直接面对流通企业和消费者群体，所以客户关系管理也是至关重要的。通过与物流服务客户之间保持畅通、及时的沟通，完成物流服务理念的宣传，以便在未来的发展中获得更多的客户，扩大企业服务的范围和规模。

## 3.3 生产服务型第三方物流

### 3.3.1 制造企业与第三方物流

可以说，20世纪60年代是全球制造业的"黄金时代"，因为只要大量生产出来的产品，都能够迅速被急剧扩大的市场所消化。在这样的经济环境下，制造企业最关心的问题主要集中在如何保证持续地大规模生产，从而达到降低生产成本、扩大产量的目的。而通过物流合理化来降低成本则被放到了次要的位置，甚至被忽略掉了。

20世纪70年代，石油危机的出现使自二战后一直持续的高速增长迅速降温。制造企业如果再像过去那样只是关心生产的规模化经营，就很难在市场上立足。在这样的背景之下，国家的规则、政策及企业经营理念也悄然发生了本质的变化。主要体现在：

**1. 业务再造与流程重组**

经历了20世纪80年代的不景气，以美国企业为代表，国外一些重要的制造商开始重新思考自己在整个供应链中的定位。企业业务再造、流程重组成为这些企业的当务之急。企业把以前采取自营策略的物流业务外包给了专业性物流公司的做法逐渐成为一种流行趋势，再加上针对物流业的限制性政策的取消，一些新的物流服务形态开始出现。为了构建最适合自己、最具有竞争力的物流系统，对专业性的追求也就成为制造业物流战略选择的主流。为了追求这种在物流流程和作业方面的专业性，企业开始把目光从企业内部转移到企业外部的一些可利用的资源上来。

**2. 物流业规制政策的取消**

自20世纪80年代开始，一些对物流服务加以限制的政策和法规在以美国为代表的西方国家开始被取消，取而代之的是保证自由竞争的法律、法规，从而开始了"运输自由化"，过去对服务费用、服务范围等的限制在这个时期也都逐渐被废除了。在这样的背景下，物流行业开始将竞争的重点放到服务的专业化、多样化、个性化方面。为了更加有效地向客户提供高效的物流全程服务，物流服务得到了前所未有的发展。在货主企业削减物流费用的需求越来越大的前提下，专门把物流流程设计作为竞争武器，向货主企业提供全程、综合物流服务的第三方物流公司也就出现了。此前只是着眼于运输、仓储这样的物流单一职能的传统的物流概念，开始向从原材料供应到产成品配送的综合管理的认识转变。

从美国第三方物流发展的实践来看，随着对物流的限制性措施的取消，传统运输行业由于大量新进入者的加入造成的竞争白热化使得原有企业大量倒闭。很多有眼光及实力的运输企业开始着眼于单纯业务以外的新型服务项目，如多式联运和货主企业的供应链管理，开始了向第三方物流企业转变的探索。另外，一些单纯把低运价作为自己的竞争优势的个体从业者，也渐渐地从单打独斗的运作模式开始转作被雇用者加入到那些新型企业所打造的第三方物流服务中来。

因此可以说，第三方物流服务的产生是传统运输企业对因运输市场开放而造成的运价降低的不利形势的一种应对反应。

**3. 信息技术的飞速发展使供应链管理成为可能**

物流职能的集成、向货主提供整合的物流服务等等，这一切都离不开信息技术。以构建提高工作效率、提供企业决策依据的管理信息系统为基础，不仅企业内的部门与部门之间可以进行信息交流，跨企业的信息交流也成为可能。总之，着眼于企业的横向管理、降低成本的信息系统基础设施的建设正成为实现企业现代化管理的重要因素。

20世纪90年代以后被美国企业界称为供应链管理的时代，从原材料供应到最终用户配送的全程物流管理思想，使企业打破了以前那种局限于企业个体的经营管理思想的界限。因此，核心企业把供应商、经销商全部纳入了跨越企业界限的供应链管理的范畴，通过降低整个供应链的成本使每一家企业都能从中受益。在供应链中引入第三方物流企业的做法就是从高效率地管理现有物流基础设施、为供应链提供物流支持开始的，目前供应链所提供的咨询服务、运作管理、成本管理、服务管理等服务项目，也都是逐步发展而来的。这种跨企业管理的思想的发展和应用从某种意义上来讲，也得益于信息技术的发展。

4.企业物流活动的全球化

对于制造企业来说，由于全球化的深入，跨地区跨国界的供应、生产、销售使得物流费用大幅上升，对于物流管理的合理性、高效性也就提出了更高的要求。由于全球化进程的加快，企业的供应链被延伸了，面向全球市场的生产资料、产品的物流量大幅上升，对高效的跨国界生产、销售能力的要求使高速度构建面向国际市场的柔性物流网络变得非常必要和重要。这种要求使企业对于具有专业性的"第三方"的需求变得更加迫切。

伴随着制造业外部竞争环境的变化和竞争的激化，企业开始回归自己的本业，也就是现在所说的专注于自己的核心竞争力。可以说，正是制造业的变革造就了第三方物流行业。当然，物流市场的进一步开放、IT技术在企业管理上日益广泛的应用，传统的物流行业也在不断地寻找货主新的需求点以创造出自己的核心竞争力。

### 3.3.2　制造企业的物流需求

信息技术的不断发展、经济的全球化使得企业生产运营所需资源获得的范围、产品销售的区域也逐步扩大。社会物资的大流通，带来了商品交易及企业生产经营管理的大变革。

1.生产物流

现代制造企业的生产物流是指生产企业内部进行的，涉及原材料、在制品、半成品、产成品等的物流活动；是将采购、运输、存储、加工、配送、销售、服务等一系列有效工作与信息相结合，形成的一个完整的供应链系统，为用户提供多功能、一体化的综合性服务。生产企业的物流源于物料的投入，终止于成品入库，贯穿于生产的全过程。

生产物流需要物流信息的支持，通过信息的收集、传递、储存、加工，将仓储、装卸、搬运等物流活动连接起来，控制各项物流活动的实施，从而实现及时沟通，快速反映各部门的具体情况，提高整体效率。

2.影响生产物流的主要因素

不同产品的生产过程有着不同的生产物流构成。生产物流的主要影响因素包括如下方面：

（1）生产的类型。不同的生产类型和产品品种，其结构的复杂程度、工艺要求以及原材料储备都不相同，这些特点都会不同程度地影响到生产物流系统的构成。

（2）社会专业化与协作水平。企业社会专业化和协作水平的提高，使内部生产过程趋于简单化，令物流流程缩短，如毛坯、零件、部件等，由其他专业工厂提供。

3.生产物流的流程

生产物流过程包括生产物料的购入与储存、生产转换过程、产成品的存储与运输。

（1）生产物料的购入与储存。对于不能达到准时采购的制造业，生产过程所需要的材料要在生产前采购入库。企业对原材料储存的主要目的：一是降低企业的经营风险；二是保证生产持续进行。因此，对生产材料进行产前储存是非常必要的。

为了能够达到及时性采购目标，保证材料的及时供应，企业需要与供应商建立一种长期的合作关系，这样既能保证生产的正常进行，又可以降低库存成本，避免资源的重复建设，提高企业的合作效益。而原料供应商与生产企业之间的物料供应连接，需要由第三方物流服务来实现，要与供应商和生产商随时保持紧密的信息沟通，保证按照生产需要及时进行原料供应及储存。

（2）生产转换过程。生产转换过程就是从原材料到产成品完工入库的整个转换过程，这个过程的生产物流系统需要进行生产物料的出库、装卸、搬运、产成品的入库。不同的生产工艺过程对应着不同的物料流动，但在整个环节企业都需要物流运作效率高、残次品少、成本低。

（3）产成品的存储与运输。企业在生产完成产品时，在送到客户手中之前要暂时储存，以便获得产品销售前的集中运输和大批量包装的规模效益。根据客户订单需求及销售计划安排，将产成品及时地运送出库，协调车辆和人员安排，与下游客户或临时存放单位进行沟通与接洽，完成产品的交接工作。

4.制造企业物流的分类

制造企业物流从企业的生产、服务范围角度来划分，可分为企业内部物流和企业外部物流两大部分。

（1）企业内部物流。企业内部物流主要是指在企业内部的生产组织管理、经营过程中所发生的物料配送、加工、检查、搬运、仓储、包装、配送及生产过程中的信息传递活动。一般情况下，其工作范畴包括从原材料（零部件）进入企业生产现场到产成品销售出库的全过程，是企业管理的重要工作内容。企业要想实现稳定生产，必须先组织好内部物流工作。

（2）企业外部物流。企业外部物流是指企业在生产经营活动中与供应链中的各企业或相关联的各部门之间的实体物流及信息活动。

一般情况下，企业外部物流被分成两个部分：

①生产前物料、原材料、零部件的采购运输物流过程。

②从产成品出库到产成品销售及售后服务以及某些企业回收物流的工作过程。企业外部物流是指企业与外界的物料实体及相关信息的流动过程，是企业生产正常运行的保障，其管理更加复杂、烦琐，影响因素也更加广泛。

制造企业物流的分类如图3-3所示。

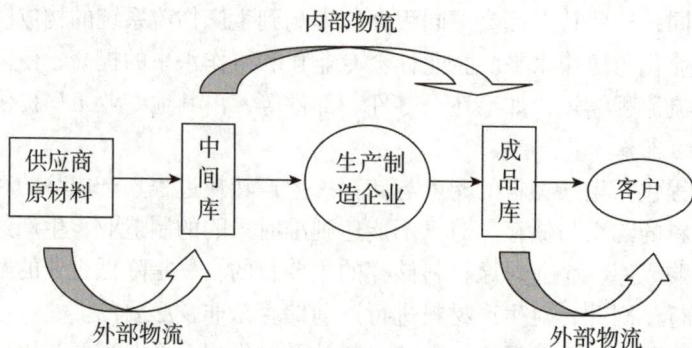

图3-3  制造企业物流的分类

对于生产企业而言，在考虑将企业物流外包时，会把企业的外部物流承包给专业的第三方物流企业，将自身的主要精力和资金能力用于企业核心生产能力的培养，引进或研发先进的生产技术和方法，不断创新产品，专心搞好生产的计划和组织安排，提高企业在市场上的份额和竞争力。而第三方物流企业承担生产企业的原材料供应和产成品的储存、运输等物流业务，能以更专业、更快速的服务满足生产企业的物流要求，从而获得双赢的目标。

### 3.3.3　制造企业的第三方物流服务

#### 1.制造企业的物流活动

（1）物料管理。对生产中所需要的各种物料（如毛坯、工具、半成品、废品和成品等）进行的管理。物料管理具体体现为库存管理以及对入库、出库进行管理，并协调出库与入库，保证准时、可靠地供应生产所需的物料。

（2）作业管理。根据生产加工的需要，计划、调度各种运输设备，规划运输路线，使所需的物料及时、畅通地运达指定位置。这里既包括作业计划，也包括作业控制。

（3）状态监控。通过生产物流系统对物流状态，包括物流设备状态、物料状态、物流路线等的监测，掌握物流的实际运行状况，并在出现故障的情况下及时采取措施、排除故障，保障系统的正常运行。

（4）信息处理。对生产物流系统中的各种信息进行采集、处理、传输、统计和报告。

这些物流管理的主要功能并非截然分离，而是相互联系、有机结合的。其中，信息处理是现代生产物流管理的核心和基础。无论物料管理、状态监控还是作业管理，都离不开物流信息。随着物料的实物流动，物料的数量、物理位置和品种的变化等信息也一同流动。所以，实际上生产物流过程就是物料实物流动加信息流动的过程。在信息流动过程中，信息采集、处理和传输则服务于管理的需要。在现代生产物流体系中，物料实物的流动是目的，而为达到这一目的所进行的管理是以信息为基础的。

#### 2.现代制造企业物流系统的发展趋势

随着近年来消费者的个性化、多样化需求的变化以及计算机技术和现代管理技术的广泛应用，产品生命周期缩短，市场竞争环境对制造企业的要求也从"少品种大批量"向"多品种小批量"的生产模式转变，使生产制造企业的物流呈现以下发展趋势：

（1）物流精益化。精益物流是指消除物流过程中的无效和非增值作业，用尽量少的投入满足客户需求，并获得高效率、高效益的物流活动。因此，精益物流系统是一种以小规模、小批量、多品种、低成本、高质量的生产方式理念为基础而建立的物流系统，是精益生产方式在物流领域的具体体现。

（2）物流准时化。准时方式是在多品种、小批量生产领域中的一种零库存管理的方式。通过准时的衔接，不再以库存作为生产过程的保障，而是以准时的物流供应作为保障，这样一来就在降低企业存货方面获得了很大的成效。准时方式的目标是减少甚至消除从原材料投入到产成品产出全过程的库存，因而就使整个生产流程结构出现了很大的变化：生产节奏是连贯的，中间没有停顿，没有存货，也不需要再设置节点。

（3）供应链集成。制造企业在构建自己的供应链时，能否将供应链中的商流、物流、信息流、资金流等要素通过信息共享、计划协同和流程集成，实现系统协调与优化，是衡量供应链管理成功与否的关键因素。

3.现代制造企业的物流管理模式

（1）综合配送模式。以管理供应链为指导思想，全面系统地优化和整合企业可以利用的各种物流资源、物流流程和管理流程，对生产过程的各个环节实现全方位综合配送，充分提高产品制造过程的时空效应，并由此形成高效的物流配送方式。在企业的生产过程中，需要按照工艺流程和企业运作方式理顺生产物流的运行程序，建立合理的物流配送体系。只有在整个产品制造过程中开展所需物料（原材料、外协件等）的综合型适时适量配送，才能确保生产过程中尽量减少浪费，实现资源配置的高效和优化。

（2）联合配送模式。通过契约方式，与相关企业之间形成优势互补、相互信任、共担风险、共享利益的合作伙伴关系，并以此实现产品制造过程中的集约化配送。一般有三种联合方式：

①原材料供应导向型：在一定地理区域内，若干个企业因为有共同的原料需求而联合组建配送中心，实现"集中购进→集中储存→分散配送"的方式。

②产品制造导向型：当某个企业的产品制造需要若干相关外协件时，通过契约方式建立起以"产品制造过程的高效运行"为目标的联合配送方式。

③物流资源导向型：从生产企业的物流现状和发展要求来看，企业所拥有的物流资源供应与企业产品制造、市场营销的物流需求相比总是呈现不均衡状况，由于现实中这种对均衡物流的需求，从而产生了资源联合型的配送方式。也就是由若干个在物流资源上具有互补性的企业联合起来，整合和优化物流功能，建立联合配送方式和物流体系。

（3）市场配送模式，即配送外包模式。随着电子商务的发展，企业在产品制造过程中与第三方物流企业实行信息实时共享成为可能，这就使企业可以在一定时间内得到第三方物流企业提供的与企业产品制造流程相吻合的，高效、个性化的物流服务。

## 3.4　电商服务型第三方物流

### 3.4.1　电子商务与第三方物流

随着互联网应用的普及，电子商务在我国从无到有，迅速成为我国经济高速发展过程中一道亮丽的风景线。特别是从2009年起，中国电子商务行业迎来了爆发式的增长，大量传统企业也迅速投身到这一生机勃勃的市场中，电子商务的发展大有势不可当之势。其中，以淘宝、京东等购物网站为代表的网购平台迅速发展壮大，大大促进了电子商务行业的成熟，引发了网络平台、卖方和买方不断的生态演变，也为第三方物流服务提供商带来了巨大的需求市场。

据统计，2020年，中国电子商务交易额达37.21万亿元[①]，同比增长了4.5%；2021年上半年，中国电子商务交易额达9.61万亿元。其中：2020年商品类电商交易额27.95万亿

---

① 本节所引用的统计数据中的金额数据单位均为人民币。

元，占75.11%；服务业电商交易额8.08万亿元，占21.71%；合约类电商交易额1.18万亿元，占3.17%。参见图3-4。

图3-4　2011—2021年上半年中国电子商务交易额

　　智研咨询发布的《2021—2027年中国电子商务行业市场深度分析及投资方向分析报告》显示，自2013年起，我国已连续8年成为全球最大的网络零售市场。2020年，面对新冠肺炎疫情的巨大冲击和复杂严峻的国内外环境，我国网络零售市场保持了稳健的增长态势，市场规模再创新高。国家统计局的数据显示，2020年中国网上零售额达11.76万亿元，比上年增长10.9%，网上零售额对社会消费品零售总额的占比增长到30.0%，较2019年增长了3.9个百分点；2021年上半年中国网上零售额达6.11万亿元，网上零售额占社会消费品零售总额的28.8%。参见图3-5。

| | 2011年 | 2012年 | 2013年 | 2014年 | 2015年 | 2016年 | 2017年 | 2018年 | 2019年 | 2020年 | 2021年H1 |
|---|---|---|---|---|---|---|---|---|---|---|---|
| 网上零售额：万亿元 | 0.78 | 1.31 | 1.85 | 2.79 | 3.88 | 5.16 | 7.18 | 9.01 | 10.63 | 11.76 | 6.11 |
| 社会消费品零售总额：万亿元 | 17.98 | 20.55 | 23.23 | 25.95 | 28.66 | 31.58 | 34.73 | 37.78 | 40.8 | 39.2 | 21.2 |
| 网上零售额及占社会消费品零售总额的比重 | 4.3% | 6.4% | 8.0% | 10.8% | 13.5% | 16.3% | 20.7% | 23.8% | 26.1% | 30.0% | 28.8% |

图3-5　2011—2021年上半年中国网上零售额及占社会消费品零售总额的比重

　　从实物商品网上零售额来看，2020年中国实物商品网上零售额9.76万亿元，同比增长了14.8%，占社会消费品零售总额的比重为24.9%，较上年提升4.2个百分点；2021年上半年中国实物商品网上零售额5.02万亿元，占社会消费品零售总额的比重为23.7%，较2020年全年下降1.2个百分点。

电子商务环境下，物流需求与流程都发生了一系列变化，与之对应的物流管理也具备了一些新的特点：

（1）信息化

电子商务时代，物流信息化是电子商务的必然要求。物流信息化表现为物流信息的商品化、物流信息收集的数据库化和代码化、物流信息处理的电子化和计算机化、物流信息传递的标准化和实时化、物流信息存储的数字化等。信息化是一切的基础，没有物流的信息化，任何先进的技术设备都不可能应用于物流领域，信息技术及计算机技术在物流中的应用将会彻底改变世界物流的面貌。

（2）自动化

自动化的基础是信息化，自动化的核心是机电一体化，自动化的外在表现是无人化，自动化的效果是省力化，另外还可以扩大物流作业能力、提高劳动生产率、减少物流作业的差错等。物流自动化的设施非常多，如条码/语音/射频自动识别系统、自动分拣系统、自动存取系统、自动导向车、货物自动跟踪系统等。这些设施在发达国家已普遍用于物流作业流程，我国的物流业起步相对晚一些，发展水平相比而言也低些，自动化技术的普及还需要相当长的时间。

（3）网络化

物流领域网络化的基础也是信息化，这里指的网络化有两层含义：一是物流配送系统的计算机通信网络，包括物流配送中心与供应商或制造商的联系要通过计算机网络，与下游顾客之间的联系也要通过计算机网络，物流配送中心通过计算机网络收集下游客户订货信息的过程也可以自动完成；二是组织的网络化，即所谓的组织内部网（Intranet）。

物流的网络化是物流信息化的必然，也是电子商务下物流活动的主要特征之一。当今世界全球网络资源的可用性及网络技术的普及为物流的网络化提供了良好的外部环境，物流网络化不可阻挡。

（4）智能化

这是物流自动化、信息化的一种高层次应用，物流作业过程大量的运筹和决策，如库存水平的确定、运输（搬运）路径的选择、自动导向车的运行轨迹和作业控制、自动分拣机的运行、物流配送中心经营管理的决策支持等问题都需要借助大量的知识才能解决。在物流自动化的进程中，物流智能化是不可回避的技术难题。好在专家系统、机器人等相关技术在国际上已经有了比较成熟的研究成果。为了提高物流现代化的水平，物流的智能化已成为电子商务下物流发展的一个新趋势。

（5）柔性化

柔性化本来是为实现"以顾客为中心"的理念而在生产领域提出的，但想要真正做到柔性化，即真正地能根据消费者需求的变化来灵活调节生产工艺，没有配套的柔性化的物流系统是不可能达到目的的。20世纪90年代，国际生产领域纷纷推出弹性制造系统（FMS，Flexible Manufacturing System）、计算机集成制造系统（CIMS，Computer Integrated

Manufacturing System)、企业资源计划（ERP，Enterprise Resource Planning）、制造资源计划（MRP-Ⅱ，Manufacturing Resource Planning）以及供应链管理的概念和技术，这些概念和技术的实质是要将生产、流通进行集成，根据需求端的要求组织生产，安排物流活动。因此，柔性化的物流正是适应生产、流通与消费的需求而发展起来的一种新型物流模式。这就要求物流配送中心要根据消费需求"多品种、小批量、多批次、短周期"的特色，灵活组织和实施物流作业。

另外，物流设施、商品包装的标准化，物流的社会化、共同化也都是电子商务下物流模式的新特点。

### 3.4.2　电子商务对第三方物流市场的影响

在电子商务环境下，不同类型的电子商务模式会带来不同的物流需求。通常情况下，电子商务模式是根据商务活动参与主体的不同分成B2B、B2C、C2C等模式的。对于第三方物流业来说，电子商务市场的飞速发展除了可以带来可观的配送物流需求以外，也对第三方物流的运作模式提出了新的要求。

随着网络技术的快速普及，网民数量的爆炸式增长，电子商务迅速融入了百姓的日常生活中。根据中国电子商务研究中心的数据，目前，我国拥有近10亿网民，构成了全球最大的网络群体。在这个全球最大的数字社会中，截至2021年6月，网络购物用户规模达8.12亿人，较2020年12月底增长了0.3亿人，这一数字展现了我国数字经济蓬勃发展的态势。参见图3-6。

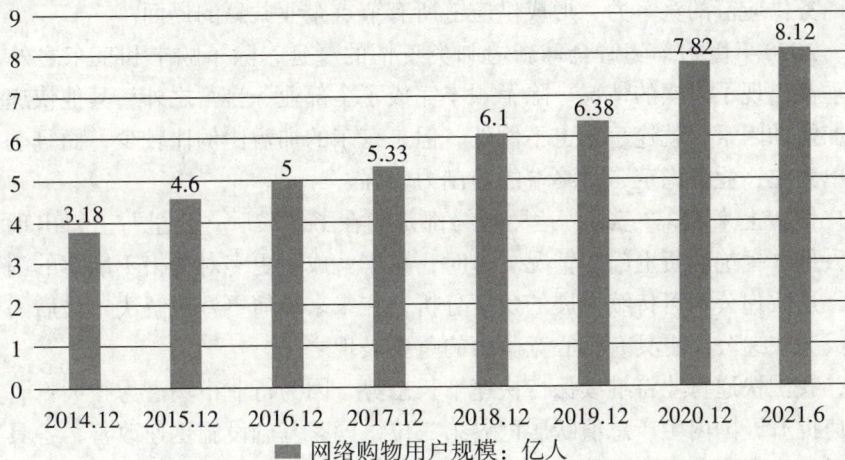

图3-6　2014—2021年上半年中国网络购物用户规模示意图

电子商务规模的不断扩大、各地政府的大力推进，使我国电商及相关产业迎来了前所未有的发展机遇。在电子商务整个产业链中，物流配送处于链条的最前端，直接接触消费者，所以，物流业发展的速度与质量如何，直接影响到网络购物的环境。因此，与电子商务密切相关的快递业也随之进入了快速增长的轨道，电子商务为其发展壮大提供了前所未有的机遇也提出了重大挑战。在我国的快递行业中，逐渐形成了以"三通一达＋顺丰"为核心的快递市场，如图3-7所示。

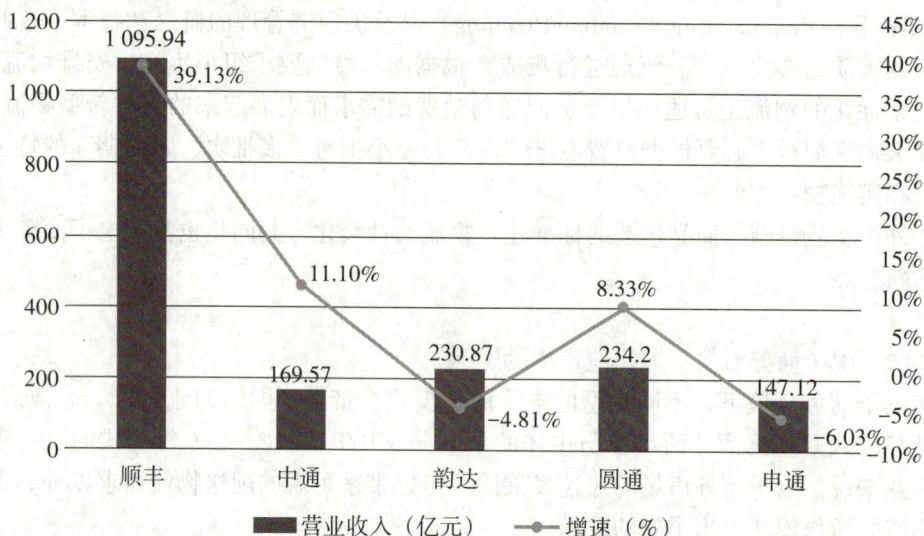

图3-7　2020年前三个季度顺丰和三通一达营收情况

网络零售已经成为快递产业的一个核心增长点，快递企业与电子商务企业，电子商务平台等网络公司的合作越来越密切，合作内容与合作形式也日益多样化，电商物流在推动快递业发展的同时，提高了其服务质量，也促进了快递行业的结构升级，帮助其向现代服务业转型。当然，作用是相互的，快递行业的优化升级也促进了电商物流的发展，提升了整个电子商务供应链的竞争力，形成供应链所有节点企业共赢的局面。

然而，2020年伊始，随着全球新冠肺炎疫情的蔓延，除了顺丰和京东之外，其他很多快递几乎都出现了停摆的情况。除了顺丰完成了全部业务自营之外，其他快递公司或多或少都有加盟的因素，就连京东也不例外，但是京东的加盟比例比较少，而且基本上以京东内部订单为主，业务稳定，对终端的控制力较强。

从用户体验上来看，"三通一达"最终都是输在了"最后一公里"上，出现了不少转运不畅、丢件、拒绝送货上门等情况。这时，顺丰就成了更多对价格不敏感的消费者的选择。因此，从快递公司可持续发展的角度分析，在未来如何更好地解决"最后一公里"的体验，将成为快递公司更具有核心竞争力的重要表现之一。

未来，我国快递行业将继续保持快速增长态势，因为行业市场潜力很大：一方面，综合国力迅速提升，国内生产总值跃居世界第二位，国家基础设施迅速改善，各具特色的区域发展格局初步形成，产业结构调整取得了积极进展，社会基本稳定，法治逐步完善，中国经济进入了新的发展阶段；另一方面，市场化、城镇化、信息化、工业化、国际化进程为快递行业提供了巨大的市场契机。预计到2026年，我国快递业务收入将突破1.5万亿元人民币，业务总量超过1 400亿件。参见图3-8。

电子商务是基于网络信息技术的全新商务模式，是我国国民经济新的增长点，也是推动我国经济发展的新动力。信息是虚拟无形的，但电子商务同样离不开实物产品的采购、储存与配送。因此，作为重要的支撑体系，高效、合理的物流系统是电子商务健康发展的必要保证。

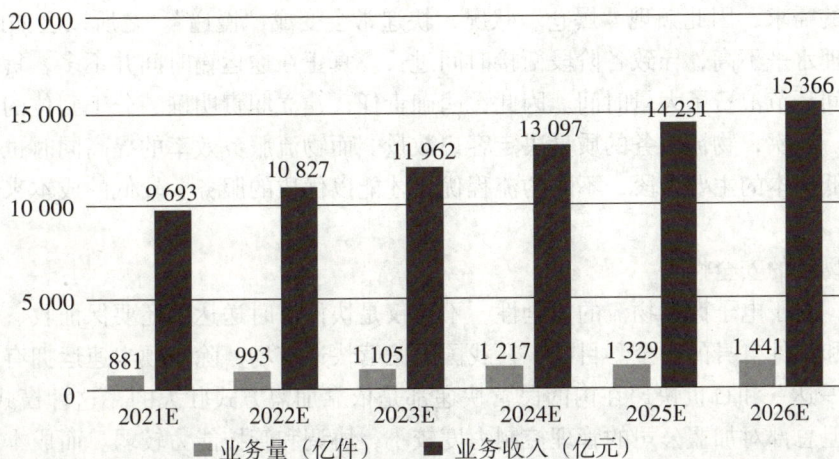

图3-8　2021—2026年中国快递行业业务量和业务收入预测

电子商务和现代物流的集成发展是流通现代化的重要标志，物流是电子商务的实现阶段。传统的物流运作方式难以满足电子商务高效、快捷、便利等多方面的需求，不能解决电子支付、电子单据传输、物流交易双方业务接口等等诸多问题。因此，随着电子商务的发展，先期实现物流信息化、配送集成化和自动化，将成为进一步拓宽电子商务发展"瓶颈"的首要前提条件。

### 3.4.3　电商服务型第三方物流服务的特征

作为商流、资金流、物流、信息流的结合体，电子商务中的信息流是桥梁，商流是载体，资金流是目的，而物流则是基础。随着信息技术的发展，商流、资金流、信息流可以通过技术的协作得以更好地完成，高效、可控、高质量的物流成为电子商务的关键。

电子商务物流的核心是以客户为中心的客户服务，提供优质服务是电子商务型物流企业的立足之本。同时，服务是电子商务型物流企业占领物流市场、提升竞争力的关键因素，也是其获得利润的源泉。从发展情况看，电子商务型物流的服务对象不仅仅是本地区的，更多的是跨地区或跨国家的。每个客户都希望得到快速、优质的服务，需要服务的不是一处而是多处，而且会根据不同对象提出不同需求。因此，现在越来越多的电子商务型物流企业主动靠近顾客，以顾客的需求和利益为中心，最大限度地满足顾客的需求，从高效率、优质的顾客服务中谋求利润。这种基于电子商务的、对物流服务的要求主要表现在：

（1）物流效率

我国的现代物流起步较晚，处于摸索的状态，在发展中存在着不少问题，有很多需要改进的地方，而物流服务的质量和效率是与商家的盈利和生存状况密切联系的。而电子商务的快速发展对物流效率提出了更高的要求，配送中心要向所供应区域的各个地点进行小批量、大批次的送货，且数量、频率和方向具有不确定性。自2020年12月21日我国当年快递业务量达到800亿件开始，目前，我国电子商务每天产生的快件量已突破2 000万件，占我国日发送快件总量的一半左右。然而，国内整体物流的发展水平却远远不能满足电子商务发展的需求，因此频现"爆仓"状况，快递常会变成"慢递"。之所以会如此，首先是因为管理水平不高，导致各阶段衔接时间过长。真正在途运输时间并不多，货物交接和管理等中间环节浪费了大量时间。因此，明确责任，建立职责明确、分工到位的管理体系十分重要。其次，物流服务的质量决定客户数量。而物流服务效率的提高同时也是电商物流企业降低成本的主要手段，不断的流程优化才能以优质的服务、较低的成本来获得最大收益。

（2）物流的安全性

首先，对于电子商务物流的安全性，不仅仅是快件按时送达，还要保证收、寄件人的信息安全和邮件自身的安全。目前，在我国的民营快递市场，除了顺丰速运拥有货机，包括"三通一达"和百世快递在内的民营快递都是依靠加盟方式壮大的，这种模式投资少、扩张快，但总部对加盟公司的管理控制力度较小，协调和管控能力较弱。而成本控制和快递员队伍管理又是另一个问题。激烈的行业内竞争导致快递服务价格过低也是快递行业问题百出的原因之一。此外，近几年快递包裹递送量呈爆发式增长，而管理品质和人员素质跟不上也是一个问题。同时，目前邮政管理部门对快递企业的监管，更多集中在准入资质方面，缺少对服务质量方面的监管和惩罚标准。而监管不到位也使得行业陷于重数量、轻质量的低价恶性竞争。

根据以上分析我们可以发现，我国对电子商务物流安全性的要求存在巨大未满足空间，而快递业仍是消费领域投诉的重灾区，企业要在社会责任和企业利益之间把握平衡，既需要电商物流企业和从业者的重视与自查，也需要监管部门提高监管水平和力度。

（3）客户满意度

《2020年电商物流消费投诉数据与典型案例报告》发布数据，称对于跨境电商产业链乃至整个电商物流行业来说，2020年是行业蓬勃发展的一年。由于上半年新冠肺炎疫情影响，线上购物逐渐取代线下实体购物成为消费主流，使电商物流呈现井喷式发展，带来了电商物流的红利期。然而，随之也出现了一系列消费问题，尤其是疫情导致发货延期的时效问题层出不穷，此外，退款问题、霸王条款等也困扰着整个电商物流行业。而在5年前的2017年，我国当年电商投诉同比增长五成，创出了历史新高，其中网络购物投诉量占全部电商类投诉的60%，跨境电商投诉占12.89%，生活服务类电商投诉和互联网金融类电商投诉在国家严格监管下占比大幅下降，分占7.72%和3.89%，物流快递投诉继续呈下降趋势，占3.11%。过去5年电商特别是移动电商领域的投诉仍然居高不下，说明客户满意度仍需不断提升。客户的高满意度对于电商的发展是至关重要的。一份资料显示，相比于一般网购顾客，高满意度的网购者再次进行网购的可能性要高出75%，在同一家网站重复购买的可能性要高出69%，推荐给亲朋好友的可能性也要高出75%。由此可见，电子商务发展中客户满意度起着决定性作用，而电商物流服务水平是影响消费者对电子商务满意度的重要因素之一。因此，电商物流服务水平的提高也是电商物流企业核心竞争力的提高。

在我国，第三方物流的电子化仍处在不断发展阶段，技术系统、人员意识、流程改造还无法充分满足电子商务的需求。"双11""6·18"等各种电商平台的促销活动，又不断带来迅速膨胀并接连刷新纪录的销售量，无不冲击着传统物流，凸显出其疲于应付的尴尬。这也显示出国内电子商务物流的发展潜力是巨大的，未来也是可期的。

我国电子商务市场的飞速发展，在给第三方物流业带来巨大机遇的同时也使这个行业面临严峻挑战。大量新锐电子商务公司在遭遇物流"瓶颈"而市场上第三方物流企业又无法满足其物流需求时，往往采取"自营"或"共建"模式"自给自足"，如京东、当当等规模较大的B2C电子商务企业，都自建了配送队伍并努力加以扩充和完善，扩大配送城市的数量，以保证抓住节日商机。而对于普通网民而言，有了完善的物流体系的支撑，节日期间的网络购物才能真正便捷、省心。

作为我国电子商务服务型第三方物流主力军的快递行业，主要是由一些中小型民营快递企业组成的。他们的业务形式相对单一，常常依靠打价格战来赢得市场，初期一直走薄利多量之路。在2004年前后电子商务兴起之初，其发展速度并不快。第三方电子商务平台兴起后，逐渐成为这些中小型民营快递企业的主要业务来源。尤其是阿里系的淘宝和天猫，其物流配送需求与商品特性更决定了它们作为我国快递行业最大的业务源的角色，曾并称"四通一达"的五家民营快递龙头企业——圆通、申通、中通、汇通[①]、韵达，便是在与淘宝的合作中逐渐发展壮大起来的。

除了快递企业之外，还有一些第三方综合服务商也参与到为电商平台提供物流等服务的外包活动中来，使这些企业也具备了电商型第三方物流的特征。这类企业一般是一些中大型的电商服务类企业，其直营业务范围往往比较广泛，主要服务于B2C模式的电商平台或企业，仓储、配送只是其所承担的一部分业务。如五洲在线就将其自身业务定位为B2C电子商务运营外包提供商，为电子商务网站或企业官网提供包括网站建设、呼叫中心外包、订单处理、仓储流转等完整的电子商务运营流程。其合作公司包括天猫等电子商务平台，以及爱慕、百丽、天语、探路者等由传统零售企业转型而来的电子商务企业。

### ◆ 案例分析　开启"互联网+物流"新时代 助力物流行业加速跑

"互联网+物流"形成的首要因素在于将改变原始物流的运作模式，全面推行信息化，实现智慧物流。"互联网+"形势下的信息化，不是单纯地建网站、搭平台、开发App，更多的是利用移动互联网优势，在管理监控、运营作业、金融支付等方面实现信息共享，用互联网思维、信息化技术来改造物流产业，在新的领域创造一种新的物流生态。自2014年成立以来，物流科技综合服务商——快货运一直在探索如何利用互联网为物流行业按下加速键。

（一）利用互联网对物流进行价值重构

互联网最有价值的不是自己产生很多新东西，而是对已有行业的潜力进行再次挖掘，用互联网的思维去重新提升传统行业。互联网影响传统行业的特点基本有两个方面：第一点，打破信息的不对称性格局，竭尽所能透明一切信息；第二点，对传统行业中的资源进行整合利用，使用互联网使得资源利用最大化。

在物流行业也不例外。快货运以互联网为切入点，利用云计算、大数据、物联网、传感网等最新科技技术，重塑人、货、场之间的关系和链接，促进物流业转型升级。

目前，快货运旗下有cTMS、nTMS、3TMS三套物流SaaS系统，分别服务同城、零担、整车运输场

---

① 创立于2003年；2010年被杭州百世网络技术有限公司成功收购，随后更名为"百世汇通"；2016年启用新名——"百世快递"；2021年百世集团将其在国内的快递业务转让给极兔速递。

景，帮助用户提升效率、降低成本。通过这三套SaaS系统，可以连接发货人、收货人和不同承运企业，构建全国运力信息化、智能化流通网络，实现运力各端的互联互通。

国内知名汽配供应链服务商康众汽配是快货运的用户之一，目前它们正在使用的是cTMS专业城配管理系统。通过cTMS智能调度与司机操作在线化，可以让配送服务变得可控。而这一优势刚好能满足门店多、业务大的康众汽配日常物流管理需求，通过智能、高效的城配系统，来提升供应链管理效率。这一点也正符合康众汽配创始人商宝国曾在接受媒体采访时表示的"汽配零部件供应链的核心在于效率"。除了效率，还有体验、服务、成本等各方面，互联网都对其进行了价值的重构。快货运正借助技术改造物流行业的痛点和问题，优化用户体验，助力行业更大的变革。

**（二）"互联网+"，为传统物流业按下加速键**

传统行业的"互联网+"，本质上就是运用互联网对传统行业产业链进行解构和重构。"互联网+"要彻底解决传统行业的问题，产业链的重构就一定要彻底，然后通过互联网来重构价值，让供需双方做到精准匹配，从而降低行业成本、提升行业效率。

目前，快货运正通过旗下的三款SaaS智能化系统，实现物流全链条的智能化管理，支撑复杂网络、庞大库存和海量订单的高效管理，助力行业更短链、更智慧地发展。

除此之外，快货运还基于大数据与信息化实现商流、物流、信息流、资金流的融合与监控，构建严格的风控体系，为物流企业赋能，向产业链上下游商贸企业或商户提供"新金融"和"新零售"附加值服务。

**（三）新零售趋势下，中国物流的发展趋势**

未来的商业是"虚拟商业+实体商业"的结合体系，是"流量+场景体验+交易+物流+供应链+支付+金融+大数据……"融为一体的新商业生态。新零售是将用户与产品研发直接拉近，供应链发生全面的变革，当然，物流服务需求也发生了全面的革新。新零售驱动下的物流变革包括以下几个方面：

1. 品牌方（甲方）对物流的需求

新零售、线上线下全渠道时代，品牌方需要快速响应的敏捷物流——多批次、少批量、敏捷快物流。大部分将走"干线+末端云仓（门店）集散配送+最后一公里"物流，是O2O的众包。

2. 干线物流的需求

干线物流不再是渠道压货模式，是渠道有效用户订单驱动的直发模式，部分快消品是末端库存补货模式。新零售业态下的干线物流，是工厂直发消费者目的地城市物流，未来快速专线物流有不错的市场机会。货源的模式以零担、大包裹为主，干线将不是第三方物流的整车模式，也不是集约化的小包裹快递模式。

3. 快递和城市配送物流的变革

快递企业应该大力重视城市配送市场，否则就像前面解析的，城市配送企业与干线的集散结合过后，快递业务会大量缩水。城市配送企业的业务将分为两类：（1）集散中心toB（社区店、商圈门店、专门店）；（2）集散中心toC（类似传统快递和宅配业务）。

4. "最后一公里"物流的商业价值

新零售时代的"最后一公里"，已经把物流和社区商业有机地整合了，"最后一公里"会有两个变革，分别是一个整合、一个升级。整合是末端物流配送的整合；升级是物流服务衍生出来的社区商业服务，包括"微电商+微商"的整合。

5. 公路港未来的趋势

新零售时代的公路港，更多体现的是越库（Cross docking）和集约整合，体现的是枢纽的价值。以消费者集散地为核心的公路港、空港是一个不错的发展方向，同时，二三线城市的集散应该重点布局，在一线城市基本没有意义，存货型园区公路港也没有太大的价值，未来没有多少产业链会把库存大量地放在中转园区。

**6.供应链金融、物流大数据服务的变革**

金融和数据永远是孪生兄弟，没有数据金融就没有价值，没有金融和商业，数据就是一堆data。新零售时代的智能物流，一些data都会在云端，各大物流企业拼的不是物流资产，而是数据资产，因为物流资产可以众包、可以融资租赁，而物流大数据的价值、金融的价值，将是新零售时代的核心竞争力。特别要说明的是，传统物流的CIO现在日子都不好过了，未来是DT驱动的时代，物流数据和信息化将全面变革，CIO也面临全面换血。

**7.新零售环境下，如何评估一个物流企业的价值**

未来的新零售商业时代，物流企业的核心价值究竟是什么?

（1）谁距离用户越近，谁越有商业价值，新零售时代最后价值的是末端物流"最后一公里"，因为这里聚合了重要的用户商业价值。

（2）谁沉淀的物流运营数据越多，谁就具有更大的商业价值，比如物流卡车司机运营数据，未来就具有更大的价值。

（3）谁提供供应链运营的增值服务越多，上下游对谁的依赖性就越高，谁就将控制住未来的产业链商业。

未来一个物流企业的价值，不在于资产越多越好，而在于运营能力越强越好，资产是不是你的不重要，谁能把资产的效能发挥到最大，这个很重要。

（根据相关的公开资料整理）

**分析思考：**

（1）第三方物流可以为客户带来哪些价值？互联网对物流行业的价值重构体现在哪里？

（2）互联网时代的第三方物流服务与传统第三方物流服务的价值创造有何异同？

（3）新零售时代第三方物流服务商如何进行价值再创造？

### 本章小结

委托企业选择第三方物流进行物流外包的主要原因是降低成本和剥离非核心业务。其中，在降低成本方面，第三方物流在物流设施、规模效应及管理方面具有优势，这就是第三方物流的服务优势。但这种成本方面的原因并不是企业选择第三方物流的唯一原因，在激烈的市场竞争环境中，将企业的非核心业务外包给更为专业的服务提供商，可以帮助企业提高服务水平，所以，专业化的服务也是第三方物流的服务价值所在。另外，企业还可以通过使用第三方物流的服务来分散经营中的不确定性和风险，称为风险价值。企业的经营目标是在竞争环境中建立起竞争优势，利用第三方物流的服务也可以帮助企业获得竞争力，提升整个供应链的竞争力，这就是其竞争力优势。

对于消费者来说，专业的第三方把物流作为一个增值过程来管理，反映了为赢得并保持顾客满意而采取的有力行动，并在灵活性上做了额外的投入，特别是适应特殊的或非常规的需求，使消费者的个性化需求得到最大的满足。另外，随着经济全球化的发展，由于不同地区的特殊性，许多公司趋向于委托第三方，接受第三方物流的服务。流通企业物流是将商品送到客户或消费者手中的物流活动。主要包括商品包装、商品储存、商品配送、装卸搬运、流通加工、提供物流信息、分销物流网络规划与设计、物流网点内部的物流管理等活动。

第三方物流的另一个重要服务对象就是制造企业，对于制造企业来说，竞争环境的变化、各国物流业规制政策的取消、信息技术的飞速发展和企业物流活动的全球化，都促使企业开始回归自己的本业，专注于自己的核心竞争力。这些环境因素共同造成了物流外包的普及，使第三方物流的发展有了广阔的天地。

从内容的角度来看，第三方物流企业主要提供的是两大类服务，其一是常规的物流职能服务，其二则是增值服务。其中，增值服务是在常规服务基础上延伸出来的，主要是将物流的各项基本功能进行延伸。这种延伸又包括两个方面：一是功能本身的延伸；二是物流职能的集成和一体化，包括对物流系统的优化。根据内容的不同，第三方物流可以采取传统外包、联盟、综合和虚拟经营四种不同的运作模式。

生产服务型第三方物流是为生产制造企业提供物流服务的。现代生产制造型企业在其生产过程中伴随着大量的物流活动，如果加上这些企业的采购及销售流程，其物流体系就会变得非常复杂。生产服务型物流企业正是利用自身的专业化优势，为这些企业提供整合的物流服务及供应链管理的。

消费型第三方物流则有可能代替委托企业直接面对最终消费者。因此，其服务中客户满意度指标就显得更加重要。同时，也可以派生出更多的功能延伸型增值服务。

### 💧 关键概念

成本价值　服务价值　风险　增值服务　集成物流　生产服务型　消费服务型

### 💧 思考题

1. 从哪些方面可以体现第三方物流的价值？
2. 为什么说第三方物流具有成本优势？
3. 简述第三方物流社会效益与其价值间的关系。
4. 为什么说第三方物流的价值具有相对性？
5. 第三方物流可以从哪些角度来进行分类？
6. 柔性物流的概念是什么？什么背景下需要实施柔性物流？
7. 联系实际说明哪些业务属于物流增值服务。
8. 对比不同物流运作模式的优劣，并说明各自的应用背景。

# 第4章

# 第三方物流
# 战略规划

### 📖 学习目标

　　战略是企业经营和发展的指导思想，一个企业、一个地区乃至一个国家的发展都离不开正确的战略指导。现代第三方物流理念的出现，使大量传统的、以单一职能运营为主要服务手段的物流企业开始重新思考自己的发展方向。通过本章的学习，我们将学习战略及第三方物流战略的基本知识，学习使用SWOT分析工具进行企业战略分析；了解第三方物流竞争力的来源，掌握物流企业战略规划的方法；掌握第三方物流发展战略和经营战略的不同类型及其适用范围。

### 📖 导入案例

**专业化重组又下一城　物流"国家队"来了**

又一家央企"巨无霸"来了。

2021年12月6日，中国物流集团有限公司正式成立，以原中国铁物与中国诚通物流板块的四家企业为基础整合而成，同步引入东方航空、远洋海运、招商局集团三家战略投资者。整合后的新物流集团将围绕现代流通体系的建设需要，着力打造产业链条完整、综合实力强劲的现代物流企业。业内专家认为，中国物流集团的组建具有里程碑意义，有望给物流行业带来巨变。

中国诚通物流板块的四家企业业务各有侧重。中储股份主要从事仓储物流，业务涉及期现货交割物流、大宗商品供应链、消费品物流等多个领域；华贸物流则以国际货代为主要业务，旗下分支机构已发展至90余家；中国物流是集公铁运输、多式联运、国际货代等服务于一体的物流产业集团；中国包装则聚焦包装产业。三家战略投资者的物流业务则分别涵盖航运、海运、公路运输三方面。新成立的中国物流集团有限公司作为综合物流的"国家队"，将整合资源，聚焦主责主业，致力于优化仓储网络布局，完善现代物流体系，在建设我国现代流通体系的过程中发挥领军作用。

其实，中国物流集团有限公司的重组设立早有迹象。2020年6月，国家发展改革委、交通运输部发布《关于进一步降低物流成本的实施意见》，提出要培育骨干物流企业，鼓励大型物流企业市场化兼并重组，提高综合服务能力和国际竞争力。

2021年2月，国务院国资委党委委员、副主任翁杰明到中国铁物调研指导工作时指出，中央企业作为落实国家战略的排头兵、主力军，要结合实际，做强做优做大物流产业，探索出一条具有针对性、可持续发展的道路，为构建新发展格局做出新的贡献。

对于中国物流集团的发展方向，据央视财经报道，未来，中国物流集团将着力发展供应链物流、民生物流、特种物流、危险品物流、工业物流、应急物流、冷链物流、国际跨境物流等，涵盖仓储、运输、配送、包装、多式联运、国际货代、期货交割、跨境电商、国际贸易、物流设计、供应链管理、加工制造、科技研发、电子商务等综合物流服务的各种业态，努力降低社会物流成本，着力提升国际竞争力，致力打造具有全球竞争力的世界一流综合性现代物流企业集团。

中国物流集团经营网点遍布国内30个省（区、市）及海外五大洲，拥有土地面积2 426万平方米，库房495万平方米，料场356万平方米；拥有铁路专用线120条，期货交割仓库42座；整合专业公路货运车辆近300万辆；国际班列纵横亚欧大陆，在国际物流市场具有显著竞争优势。

我国国内物流行业仍呈现"小、散、弱"的特征。冠名"物流"的企业虽有数万家，但真正能提供全程供应链管理的企业很少。绝大多数企业主要从事运输、仓储等传统业务，此类业务技术含量不高，从事该业务的门槛低，公司毛利率普遍偏低。一方面，消费者觉得物流费用过高；另一方面，物流企业又觉得自己挣不到钱。所以，很多大型企业都设立了自己的物流部，但规模效应又很有限。中国物流集团的成立对于打通这些症结颇有意义，可以真正满足各方的诉求，代表中国物流的发展方向。虽然集团的运作效果还需3~5年才能看到，而且面临央企体制机制改革的问题，但是其对于提升物流行业效率、降低物流费用、提升规模竞争力仍有深远的意义。从国际方面来说，有利于中国物流企业抱团出海，对于加强区域经济合作有很强的先导性作用。也有助于国际话语权的提升，尤其是在国际航运业中。

（根据《北京商报》及相关的公开资料整理）

案例思考：

（1）中国物流集团的组建原因是什么？

（2）中国物流集团进行了怎样的战略规划？

（3）在完成重组之后，你认为中国物流集团的竞争力体现在哪里？

## 4.1　第三方物流战略概述

### 4.1.1　战略及第三方物流战略

**1.企业战略的概念**

战略是指确定企业的长远发展目标，并指出实现长远目标的策略和途径。战略确定的目标必须与企业的宗旨和使命相吻合。从企业经营管理的角度看，企业发展战略并不神秘，战略是一种思想、一种思维方式，也是一种分析工具和一种较长远及整体的规划。一般来讲，一个完整无缺的企业发展战略，需要回答以下八个主要经营管理问题：

（1）企业将来发展的方向是什么？

（2）企业将来要实现的目标是什么？

（3）企业现在和将来应该从事什么业务？

（4）企业应该采取什么样的策略并在预定的时间内实现设定的目标？

（5）在预定的时间内企业将变成什么样子？

（6）企业在发展中可能存在的主要风险是什么？

（7）这些风险应该如何加以控制？

（8）企业实现目标所需的战略性资源是什么？

**2.战略的价值**

简单来讲，战略对于企业发展具有的重要价值主要有：

（1）为企业明确未来的发展方向

战略的首要价值是为企业明确未来的发展方向。只有方向明确了，企业才知道什么是

"正确的事"，而坚持"做正确的事"才不会浪费企业有限的资源。

（2）指出企业实现目标的方法

战略不仅应为企业指明方向和目标，还应该告诉企业实现既定目标的方法，包括具体的策略、思路和措施等。作为一种指导思想和思维方式，战略能够极大地拓宽企业视野，提高企业总揽全局、把握未来的能力。

（3）帮助企业更好地组织资源，形成强大的合力

战略帮助企业实现资源的有效组合和利用。由于战略明确了企业较长时期内的发展方向，理清了企业的业务结构，设定了企业较长时期内应该达到的目标，因而有利于企业根据战略需要，前瞻性地组织和配置企业有限的资源，最终使有限的资源发挥出最大的作用，增强企业的综合竞争力。

（4）帮助企业更加有效地规避经营风险

完整的战略需要对企业现今和未来发展中存在的经营管理风险做出预见，并对企业应该如何防范风险提出预案，企业因此可以实施自己的风险管理和危机管理。在业务上、公共关系上、资本运营上等各方面早做准备，化被动为主动。战略提醒企业对各种可能的危机给予充分重视。

（5）使企业更好地赢得市场竞争

由于战略的整体性和前瞻性，其制定会充分考虑到行业状况和行业内竞争对手的状态，制定出针对特定对手的竞争策略，从而更有利于帮助企业有针对性地利用资源，以获得竞争优势。

### 3.第三方物流战略

所谓第三方物流战略，是指企业为了寻求第三方物流的可持续发展，就物流发展目标以及达到目标的途径与手段而制定的长远性、全局性的规划和谋略。

强调第三方物流战略的意义，以及企业从物流业务管理向物流战略管理转变是基于以下几个方面的认识：

（1）物流正在跨出单一企业范畴，寻求更大的物流链运作范围，如区域物流、全国物流和国际物流。它们所追求的目标是社会物流合理化。

（2）物流系统正孕育着技术基础上的突破。以企业集团、区域、国家乃至全球各类电子信息网络为依托，加之高新技术的运用，已成为物流市场竞争制胜的秘诀。

（3）第三方物流质量依赖于支持原材料、物品等从最初供应者到最终用户间运动的各要素、环节组成的网络组织架构。因而，必须拥有驱动这一组织运转的动力和相应的经营机制。现代企业制度的确立是实现这一组织架构与功能的基础，使各类物流经营组织及物流系统得以顺利建立并顺畅运行。

（4）物流体现出了促进和协调企业从产品生产者直到最终消费者的所有活动方式，追求的是协同运作效益，即整个物流系统效益目标的实现，同时也有利于各组织单位成员效益目标的实现。

（5）物流领域的标准化不仅为不同部门间的合作创造了前提，而且已经成为市场一体化、竞争国际化的制胜新要素。

（6）第三方物流经营者之所以能得到货源，原因在于它们能够创造出比采用自我物流服务系统运作更快捷、更安全、更高服务水准，且成本相当或更为低廉的物流服务。

### 4.1.2　我国第三方物流企业的战略

早在 2009 年，我国宏观经济企稳回升势头逐步增强，特别是物流业调整和振兴规划的出台，极大地提振了行业的发展。物流业在企稳回升的基础上，重回快速发展通道。2021 年 1—10 月，我国社会物流总额 261.8 万亿元人民币，按可比价格计算，同比增长 10.5%，增速比上年同期提高了 8 个百分点，两年年均增长 6.5%。从两年平均看，虽较前三季度小幅回落了 0.1 个百分点，但仍保持了年均 6%~7% 的中高速增长。从累计数据来看，物流需求规模年内增速维持在 10% 以上，物流需求保持了较快的恢复态势。从环比数据来看，尽管 10 月受到新冠肺炎疫情、国际供应链不畅等复杂因素的影响，但宏观层面"保供稳价"政策力度进一步增强，效果逐步显现，物流需求增速环比 9 月回升了 0.5 个百分点。

大力发展以第三方物流为特征的现代物流服务，既是推动我国经济质量升级的一条重要渠道，也是我国传统运输物流企业转型的必然要求。

近年来，在全球经济一体化的影响下，我国正在成为第三方物流发展最迅速的国家之一。但我国第三方物流仍处于发展初期，且呈地域性集中分布，未来市场的潜力很大。推动我国第三方物流发展的主要因素有三：首先是跨国企业正在将更多的业务转向我国，并通过外包它们广泛的物流功能来降低供应链成本；其次是我国公司面临着降低成本和提高物流外包水平的需求；最后是政府的激励措施，这也是刺激我国第三方物流市场迅速发展的重要因素。

由于巨大市场需求的驱动，我国的第三方物流企业如雨后春笋般不断涌现。民营第三方物流企业纷纷崛起，外资企业也陆续抢滩中国市场。第三方物流服务市场的竞争将更加激烈，市场竞争主体也呈现出多元化态势。从目前市场的结构上看，在我国第三方物流市场上总共有四类企业参与竞争，分别为经改造转型而来的传统仓储、运输企业；新创办的国有或国家控股的新型物流企业；外资和港资物流企业；民营物流企业。

由传统仓储和运输企业转型改造而来的第三方物流企业，凭借原有的物流业务基础和在市场、经营网络、设施设备、企业规模等方面的优势，在市场中占据主导地位，代表公司有中远国际、中外运等。

新创办的国有或国家控股的新型物流企业是现代企业改革的产物，以中海物流为代表，这类企业管理机制比较完善，发展比较快，正占据越来越多的市场份额。

外资和港资物流企业利用其经营理念、经营模式和优质服务吸引中国企业，从而不断向中国第三方物流市场渗透，市占率提升较快，代表性公司有丹麦有利物流公司、日本近铁集团公司。

民营物流企业具有机制灵活、管理成本低等特点，以宝供物流企业集团有限公司为代表，是我国物流行业中最具朝气的第三方物流企业，有望成为第三方物流行业的中坚力量。

中国第三方物流企业市场竞争情况参见表4-1。

表4-1　　　　　　　　　　　　**中国第三方物流企业竞争格局**

| 物流企业类别 | 特点 | 市场份额 | 代表性公司 |
|---|---|---|---|
| 经改造转型而来的传统仓储、运输企业 | 由传统仓储和运输企业转型改造而来，凭借原有的物流业务基础和在市场、经营网络、设施、企业规模等方面的优势，不断拓展和延伸其他物流服务项目，向现代物流企业逐步转化 | 在市场中占主导地位，占据较大市场份额 | 中远国际货运公司、中国对外贸易运输（集团）总公司（简称中外运）、中国物资储运总公司（简称中储运）等 |
| 新创业的国有或国家控股的新型物流企业 | 是现代企业改革的产物，管理机制比较完善，发展比较快 | 市场占有率提升较快 | 中海集团物流有限公司（简称中海物流） |
| 外资和港资物流企业 | 它们一方面为原有客户——跨国公司进入中国市场提供延伸服务，另一方面用它们的经营理念、经营模式和优质服务吸引中国企业，逐渐向中国物流市场渗透 | 市场占有率提升较快 | 丹麦有利物流公司；日本近铁集团公司 |
| 民营物流企业 | 具有机制灵活、管理成本低等特点，发展迅速，是我国物流行业中最具朝气的第三方物流企业 | 未来发展前景可期，有望成为第三方物流行业中的中坚力量 | 宝供物流企业集团有限公司（简称宝供物流） |

我国不同类型第三方物流企业的优劣势及其战略目标见表4-2。

表4-2　　　　　　**我国不同类型第三方物流企业的优劣势及其战略目标**

| | 传统的运输与仓储企业 | 新兴的物流企业 | 生产与流通企业的内部物流部门 | 国外物流企业 |
|---|---|---|---|---|
| 优势 | 拥有全国性的网络和许多运输、仓储资产；与中央和地方政府关系良好 | 业务地域、服务和客户相对集中；效率相对较高，增长极快 | 主要为内部客户服务，拥有专长，网络覆盖性良好 | 有很强的海外网络、丰富的行业知识和实际运营经验；与国际物流客户有良好的关系；拥有先进的IT系统；有来自总部的强有力的财务支持 |
| 劣势 | 冗余人员比例很高，效率低；注重内部的企业文化而不是以客户和绩效为导向 | 只拥有有限的固定资产；对市场扩张缺乏有力的财务支持；内部管理和体系是高速增长的主要障碍 | 难以吸引更多的外部客户；战略和未来定位受到母公司的极大影响 | 在中国缺少网络系统，在中国的业务有限，且相对成本较高 |
| 目标 | 借用广泛的网络和资产优势加速物流增长；通过重组增加功能，提高效率 | 依靠引入战略合作伙伴或投资者保持高增长率 | 加强或剥离物流部门 | 通过合作和收购，加强在中国的市场地位 |

（根据中华商务网产业研究中心的资料整理）

### 4.1.3 第三方物流企业的核心竞争力

1.第三方物流企业核心竞争力的内涵

核心竞争力对第三方物流企业而言，是指企业在提供物流服务的过程中，有效获取、协调和配置企业的有形资源和无形资源，为顾客提供高效服务和高附加价值，从而使顾客满意并使企业获得持续竞争优势的能力。第三方物流企业之间的竞争从表面上看是产品的竞争，实质上则是能力的竞争。第三方物流企业的核心竞争力主要有以下几个方面：

（1）组织能力

根据企业的发展战略和市场需求，寻求资源配置与客户需求的最佳结合点，对企业内部资源和外部资源进行优化配置，使之整合成为一个高效的客户服务系统，实现企业各功能业务的相互配合、各作业环节的高效运转，从而达到低成本、高水平服务的目的，形成企业的核心竞争力。因此，组织能力是第三方物流企业最基本、最不可或缺的核心能力，是物流企业竞争优势的基本体现。

（2）技术能力

技术能力包括信息技术、运输技术、配送技术、装卸搬运技术、自动化仓储技术、库存控制技术、包装技术等，其核心是信息技术能力。现代技术的广泛应用可以大大降低物流交易费用、资源的整合成本，提高服务的响应速度和运作效率。

（3）响应能力

根据物流市场的变化、需求模式的改变和技术的进步，及时整合资源和调整企业的服务，不断满足市场及客户新的需要，开展增值服务，适应物流需求向"多品种、小批量、多批次、短周期"发展的趋势。快速响应能力是物流企业在快速发展的竞争环境中得以取胜的关键。

（4）服务网络

网络化是现代物流的发展趋势之一，对于第三方物流企业来说，服务网络是其从事物流活动的基础。如果不能形成大区域内的点、线结合，形成网络化的配送经营体系，就不能满足客户的要求。因此，服务网络是物流企业的最大资本。

（5）品牌形象

物流服务具有无形性，用户对服务质量的判断会更多地依赖于品牌形象。因此，品牌形象是第三方物流企业最大的无形资产。

2.第三方物流企业核心竞争力存在的问题

当前，我国的物流市场潜力巨大、发展迅速。但从第三方物流企业的发展现状来看，还存在许多抑制其发展的问题。

（1）市场定位

我国大多数第三方物流企业都是从运输公司或仓储公司改制而来的，从提供的服务范围和功能来看，我国的第三方物流企业仍以运输、仓储等基本物流业务为主，加工、配送、定制服务等增值服务功能尚处在发展完善阶段，不能形成完整的物流供应链。

（2）服务能力

一方面，第三方物流企业的经营网络不合理，有点无网，企业之间、企业与客户之间缺乏合作，货源不足，传统仓储业、运输业的能力过剩，造成浪费；另一方面，信息技术落后，条形码、EDI等信息技术未能广泛应用，物流企业和客户不能充分共享信息资源，没有结成相互依赖的伙伴关系。

（3）企业素质

从目前我国第三方物流企业的现状来看，大多数企业规模偏小，缺乏整合，集约化经营优势不明显，规模效益难以实现；企业管理不规范，管理水平较低，管理机制不完善；物流人才缺乏，素质不高；物流设施设备落后、老化，机械化程度不高；市场营销能力也有待提高。

（4）学习能力

许多第三方物流企业缺乏学习先进物流理论、了解先进物流企业管理方法的动力，还停留在经验管理、粗放管理阶段，未能解决好先进管理思想、管理方法、管理技术的实际应用问题，未能在真正意义上进行物流管理或供应链管理。

## 4.2　第三方物流战略分析

### 4.2.1　我国第三方物流企业的SWOT分析

SWOT分析法又称态势分析法，SWOT的四个英文字母分别代表：优势（Strength）、劣势（Weakness）、机会（Opportunity）、威胁或挑战（Threat）。所谓SWOT分析，就是将与研究对象密切相关的各种主要内部优势、劣势、机会和威胁等，通过调查列举出来，然后采用系统分析的方法，把各种因素相互匹配起来加以研判，从中得出一系列相应的结论。

1.第三方物流企业的优势（S）

（1）本土优势。相对于国外物流企业，我国第三方物流企业具有明显的本土优势。对我国的经济环境和市场规则的了解，对我国的法律法规、政策条例等的准确把握，大大降低了我国第三方物流企业环境适应和文化融合环节的成本投入。

（2）历史资源。在我国的第三方物流市场中，占主导地位的是由传统运输、仓储企业转型而来的物流服务企业。大量的运输、仓储资产和全国性的经营渠道使他们更容易实现规模经济，且积累的管理经验和客户关系资源也是一笔宝贵的财富。

（3）政府支持。发展社会化、专业化的第三方物流对于提高经济效益、促进经济增长、解决就业问题有重大的意义，得到了政府的大力支持。为促进第三方物流的健康快速发展，各级政府制定和出台了相关政策条例。同时，我国的第三方物流企业与中央和地方政府的良好关系，为其发展核心竞争力奠定了基础，如中国邮政、中海物流、中储运、宝供物流等的网络布局，已遍布在全国各个角落。

2.第三方物流企业的劣势（W）

（1）信息系统设计不足

以中铁快运为例，企业所用的是原中铁行包的V2.0操作系统。顾客在中铁快运的营业点发货后，只能在原发货网点进行货物跟踪查询，还没实现公司内部信息的全面共享，客户服务能力还不能满足部分顾客的需求。

（2）物流服务功能单一

中铁快运仍以运输、仓储等基本服务为主，为顾客提供一揽子服务的比重不大，并未实现从原材料供给到商品销售的一体化服务，还没有形成真正意义上的网络服务。

（3）核心业务不突出

优秀的物流企业都是将自己的资源投入到某个核心业务领域进行倾心打造，成为某个行业或某种产品的物流服务专家。例如，UPS是快递物流专家，主要服务于高科技产品、零售和消费产品、汽车以及保健品四个关键领域。然而，国内一些物流企业大多没有占绝对优势的核心业务，它们将有限的资金和设备投入物流的各个环节，无法满足客户日益多样化的需求，结果是大量业务相近、服务项目相似的物流企业之间加剧竞争，物流成本不断增长，服务质量却没有提高。

（4）物流方案策划能力不强

目前，我国的物流企业大多缺乏市场分析、预测、项目策划和客户潜在需求的挖掘能力，更多的物流服务仍停留在完成客户基本委托业务的基础上，缺乏主动为客户实现价值增值的能力。

3.第三方物流企业的机遇（O）

（1）国际化经营的契机。国际化经营的趋势使得大批跨国企业的生产和零售进入中国，这必然会加大对第三方物流的需求，同时国外物流企业的进入，将会带来丰富的管理经验、先进的管理方法和过硬的物流技术，促进国内物流建设，从而推动我国第三方物流业的发展。

（2）企业需求的增长。为了把经营重心放在企业做得最好、最有优势的领域，达到降低物流成本、提高服务水平的目的，越来越多的企业把分散在经营网点的库存管理、仓储管理、配送管理等物流功能剥离出来，交给第三方物流企业，以解决整个分销体系中的物流问题。

（3）电子商务的发展。随着电子商务的迅速发展，网上购物已成为备受欢迎的购物方式。而从网上订购的货物都需要通过物流送到用户的手中，第三方物流就成了不可缺少的连接供应方和需求方之间的纽带。也可以说，电子商务的蓬勃发展为我国第三方物流提供了良好的机遇。

4.第三方物流企业的挑战（T）

（1）国际竞争日趋激烈。我国物流行业的准入门槛较低，国外物流巨头荷兰邮政集团（TNT）、美国联合包裹运送服务公司（UPS）等多家外资企业的进入对我国第三方物流企业形成了极大的"威胁"。对于缺乏市场竞争力与规模扩张力的我国中小第三方物流企业来说，这不仅是一种挑战，甚至是它们所面临的一场严重的生存危机。

（2）人力资源流失。随着我国经济的发展和人民生活水平的提高，员工的职业发展诉求愈加强烈，随着外资企业的涌入抢占人才市场，我国第三方物流企业将受到人力资源问题的困扰。而物流人才特别是高级物流人才的流失，会使企业陷入被动境地，导致竞争力和战斗力大打折扣。

（3）第四方物流兴起。第三方物流企业在实际运作过程中存在诸多问题，最能替代第三方物流服务的就是第四方物流。与第三方物流相比，第四方物流是一个供应链的集成商，能够为客户"量体裁衣"，有效适应客户多样化和复杂化的需求，集中所有资源为客户提供一整套完善的供应链解决方案。此外，它通过再造物流运作流程，使整个物流系统的流程更合理、更高效，能够为整条供应链的客户带来较好的收益。

### 4.2.2　我国第三方物流企业的价值链构成

价值链是指企业所有的经济活动和环节，即从接受顾客订单，到提供客户需求的基础性服务（运输、包装、配送等）和增值性服务（贴标签、商业包装、报关、销售、采购、供应商管理等），最终将客户的货物准时、准数量、准质量、准目的地送到最终客户手中的一系列互不相同又相互联系的经济活动。

运用价值链分析法，就是要确定第三方物流企业的基本价值链，将这些价值链分解为单独的作业，找出价值链上的战略环节，为管理者提供详细的价值活动信息，揭示哪些是增值作业，哪些是非增值的浪费资源的作业，探索提高增值作业的效率，以达到增强核心竞争力的目的。我们根据价值链和第三方物流企业的经营特点，可以将其价值活动分为两大部分，如图4-1所示。

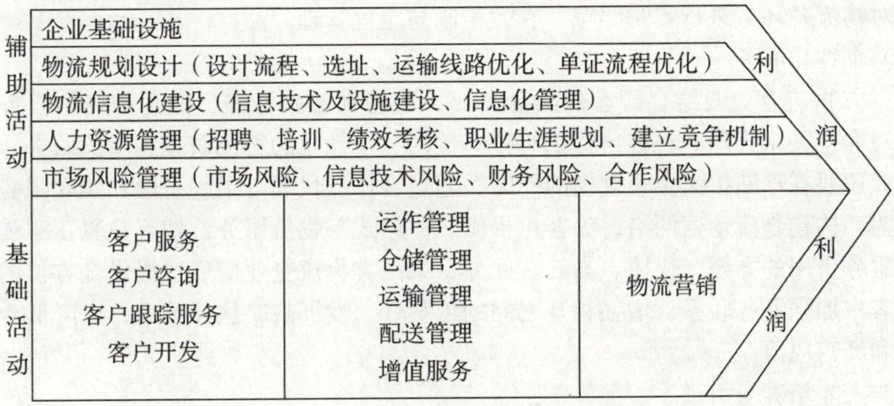

图4-1　第三方物流企业的价值链模型

### 4.2.3　我国第三方物流企业的战略选择

**1.培育核心竞争力**

核心竞争力的培育是一项庞大的系统工程，涉及企业管理的各个层面、各个要素、各个环节，因此，必须从战略的高度进行统筹规划和组织实施。

（1）市场定位

第三方物流企业要了解市场需求和竞争对手的状况及自身条件，在此基础上进行市场定位，制定竞争战略。企业可在提供基本物流服务的同时，根据市场需求，不断细分市场，拓展业务范围，以客户增效为己任，发展增值物流服务，用专业化服务来满足个性化需求。

（2）培育核心能力

第三方物流企业要重视对物流基础设施的规划和建设，加大投入力度，通过联合或并购等方式来完善自己的物流信息管理系统，形成配套的综合运输网络、完整的仓储配送设施、先进的信息网络平台等，实现其核心技术能力。现在，世界上许多跨国物流企业都拥有"一流三网"，即订单信息流、全球供应链资源网络、全球用户资源网络、计算机信息网络。借助信息技术建立广泛的服务网络，使企业能够整合业务流程，并将其融入客户的生产经营过程，从而为客户提供增值服务。不具备条件的中小企业可以通过加入物流信息平台，实现物流企业之间、企业与客户之间的物流信息和物流功能的共享。

（3）完善服务网络

一方面，第三方物流企业应通过联合、兼并和战略联盟等方式加速建立自己的跨地区、跨行业的服务网络，明确自己的核心服务行业及主导服务区域，针对现有目标客户，有的放矢地跟踪设点，逐步完善自己的服务网络，避免盲目扩大经营规模，浪费企业有限的资源；对于在本企业核心服务行业和主导服务区域之外的业务，可以利用管理信息平台与其他企业联合，做到信息与资源共享。另一方面，第三方物流企业还要建立信息网络，通过互联网、管理信息系统、数据交换技术（EDI）等信息技术实现物流企业和客户共享资源，对物流各环节进行实时跟踪、有效控制与全程管理。

（4）个性化服务

第三方物流企业要结合顾客的实际需要，改善物流服务链，健全企业的服务功能体系，重视客户关系管理，为客户提供有针对性的、个性化的特色服务和增值服务。第三方物流企业还要在不断扩大企业规模的同时，通过合作、代理等多种手段，建立强势的战略合作联盟，构建物流运营网络，为客户提供"一站式"物流服务，使客户真正感受到第三方物流服务带来的方便、快捷、高效。此外，第三方物流企业应通过提供全方位的优质服务，与客户加强业务联系，增强相互之间的依赖性，发展战略伙伴关系，以降低企业的经营费用和经营风险。

（5）人才培养与引进

第三方物流企业的发展壮大离不开对人才的重视与培养。物流企业的健康发展需要拥有具备综合知识的高素质人才，如物流工程师、优秀的营销人才和管理人才、熟悉物流相关法律法规的人才等。第三方物流企业一方面要吸引优秀的物流人才，另一方面要积极与高校开展合作与培训，提高企业员工的现代物流业务知识和业务水平，进而提升企业的管理水平。同时，第三方物流企业应建立健全人力资源开发与管理体系和激励机制，为每一位物流人才提供广阔的发展空间，使个人成长与企业发展同步。

（6）学习和创新

第三方物流企业要不断学习先进的管理理论和经验，建立与现代化物流企业相适应的企业制度，通过体制创新、组织创新、服务创新、管理创新，把物流企业构建和发展成为一个创新型的学习组织，在不断学习、积累经验的过程中，增加企业的有形资源和无形资源，形成竞争对手难以模仿和超越的竞争能力，并不断改进和发展这种竞争能力。

2.加强基础建设

只有结合我国第三方物流企业的特点，充分利用外界环境带来的优势，克服弱点，扭转不利因素，才能最终促进物流业的发展。其中，加强基础建设是一个重要的组成部分，主要集中在：

（1）发展信息技术，提高物流信息化水平

物流信息化是第三方物流企业发展的必然要求，也是物流业发展的大趋势。借助信息技术，企业能够整合业务流程，融入客户的生产经营过程，从而建立一种"效率式交易"的管理与运营模式。因此，第三方物流企业必须大力发展信息技术和电子商务，通过管理信息系统、数据交换等信息技术，实现物流企业和客户资源共享，对物流各环节进行实时跟踪、有效控制与全程管理，形成相互依赖的市场共生关系，以适应第三方物流服务的要求和供应链管理的需求。

（2）加强科学管理，提高运作效率

加强科学管理的关键是要拥有一支优秀的物流管理队伍，这支队伍既要掌握物流优化管理的理论与方法，也要具备计算机和网络、自动化技术方面的知识。第三方物流服务的工作环节多、涉及面广，往往需要根据客户的个性化、多样化需求提供整体解决方案。因此，物流从业人员必须是管理类和技术类相结合的复合型人才，对内统一指挥、协调和管理运作过程，对外受理业务、提供信息服务，这样才能扩大企业的影响力，提高运作效率，树立品牌服务形象。

（3）强化增值服务，创新物流服务

第三方物流企业在物流需求的推动下，从简单的存储、运输等单项活动转为提供全面的物流服务，包括物流活动的组织、协调和管理，设计最优物流方案，物流全程的信息收集、管理等。只有扩大发展空间，不断提高服务水平，第三方物流企业才能更好地为客户服务，提高自身的声誉，在竞争中立于不败之地。

（4）发展战略联盟，确立竞争优势

一方面，第三方物流企业要进行纵向联合，即与电子商务企业结成联盟，培育双方长期的合作伙伴关系，这样既可降低电子商务企业的物流成本，又可促进物流企业的发展；另一方面，第三方物流企业要进行横向联合，即与其他第三方物流企业结成联盟，将各自独特的企业资源加以合理配置，这样不仅可以实现服务的综合化、一体化，还可以使企业形成规模化经营，降低运作成本。

## 4.3 第三方物流的发展战略

按照企业战略管理理论，企业的发展战略主要有三种类型：一是成本领先型战略；二是集中化战略；三是差异化战略。因此，我们在探讨第三方物流的发展战略时，也可以借助该理论进行分析。

### 4.3.1 成本领先型战略

成本领先型战略是指企业通过获得成本水平领先的地位，使其在价格相仿的条件下，可以获得行业平均水平以上的利润，从而在同行业竞争中处于有利地位，并且在与用户和供应商进行交易时握有主动权。赢得总成本最低的地位通常要求具备较高的相对市场份额或其他优势。因此，成本领先型战略可能需要较多的前期投资，或以激进的定价及承受初始亏损来获取市场份额。高市场份额又可带来采购的经济性，从而使成本进一步降低。一旦赢得了成本领先地位，企业就可获得较高的利润，进而又可对设备或设施进行再投资，以维护成本上的领先地位。在一个高效的物流操作平台上，当加入一个相同需求的客户时，其对固定成本的影响几乎可以忽略不计，该物流企业自然具有成本竞争优势。

对于一个全新的企业，实施成本领先型战略的主要途径是在严密规划的基础上，采用较为激进的方式，先铺设业务网络和信息系统，再争取客户。这种方式较为冒险，一般只有资金实力雄厚的企业才可能这样做，如一些大型外资企业进入中国后就声称，要在很短的时间内在全国成立几十家分公司或办事处。

### 4.3.2 集中化战略

集中化战略就是把企业的注意力和资源集中在一个有限的领域，这主要是因为不同的领域在物流需求上会有所不同，如 IT 企业更多采用空运和零担快运，而快速消费品企业更多采用公路运输或铁路运输。每一个企业的资源都是有限的，任何企业都不可能在所有领域取得成功。第三方物流企业应该认真分析自身的优势及所处的外部环境，确定一个或几个重点领域，集中企业资源，打开业务突破口。综观全球物流行业我们不难发现，伯灵顿全球、英运物流等公司在高科技产品的物流方面比较强，马士基集团和美集物流集中于出口物流，国内的中远物流则集中在家电、汽车及项目物流等方面。第三方物流企业可以通过以下方式实现集中化战略发展：

1. 兼并

两个或两个以上第三方物流企业合并，或者一个物流公司兼并一个或多个物流公司，除了可以增强第三方物流企业的实力外，还可以消除重复作业，减少相互间的恶性竞争。

2. 合资

通过合资的方式可以实现两个或两个以上第三方物流企业的资源共享，同时又具有一定的自由度。天津大田物流选择与美国联邦快递合资成立联邦-大田公司，大田可以从中学习先进的物流管理理念，而联邦快递也可以借助大田进入中国市场，并迅速发展业务。

（1）系统接管

这是指第三方物流企业全盘买断委托企业所拥有的车辆、场站、设备，并接收其原有物流操作人员。接管之后，第三方物流企业仍可单独为原委托企业服务或与其他委托企业分享，以改进设施的利用率和分摊管理成本。这种方法通常比较适合那些实力较强的大型物流服务企业。

（2）合作

从目前第三方物流运作的情况来看，单一的第三方物流企业加工信息的能力及经营能力，远不及若干个从事不同产业领域的第三方物流企业合作经营的"共赢体"，而合作共赢体内各个企业用于物流技术的人力和财物总和小于独立经营时的各企业的人财物总和。合作的形式主要有：

①纵向合作经营。这是指与第三方物流企业的上游和下游企业进行的合作经营，如专门从事运输业务的物流企业与专门从事仓储业务的物流企业之间的合作。纵向合作经营使非资产型和不完全型的第三方物流企业互通有无、优势互补，同时也实现了社会物流资源的整合利用，使第三方物流企业的分工更加专业化。

②横向合作经营。这是指彼此相互独立从事相同物流业务的第三方物流企业间的合作经营。这种合作经营方式的基础是资源共享，主要体现在：市场共享——横向合作经营使同一市场内的自由竞争被约定规划的合理划分所替代，从而使合作体企业获得的利润高于自由竞争时的利润，同时也给合作体内的第三方物流企业筑起了一个保护的壁垒；业务资源共享——在合作体内，某一企业临时业务量较大时，可以合理、低价地使用其他第三方物流企业的业务资源，进而使合作体内的投资更加合理。

③网络化经营。这是指同时具有纵向和横向合作两种经营模式特点的合作经营，也是一种比较常见的合作经营模式。

3.战略联盟

第三方物流战略联盟是以物流为合作基础的企业联盟，它是第三方物流企业与其他合作伙伴为实现物流战略目标，通过协议或契约的方式，形成优势互补、风险共担、利益共享的松散型网络组织，是物流服务一体化和物流企业协同化发展的需要。第三方物流企业战略联盟可以为企业带来以下竞争优势：

（1）提高企业经济效益

物流战略联盟可以使众多中小企业实现集约化运作，降低了企业的物流成本。企业通过战略联盟，选择专业的物流企业负责专项的服务，从根本上减少了物流资源的投入，又获得了专业的、低成本的物流服务。换句话说，物流战略联盟是对社会上专业的物流资源进行了有效整合。

（2）缩短企业管理战线

从社会效益来看，由于以第三方物流机构作为主体，统筹规划、统一实施，因此减少了社会物流过程的重复劳动。低端的、专业的操作留给相应的社会群体，也充分体现了社会专业分工的要求。而第三方物流企业更需要做的是，加强对战略联盟的管理和控制，使其按照客户、企业的要求规范运作。管理输出，变操作层为管理层，是现代化第三方物流企业发展的必然趋势。

（3）转嫁经营风险

现代化的第三方物流企业通过寻找战略联盟，在运作中共担风险，从而降低了自身的风险与不确定性。物流企业的风险包括货物风险、资金风险和社会风险。货物风险主要来自库存、运输货物的安全性、货损等。资金风险来自应收款的时间价值等。社会风险来自政策、交通法规的变化，以及石油价格的变化等。可以说，物流企业是一个高风险的行业，通过物流联盟可以转嫁风险。例如，物流企业可以通过战略联盟延长付款期，从而达到优化结算方式、降低资金风险的目的。

### 4.3.3 差异化战略

差异化战略是指不同物流企业结合自身的实力和市场的需求，提供和其他企业不同的、具有独特性的产品和服务。差异化战略以价值创造为逻辑思路，以提高顾客满意度为核心要求。差异化不仅有利于提高物流企业的服务水平，提高顾客的满意度和忠诚度，而且可以避免物流企业无序竞争和盲目发展，从而使物流企业在经济发展中发挥更大的作用。从物流服务的角度来说，有意义的差异主要体现在以下方面：

1. 速度

速度包括订单处理速度、运输配送速度、出入库速度等。某些客户对速度的需求来源于其产品的市场特性，如电子产品和服装，这类产品生命周期较短，需要在其快速贬值前送达销售终端。第三方物流企业如果能够在可接受的成本范围内，提供更快的物流服务，则可借此形成有效的竞争优势。

2. 准时

准时强调在特定的时刻到达和完成，不一定要求较快的速度。严格的准时不仅指没有延误，甚至可能要求不能提前。比如在JIT制造中，滞后的物流会造成生产中断，而提前的物流将增加客户的库存。对有些连锁餐饮零售店如麦当劳来说，门店的配送补货必须在特定的时间进行，否则会影响正常的经营。

3. 信息

信息要求第三方物流企业对物流活动中的数据进行采集、存储和传输，并对获得的数据进行适当的汇总合并处理，从而向客户提供实时有效的物流信息。利用这些信息，客户可以对外包物流的绩效进行监控，也可用于库存控制和销售预测等方面。支撑信息差异化的核心竞争力在于建设良好信息系统的能力，如国内的宝供物流，就是以适用并不断发展的信息系统为依托，在对物流活动进行有效监控的同时，将经过加工处理的信息提供给宝洁等客户，满足其对相关信息的需要。

严格来讲，向客户提供实时信息也是增值服务的一种，但考虑其实际作用和重要性，我们将它单列出来，作为第三方物流差异化战略的一个主要方向。

4. 柔性

柔性也称灵活性。由于终端消费者需求的日益多样化，委托企业的生产和销售也不得不更加柔性，以适应多变的市场环境。与此相应，支撑生产和销售的物流自然也要求更大的灵活性。目前，这种需求主要体现为少批量、多批次的物流，以及较快的响应速度。小型物流企业在物流灵活性方面具有天然的优势，而大中型第三方物流企业要具备灵活性，必须从提高综合管理水平入手，建设信息系统，变革组织架构和企业文化。

**5. 品牌**

良好的品牌形象有助于目标客户忠诚度的建立和保持，对第三方物流企业而言，品牌的差异化往往同其他方向的差异化一起，作为一种辅助和必要的补充来促进核心竞争优势的建立。从长期发展的角度来看，其重要性不言而喻。因此，相关的一整套体系，从企业形象识别到营销策略，都应该逐步建立和完善。

**6. 服务**

服务差异化就是针对不同层次、不同需求的顾客提供差异化的服务。主要可以从两个方面着手：第一，提供量身定做的个性化服务。由于顾客的需求由求同转为存异，第三方物流企业根据顾客的需求提供专门服务的要求显得很迫切。因此，第三方物流企业应当以顾客的需求为导向，为顾客量身定制差异化、个性化的服务，并凭借顾客资源挖掘潜在需求，把握需求趋势变化。例如，制造企业都希望通过实现零库存来实现成本的降低和风险的减少，因此，深圳赤湾东方物流公司针对富士康公司提供了甩挂运输的方式，该差异化的服务不仅给富士康带来了零库存，还节约了货物装卸的时间，极大地满足了富士康的需求。第二，提供物流增值服务。物流增值服务是在传统物流常规服务的基础上提供产品的流通加工、物流信息处理及网络设计等个性服务。增值服务的提供能够在更大程度上满足顾客对个性化服务的需求。

## 4.4 第三方物流的经营战略

第三方物流的产品是为客户提供专业的物流服务，因此，必须在满足顾客服务要求的基础上，规划和设计与其发展战略和经营目标相符合的服务产品组合，并进行有效运营和控制，依靠企业提供的独特服务产品获得竞争优势、扩展业务。

### 4.4.1 第三方物流企业的类型

通常从服务范围和职能整合度两个维度来分析物流企业的经营战略。物流服务范围主要是指营业区域、机构多样性、保管及流通加工等附带服务的广度等；职能整合度是指提供物流服务所必需的职能即企业自身拥有多少物流职能。按照这两个标准，我们可以将物流企业分成以下四种类型（见图4-2）：

第一种类型是职能整合度高、物流服务范围宽的企业，它属于物流行业的先驱，是一种先驱型物流企业。这种企业的业务范围往往覆盖全国或世界各地，因而也被称为超大型物流商。超大型物流商由于能应对货主企业全球化经营的需求而从事国际物流业务，因此其服务能力备受瞩目。

高　职能整合度

专业型物流企业　　　　　　　先驱型物流企业

（职能整合型物流商）　　　　（超大型物流商）

　　　　　　　　　　　　　　　　　　　物流服务范围

窄　　　　　　　　　　　　　　　　　　　　宽

缝隙型物流企业　　　　　　　功能型物流企业

（缝隙型物流商）　　　　　（运输代理商、仓储代理商）

低

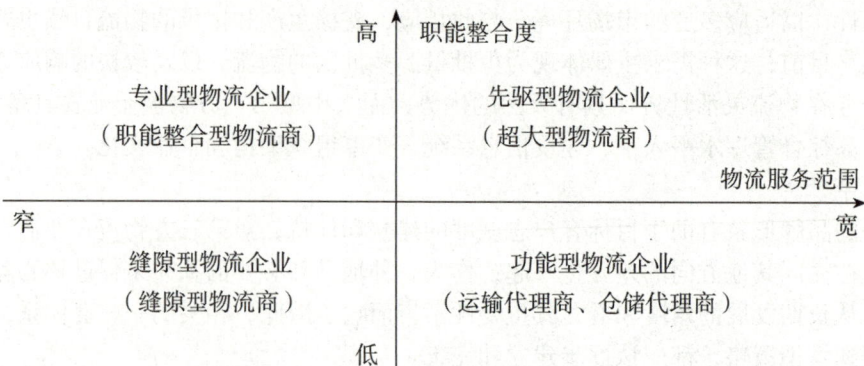

图4-2　物流市场中的竞争者类型分析

　　第二种类型是职能整合度高、物流服务范围较窄的企业，即专业型物流企业，其特征是通过系统化提高职能整合度来充分发挥竞争优势。这类企业集中于特定的物流服务领域，在从事这类服务的过程中，企业拥有高水准、综合性的物流服务职能，因此，在特定市场上，其他企业难以与之竞争。

　　第三种类型是物流服务范围宽、职能整合度低的企业，一般是物流单个职能服务的提供商，如运输代理商、仓储代理商等。运输代理商虽然可以利用各种运送机构提供较大范围的输送服务，但实际上，企业自身并不拥有运输手段，因此，它是一种功能型物流企业。这类企业由于不需要在输送手段上进行投资，因此能够灵活应对市场环境的变化；同时，如果运输的职能管理不够充分，往往会缺乏物流服务的可靠性。

　　第四种类型是职能整合度低、物流服务范围较窄的企业，即缝隙型物流企业。这类企业通常以局部市场为对象，在特定市场从事特定职能的物流活动。

### 4.4.2　不同类型物流企业的组织方式

1.先驱型物流企业——选择多元化战略

　　综合物流的优点是能够实现一站托运。随着货主企业活动范围的不断扩大，发货、入货范围逐渐延伸到全国或海外市场。在这种状况下，输送手段不仅涉及货车，而且需要联合使用铁路、航空、海运等各种运送手段。先驱型物流企业对应于货主复杂多样的物流需求，从事多元化的物流服务。

　　如果先驱型物流企业能实现物流服务供给中经营资源的共有化，就能达到效益的乘数效应。例如，建成集商品周转、流通加工、保管职能于一体的综合物流设施，或实现输送、保管等物流职能的单一化管理等，从而可以极大地降低企业的服务成本。但是，企业组织的巨大化也会存在间接成本增加、费用提高的风险。

　　先驱型物流企业要注重最先进的信息技术的使用，以全面降低交易成本，提升物流服务水平。在现在乃至未来，我国先驱型物流企业的主要竞争对手始终是国外同级别的超大型物流商，随着国外最优秀的物流服务供应商进驻我国，竞争将进一步加剧。我国的先驱型物流企业一定要在学习国外优秀物流业者经验的基础上加强自身建设，具体说来可从以下几个方面着手：

（1）进行业务流程再造，减少冗余环节，提升工作效率

我国超大型物流商都是从旧体制转型过来的，在业务流程上沿袭了很多旧的做法，导致工作效率低下。但只要进行彻底的业务流程再造，运用工业工程的分析方法，就能从整体上优化流程，从局部上改善作业，全面提高工作效率。

（2）加强品牌管理，创造品牌优势

"品牌"在激烈的市场竞争中依然是一把尖刀，如宅急送是门到门式的速递服务，EMS是综合的快递业务等。自己企业的"品牌"又能带给人什么？是快速的服务吗？是高度的可靠性吗？是优秀的交货质量吗？这些都是企业需要关注的问题。

（3）传播物流理念，加强物流营销

如前所述，社会物流意识亟待加强，那么究竟由谁来传播物流理念呢？博弈论中有一个著名的模型——智猪博弈。超大型物流商就是"大猪"，其有义务向社会传递最新的物流理念，让一些企业专注于其核心竞争力，而将物流（如果不是其核心竞争力的话）外包，那么我们的市场也必将扩大。无可否认，"小猪"（中小型物流商）也会在此过程中分得一杯羹，但由于市场整体放大，超大型物流商得到的利益仍比中小型物流商要大。

我国物流市场竞争激烈，物流企业也要走出去，一方面要传播物流理念，另一方面要加强物流营销、主动出击，从而与物流需求者建立长期的合作关系。

（4）降低物流作业成本

曾有一份统计资料显示，仅从运输成本来看，我国的运输成本占国民经济总成本的30%，而发达国家只占10%。也就是说，从运输成本来看，我们还有20%的成本空间可以努力。从整体来看，只要能将现有的运输成本降低10%左右，国民经济总体水平就能出现一次新的飞跃。从物流企业本身来看，降低成本也将使企业的盈利水平大大提高。

2.专业型物流企业——选择整合战略

专业型物流企业经营战略的特点是以特定货物为核心，导入系统化的物流，通过推进货物分拣、货物追踪系统，提供高效、迅速的输送服务。同时，从集货到配送等物流活动，全部由企业自身承担，以实现高度的职能整合。但是，由于这种以特定货物为对象构筑的系统无法适应较大的变化，因此，物流服务的范围受到限制。

从经营战略上来看，对于市场需求的变化采取细分化战略十分有效，正因为如此，在专业型物流企业中，进一步限定顾客层的企业为数不少，即通过再细分市场、突出物流服务的特色来追求企业的效益。与进一步细分市场的战略相反，还有一部分企业转向多角化战略，其目的是分散对特定市场依存的风险，在特定市场成熟以后寻求新的市场。从目前实践的情况来看，大多数开展多角化战略的企业都是利用既存经营资源实施同心多角化战略的。

无论是细分化战略还是多元化战略，对于专业型物流企业来讲，职能的内涵和服务质量都是这类企业的基础和核心，职能运作的弱化和功能陈旧将直接动摇企业在特定物流市场上的地位。所以，不断提高职能的整合度、发展职能功能的深度和广度，是企业发展的根本战略。

### 3.功能型物流企业——选择柔性战略

这类企业综合运用铁路、航空、船舶运输等各种手段，开展货物混载的代理业务。其最大的优点是经营具有柔性，物流企业可以根据货主企业的需求提供最适合的物流服务。

目前常见的形式是为了保证货主企业物流的高效性而设立物流子公司，这类子公司虽然有的也拥有货车、仓库等物流设施，但大多数都是通过租用货车业者和仓库业者的设施来提供物流服务。在后一种情况下，物流子公司作为运输代理商接受货主企业的物流要求，同时由于物流子公司本身并不拥有经营资源，因此其可以彻底实现物流的高效性。

功能型物流企业的经营战略主要是向无资产的第三方物流从业者方向发展。由于企业实际上并不拥有整合的物流职能，因此其可以灵活、柔软、彻底地实现物流的高效性。但是，也正因为无资产而可能产生物流服务的不稳定性，企业应该建立有效的输送职能管理体系，其中核心是信息系统的完善以及树立良好、柔性的企业间关系。

### 4.缝隙型物流企业——选择差异化、低成本战略

在经营资源数量和质量方面都受限制的中小企业，必须发挥其在特定职能或特定物流服务方面的优势，在战略上实现物流服务的差异化和低成本化。

在从事单一物流服务的情况下，实现服务的差异化比较困难，如运输服务，只要在货车、车库等设施达到一定水平的条件下，任何企业都能够参与。因此，这类物流企业只有不断降低物流费用，实现低价格竞争，才能够生存和发展。常用的措施除了加强企业内部管理外，还可以根据运输周期或货物特性实行弹性化的价格政策。例如，对旺季以外的货物运输或可以用机械装卸的货物运输实行运费折扣或优惠运输等。

尽管缝隙型企业较难达到差异化，但是也存在通过集中于特定顾客层提供附加服务，进而成功实现差异化的事例。目前，这方面比较突出的物流服务主要有搬家综合服务、代收商品服务、仓储租赁服务以及摩托车急送等形式。例如，搬家综合服务除了包括专业化的搬家物流服务外，还包括替顾客从事清扫、整理、杀虫、垃圾处理等事务；在代收商品服务中，物流企业从事代收商品等业务，然后用货车进行配送，以增加物流服务的附加价值；仓储租赁服务是目前兴起的新兴物流形式，它通过出租仓储、安全保管顾客存放的任何货物（大宗商品、书籍、字画等高价商品或贵重物品）来突出物流服务的差异化。近年来，我国大城市出现的小型保险柜租赁业务就是这种物流服务的具体表现形式之一。

此外，在差异化物流服务中，商品的多频度、少量共同配送也非常引人注目，它已成为实现企业物流差异化的有力武器并得到广泛推广。

### 4.4.3 第三方物流的运作模式

不同的经营战略对应着不同的运作模式。综合第三方物流的主要执行者——运输业、仓储业、综合性物流服务机构的运作实践，可以归纳出四种主要的物流运作模式：一是传统外包型物流运作模式；二是战略联盟型物流运作模式；三是集成物流运作模式；四是虚拟经营模式。各种模式各有自身的优缺点以及相应的组织方式、职责分担要求等。

### 1.传统外包型物流运作模式

传统外包型物流运作模式是指第三方物流企业独立承包一家或多家生产商或经销商的

部分或全部物流业务的运作模式。这种运作模式以生产商或经销商为中心，第三方物流企业几乎不需要专门添置设备和进行业务训练，管理过程简单。订单由产销双方完成，第三方物流企业只完成承包服务，不介入企业的生产和销售计划。

目前，我国大多数第三方物流企业采用这种模式，实际上，这种模式比传统的运输、仓储业并没有先进多少。这种模式以生产商或经销商为中心，第三方物流企业之间缺少协作，没有实现资源更大范围的优化。其最大的缺陷是生产企业、销售企业与第三方物流企业之间缺少沟通的信息平台，从而造成生产的盲目、运力的浪费或不足，以及库存结构的不合理，难以实现运作效率的大幅提高。

2.战略联盟型物流运作模式

战略联盟型物流运作模式是指第三方物流企业把运输、仓储、信息业等的经营者以契约形式结成战略联盟，实现内部信息共享和信息交流，相互间协作，形成第三方物流网络系统的运作模式。联盟可包括多家同地和异地的各类运输企业、场站、仓储经营者。理论上，联盟规模越大，可获得的总体效益越大。战略联盟的信息处理是共同租用某信息经营商的信息平台，由信息经营商负责收集处理信息，也可连接联盟内部各成员的共享数据库，实现信息共享和信息沟通。目前，我国的一些电子商务网站普遍采用这种模式。

这种物流运作模式比传统外包型物流运作模式有两方面改善：首先，系统中加入了信息平台，实现了信息共享和信息交流，各单项实体以信息为指导制订运营计划，在联盟内部优化资源。同时，信息平台可作为交易系统，完成产销双方的订单和对第三方物流服务的预订购买。其次，联盟内部各实体实行协作，减少中间手续，提高效率，使得供应链衔接更顺畅。例如，联盟内部各种不同经营方式的运输企业进行合作，实现多式联运、一票到底，大大节约了运输成本。

但是，联盟成员是合作伙伴关系，实行独立核算，彼此间服务租用，因此有时较难协调彼此的利益，在彼此利益不一致的情况下，要实现资源更大范围的优化配置存在一定的难度。

3.集成物流运作模式

集成物流运作模式集成了物流的多种功能——仓储、运输、配送、信息处理和其他一些物流的辅助功能。例如，包装、装卸、流通加工等功能，大大扩展了物流服务范围，对上游生产商可提供产品代理、管理服务和原材料供应服务，对下游经销商可全权代理为其配货送货的业务，同时完成商流、信息流、资金流、物流的传递。

集成物流运作模式必须进行整体网络设计，即确定每一种设施的数量、地理位置、各自承担的工作。其中，信息中心的系统设计和功能设计以及配送中心的选址流程设计，都是非常重要的问题。配送中心是综合物流的体现，地位非常重要，它衔接了物流运输、仓储等各个环节。

4.虚拟经营模式

第三方物流的虚拟经营模式有以下两种：

（1）第三方物流企业与生产企业的虚拟经营

第三方物流企业凭借自身的人才、技术等优势与大型制造企业进行合作，利用制造企业的现有资源，如车队、仓库和人力资源等，由制造企业提供大部分营运资金，按照各自的资本额商定好股份比例，双方组建虚拟企业。该企业由双方协同管理，除了完成部分或全部该制造企业本身的物流工作外，主要从事社会化服务。制造企业也可以完全将自己的物流资源租赁给物流公司运营，自己不参加管理，只按期收取租金。

（2）第三方物流企业之间的虚拟经营

这是指各成员企业放弃自己不擅长的业务，把资源集中到自己的核心业务上来。虚拟企业通过整合各成员的核心能力和资源，在一定区域内形成较完善的多功能物流网络，以满足客户的需求。成员企业通过分享市场和顾客，实现共赢目标。中国外运长航下属的多家物流服务企业，曾联手在国内为摩托罗拉公司提供从提货、发运、进出口运输、国内海陆空运输到仓储、信息查询、反馈等全方位的物流服务，取得了骄人的业绩，就是一个很好的例证。

💧**案例分析**　　　　　　　　**中国物流企业的国际化**

随着中国国内市场的更加开放，物流业的竞争日趋激烈，国内快递企业已将目光转向国际市场。已有多家快递企业宣布国际化新战略，如百世国际跨境物流平台的升级、菜鸟与圆通在港投建的物流枢纽、京东物流的全球化新目标等。中国物流学会特约研究员杨达卿认为，国内快递市场面临激烈的红海竞争，迈步国际是不得已的选择，但目前快递企业的国际业务主要针对中国人，国际市场资源较少，未来需行业合作打通上下游产业链，才有可能在国际打响知名度，服务当地消费人群。

（一）加速海外布局

国内快递企业似乎在同一时间意识到了国际化的重要性，纷纷将业务拓展至海外。2018年5月30日，百世集团对外展示了针对跨境服务的物流供应链解决方案，并对百世国际跨境物流平台"百世大航海"进行升级，新增东南亚线路海运拼箱、空运包裹的下单功能。

当时，百世集团高级副总裁、百世国际总经理表示，为了有效提升跨境电商物流的时效性和通关效率，百世在重要的国家和地区建立了自己的运营和维护团队，举例来说，美国的快递配送和物流运输都是按照8个区来区分价格，导致末端配送费用较高，百世可以根据客户的目的地、SKU（最小存货单位）、运输方式，设计分仓发货的物流方案，降低物流成本，提升时效性，形成一定竞争力。

菜鸟联合中国航空、圆通速递宣布，在中国香港国际机场启动建设一个物流枢纽，规划建设多层的现代化空运物流中心，枢纽投入使用后每年可处理数千万件跨境电商包裹。

实际上，菜鸟之前就宣布要在全球多地建立世界级物流枢纽，首批纳入考虑的包括国内的杭州以及吉隆坡、迪拜、莫斯科、列日等国外城市，此次香港物流枢纽的建设是菜鸟加速国际化布局的表现。阿里巴巴集团董事局前主席马云曾表示要投入千亿元建设国家智能物流骨干网，这张网包括在国内打造24小时货运必达网络，以及沿着"一带一路"在全球实现72小时必达。

无独有偶，谷歌与京东也表示谋求在系列战略项目上进行合作。京东将输出供应链管理与物流服务能力，谷歌则发挥技术优势。

早在2017年11月，圆通速递就正式完成了对香港先达国际的收购，并以持股61.75%的方式形成了对该公司的控股。圆通此举，也正是看中了香港突出的贸易优势。根据圆通当时的规划，并购完成后，其将以香港为基础打造多式联运的公共平台和业务进出口的国际转运枢纽。事实上，圆通速递的国际化战略布局可谓是用心良苦。2017年5月，圆通方面就发起成立了"全球包裹联盟"；同年9月，其又战略布局"义（乌）新（疆）欧（洲）"班列；到10月，该集团还牵头组建了上海国际物流商会，喻渭蛟担任首任会长。圆通战略并购先达国际，也只是其国际化战略的一部分。值得一提的是，香港也恰好是圆通国际的总部及全球包裹联盟（GPA）总部的所在地。

（二）跨境市场空间大

有分析认为，国内快递市场竞争激烈，但增速逐渐放缓，相比之下，跨境市场前景无限，可以为企业带来新的商机。据海关统计，2020年，我国货物贸易进出口总值32.16万亿元人民币，比2019年增长1.9%。其中，出口17.93万亿元人民币，增长4%；进口14.23万亿元人民币，下降0.7%；贸易顺差3.7万亿元人民币，增加27.4%。《2020年度中国跨境电商市场数据报告》显示，2020年中国跨境电商市场规模达12.5万亿元人民币，同比增长19.04%币。东南亚作为新兴市场的代表，这一地区的电子商务平台也呈崛起之势，Lazada、Shopee等平台蓬勃发展，阿里、京东等国内电商巨头也纷纷加入了东南亚市场的争夺战。由东南亚电商平台带动的物流运输需求，不论是本地物流还是跨境物流，都预示着更多商机。

（根据新华网、网经社等的公开资料整理）

分析思考：

（1）中国国内快递企业的国际化进程蕴含着什么样的战略目的？

（2）对比案例中几家企业国际化战略的异同。

（3）不同的国际化进程对于案例中的企业来说分别属于哪一种战略类型？

### 💧 本章小结

战略是企业发展的指导思想，它确定了企业的长远发展目标，并指出了实现这个目标的策略和途径。从管理的角度来看，战略是一种分析工具和一种较长远及整体的规划。战略对于企业发展具有重要的价值，包括为企业明确未来的发展方向，指出企业实现目标的方法，帮助企业更好地整合资源并形成强大的合力，帮助企业更加有效地规避经营风险，最终帮助企业获得和保持竞争优势等。我国第三方物流企业的构成比较复杂，不同类型的企业有不同的优势和经营目标，因此根据企业特点制定适合的企业战略是企业取得市场优势的前提。

第三方物流企业的核心竞争力可以从组织能力、技术能力、响应能力、服务网络和品牌形象等方面体现出来。目前，我国第三方物流企业在市场定位、服务能力、企业素质、学习能力等方面普遍存在许多问题，因此，第三方物流企业的战略选择应紧紧围绕培育核心竞争力来进行。

SWOT分析法又称为态势分析法，SWOT的4个英文字母分别代表：优势（Strength）、劣势（Weakness）、机会（Opportunity）、威胁或挑战（Threat）。所谓SWOT分析，就是将与研究对象密切相关的各种主要内部优势、劣势、机会和威胁等，通过调查列举出来，然后采用系统分析的方法，把各种因素相互匹配起来加以研判，从中得出一系列相应的结论。运用价值链分析法，就是要确定第三方物流企业的基本价值链，将这些价值链分解为单独的作业，找出价值链上的战略环节，为管理者提供详细的价值活动信息，揭示哪些是增值作业，哪些是非增值的浪费资源的作业，探索提高增值作业的效率，以达到增强核心竞争力的目的。

成本领先型战略是指企业通过获得成本水平领先的地位，使其在价格相仿的条件下，可以享有行业平均水平以上的利润，从而在同行业竞争中处于有利地位，并且在与用户和供应商进行交易时握有主动权。集中化战略就是把企业的注意力和资源集中在一个有限的领域，这主要是因为不同的领域在物流需求上会有所不同。差异化战略是指不同物流企业结合自身的实力和市场的需求，提供和其他企业不同的、具有独特性的产品和服务。

## 关键概念

企业战略　核心竞争力　价值链　发展战略　经营战略　服务范围　职能整合度

## 思考题

1. 第三方物流企业战略的价值有哪些？

2. 在我国，不同类型的第三方物流企业各有什么特点？

3. 如何应用 SWOT 分析法为我国第三方物流企业制定发展战略？

4. 我国第三方物流企业的战略选择有哪些？各有什么特点？

5. 第三方物流企业可以选择哪些发展战略？

6. 第三方物流企业的属性与其经营战略之间有何关系？

# 第5章

## 第三方物流服务方案

### 学习目标

第三方物流是依靠为客户提供物流服务产品而生存的。那么，到底该提供怎样的服务才能使客户满意呢？要提供这些服务，第三方物流企业需要做哪些工作呢？本章我们将学习第三方物流服务方案设计的内容，包括组织架构设计、服务项目开发和服务方案设计三个方面。通过本章的学习，我们将掌握根据第三方物流企业的特点设置组织构架的方法；了解客户需求的分析方法；掌握根据客户的需求设置服务项目，最终设计客户服务方案的整个过程；了解服务方案不断更新和完善的必要性以及学习对企业客户服务的评价方法。

### 导入案例

#### 宝象智慧供应链云平台的仓配一体服务

国家5A级物流企业——云南宝象物流集团有限公司（以下简称"宝象物流"）拥有仓储面积100余万平方米，管控运输车辆30 000余辆，运输规模达3 000万吨/年（其中多式联运600万元/年）以上，物流运输网络覆盖云南16个州市、西南地区及中老泰通道，业务触及第三方物流、园区投资管理、供应链管理、大宗商品贸易、电子商务、物流科技信息等领域。

在渠道升级及消费升级的双重驱动下，能够使物流各个环节无缝对接的仓配一体化服务需求越来越多。宝象物流以智慧物流为发展方向，线下不断完善物流网点布局，线上基于宝象智慧供应链云平台不断提升数据能力，并应用智能物流设备，满足客户全渠道、全网络、全链条、高效率的物流服务需要。

**1. 主要服务**

（1）交易服务

大宗物资交易信息。宝象大宗交易平台通过整合供应链上下游资源，为广大生产商、贸易商、采购商等用户提供大宗物资线上交易、仓储物流、供应链融资、信息咨询等多项服务，通过订单完成情况，提供对应仓配一体服务。

城配业务交易信息。宝象物流城配包含快消品、快递等业务形态。通过获取京东、沃尔玛、益海嘉里等上游企业的仓配服务指令，提供对应的仓配服务。

（2）仓储服务

货主通过客户协同向仓储方下达出库、入库、移库、盘点等指令，云仓系统接受相应指令，并按照分工将指令信息匹配到对应的工作人员，通过自动分拣、AGV智能叉车、PDA等物流设备，完成仓储全流程。

（3）运输管理

电子单据。宝象运网接收宝象云仓运输任务信息，生成对应的电子单据，取缔传统纸质单据，不仅加快了信息传递效率，而且单据流转全流程可视可控。

运输管控。宝象运网通过多种运力交易模式完成云仓运力订单的配置，并且自运输任务开始，宝象运网依靠云计算、大数据等信息基础，结合GIS（地理信息系统）、GPS（卫星定位终端）、北斗定位等技术，对运输全流程进行透明化监控、管理，确保货物的安全到达并反馈至平台。

**2.延伸服务**

**（1）大数据分析预测**

宝象大数据中心将交易环节、物流环节中涉及的数据及信息进行采集、分析处理与优化，通过"加工"实现数据的"增值"，将物流数据业务化，深入挖掘物流价值，优化资源配置，在路径优化、智能调度与配载、企业画像、运力分层、数据征信与物流互联网金融、需求供应链预测，以及公路货运与交通的宏观分析等方面发挥着巨大作用，进而推动宝象仓配一体服务由粗放式服务到个性化服务的转变，给客户提供更加优质和个性化的服务。

**（2）供应链金融服务**

宝象金融基于宝象智慧供应链云平台各板块发生的真实业务，通过与中信银行合作搭建稳定、可靠的支付结算体系，同时基于核心企业的应收应付账款，推出应收应付账款的管理产品——"宝通"，打造以"宝通"为结算中心的融资体系，通过引入银行等金融机构，为供应链全链条上中小企业或客户提供更为便捷、安全、高效的融资服务，解决中小企业客户融资难、融资成本高等问题。

**（3）配套商城服务**

宝象商城依托宝象智慧供应链云平台，以客户需求为服务核心，以线上线下O2O融合模式，针对整个平台用户，提供包括保险、轮胎、汽柴油、汽车修理、货车销售等车后市场服务，为客户提供个性化、全方位的服务。宝象商城自2019年1月正式上线运行，截至2021年上半年，已累计实现消费38 242.01万元人民币。

（资料来源：中国物流与采购网. 云南宝象——基于宝象智慧供应链云平台的仓配一体服务［EB/OL］.（2021-07-09）［2022-01-03］. http://www.chinawuliu.com.cn/xsyj/202107/09/554263.shtml）

案例思考：

（1）宝象物流仓配一体服务的内容是如何设计的？体现了怎样的思想？

（2）宝象物流为什么设计延伸服务？有何启示？

（3）宝象物流的仓配一体服务会产生怎样的效益？

## 5.1　第三方物流的组织架构

物流企业的组织架构既反映了企业对现代物流的理解，又是企业从事现代物流业务的保障。对于第三方物流企业来说，建立合理、科学的组织架构，不仅可以更好地通过调配企业的有限资源实现企业的战略目标，也能更好地协调企业与客户之间的关系，建立通畅的沟通渠道，为及时掌握用户的需求、制订物流服务方案提供有效的保障平台。

### 5.1.1　典型的第三方物流企业组织架构

第三方物流企业组织架构设置的好坏，直接影响到第三方物流企业的经营业绩。不同的第三方物流企业，其采用的组织架构形式也有所不同。根据第三方物流是在一个地方运作还是进行网络化运作，第三方物流企业的组织架构可以划分为两种典型的形式：点式经营的组织架构、网式经营的组织架构。

### 1. 点式经营的组织架构

所谓物流的点式经营，是指经营地集中在一个区域的物流企业的组织模式。在这种组织模式下，物流企业大多选择传统职能型的组织架构。图5-1为上海某民营物流企业点式经营的组织架构图。

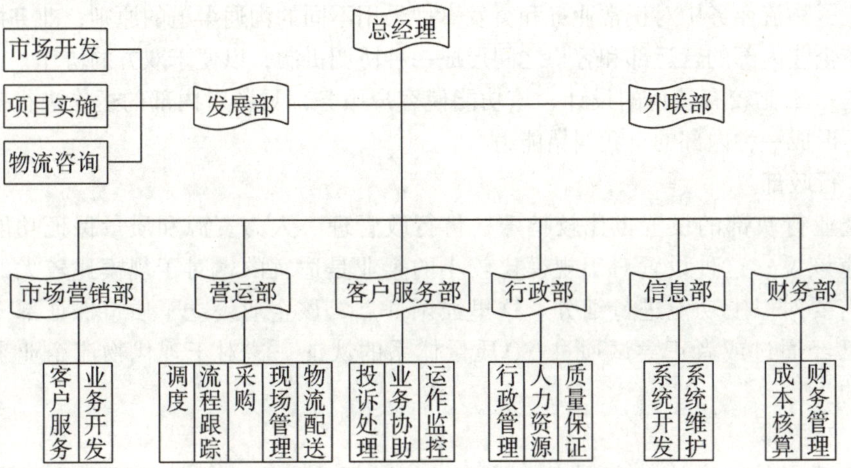

图5-1　点式经营的组织架构图

（1）发展部

发展部的设置是该企业比较有特点的一个做法，从该部门的具体职能可以看出，该部门实际上承担了市场开发、项目实施、物流咨询等工作。应该说，该部门的设置说明该企业对现代物流的认识还是比较清楚的。

（2）市场营销部

市场营销部的设置没有特别之处，但其功能定义还是有一些特点的。市场营销部的主要功能包括客户服务和业务开发。其中，客户服务在一般情况下是被放在客户服务部内的，但该企业将这一功能放在市场营销部，其原因在于该企业仍然采用一部分传统的基于业务员的开发模式。在这种模式中，由于业务由业务员取得，因此仍然由业务员来进行客户服务，这样更容易被客户认同，并且该业务员可以从对该客户的物流服务取得的收益中提取相应的服务费用。这一点反映了该企业带有强烈的从传统企业转型过来的痕迹。

值得注意的是，发展部有市场开发功能又有业务开发功能，似乎存在功能重复设置的问题。其实该企业在功能的设计上，充分认识到了市场和销售的区别，在发展部中体现的是市场功能，而在市场营销部中，更突出体现的是销售功能。

（3）营运部

不难看出，该企业的营运部功能强大，包括调度、流程跟踪、采购、现场管理和物流配送。应该说，在所有部门的设置中，营运部的设置是最不合理的，尤其是将采购放在营运部中，违反了第三方物流中公认的使用者和采购者分离的原则，容易造成灰色交易，不利于对供应商的管理。

但营运部中的流程跟踪功能，却显示了该企业对现代物流的客户服务的理解，其通过流程跟踪部门对客户的订单进行跟踪，能够保证信息的及时性和透明化。

（4）客户服务部

该企业的客户服务部包含投诉处理、业务协助和运作监控三个主要功能。其中，投诉处理反映了物流业务中对正常业务和突发事件采用不同的沟通渠道的原则；业务协助主要是为了在企业内部的营运部和客户之间形成一种协调机制，以便于双方的协作；运作监控应该说是一个比较有特色的设计，该功能使客户服务部具备对内部的运作进行监督的职能，从而形成一种内部的自我纠错能力。

（5）行政部

该企业行政部的设置也比较特殊，将行政管理、人力资源和质量保证功能放在行政部。应该说，这种设置对于规模比较小的企业是适宜的，对于规模比较大的企业而言，则需要对以上功能进行细分。这里强调一点，该企业设立了质量保证部门，说明该企业已经通过或者正尝试通过ISO质量体系的认证，这对于现代物流企业来说是非常必要的。

（6）外联部

外联部也是一个比较有创意的设计。外联部的主要功能是处理和重要客户的关系，以服务交易为切入点开展更多的互动和交流，有利于和重要客户建立长期的合作关系。

（7）信息部

信息部主要负责的是企业内部信息管理系统的维护和开发。值得关注的是，由于该企业使用了自己开发的物流信息管理系统，该系统在实际使用过程中不断得以完善，比较符合该企业自身的实际情况。

（8）财务部

在财务部的功能中，成本核算功能的设置体现了该企业的经营理念，成本核算和财务管理的功能对于该企业完善客户管理、员工考核和成本控制具有重要意义，尤其是在目前第三方物流还很难提供大量的增值服务的情况下，第三方物流企业必须重视自己的成本控制，以降低运作成本，为自己和客户创造效益。

应该说，该企业的组织架构的设置在物流功能的完备性、对现代物流服务的理解、对国情的适应等方面都有一定体现，这也是中国现代物流企业所必需的。如果该企业能将采购部门从营运部中独立出来，那么这个组织架构就是一个非常完善的点式经营的组织架构了。

2.网式经营的组织架构

根据管理权限设置的不同，网式经营的组织架构还可划分为集权型组织架构和分权型组织架构两种形式。

（1）集权型网式经营的组织架构

在这种组织架构下，公司总部掌握物流管理和运作的大部分权力，各个分公司或子公司构成的网络节点只是负责业务的管理和运作。采用集权型的网式经营方式，子公司或分公司一般采用成本中心模式，实行收支两条线，客户直接同总部结算，总部根据各个节点的运作情况下发运作经费。图5-2为某合资物流企业集权型网式经营的组织架构图。

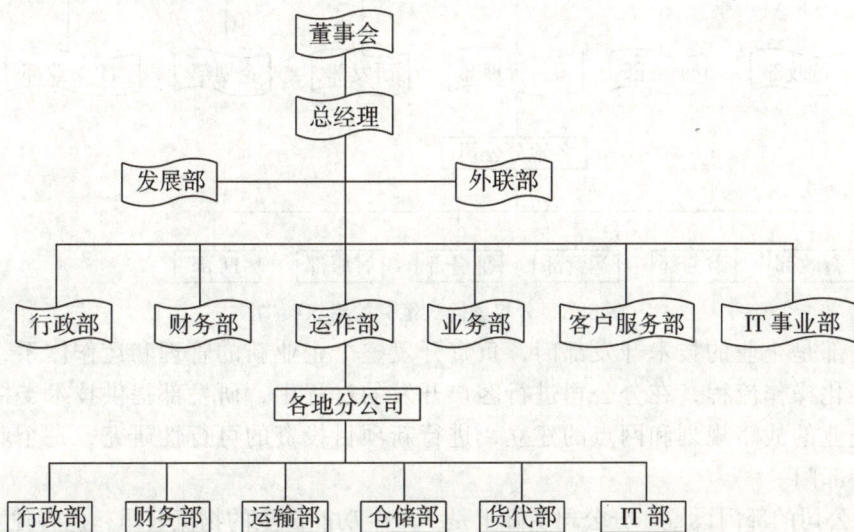

图5-2　集权型网式经营的组织架构图

①总部的部门设置。该企业总部的部门设置比较健全，包括行政部、财务部、运作部、业务部、客户服务部和IT事业部。其中，业务部实际上是市场和营销功能的结合，业务部负责客户的开发，业务部开发的客户是面向整个物流网络的。客户服务部也是为网络上的所有客户提供服务。而运作部实际上是运作管理部，它本身不具备直接的运作功能，而是通过它直接领导的分公司或子公司完成物流的运作。

②分公司的部门设置。分公司实际上是在总公司运作部的直接领导下进行工作，分公司的核心职能是完成实际的物流业务，本身不承担市场开发工作。

集权型网式经营的组织架构的优点在于网络的协同效应比较好，便于控制。但这种设置也有很多弊端，如各个分公司不对经营利润负责，工作积极性会受影响；同时，由于各地分公司没有自主的客户开发权限，也限制了市场拓展能力。目前，新型的第三方物流企业大多采用集权型网式经营的组织架构。

（2）分权型网式经营的组织架构

在分权组织模式中，各分公司是独立经营的实体，每个分公司的组织机构都相当于一个点式经营的组织机构，但这并不意味着总公司就无所作为。总公司不从事具体的市场开拓和客户服务等工作，而是将主要职责定位于整个网络的发展规划、市场开发指导、技术支持等方面。图5-3是一个典型的分权型网式经营的组织架构图。

①总公司的部门设置。总公司有一个专门的项目管理部对各地的分公司进行直接领

```
                          董事会
                           │
                          总经理
                           │
              ┌────────────┴────────────┐
            副总经理                   副总经理
              │                          │
    ┌─────┬─────┬─────┬─────┬─────┬─────┐
  行政部  财务部  项目管理部  研发部  企划部  IT事业部
                   │
                 各地分公司
                   │
    ┌─────┬─────┬─────┬─────┬─────┐
  行政部  财务部  运营部  业务部  客服部  IT部
```

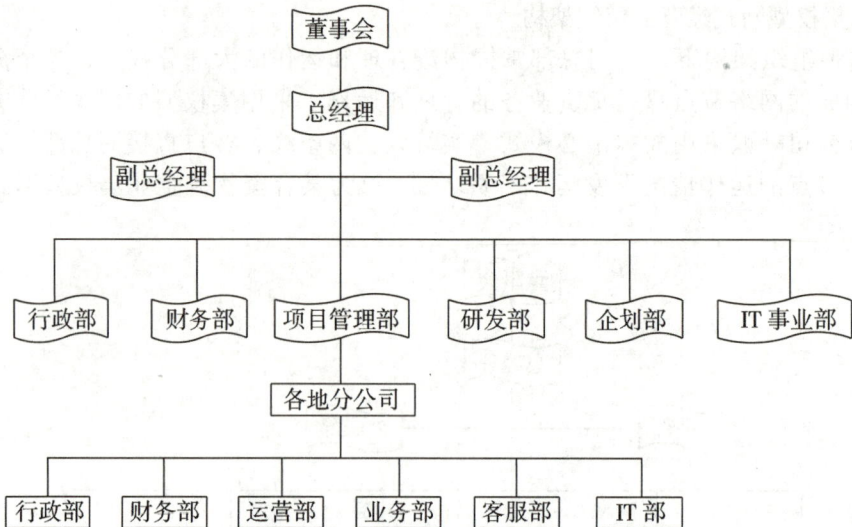

**图5-3   分权型网式经营的组织架构图**

导。研发部是企业的技术开发部门，负责开发整个企业新的管理和运作体系，建立企业的标准化操作流程，在分公司进行客户开发的过程中，研发部提供技术支持。企划部负责企业的战略规划和网点的建立，进行新项目投资的可行性研究，是企业重要的决策支持部门。

②分公司的部门设置。分公司实际上是一个个功能健全的物流公司，拥有独立的客户开发和服务体系，只是在市场定位、大客户开发、投资等方面需要总公司的支持。

在分权型网式经营的组织架构中，各地分公司是利润中心，总公司通过预算来控制各地分公司的财务。分权型网式经营的组织架构的最大优点是可以充分调动各地分公司的积极性，但财务管理困难，各地分公司易形成小金库；同时，网络间的业务协调能力差，各分公司之间配合的积极性不高，在管理不力的情况下，会形成诸侯割据的局面。目前，分权型网式经营的组织架构在由传统的类物流企业转型过来的第三方物流企业中，还有一定程度的应用。

### 5.1.2   新型第三方物流企业组织架构

1. 矩阵型点式经营的组织架构

对于矩阵型点式经营的组织架构，其设计需要将项目管理的思想引入其中。矩阵型点式经营的组织架构特别适合客户的物流需求具有个性化的企业采用。图5-4为矩阵型点式经营的组织架构图。

2. 混合型网式经营的组织架构

混合型网式经营的组织架构综合了集权型和分权型网式经营组织架构的优点，同时具备集权和分权的功能。具体做法是：在集权型网式经营组织架构的基础上，健全各分公司的职能，使各分公司具备独立的运作和管理体系，具有开发客户的能力。

混合型网式经营组织架构的特点是将各分公司的客户分成两部分：一部分是来自总部

的客户，按照成本中心的模式进行管理；另一部分是自己开发的客户，按照利润中心的模式来运营。在混合型网式经营的组织架构中，总部和各分公司通过联合营销，能够大大提高整个公司的市场营销水平。图5-5为混合型网式经营的组织架构图。

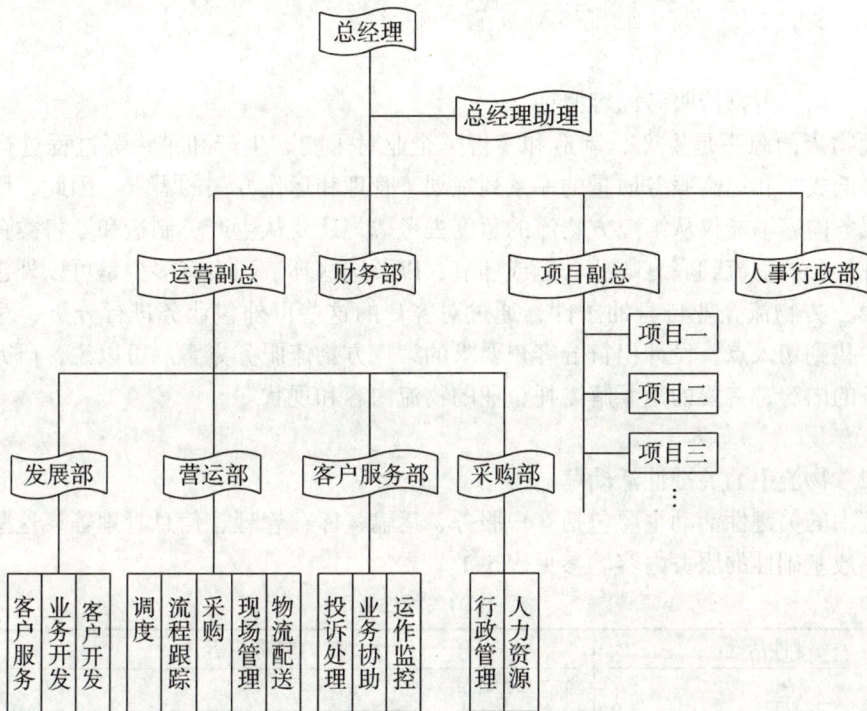

图5-4　矩阵型点式经营的组织架构图

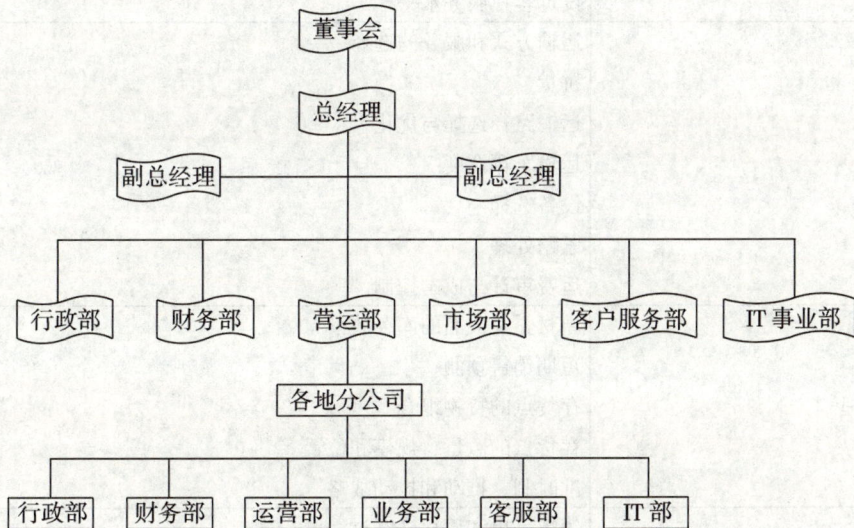

图5-5　混合型网式经营的组织架构图

## 5.2　第三方物流的服务内容

### 5.2.1　第三方物流服务内容概述

现代物流的源头是生产、制造和零售类企业对采购、生产和销售等过程进行系统整合，以降低成本和提高服务质量的一系列规划、管理和运作方法的需求。因此，研究现代物流的服务内容不能仅从第三方物流的角度去考虑，还要从生产、制造和零售类企业的角度去考虑，分析物流到底有哪些功能或环节，以及这些环节到底有多少是可以外包的，然后结合第三方物流企业自身的条件，通过对客户的这些可外包业务进行分析、对比、评测，从中找到切入点，设计出符合客户要求的第三方物流服务方案。可以说，研究第三方物流服务的内容，首要的是了解委托企业的物流内容和现状。

### 5.2.2　物流中的关键性活动

物流中的关键性活动主要包括客户服务、运输、库存管理、信息管理等，这些活动完成的是一般基础性的服务内容。参见表5-1。

表5-1　　　　　　　　　　　　　　物流中的关键性活动

| 关键性活动 | 具体内容 |
|---|---|
| 1.客户服务 | 确定客户需求 |
| | 确定客户服务反馈 |
| | 设定客户服务水平 |
| 2.运输 | 运输方式和服务的选择 |
| | 拼货 |
| | 运输路径选择与优化 |
| | 运输车辆调度 |
| | 设备选择 |
| | 索赔处理 |
| | 运费审计与成本控制 |
| 3.库存管理 | 原材料及成品的库存政策 |
| | 短期销售预测 |
| | 存货点的货物组合 |
| | 存货点的数量、规模和位置 |
| | 准时制、推动和拉动战略 |
| 4.信息系统和订单处理 | 销售订单和库存交互过程 |
| | 订单信息传递方法 |
| | 订购规则 |
| | 信息跟踪 |

### 5.2.3  物流中的支持性活动

物流中的支持性活动主要包括仓储、物料搬运及处理、采购、包装等，这些活动可以使物流活动更加高效。参见表5-2。

表 5-2                               物流中的支持性活动

| 支持性活动 | 具体内容 |
|---|---|
| 1.仓储 | 库位确定 |
|  | 站台的布置和设计 |
|  | 仓库装备 |
|  | 货物放置 |
| 2.物料搬运及处理 | 设备选择 |
|  | 设备更新 |
|  | 订单拣货 |
|  | 货物储存及补货 |
| 3.采购 | 供应商选择 |
|  | 采购点选择 |
|  | 采购量选择 |
| 4.包装 | 运输包装 |
|  | 搬运包装 |
|  | 防盗包装 |
| 5.生产和运作协同 | 确定生产批量 |
|  | 产品生产的次序和时间安排 |
| 6.信息维护 | 信息收集、储存和维护 |
|  | 数据分析 |
|  | 控制流程 |

不难看出，大型制造企业的物流过程包括以上提到的众多环节和功能，而一般企业的物流过程只不过涉及了这些物流活动中的几个基本活动而已。

### 5.2.4  第三方物流增值服务

上面的有关物流活动的分类是从制造企业的角度出发进行的。下面我们在进行第三方物流服务分析时，将按照一般物流企业的习惯，将常见的物流活动分为运输、仓储/配送、其他增值服务、信息服务和物流系统总体策划五大类。

1.运输类业务

（1）运输网络设计和规划

在运输类业务中，从物流服务的技术含量上看，应该首推运输网络的设计。对于覆盖全球的跨国公司而言，其采购、生产、销售和售后服务网络非常复杂，要设计一个高效并在某种程度上协同的运输网络是非常困难的。在技术比较领先的第三方物流企业中，一般都有专门的专家队伍，通过计算机模型完成运输网络设计工作。

在更复杂的运输网络设计中，还要考虑工厂和仓库（配送）等的选址问题，复杂性会进一步增加。

（2）"一站式"运输服务

"一站式"运输服务是由物流企业提供多个运输环节的整合，为客户提供门到门的服务。例如，在国外非常流行的多式联运业务，就属于这类服务。现在，在世界范围内，出现了海运公司上岸的热潮，这些海运公司可以提供国际海运、进出口代理、陆上配送等业务，将原来的港到港的服务，延伸为门到门的服务。到目前为止，马士基物流、中远物流、中海物流都有类似业务。"一站式"运输服务可能涉及很多环节，中间采用多种运输方式。

（3）运输能力外包

在此类服务中，客户在运输需求上不是完全的外包，而是采用第三方物流企业的运输能力，由第三方物流企业为客户提供运输车辆和人员，委托企业自己对运输过程进行组织、控制和管理。

（4）管理客户运输资源

这也是一类比较新型的物流业务，委托企业自身拥有运输资源，如运输工具和人员，但在物流业务外包时，将这些运输能力转给物流公司，由物流公司负责运输工具的使用和维护，以及运输人员的工作调配。

这类服务在国外比较常见，尤其是很多企业在采用第三方物流服务前，一般都拥有自己的运输部门，在采用第三方物流服务后，原来的运输部门一般就没有必要设置了，将这部分能力交给第三方物流公司管理，是一种比较好的做法。

实际上，在我国，大多数生产制造类企业都有自己的运输部门，这些部门通过长期的物流运作，积累了丰富的实践经验，有些企业将运输部门独立出来成立了第三方物流企业，除了完成企业自身的业务外也承接行业内其他企业的运输业务。

（5）动态运输计划

动态运输计划就是根据企业的采购、生产和销售情况，合理安排车辆和人员，以保证运输效率和低成本。很多企业结合计算机建模技术和实际运营的经验实施了动态运输计划，为企业节约了资源、提高了效率。

（6）配送

严格来讲，配送是仓库作业和运输的综合，是比较复杂的一类运输。配送有时候被作为一个独立的第三方物流服务项目提出来。以上海为例，消费类产品进入上海连锁零售系统一般有两种模式：一种是直接将产品送给各个连锁系统的配送中心，由配送中心完成向各个门店的配送；另一种是将产品送往独立的第三方物流配送中心，由第三方物流配送中心完成向各个超市的配送。

由于上海几大连锁超市的配送中心在规模和管理水平、作业能力上还存在一些问题，因此还有大批的货物是通过第三方物流配送中心来完成配送的。以上海农工商超市为例，长时间以来，其通过自己的配送中心配送的货物只占整个销售量的60%左右，还有40%的货物通过第三方物流企业的公共配送中心完成配送。当然，随着各大连锁超市越来越重视自己配送中心的地位和作用，它们有提升自身配送能力的趋势，但在相当长的一段时间内，第三方物流配送中心仍然有很大的市场。

（7）报关等其他配套服务

在国际物流业务中，还会涉及报关等业务。在我国，提供报关业务的一般有专业报关公司、国际货代公司、进出口公司，第三方物流企业本身拥有报关权的并不多，一般都通过和报关公司的合作为客户提供报关服务。

2.仓储/配送类业务

（1）报关相关服务（略）

（2）配送网络的设计

配送网络的设计包括仓库定位、配送中心能力和系统设计等，是仓储/配送类业务中最具技术含量的领域之一。这部分服务的功能可以作为独立的咨询项目存在，也可以作为物流服务整体方案的一部分。

（3）订单处理

订单处理是仓储/配送类业务中最常见的第三方物流服务项目。委托企业在取得订单后，通过第三方物流企业完成拣货、配货和送货等工作。

（4）库存管理

库存管理实际上是物流管理中最核心和最专业的领域之一，完整的库存管理包含市场、销售、生产、采购和物流等诸多环节。一般企业不会将库存管理全部外包给第三方物流企业，而是由委托企业自身完成库存管理中最复杂的预测和计划部分。但在库存管理的执行环节，第三方物流却大有作为，如与仓储相关的库存管理主要涉及存货量的统计、补货策略等。

在"一站式"物流服务中，第三方物流企业甚至可以通过对客户历史数据的挖掘，为客户的库存管理提供专业化建议。

关于库存管理，还有一种特殊的服务模式，在涉及商流的贸易类物流服务中，物流企业根据同委托企业制定的库存策略，自行完成特定产品的库存管理。

比如上海某跨国汽车制造企业，其生产线的设备维修和保养所需的零配件物流交给了上海一家贸易类物流企业。该物流企业同客户共同确定各种零配件的库存标准和订货点，然后由物流企业自己管理库存，并根据实际需要，自行采购零配件。这种方式在实际的生产应用中取得了良好的效果。这就是将库存管理外包的典型例子。

（5）仓储管理

仓储管理一般包括货物搬移、装卸、存储等活动，是最常见的传统物流服务项目。

（6）代管仓库

代管仓库也是一种比较常见的合作形式，是指委托企业自己拥有仓库设施，在寻求物流服务商时，将自己仓库的管理权一并交给物流企业管理。

（7）包装和物流加工

包装和物流加工是仓储类业务中的重要增值服务内容之一。随着物流模式的创新，包装和物流加工的服务内容也更加丰富，如运输包装、促销包装、配货包装等。

3.其他增值服务类业务

（1）延后处理

延后处理是一种先进的物流模式。物流企业在生产过程中，在生产线上完成标准化生产，但对其中个性化的部分，则根据客户需求再进行生产或加工。

HP（惠普）公司是应用这种物流模式的成功案例。HP生产的打印机行销全世界，但由于发往世界不同地方的打印机在说明书、电源、包装材料等方面都有特殊要求，如果在生产过程中就完成最终发送到客户的包装，往往会出现某些包装的产品缺货而另一些包装的产品积压的情况。为了解决这个问题，HP采用延后处理模式，将包装环节放在配送中心进行，即销售部门在收到客户订单后通知物流中心，物流中心根据客户要求，选择相应的说明资料、电源和包装材料，完成最终的包装工作。

其实，许多第三方物流企业提供的贴标签服务或在包装箱上注明发货区域等服务，都属于简单的延后处理。

（2）零件成套

零件成套就是将不同的零部件在进入生产线前完成预装配的环节。例如，汽车制造厂一般委托第三方物流企业管理零部件仓库，在零部件上装配线之前，可以在仓库内完成部分零件的装配。

（3）供应商管理

第三方物流企业提供的供应商管理包括两类：一类是对运输、仓储等提供物流服务的供应商的管理，第三方物流中的"第三"，本身就体现了对作为第二方物流的供应商的管理职能；另一类是近几年才出现的由第三方物流企业对委托企业的原材料和零配件供应商的管理。供应商管理一般包括以下内容：

①供应商的选择。

②供应商的供货。

③供应商产品质量的检验。

④供应商的费用结算。

（4）金融服务

一般地，第三方物流企业也为客户（企业）提供融资和代客结算等金融服务，帮助企业促进资金的高效流转。最常见的金融服务有代客采购、代客结算、仓单质押、融通仓等。

（5）JIT制造支持

JIT（准时制）制造支持是一种新型的第三方物流服务。在准时制的生产体系中，第三方物流提供的服务有及时采购运输和生产线的及时供货。

例如，上海某著名汽车制造企业就采用了这种服务模式，它将自己的零配件仓库委托给第三方物流企业管理。由于该汽车制造企业采用JIT的制造模式，因此第三方物流企业要根据客户的要求，在汽车厂附近建造汽车零配件仓库，再根据生产需要，往装配线上输送零配件。

（6）咨询服务

第三方物流企业提供的咨询服务有物流相关政策调查分析、流程设计、设施选址和设计、运输方式选择、信息系统选择等。

美国一家著名的分销企业销售从中国进口的轻工类产品，为了降低流通加工的费用，它们准备将其在美国的配送中心移到中国，但由于保税类货物的流通加工受国家法令的制约，因此它们委托华润物流（上海）有限公司为其提供咨询服务。华润物流（上海）有限公司在对客户的贸易性质、中国的海关监管仓库功能和保税仓库功能进行分析的基础上，为客户提供了相应的政策分析报告，帮助该企业完成了跨国配送任务。

（7）售后服务

售后服务对于第三方物流企业来说，是一个新的服务领域，一般包括退货管理、维修、保养、产品调查等内容。

4.信息服务类业务

在发达国家，信息服务实际上是第三方物流企业非常重要的服务内容。在我国，第三方物流的信息化起步较晚，但近年来各行各业都开始重视信息化建设，信息服务业务发展迅速。第三方物流的信息服务一般包括以下内容：

（1）信息平台服务

客户通过第三方物流的信息平台（EDI、XML），实现同海关、银行、合作伙伴等的连接，完成物流过程的电子化。我国有些城市目前正在推行电子通关服务，将来大量的第三方物流企业都要实现同海关系统的连接，客户可以借助第三方物流企业的信息系统，实现电子通关。

（2）物流业务处理系统

有许多客户使用第三方物流企业的物流业务处理系统，如仓库管理系统和订货处理系统等，完成对物流过程的管理。随着物流复杂性的增加和物流业务管理系统的完善，这方面的信息服务还将进一步加强。

例如，国内某些大型家电生产企业由于自身的物流信息系统还不完善（如全国各地的库存无法实时统计），因此经常会造成产品积压或某些产品断货。为了解决这个问题，一些公司已经开始选择信息服务能力比较强的第三方物流企业为其物流管理提供信息服务，尤其是将其分布在全国各地的多个仓库的库存进行准确的管理。可以预见，第三方物流企业提供的此类信息服务势必会得到越来越多客户的认可。

（3）运输过程跟踪

信息跟踪是另一类信息服务。就目前的市场来看，信息跟踪服务主要集中在运输过程的跟踪上。在西方发达国家，通过GPS/GIS系统等跟踪手段，物流企业已经做到了运输过程和订单的实时跟踪，如FedEx、UPS等快递公司，都能为其客户提供全程跟踪服务。

在我国，对运输过程的信息跟踪也有大量的需求，而且我国的物流企业已经具备了先进的跟踪技术和手段，大型物流企业运用GPS技术跟踪车辆的运行轨迹，企业通过自建的信息平台，让驾驶员可以通过手机App接收运单，在指定时间到指定仓库装货后进行派送。车辆位置通过车载定位终端、LBS等方式进行监控。同时，送货确认及回执单实时回传到平台，并且送货过程中的异议等也可以及时提交给相关人员。另外，一些小型物流企业则采用条码技术和电话跟踪模式，一般采用关键点和例行跟踪相结合的办法。例如，司机在关键节点，如发车、到货、事故等时刻，向信息跟踪部门发送信息，同时，信息跟踪部门在固定的时间段对车辆进行例行跟踪。跟踪的信息一般定期发送给客户，也有一些物流企业通过企业网站向客户发布跟踪信息。

上海的一家物流有限公司就向其客户提供独特的物流信息跟踪服务，该公司的客户服务部门设立专门的运输信息跟踪人员，在每天上午9：00—10：00和下午4：00—5：00对公司所有的在途车辆通过电话进行跟踪，记录车辆的位置、车辆状况等信息，同时统计司机在关键点发来的电话确认信息，然后将信息分两次在网站的车辆信息跟踪栏中进行更新。如果车辆在途中发生了交通事故，则每30分钟到1个小时对事故处理情况跟踪一次，并及时将处理信息公布在网站上，以便客户随时通过网站了解情况，从而获得了非常好的用户评价。

5.物流系统总体策划类业务

在理论界，有的学者将物流系统总体策划作为第四方物流的服务范围，成为一个更加专业的独立领域。但从本质上来讲，第四方物流仍然可以看成第三方物流的特殊形式（详见第10章的内容）。

例如，天津粮运物流有限公司通过搭建农牧行业的数字供应链物流服务平台，聚焦农牧领域物流运输服务，平台运行期间订单转化率提升到99%，需求响应时长由原来的8~10小时提高至45分钟。获得平台服务支持后，司机的运输效率提升了50%左右；通过运输监控服务，工作效率提升了80%以上。公司累计服务货主1 300家、司机超过11 000个。除此之外，试运行期间货损货差率、货物交付及时率、客户投诉率均控制在较低水平。

实际上，第三方物流的服务内容远不止以上所列举的五个方面，很多内容都是在合作的过程中新开发出来的。图5-6①给出了客户选择第三方物流服务类型的占比。

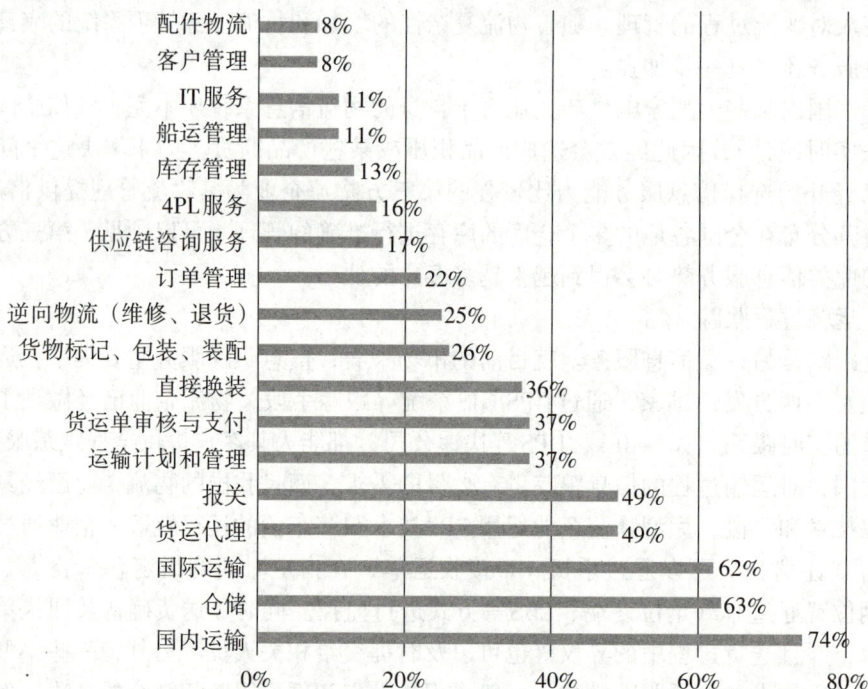

图 5-6　客户选择第三方物流服务类型的占比

---

① 资源来源：罗戈研究 —— 物流商业智库。

6.数据分析

数据分析在物流中的应用场景是多样化的，应用价值越来越高。数据分析可以应用在企业的采购、供应商管理、运输、仓储、流通加工、配送等方面，可以实现车货匹配、运输路线优化、库存优化、网点选址优化、客户管理、供应链协同管理等。

▎延伸阅读资料：第三方物流服务未来应关注的几个焦点 ☞

## 5.3 客户物流需求分析

如果将第三方物流服务看成一种产品，那么这个产品最大的特性就是个性化，几乎不存在两个完全相同的物流服务项目。物流服务的个性化，源于物流需求的个性化。因此，开发第三方物流服务产品，最关键的是对客户的物流需求进行分析。好的需求分析是物流服务成功的关键因素之一。

几乎每一个成功的物流企业都有自己独特的客户物流需求分析方法和技术，这里给出一种层次分析方法。在层次分析法中，物流外包被分为三个层次分别进行分析，这三个层次是：外包动因、外包层面和外包内容。

在层次分析法中，需求分析的层次同物流方案的层次是相对应的，如图5-7所示。

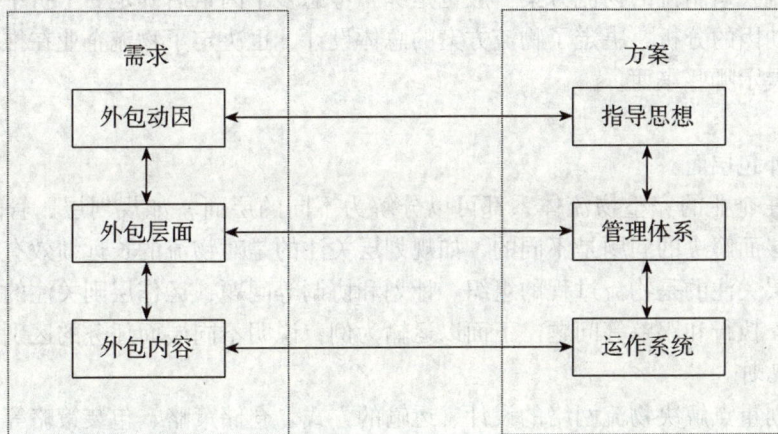

图5-7 需求分析层次与物流方案层次的对应关系

### 5.3.1 外包动因

了解客户物流业务外包的动因对于制订物流方案、确定物流方案的主导思想非常重要，但这一点往往为第三方物流企业的市场人员所忽视。

客户选择第三方物流企业，一般有以下几个关注的焦点：

**1. 成本型**

这类客户在选择物流服务商时，最关注的是物流成本问题。这类客户希望通过同第三方物流企业的合作，降低成本。

这类客户往往在市场上已经取得了一定的市场份额，其物流服务水平已经得到顾客的认可。因此，这类客户关注的并不是大幅度提高物流服务水平的问题，而是在现有物流服务水平的基础上，如何降低成本。因此，物流企业在进行方案总体规划时，要特别注意成本的控制。

**2. 能力型**

这类客户关注的不是降低成本的问题，而是如何通过第三方物流企业的能力，提高自己的客户服务水平。附加价值比较高的产品，或刚刚进入市场的物流服务产品，往往会遇到这种情况。例如，对于一般的IT类产品，往往通过空运的方式提高订单的响应速度，提高客户满意度。

对于这类客户，物流企业在制订物流方案时，最重要的不是如何降低成本，而是在一定的成本下，如何提高客户满意度。

**3. 资金型**

这类客户一般资金不足或比较关注资金的使用效率，不希望自己在物流方面投入过多的人力和物力。面对这类客户，物流企业要充分展示自己在物流方面的能力和投资潜力，同时，如果能提供垫付货款或延长付款期限的物流服务项目，将更能赢得客户的青睐。

**4. 复合型**

这类客户选择第三方物流企业的动因不止一个。严格来讲，大多数客户关注的内容都很多，而物流公司制订的物流方案一般也是综合考虑多个因素后确定一个折中方案。

对外包动因的分析，决定了物流方案的总体设计，也决定了物流企业在推介方案时要重点向客户展示哪些东西。

### 5.3.2　外包层面

每个委托企业的完整物流体系都可以分解为不同的层面，如规划层、管理层和运作层。不同的层面解决的问题是不同的，如规划层关注的是对物流的长远绩效有重要影响的问题，管理层关注的是物流过程的组织、计划和协调等问题，运作层则关注的是具体物流活动的安排、执行和跟踪等问题。下面以运输为例，说明不同层面任务的区别：

**1. 物流规划**

物流规划重点解决物流网络的设计、运输的方式、仓储策略、包装策略等问题。

**2. 物流管理**

物流管理包括各作业职能供应商的选择和评估、运输方式选择、运输合同管理、运费谈判、动态运输计划等。

**3. 物流运作**

物流运作包括装卸搬运、运输、仓储、包装、物流加工、过程跟踪、运输设备管理等。

委托企业在外包物流时，在不同的层面上会有很大的不同。最完整的外包，自然是三个层面的业务作为一个整体包给物流企业运作，但在实际中，这种外包形式并不多见。目前，在我国，比较常见的外包形式是运作和管理层面的外包，其中运作层面的外包占绝对优势。值得注意的是，在国外发展的比较成熟的物流市场中，规划层面的外包有从第三方物流的业务中独立出来的倾向，如埃森哲的第四方物流就是专门提供物流系统规划和供应链整合方案服务的。

### 5.3.3　外包内容

外包内容主要解决物流服务中涉及的具体活动、环节等问题。对于可能的外包内容，我们在前面物流活动的内容中已经进行了全面分析。

获取客户外包内容的途径一般有两种：一种是客户将自己的物流需求列出来；另一种是当客户对自己的物流需求没有明确定义时，就需要第三方物流企业通过调研获得。

第三方物流企业在调研客户的物流需求时，一般应事先准备好问题集，这样就可以比较全面地了解和记录客户的物流需求。

## 5.4　物流服务方案的设计

### 5.4.1　客户物流服务方案的制订

制订客户物流服务方案的过程，大致可以分为调研、设计两个互相联系的阶段。参见图5-8。

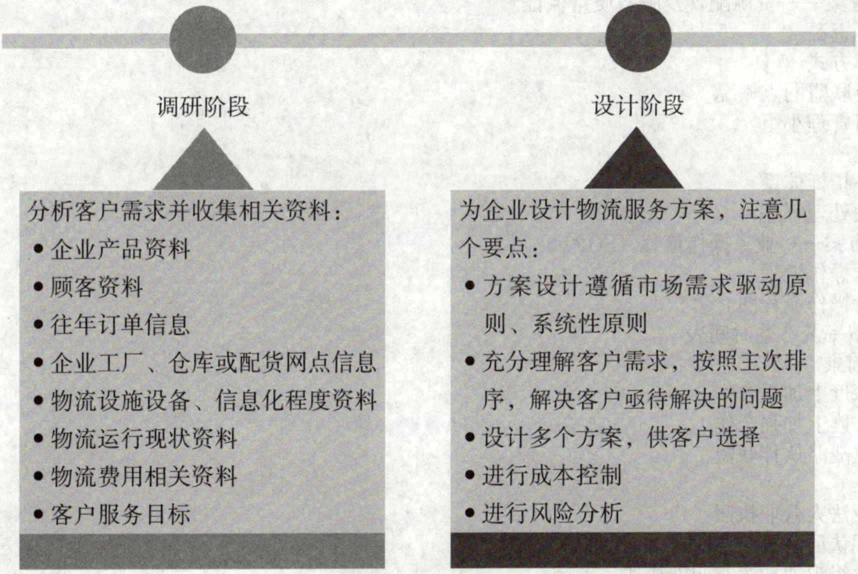

| 调研阶段 | 设计阶段 |
| --- | --- |
| 分析客户需求并收集相关资料： | 为企业设计物流服务方案，注意几个要点： |
| ● 企业产品资料 | ● 方案设计遵循市场需求驱动原则、系统性原则 |
| ● 顾客资料 | ● 充分理解客户需求，按照主次排序，解决客户亟待解决的问题 |
| ● 往年订单信息 | |
| ● 企业工厂、仓库或配货网点信息 | ● 设计多个方案，供客户选择 |
| ● 物流设施设备、信息化程度资料 | ● 进行成本控制 |
| ● 物流运行现状资料 | ● 进行风险分析 |
| ● 物流费用相关资料 | |
| ● 客户服务目标 | |

图5-8　客户物流服务方案的设计过程

1.调研阶段

调研阶段是在对客户需求进行详细分析的基础上，对具体的物流过程进行分析。这个阶段的工作如下：

（1）对现有的物流过程进行描述。

（2）评价现有物流体系的绩效。

（3）同本行业先进企业的物流实践进行对比。

在调研的基础上，通过一系列的指标对物流体系的绩效进行衡量，同时与行业的标杆企业进行对比分析，就可以发现现有物流体系存在的问题和不足，找到解决问题的关键。

2.设计阶段

在调研的基础上，发现现有体系中存在的问题，就明确了客户物流服务方案设计的方向。具体的方法有：

（1）简化式设计，如省略或合并某些物流活动或环节。

（2）模仿式设计，借鉴国内外相关企业先进的物流实践，结合委托企业的特殊情况进行创新。

（3）优化式设计，采用一些决策支持系统对物流体系进行重新设计，如配送网络设计、动态运输计划等。

设计阶段是制订方案过程中最核心的部分，物流服务计划书提纲示例见表5-3。

表5-3                物流服务计划书提纲（示例）

1    项目概况
     项目背景
2    企业基本情况
2.1   概述
2.2   资源及优势
3    客户方案——资源配置及服务质量保证
3.1   车辆资源
3.2   运作方式
3.3   主要联盟网点概况
3.4   项目管理小组
3.5   保险
3.6   服务指标体系
3.7   事故处理程序
4    客户方案——业务操作流程（SOP）
4.1   运营操作流程
4.2   运营操作流程图
5    运输费率及在途时间表
6    合作前景
6.1   在深度上加强合作
6.2   在广度上加强合作
6.3   建立战略伙伴联盟
7    附录
7.1   企业法人营业执照
7.2   国际认证证书
7.3   企业组织架构图与职能描述
7.4   车辆资源列表
7.5   联盟网点管理
7.6   运营操作指南

在物流服务方案设计的具体过程中需要注意以下问题：

（1）过程的系统化

所谓过程系统化，就是将方案执行的细节描述出来，便于实施人员学习和参照。能够集中体现过程的系统化的文件是物流服务计划书。

有些企业为了更好地规范物流管理和作业，还将标准操作流程按照岗位进行拆分，形成岗位工作指南，如运输人员工作指南、仓储人员工作指南等。

营运操作指南示例、营运客户档案示例、项目组联系人示例分别见表5-4（a）、5-4（b）、5-4（c）。

表5-4（a）　　　　　　　　　　　营运操作指南（示例）

| ×××物流有限公司营运操作指南 | |
|---|---|
| 项目名称：客户物流服务操作指南 | 编制部门： |
| 作业内容：运输 | 编　号： |
| 编　制： | 生效日期： |
| 编制日期：2021/02/02 | 修改次数： |
| 审　核： | 页　数： |
| 受控程度： | |
| 批准人/时间 | |

表5-4（b）　　　　　　　　　　　营运客户档案（示例）

| 客户档案 | | | |
|---|---|---|---|
| 全　称 | | | |
| 地址/邮编 | | | |
| 托运货品 | | | |
| 运输起止点 | | | |
| 货物包装 | | | |
| 联系人1 | 地址1 | | |
| 电　话 | 地址2 | | |
| 联系人2 | 地址1 | | |
| 电　话 | 地址2 | | |
| 其他信息 | | | |

表5-4（c）　　　　　　　　　　　项目组联系人（示例）

| 项目组联系人 | | | | | |
|---|---|---|---|---|---|
| 现场主管 | | 电话 | | 传真 | |
| 制单文员 | | 电话 | | 传真 | |
| 信息跟踪 | | 电话 | | 传真 | |
| 突发事件 | | 电话 | | 传真 | |
| 总调度员 | | 电话 | | 传真 | |

（2）过程的自动化

过程自动化实际上就是选择或开发合适的信息系统，将物流管理和运作的过程自动化。采用信息系统不仅能够解决工作效率问题，还可以规范管理和运作的过程。

（3）人力配置

人力配置是指在过程系统化和标准化的基础上，设计组织架构、岗位职责等。

### 5.4.2　物流服务方案的改进

#### 1.物流服务方案改进的意义

作为无形产品的服务和有形产品一样，需要不断改进，才能适应客户日益变化的需求。物流服务方案同样存在持续改进的问题。持续改进能力对于第三方物流企业的成功具有重要意义，具体表现在：

（1）可以建立持久的客户关系

第三方物流企业在同客户合作的过程中，不断利用自己的专业化优势，为客户改进物流服务，能够提高服务质量、降低成本，客户也能够不断地感受到第三方物流企业的专业化水平带来的效益，从而会强化双边的信任关系。

（2）持续改进能力可以作为重要的竞争手段

同有形产品创新可以作为重要的竞争手段一样，物流服务方案的持续改进也可以不断提出差异化的服务，以区别于竞争对手，形成竞争优势。

#### 2.物流服务方案持续改进的内容

物流服务方案持续改进的内容是多种多样的，有局部的完善，也有整体的重组，有设施设备的改进，也有系统的更新。为了叙述方便，我们以一个既有的项目作为参照系，来说明持续改进的内容，如图5-9所示。

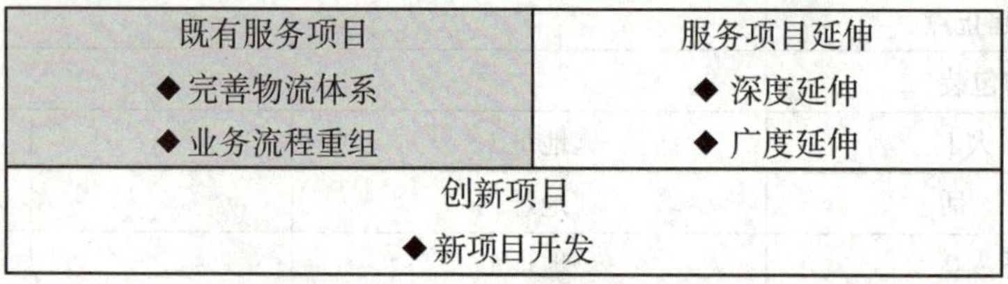

| 既有服务项目 | 服务项目延伸 |
|---|---|
| ◆ 完善物流体系 | ◆ 深度延伸 |
| ◆ 业务流程重组 | ◆ 广度延伸 |
| 创新项目 | |
| ◆ 新项目开发 | |

图5-9　物流服务方案持续改进的内容

不难看出，物流项目的持续改进可以是既有项目内部的改善，也可以表现为物流服务项目的延伸，在特殊情况下，物流项目的持续改进还表现为新物流服务项目的开发。对应于以上三种情况，我们将物流项目的持续改进划分为内涵型、外延型和开发型三种主要类型。

（1）内涵型持续改进

内涵型持续改进是三种形式中最常见的一种。内涵型持续改进是对现有体系的完善，根据改变的程度和产生的影响，内涵型持续改进可划分为两类：

①体系的局部完善。体系的局部完善是指对物流的某些环节进行改进，产生的影响一般也在局部范围内，如包装材料或包装方式的改变，运输跟踪体系的完善，仓库库位管理

的科学化、合理化等。

②流程重组。流程重组一般是指对物流服务的体系进行重新设计，其影响将是全局性的。

（2）外延型持续改进

外延型持续改进是指在原有服务的基础上拓展新的服务内容。根据拓展方式的不同，外延型持续改进可划分为两类：

①广度延伸。广度延伸是指在物流服务环节上进行延伸，如由一般的仓储管理向运输、仓储一体化管理发展，由货代业务向综合物流业务发展等，都体现为物流服务环节的延伸。

物流服务环节的延伸意味着第三方物流可以整合的内容增多、优化的空间增大，一般会比原来的服务取得更好的效果。

②深度延伸。深度延伸是指在物流服务的一个项目或环节上进行深化，往往表现为提供一些新的增值服务项目，如在一般仓储管理的基础上，对货物的进出进行统计，提供市场预测和库存计划的依据。

（3）开发型持续改进

开发型持续改进是指开发出全新的物流服务项目。开发型持续改进是所有持续改进中最难的一种，因为这类改进相当于新产品的开发，我们可以从一些大型第三方物流企业的案例中得到一些启示。

美国联合包裹运送服务公司（UPS）最近开发了一种新型的金融服务业务，该业务深得客户的青睐。公司在为客户提供物流服务的过程中发现，在贸易过程中，交易双方存在着很大的风险，如在款到发货的贸易中，收货人面临风险，而在货到付款的贸易中，发货人同样存在风险。为了解决这个问题，公司利用自身雄厚的资金背景，为交易双方提供金融服务。具体过程是这样的：UPS在去发货人处提货的过程中，将货款交给发货人，在将货物向收货人交付的过程中，向收货人收取货款。这种融合了金融服务的物流服务形式，得到了客户的青睐，提高了公司的竞争能力。

3.物流服务方案持续改进的保障措施

（1）树立持续改进的观念

首先要树立持续改进的经营和管理理念，鼓励员工发现问题和解决问题。有一些物流公司的技术能力和管理水平并不弱，却很少对自己的服务方案进行持续改进，原因就在于它们还没有形成这样的意识和氛围。

（2）建立服务缺陷反馈机制

所谓持续改进，主要是针对物流服务中不完善的环节而言的，所以，如何在工作中发现问题（服务缺陷），就成为持续改进的关键。物流企业要实施持续改进的管理模式，必须建立服务缺陷反馈机制。

华润物流（上海）有限公司建立了服务缺陷反馈机制，通过这一机制及时获得客户对于服务满意度的反馈，并对服务方案进行调整和优化，使得客户满意度不断提升。从中我们可以看到，持续改进的动力正是源自这种机制的建立。该公司的服务缺陷反馈任务主要由两个部门承担：一个是客户服务部，它负责收集来自客户的各种投诉、意见和建议，并对其进行分析；另一个是质量审核部，它负责内部作业的审计和分析，从内部发现问题。两个部门发现的问题都将在公司的质量会议上讨论，并商讨解决方案。

（3）建立持续改进推进技术小组

发现问题只是第一步，接下来的工作就是解决问题。对于一般性的问题，通过部门经理就可以解决；对于比较复杂的技术性问题，由于解决的难度很大，因此一般需要专门的技术小组来解决。

还是以华润物流（上海）有限公司为例，该公司从制度上设置了专门的专家小组，负责物流项目的策划和持续改进工作。

（4）在绩效考评中考虑持续改进

要彻底地推行持续改进的管理模式，还必须将持续改进纳入到对项目经理或部门经理的考评中去，从而激发管理人员推行持续改进的积极性。

┃延伸阅读资料：安能物流的服务品质提升之路　☞

### 5.4.3 物流服务质量管理

在提供第三方物流服务的过程中，物流服务方案制订和执行的效果是由客户服务质量具体体现的，其好坏直接影响到该服务方案的效率和持久性。下面我们就从第三方物流客户服务的独特性开始分析，提出客户关系和服务水平的定位，明确客户服务部的职责和一般的投诉处理程序，最后分析第三方物流客户服务的KPI评价体系。

1.第三方物流方案中客户服务质量的概念

在生产或制造型企业中，物流的核心功能就包含客户服务。在有关物流的定义中，5个正确（5R）或7个正确（7R）的提法说明了物流的客户服务本质。例如，正确的时间在客户服务的概念里，可能是供货的及时性；正确的价格在客户服务的概念里，可能是较低的产品价格；正确的地点和数量在客户服务的概念里，则体现为送货的准确性等。

既然物流是担负生产或制造型企业客户服务职能的，那么，采用了第三方物流的合作形式，其实就意味着委托企业通过物流企业完成它们的客户服务工作（至少是一部分工作）。因此，第三方物流企业的客户服务具有两个方面的含义：一是为委托企业的客户进行客户服务；二是针对委托企业的客户服务。

在前一个含义中，第三方物流服务至少具有以下两个特点：

（1）客户的客户服务至上

第三方物流企业需要深刻理解委托企业的客户服务政策，在特殊情况下，甚至需要参与委托企业的客户服务政策的制定。

（2）客户的客户评价至关重要

第三方物流企业服务水平的高低，不仅取决于委托企业的评价，还取决于委托企业的客户的评价。

2.客户关系和客户服务水平的定位

第三方物流企业从一开始，就是作为委托企业的战略联盟伙伴出现的，因此，第三方物流企业同委托企业必须形成一种互利互惠、双赢、长期发展的战略性合作伙伴关系。这种关系具有以下几个鲜明的特点：

（1）双赢

第三方物流企业同客户表现为一种双赢的合作关系，这是最基本的原则，也是战略合作伙伴关系赖以存在的基石。双赢原则在一些相对成熟的市场中，是为第三方物流合作各方所接受的，但也有些企业在发展中忽略长期合作带来的价值，合作关系不能长久维系，而在短期合作中又过分考虑自身的利益而忽视合作伙伴的利益。特别是委托企业，往往利用目前物流市场的买方优势，不断要求物流企业降价，造成物流企业收益降低，发展后劲不足，合作的积极性不高。

双赢原则执行的效果，不仅关系到合作关系是否能够长久维持，甚至还关系到合作双方经营的成败，宝供与宝洁的合作就可看成这种双赢合作的良好典范。可惜在第三方物流的合作关系中，并不总是会像宝供和宝洁这样实现双赢，更多的是由于对自身利益的关注导致合作失败甚至是两败俱伤。

（2）服务的柔性化和个性化

柔性化和个性化是第三方物流区别于企业物流（企业的车队、仓储业务等）最重要的特点。企业物流一般以提供标准化服务为主，如公共仓库、快递服务等。而第三方物流提供的是个性化的服务，尤其是因为委托企业的产品、市场策略、行业、管理模式等不同，就决定了第三方物流合作方式的多样性。

在典型的第三方物流项目的合作过程中，物流企业一般为客户配备专门的服务小组，服务小组将针对客户的具体情况为客户提供有关客户的产品、客户服务和安全等方面的培训，有些服务人员要在委托企业的作业现场甚至办公室工作。在信息系统方面，第三方物流企业一般会采用与客户兼容的系统，甚至还可以根据客户需要，为客户单独定制信息系统。

很多从传统的类物流企业转型过来的物流企业，对第三方物流服务的柔性化和个性化还没有正确的理解，仍然采用以自我为主的服务模式，要求客户按照自己的标准操作，这不符合第三方物流的特点，自然也不可能做好服务。宝洁在与宝供合作前，曾经与广州的大型国有企业合作，但由于这些企业不能满足宝洁的24小时出货、货物运输全程监控等要求，最终导致合作失败。

（3）合作的战略性

对于制造企业而言，与第三方物流企业的合作是一种战略层面的合作，这是因为，第三方物流企业既是委托企业物流战略的重要组成部分，又是委托企业物流战略的重要实施者。第三方物流企业必须配合委托企业的市场、销售、生产、客户服务等方面的业务要求。同时，第三方物流企业还应掌握委托企业最重要的战略信息，如客户资源、市场策略、产品特性、发展战略等。因此，第三方物流企业其实是委托企业成功的一个关键环节。

综上所述，第三方物流的客户服务不但有别于有形产品的客户服务，也有别于一般无形产品的客户服务，即使同传统的储运类业务相比也有很大的不同。尤其是在客户服务政策的制定上，第三方物流具有以下显著特点：

第一，每一个客户都是重要的。

一般而言，企业会根据客户的销售额、信用记录、发展潜力等对其进行分类，然后对不同类别的客户提供不同水平的（如订货提前期长短、订单满足水平高低、信用额度大小等）客户服务。对于销售额大、信用记录良好、发展潜力又大的客户，企业要提供最好的客户服务，如订货提前期可以比较短、订单的满足水平要高、信用额度可以比较大等。这个过程其实就是客户服务政策的设计。

那么，第三方物流的客户服务是否也可以按照这种方式制定政策呢？理论上是不能的。这是因为第三方物流合作的双方体现的是一种战略性合作关系，每一个客户都是物流企业的战略合作伙伴，每一个客户都是物流企业的重点客户。

每一个客户都是重点客户的观点说来很简单，在实际中却很难操作，尤其是从传统类物流业务转型来的物流企业，对此更难接受，它们认为客户天生就是不一样的，平等对待是不可能的。这句话没错，客户天生是不一样的，但第三方物流的合作关系却只有一种，那就是战略性合作伙伴关系。

这里需要强调的是，每一个客户都是重要的这一观点是针对第三方物流企业而言的，对一般物流企业而言，可能它与很多客户的关系并不是建立在战略合作层面的，客户对物流企业的依赖度也不高。严格来讲，这种业务状况还不是现代意义上的第三方物流业务，在这种情况下，确实存在对客户区别对待的问题。

第二，100%的服务。

客户订单有一个满足水平的问题，订单的履行水平被认为是衡量客户服务质量最重要的指标。一般来讲，维持越高的订单履行水平，成本会越高。因此，一般情况下，客户订单的履行水平是不会达到100%的。对于传统的物流企业而言，一个客户往往同时拥有几家同类的物流服务提供商，所以客户对每一家物流服务企业的依赖度并不高。因此，传统的物流服务供应商没有必要100%满足客户的服务订单，这同产品的客户服务是类似的。传统的物流企业在自己能力不足的情况下，往往会拒绝客户的服务订单。例如，一个车队在没有足够的车辆时，往往不会接受客户的运输申请；在海运服务中，船公司在舱位不足时，经常发生甩箱的现象。

很多从运输企业转变为物流企业的公司，在面对物流客户时，还习惯用旧的方式来处理物流业务，如在运输能力不足时，拒绝客户的运输申请，这是非常错误的做法，说明它们还不了解第三方物流服务的内涵。首先，在第三方物流的合作中，委托企业对第三方物流企业具有高度的依赖性，委托企业使用的第三方物流企业一般不多，有时甚至是唯一的，如果第三方物流企业拒绝客户的申请，会给委托企业带来很大的麻烦；其次，第三方物流企业是通过整合社会资源来完成物流服务的，一般来讲，利用自有资源从事物流服务可能会存在能力不足的问题，但通过整合社会资源提供物流服务，一般就不会存在能力不足的问题。

所以，对于第三方物流企业而言，客户的每个服务申请都必须100%完成，这同传统的物流服务项目是有本质区别的。

3.客户投诉处理预案

（1）客户服务部门的职责

在第三方物流的服务过程中，差错或意外是不可避免的，对这些差错或意外的处理水平，有时候比正常的服务更能显示一个公司的能力和素质。为了处理物流服务中的意外事件，一般物流企业都设有专门的客户服务部门。客户服务部门一般负责以下工作：

①记录、处理、跟踪一般性客户投诉，并提出改进服务的建议。

②客户满意度调查。

③组织召开客户服务协调会。

④建立并完善客户服务体系。

（2）客户服务部门对投诉的处理程序

①投诉受理。在"客户投诉登记表"上，登记受理时间、投诉事项。

②投诉调查。在客户投诉发生后，立刻对投诉进行调查，填写"客户投诉处理表"，写明客户投诉事项和初步调查原因。

③处理意见。对于一般性投诉，由客户服务经理在"客户投诉处理表"上填写处理意见；对于引起严重后果的投诉，客户服务经理应将填写好的"客户投诉处理表"交给项目经理，填写处理意见。处理意见一般包括消除影响的各种补救措施。处理意见填写完毕后，交相关人员办理。

④处理结果。在跟踪处理过程的基础上，在"客户投诉处理表"上填写事故的处理结果。

⑤客户反馈。客户投诉处理完毕后，通过电话或现场走访的方式，调查客户对处理结果的意见，并如实填写"客户投诉处理表"上的"客户反馈"栏。

⑥项目经理签字。投诉处理完毕后，客户服务经理应将"客户投诉处理表"交项目经理进行审核，由项目经理填写对处理结果的意见，意见必须对处理结果是否达到要求做出明确的评价。此意见结合客户的反馈意见，将作为对客户服务经理工作绩效进行考核的基础。

需要注意的是，客户服务经理在客户投诉处理的每个阶段，都要在"客户投诉登记表"上登记投诉处理的进程。

💧案例分析　　　**XX物流有限公司第三方物流服务方案**

河北XX物流有限公司是邯郸地区大型综合第三方物流服务企业，公司主要业务是提供以物流园区为基地的仓储、加工、配送、金融服务，拥有为区域所属十五县四区承接第三方物流运输的车队，配有邯郸至连云港、邯郸至黄岛的定点长途物流专线。公司物流园区占地面积为20万平方米，拥有6万平方米室内仓储库房，10万平方米室外堆货场，以及大型停车场、商务区、生活区等配套设施。运输以物流园为中心，并且在肥乡、鸡泽等邯郸下属县设立分公司，形成以邯郸为中心辐射多省市的运输专线，物流业务辐射全国各大城市。

**一、方案概述**

1.服务宗旨

为了给客户提供合理的低成本、高效率的物流服务，本方案以广泛的物流网络、先进的物流信息系统为依托，尽全力提高客户满意度，降低物流成本。本公司始终以客户需求为中心，全心全意为客户服务，秉承"承载信任、助力成功"的服务理念，保持锐意进取、注重品质的态度，强化人才战略。随时候命、持续创新，为客户提供快速高效、便捷及时、安全可靠的服务，助力客户创造最大的价值。

2.服务目标

（1）为客户提供低成本、高质量的综合物流服务。

（2）实现信息化，为客户提供货物仓储以及在途动态查询和跟踪服务，以满足客户需求。

（3）对物流园区内服务功能进行科学规划，各环节均制定标准化管理流程，提高服务标准，增强服务功能。

（4）提升运输网络，创造最优化的运载模式，为广大客户提供安全、快速、专业的物流服务。

二、详细方案介绍

1.物流园区服务方案

（1）位置优势

物流园区位于邯郸市南环路西段，北临城市主干道，高速东西交汇，铁路南北贯通。高速连接线起点紧邻100米左右，东距107国道1.5公里，距京港澳高速5公里左右，交通四通八达，位置优势非常明显。铁路道线将会进入园区，并实现贯通，与河北黄骅港实现对接，大宗物资在园区内即可实现"铁水联运"，可以大大地降低运输成本。

（2）服务功能

xx物流公司是以提供钢铁交易、仓储、加工、配送以及金融质押服务为主要业务的综合物流企业。已建成的厂房和设备适合各种类型钢材、炉料合金、焦炭等大宗物资的仓储和加工等。目前有200多家钢材经销企业入驻园区，与五矿、中钢、中铁等大型国有企业建立了长久良好的合作关系。

（3）服务管理流程

仓库采用了先进的行业管理软件进行管理，实现了进出库及库内管理的规范化、标准化。

①入库标准化流程（见图1）

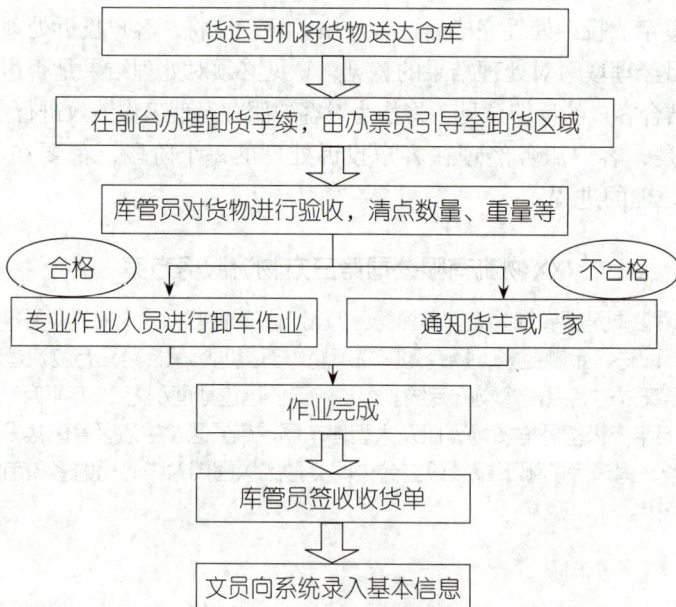

图1

②在库管理

◆库内产品每日盘点，记入盘点单，并与系统数据进行核对，如有不符，查明原因，另行记录。

◆对入库产品按照规则摆放整齐，并挂上标志牌，注明品种、数量、生产日期。

◆完成一次在库作业时需核对各种单据、系统记录等并将各种单据归档。

◆有异常立即处理并向上级汇报。

③出库标准化流程（见图2）

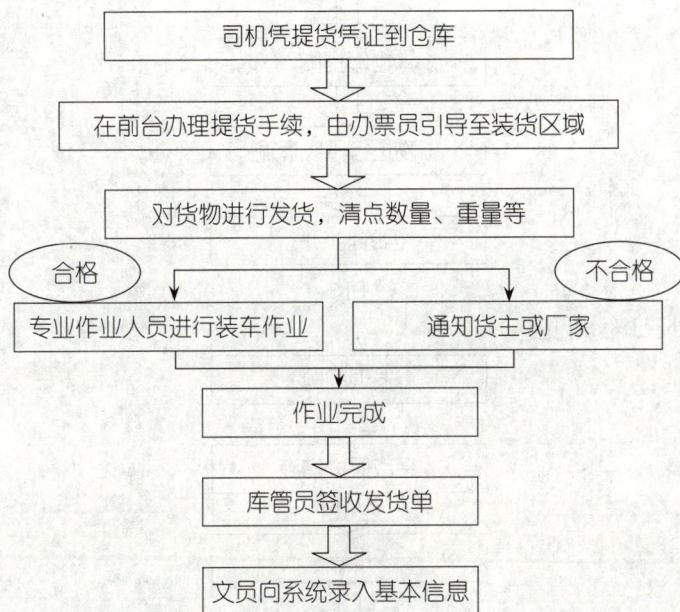

图2

2．专线运输服务方案

（1）专线运输方案的目标

专线运输方案是根据合作伙伴的要求，保证提供快速、及时、安全、优质的干线运输服务，并达到以下目标：

充分利用XX物流的运输优势，通过优化运输方案，有效降低客户物流成本。不断改进运作方式、运输路线，提高运输效率，保证运输货物及时到达。进一步提高运输质量，降低产品运输耗损，保证运输货物的完好无损。

（2）干线运输方式的选择

干线运输方式的选择要综合考虑成本、时间和安全性等几个方面的问题。运输的时间短，整个运输过程的可靠性强，仓库就可以保持较低的安全库存量，从而减少仓库的使用面积，降低仓库的成本。根据XX物流的运力，剔除自然因素的影响，降低公路运输时间的波动性，增强运输可靠性。通过多频次的运输，有效减少库存、降低配送成本。

（3）专线运输指标体系及保证措施

以客户需求为基础，制定以下干线服务指标体系，为干线运输的准时性、货运质量、服务水平提供保证。专线运输服务保证措施：

运输服务指标体系：运输准时率、货损货差率、顾客投诉率。

运输服务质量保证措施：制定详细的运输服务质量保证措施。

提高运输人员的时间观念，准时、按时、及时。

（4）专线运输标准操作流程（见图3）

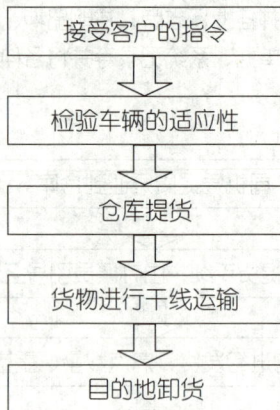

```
┌─────────────────────┐
│    接受客户的指令      │
└─────────────────────┘
          ↓
┌─────────────────────┐
│    检验车辆的适应性    │
└─────────────────────┘
          ↓
┌─────────────────────┐
│      仓库提货         │
└─────────────────────┘
          ↓
┌─────────────────────┐
│    货物进行干线运输    │
└─────────────────────┘
          ↓
┌─────────────────────┐
│      目的地卸货       │
└─────────────────────┘
```

图3

（5）意外事故处理流程（见图4）

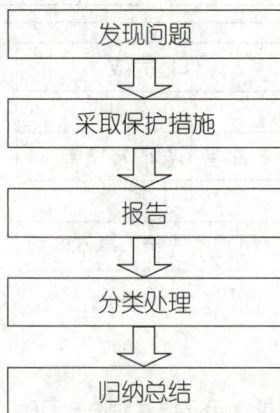

```
┌─────────────────────┐
│      发现问题         │
└─────────────────────┘
          ↓
┌─────────────────────┐
│     采取保护措施      │
└─────────────────────┘
          ↓
┌─────────────────────┐
│       报告           │
└─────────────────────┘
          ↓
┌─────────────────────┐
│      分类处理         │
└─────────────────────┘
          ↓
┌─────────────────────┐
│      归纳总结         │
└─────────────────────┘
```

图4

### 三、总结

以上是XX物流公司主要业务的物流服务方案，随着公司的发展，公司将继续优化改进该实施方案，增强市场核心竞争力，致力于打造一流先进的现代物流企业。

（根据公开的相关资料整理）

**分析思考：**

（1）试通过以上案例分析该公司的核心竞争力及其企业战略。

（2）根据以上案例，分析该公司物流服务方案的优缺点。

（3）根据XX物流公司现有能力水平及客户需求，进一步优化该服务方案。

### 💧 本章小结

物流企业的组织架构设计，既反映了物流企业对现代物流的理解，又是物流企业从事现代物流业务的保障。建立合理、科学的组织架构，不仅可以更好地通过调配企业的有限资源实现企业的战略目标，也能更好地协调企业与客户之间的关系，建立通畅的沟通渠道，为及时掌握用户的需求，制订物流服务方案提供有效的保障平台。

不同的第三方物流企业，采用的组织架构不同。根据第三方物流是在一个地方运作还是进行网络化运作，其组织架构可分为两种典型的形式：点式经营的组织架构、网式经营的组织架构。

点式经营的企业大都选择传统职能型的组织架构，网式经营的企业又可根据其管理模式的不同，将组织架构分为集权型和分权型两种。在集权型网式经营的组织架构中，公司总部掌握物流管理和运作的大部分权利，各个分公司或子公司构成的网络节点只是负责业务的管理和运作，子公司或分公司一般采用成本中心模式。在分权型网式经营的组织架构中，各分公司是独立经营的实体，每个分公司的组织机构都相当于一个点式经营的组织机构。另外，还有一些新型第三方物流企业组织架构在激烈的竞争中出现了，这就是矩阵型点式经营的组织架构和混合型网式经营的组织架构。

设置合理的服务项目，是企业立足于市场的根本。要提出符合市场需求的第三方物流服务内容，就必须从物流活动的源头进行分析。企业的物流活动分为关键性活动和支持性活动，每类活动包括很多内容，而第三方物流服务的内容实际上就是在这些内容中进行选择。但从第三方物流企业习惯的角度，我们将其归纳为五大类。这些服务内容要组合成一个物流服务产品，必须经过客户需求分析、方案制订等环节。物流作为一个产品，同样有更新换代的问题，而物流产品的更新换代需要对物流服务进行持续改进。

决定第三方物流服务方案成败的一个重要因素是客户服务。第三方物流企业的客户服务具有两个方面的含义：一是为委托企业的客户进行客户服务；二是针对委托企业的客户服务。

### 关键概念

点式经营　网式经营　集权型　分权型　矩阵型　客户服务

### 思考题

1. 第三方物流企业在构建组织构架时应该注意哪些方面的问题？
2. 点式经营和网式经营的组织架构最大的区别是什么？
3. 请分析集权型组织和分权型组织的优缺点。
4. 为什么要进行物流需求分析？
5. 客户选择物流外包的主要原因有哪些？
6. 在第三方物流服务中，客户制订服务方案和标准化服务方案各有什么应用价值？
7. 在第三方物流服务内容开发的过程中，应关注哪些方面？
8. 在现代物流的流程中，你认为有无不适合作为物流外包对象的内容？为什么？
9. 在目前我国的物流市场中，最具开发前景的服务内容是什么？
10. 客户服务对于第三方物流来说意味着什么？
11. 第三方物流的客户服务有什么样的特点？

# 第6章

# 第三方物流
# 职能管理

## 💧 学习目标

对于第三方物流企业来说，专业性最直接的表现就是高效的物流运作。第三方物流运作的好坏除了关系到企业自身的成本利润率之外，还关系到客户的满意度以及是否选择物流外包服务。可以说，物流运作管理是第三方物流企业管理的重中之重，它体现了第三方物流企业的核心竞争力。通过本章的学习，我们将从不同的物流职能——运输、仓储与配送、装卸搬运与流通加工及服务项目监控四个方面，了解第三方物流运作的管理内容；掌握第三方物流运输管理的特点、内容及合理化的途径；掌握第三方物流的仓储决策以及储位管理的基本内容；了解第三方物流装卸搬运管理以及物流流通加工管理的内容和流程；掌握第三方物流服务项目监控的内容与方法。

## 💧 导入案例

### 中老铁路开通  助力物流服务业发展

2021年12月3日，中老铁路正式通车运行，这是"一带一路"倡议提出后，首条以中方为主投资建设、全线采用中国技术标准、使用中国设备并与中国铁路网直接联通的国际铁路。

中老铁路北上连接"丝绸之路经济带"，南下连接"21世纪海上丝绸之路"，向东遥望长江经济带，是融入和服务"一带一路"建设、推进中国与周边国家互联互通的重要基础设施。搭乘中老铁路"大动脉"，跨境运输可实现全天候、低成本快速到达，在为中老铁路沿线众多产业带来发展机遇的同时，也将为跨境物流注入更多的增长驱动力。

一、多式联运"一单制+保险全程"落地成都

中老铁路开通后，成都国际陆港运营有限公司（以下简称"陆港公司"）联合平安财险，首创"一单制＋全程保险"模式，中国重汽集团成都王牌商用汽车有限公司（以下简称"王牌汽车"）生产的自卸车搭乘成都"中老班列"可直接出口至老挝万象。

以往，王牌汽车生产的产品需自行安排司机驾驶至中老边境磨憨报关，境外客户在边境清关接货后，再安排其他司机将汽车驾驶至万象销售。双方不仅在司机去回程安排和边境衔接上遭遇效率不高问题和其他诸多的不便，而且既有操作模式对大批量的出口不能实现规范化、规模化的管理，难以降低企业管理成本，同时单车运输风险、司机安全隐患等潜在风险也难以把控。

中老铁路开通后，为了保证货物运输的时效，陆港公司作为多式联运的经营人，将多式联运"一单制"的服务功能应用于业务流程，有针对性地设计了中老铁路的全程多式联运解决方案和操作规则，落实到集货、装箱、加固、保险、中转、关务、交付、还箱等所有环节，不仅解决了全流程门到门运输问题，实现了货物的"一次委托、一口报价、一单到底、一票结算、全程保险"，让出口企业当上了"甩手掌柜"，同时，还帮助企业构建铁路多式联运新流程，提升批量和规模化的供应链管理效能。

下一步，陆港运营公司将持续深化"一单制"改革，利用多式联运"一单制"打通进出口企业、银行、港口之间的标准化、规范化的运营流程，加速各个业务节点的流转效率，实现各方信息交互和验证

的高效化，逐步解决原跨境贸易流程中单据交割、贸易背景、信息不对称等痛点问题，建立良好的产业链、价值链、供应链"朋友圈"，推进建立枢纽经济的新纪元。

二、中远海运物流助力长三角中老铁路国际货运列车首发

中远海运物流是以航运物流为核心的国际化综合性物流企业，在全球范围内拥有600多个销售和服务网点，形成了遍及中国、辐射全球的服务网络系统。业务范围包括综合货运、仓储物流、工程物流、项目物流等。

乘着中老铁路正式开通运营的东风，2021年12月8日，满载76个集装箱的"江苏号"中老国际货运列车（南京—万象）从南京货运中心尧化门铁路货场缓缓驶出，这是长三角地区首列开往老挝的国际货运列车。班列的开行为江苏省与东盟经济体间的贸易往来打通了一条更便捷、更安全的铁路运输新通道。

此趟班列主要装载了江苏及其周边地区企业生产的我国援助老挝的远程教育工程配套物资，以及建材、电缆、电器、汽车配件等支持老挝基础设施建设及经济社会发展的重点物资，将经由云南磨憨铁路口岸出境，沿着新开通的中老铁路行驶，预计6天后抵达老挝首都万象。

中远海运物流所属上海中远海运物流作为此次列车运营平台的股东方之一，在方案设计、操作对接、海外资源整合以及营销揽货等方面，为班列首发提供了技术和资源支持。下一步，中远海运物流将借此契机，持续丰富东盟方向的服务产品，积极助力"江苏号"班列常态化开行，为中国与东盟各国间货物运输提供新产品、新模式，为加快建成中老经济走廊、构建中老命运共同体提供有力支撑。

（根据红星新闻网的公开资料整理）

案例思考：

（1）中老铁路全线通车有何意义？

（2）成都国际陆港运营有限公司的多式联运"一单制"服务模式有什么特点？

（3）中远海运物流参与的"江苏号"班列常态化开行有何意义？

# 6.1　第三方物流运输管理

运输是物流的主要功能之一，它可以改变物品的空间状态，将空间上相隔的供应商和需求者联系起来，并使供应商能在合理的时间内将物品提供给需求者。运输提供了物品位移和短期库存的职能。

运输条件是企业选择工厂、仓库、配送中心等地点需要考虑的主要因素之一。按照运输工具及运输设备的不同，运输主要分为铁路运输、公路运输、水路运输、航空运输和管道运输五种主要方式。每种运输方式都有其自身的特点，并且分别适合运输不同距离、不同形式、不同运费负担能力和不同时间需求的物品。

### 6.1.1　运输管理的概念

第三方物流企业的运输管理就是对整个运输过程的各个部门、各个环节以及运输计划、发运、接运、中转等活动中的人力、运力、财力和运输设备进行合理组织、统一使用、实时控制、监督执行，以求用同样的劳动消耗创造更多的运输价值，取得更大的经济效益。

### 6.1.2 运输管理的特点

**1.专业化**

必须具有专业的组织和人员、专业的设施设备、专业的管理与服务，才能有效完成运输任务，形成并扩大竞争优势，创造更大的利润空间。

**2.系统化**

运输管理要从系统的高度合理运用运输工具，提高运输效能，并且结合现代电子技术对运输物品、物流客户、客户需求、服务项目、运输单证等进行综合管理，从而做到效益最大化。

**3.信息化**

运输决策是建立在多个运输任务的基础上的，必须建立高效的运输信息系统，及时把握市场信息，从而有效运用运力，制订出最经济、最合理的运输方案。

### 6.1.3 运输管理的内容

现代企业的运输管理主要包括运输决策、运输过程管理和运输结算管理三个方面：

**1.运输决策**

运输决策是指在运输作业前做出的有关运输方式、运输工具、运输线路、运输时间的确定，运输成本的预算，运输人员的配备和运输投保等多种方案及最佳方案的选择过程。

**2.运输过程管理**

运输过程管理是整个运输管理的核心部分，它包括对发运、接运、中转和运输安全的管理以及对伴随商品流动而进行的人员流动、资金流动的管理。发运管理包括落实货源、检查包装标记、安排短途搬运、办理托运手续等工作。接运管理包括对交接手续、接卸商品、仓位准备、直拨等的管理。中转管理应注意中转的衔接，还应在加固包装、清理更换破损等方面加强管理，以提高运输质量。运输安全管理包括建立各项运输安全制度，防止运输事故发生；事故发生后，应及时进行处理，避免长期悬而不决等。

**3.运输结算管理**

运输结算管理包括运输费用的结算和账务处理，还包括索赔和处理他人索赔、运输设备的维修与过库等。

### 6.1.4 运输管理的基本原理

**1.规模原理**

规模经济的特点是随着装运规模的增长，每单位重量的运输成本下降，即包括接受运输订单的行政管理费用、开票费用，以及设备费用等与商品转移有关的固定费用不随装运的数量而变化。

**2.距离原理**

距离经济的特点是单位距离运输成本随着距离的增加而减少。因运输工具装卸所发生的固定费用必须分摊到每单位距离的变动费用上。距离越长，固定费用因可以分摊给更多的单位距离，就使每单位距离支付的总费用越低。

### 3.服务至上原理

任何运输经营活动都是为有空间效应需求的消费者提供服务的。运输经营的目标不仅在于提高装运规模和实现距离最大化，而且在于满足客户的服务期望。提供怎样的服务、怎样提供服务和为谁提供服务就成了运输经营的核心要求。

### 4.成本最低原理

企业开展运输经营，必须树立经营成本管理意识，以加强运输成本控制，实现运输服务与运输成本的合理统一。

> 延伸阅读资料：减少不合理的公路运输，J省全面调整运输结构
> 　　　　　　　　降低全社会物流成本

## 6.1.5　运输合理化的途径

### 1.分区产销平衡和合理运输

根据商品的产销分布情况和交通运输条件，在产销平衡的基础上，按照一定区域和近产近销原则，规划商品的基本流向和范围，制定商品的合理流向图，用这种办法把供销关系和合理运输路线固定下来。

### 2.按经济流向组织商品运输

由于供求关系和消费习惯的不同，自然会形成一种经济运行形式，形成一定的经济区域，因此，物流企业要根据这种流向和范围组织商品运输。物流企业必须以工业生产和交通条件发达的城市为中心，同时注意打破行政区划的限制。

### 3.直达直线运输

直达运输是指货物由发运地到接收地，采用同一种运输方式、中途不需要中转的运输组织方式。直线运输是指按照商品的合理流向，走最短里程。上述两者合称为直达直线运输。

### 4.“四就直拨”运输

“四就直拨”运输是指四种直拨形式：一是就工厂直拨；二是就车站（码头）直拨；三是就仓库直拨；四是就车（船）过载。“四就直拨”运输既要注意适用范围，也要强调各方配合，必须贯彻节约费用和“双方受益”的原则。

### 5.合理使用运输工具

合理使用运输工具包括通过改进商品包装及改进装载技术，提高技术装载量，提高整车比重；加速车船周转以及组织双程运输，避免空驶。

### 6.考虑输送系统的基本特性

对于城市之间、地区之间的长距离运输，合理化的着眼点是要考虑降低运输成本；对于地区内或城市内的短距离运输，以向顾客配送为主要内容，合理化目标应以提高物流的服务质量为主。

**7.运输网络的合理配置**

应该区别储存型仓库和流通型仓库，合理配置各物流基地，基地的设置应有利于商品直送比率的提高。

**8.选择最佳的运输方式**

首先要决定使用水运、铁路、汽车还是航空。如果使用汽车，还要考虑车型（大型、轻小型、专用），是用自有车辆还是委托运输公司。应努力提高车辆的运行率、装载率，减少空车行驶，缩短等待时间或装载时间，以提高工作效率、降低燃料消耗。

**9.推进共同运输**

提倡部门、集团、行业间的合作和批发、零售、物流中心之间的配合，提高运输工作效率，降低运输成本。

**10.建立有效信息系统**

运输合理化必须考虑包装、装卸等有关环节的配合及其制约因素。为此，只能依赖有效的信息系统，才能实现运输目标。

### 6.1.6　运输模式及运输管理系统

运输管理系统是运输工具、运输技术和管理手段紧密结合的一个整体，该系统由运输管理主系统、子系统和辅助系统三部分组成。主系统是整个运输网络的核心，子系统是其组成部分，物流企业可按运输环节或客户资源将主系统分割为若干子系统。辅助系统则是整个运输网络的支持系统，包括运输信息系统等。

**1.多式联运**

多式联运是指货物出一种运载单元装载，通过两种或两种以上的运输方式连续运输，并进行相关运输辅助作业的运输活动。多式联运综合了铁路运输、公路运输、水路运输、航空运输等所有运输方式或工具的优点，并将它们有机地组合起来，实行多环节、多区段、多工具相互衔接的运输。目前，我国主要的多式联运形式有两种：一是运输部门之间的联运，即两种以上的运输方式或者同一运输方式在不同区段的联运，其形式有水陆联运、水水联运、陆陆联运、海空联运等；二是产、供、销之间的运输联合，即所谓的"一条龙运输"。

多式联运一方面克服了单个运输方式或手段所固有的缺陷，在整体上保证了运输全过程的最优化和效率化；另一方面，有效解决了由地理、气候、基础设施分离造成的缺陷，促进了生产与销售的紧密结合和有效运转。

多式联运的主要特点包括：

（1）运费低廉

交通运输部门为鼓励多式联运，规定凡交通运输部门直属的运输企业，对多式联运的运费可以核减。此外，我国有关部门还规定，凡是交通运输部门能办联运的，一律不办中转业务。

（2）手续简便

在多式联运中，发货单位在发货时，只要在起始地一次办理好运输手续，收货方在指定到达站即可提取运达的商品，具有一次起票、全程负责的好处。

（3）实现"门到门"运输

由于多式联运实行全程负责、多种运输方式综合使用，因此可以实现"门对门"运输，保证供应链管理和产、供、销管理目标的实现。

▎延伸阅读资料：疯狂的海运——寻找集装箱　☞

**2.集装运输**

集装运输是指使用集装器具或利用捆扎方法，把裸状物品、散状物品、体积较小的成件物品，组合成为一定规格的集装单元进行运输的形式。集装箱是指具有足够的强度，可长期反复使用的适于多种运输工具而且容积在$1m^3$以上（含$1m^3$）的集装单元器具。集装箱既是一种包装容器，又是一种运输工具。作为联运中连接各种运输工具的通用媒介，集装箱起到了促进"联合-直达"运输的作用。集装箱按照所装货物的种类分，可分为干货集装箱、散货集装箱、液体货集装箱、冷藏集装箱，以及一些特种专用集装箱，如汽车集装箱、牧畜集装箱、兽皮集装箱等。按结构可将其分为三类：固定式集装箱、折叠式集装箱、薄壳式集装箱。按总重可分为30吨集装箱、20吨集装箱、10吨集装箱、5吨集装箱、2.5吨集装箱等。国际上通常使用的干货柜（集装箱）有20英尺货柜和40英尺货柜，其中20英尺集装箱被称为集装箱的标准箱。

（1）集装运输的优势

①提高装载效率。集装运输是将单件杂货集中成组装入箱内，这样可以减少装载重复操作，从而大大提高装载效率。

②节省包装费用。由于集装箱是一种坚固、特殊的装载工具，因此可以节约大量商品包装费用。

③防止货损货差。集装箱本身实际上起到了很强的外包装作用，即使经过长途运载或多次换装，也不易损坏箱内的商品。

④提高运输效率。集装箱运输还能提高船舶利用率，减少非生产性停泊，从而大大降低了劳动强度；使用集装箱以后，可按箱进行商品检查，从而加快了检查速度，降低了验收费用。此外，采用集装运输后，由于中转环节减少，因此到货期可大大缩短，从而加速了车船周转。

⑤降低运输成本。由于存在上述四点优势，因此采用集装运输能有效降低运输成本。

（2）集装运输的发展趋势

①集装箱趋向于标准化和系列化。集装箱的规格尺寸已经形成了国际通用的标准，各种配套的运输工具、装卸器具和设备、商品包装尺寸等都以集装箱的标准规格作为设计依据，这使得各种设备和集装箱本身都能得到有效和充分的利用，从而取得高效能、低成本的效果。

②集装箱的设计趋向于大型化和专用化。集装箱的载重由5吨向10吨、20吨发展，

现在已经有了能够装载40吨货物的集装箱，其尺寸也不断加大。同时，为适应各种商品的特点，人们还设计制造了各种专用集装箱，如冷藏集装箱、柜架集装箱、开盖集装箱、牲畜集装箱、汽车集装箱等，集装箱的设计有不断发展的趋势。

③集装运输过程的专业化和电子化。如今，不少国家的集装运输已自成体系，如配有集装箱的专用车辆、船只、码头和货运场等，并开办了定时、定点、定编组的集装箱直达列车和专列，从而使商品物流得到了快速发展。此外，各种装卸器具和运输设备都成龙配套，从而使集装运输作业和管理可以用现代电子技术来实现。

（3）集装运输方式的联运化发展

集装箱和各种运输设备配套，消除了实施集装箱联运的技术障碍。联运规模从两种运输方式扩大到"海陆空"立体联运和国际复合运输，从而降低了商品的在途损耗，加快了载运工具的周转。

3.运输管理的新趋势

（1）高速度、高效率运作趋势

通过引入计算机、自动控制技术和人工智能等高新技术对仓储机械和运输设备进行技术改造，运输的技术性能将会全面提高。各种先进的装卸搬运和运输设备广泛应用于运输管理系统是运输管理的重要趋势。

（2）低成本运作趋势

通过采用集运、联运和现代管理技术节约运输成本、提高企业的获利能力，是运输管理的重要趋势。

（3）运输集装化趋势

建立运输工具、储存和装卸设备的标准化体系，加强集装箱、托盘、集装袋等在运输管理中的推广应用，是运输管理的重要趋势。

（4）提高安全系数

运输安全措施的创新和社会运输保险险种的多样化，也是运输管理的重要趋势。结合信息手段在运输过程中实现有效跟踪、控制和反馈是一种常见的安全措施，如海华嘉豪内贸集装箱运输运营车辆中配置了北斗卫星导航系统，使用傲海物流操作系统，可实时监控货物状态，保障运输安全。

## 6.2　第三方物流仓储与配送管理

### 6.2.1　基本仓储决策

1.自营仓储、公共仓储和合同仓储

第三方物流企业在做出仓储决策时可以有三种选择，即自营仓储、公共仓储和合同仓储。

仓库在一整年内都能被充分利用的可能性是极小的，一般只有75%～85%的时间是满负荷运营的，其余15%～25%的时间仓库的空间是没有被充分利用的，而这部分没有被充分利用的空间只有在高峰期才能发挥其效用。正是基于对这种情况的考虑，第三方物流企业在自建仓库时，应将其库容量设计得正好能满足平时的需求，至于高峰期增加的仓储需求则可以通过租用公共仓库的方式解决。

由于市场需求的限制，第三方物流企业会发现在某些地区自建仓库更经济，但在某些地区租用公共仓库成本更低。在这种情况下，第三方物流企业应认真考虑如何将各种仓储方式结合起来，以最低的成本达到期望的客户服务水平。这种将各种仓储方式结合在一起的复合型策略有两个核心问题：一是应当租用多少仓库；二是应当租用哪种类型的仓库。大多数第三方物流企业可以根据货主和货物种类的不同，租用不同的仓库。图6-1列出了在仓储决策中其他应考虑的影响因素以及影响力的强弱，箭头方向表示影响力由弱到强。

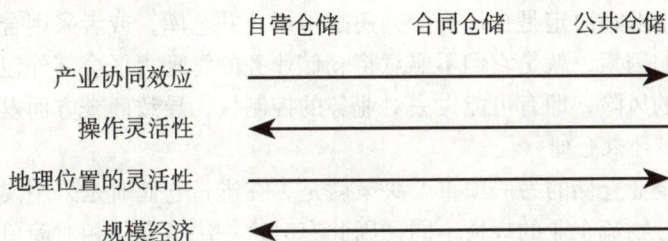

图6-1　仓储决策的影响因素及其影响力

产业协同效应是指第三方物流企业按产业类别整合并提供服务带来的利益。例如，第三方物流企业可以为同属食品行业的公司租用一个公共仓库，这样可以为其带来可观的经济效益，运费的减少就是其中之一。因为第三方物流企业将来自不同食品公司的货物整合后运输，可以享受优惠的运费率。从自营仓储、合同仓储到公共仓储，这种产业协同效应是依次增强的。

操作灵活性是指调节企业内部策略和程序以适应货物和客户的需要的能力。由于自建仓库完全由第三方物流企业自己控制，因此通常认为自营仓储的操作灵活性最强。但从另一个侧面来看，为了减少操作过程中产生的混乱，公共仓储也会按照客户的要求制定相应的策略和程序。实际上，许多公共仓储和合同仓储在操作的灵活性和响应力方面与自营仓储相比毫不逊色。

地理位置的灵活性是指根据季节性需求的变化快速调节仓库的地点和数量的能力。例如，对于应季的农产品而言，仓库要靠近市场，这样才能方便顾客挑选。但是在非上市季节，就没有必要选择靠近市场的仓库。最理想的选择就是按季节来开关那些靠近市场的仓库，而采用公共仓储和合同仓储的策略正好具备这种地理位置的灵活性。

规模经济是指通过采用先进技术降低物料搬运和仓储成本的能力。一般来说，大型仓库更有可能获得规模经济效益，因为其可以将投资于技术的固定成本进行分摊。除此之外，对自动化设备和信息技术的投入可以减少直接可变成本（即对劳动力的投入）。一般来说，公共仓储和合同仓储的规模经济优势更明显。

公共仓储的传统地位是作为企业仓储设施的补充。近年来，这种传统地位已经发生了巨大的改变。现代商业最关注的两个方面是提高库存周转率和快速响应客户订单的能力。

为了达到这两项要求，企业的物流体系必须保持灵活性。许多公共仓库已经完成了向企业合伙人的转变，除了基本的仓储活动，公共仓库还可以提供一些特殊的服务，如库存控制和分发宣传单。

一些规模较大的公共仓库和合同仓库正在逐步扩大它们的业务范围，以使它们在关键市场内的仓库形成一个网络。这一发展趋势暗含着一种潜在的可能，即完全由公共仓库向制造商提供物流服务。如果这种潜在的可能变为现实，那么未来第三方物流企业将会完全租用公共仓库为其客户提供仓储服务。

从传统意义上讲，第三方物流企业之所以做出采用公共仓储的决策，是基于其相对低的仓储成本和灵活性。但在未来，企业选择公共仓储或者合同仓储将更多地基于它们与自营仓储相比，能够更快捷、更有效地完成物流任务。

第三方物流企业在决定是自建仓库，还是租用公共仓库，或者采用合同仓库时，还有一个最关键的影响因素，就是它们不愿意将仓储业务的管理责任全部外包，因为这样做可能会导致一系列的风险，即有可能失去对业务的控制权，导致商誉方面发生问题等。

**2. 集中仓储和分散仓储**

第三方物流企业仓储的另一项重要决策就是，在进行仓储时是采用集中仓储还是分散仓储。由于第三方物流企业的规模不同，因此有时这一决策变得相对简单，有时却异常复杂。这一决策实质上是决定第三方物流企业需要有多少家仓库为其运作。只有单一市场的中小规模的第三方物流企业通常只需要一个仓库，而以全国或全球为市场的第三方物流企业要经过仔细分析和慎重考虑才能做出正确决策。例如，如果第三方物流企业的客户是一个在全国制造或分销某种竞争激烈的、可替代的产品的企业，那么其需要高度分散化的仓储来为市场提供快速服务，第三方物流企业应根据客户的这种特点做出分散仓储的决策。

不论是集中仓储还是分散仓储，都有各自的优势和劣势。对于集中仓储而言，它的优势主要体现在：

（1）可以实施更为严密的控制。

（2）便于采用更先进的控制方法和技巧。

（3）由于每堆存储货物的数量可以成比例扩大，因此可以更加经济地利用存储空间。

例如，一种货物分别存入5个仓库，每个仓库只能存储20个单位，如果采用集中仓储，那么这100个单位的货物可以存在1个仓库内。

（4）能负担得起使用更好的存储、搬运和运输设备的成本。

（5）可以采用更先进的收货、检验和检测货物的设备。

（6）仓库工作人员的专业化技能更高。

（7）可以批量购买仓储设备，从而降低成本。

但是，集中仓储也存在不可忽视的劣势，如采用集中仓储会增加运输和搬运成本；加大协调工作的难度，并有可能导致效率低下；任何一个管理上的漏洞都可能会造成更为严重的后果，并增加第三方物流企业的成本。

仓库数量的决策还要与运输方式相协调。例如，尽管空运的成本相对较高，但其降低了仓储和存货成本。

3.仓库的规模与选址

与仓库数量决策（即集中仓储或分散仓储）密切相关的是仓库的规模与选址。如果第三方物流企业采用的是公共仓储，那么仓库规模问题就变得相对重要。第三方物流企业可以根据其在不同时期的需求及时扩大或缩小所需的存货空间，这就使得选址决策的重要性相对小一些，因为尽管第三方物流企业需要决定在什么地点租赁公共仓库，但是仓库的位置是确定的，而且决策是暂时的，可以根据需要随时改变。如果第三方物流企业采用自营仓储，那么仓库的规模与选址就会变得极为重要。

仓库选址包括两个层次的问题：一是选位，即选择什么地区（区域）设置仓库设施；二是定址，即在地区选定后，具体选择在该地区的什么位置建立仓库，也就是说，在已经选定的地区内选择一片土地作为仓库的具体位置。定址还包括两个问题：一是选择单一的仓库位置；二是选择多个仓库的位置。

仓库选址时需要遵循的一个总原则是：以最少的物流总成本，达到预期的客户服务水平。通过对仓库功能的分析，企业能大致决定仓库的位置。例如，服务功能强的仓库应设在市场附近，保管功能强的仓库应设在靠近生产地、原材料集中的地方，或者由于一些其他原因将两者结合起来考虑。仓库选址必须综合考虑许多因素，如运输条件、市场状况和地区特点等。企业一旦做出选址决定，再改变的成本将变得异常高昂，特别是采用自营仓储时。

4.仓库布局

仓库布局关系到仓储作业的效率，因此，第三方物流企业还需要决定仓库内部过道、货架、设备及其他所有占据空间的设施的布局，以及在仓库内部如何有效安排存储等问题。

如果仓库布局不合理，也就是说各个部分没有形成一个综合的计划，就会出现服务水平低下、控制力不足、管理成本上升、重复购买设备或重复建设等问题。

5.存货种类

这项仓储决策是指关于第三方物流企业在不同仓库中存储货物的数量与种类的决策。

综上所述，仓储决策是一项重要的决策。在仓储作业时，企业要充分考虑如何才能最有效地利用劳动力、最安全和经济地搬运货物、最好地保护和管理货物。仓储管理的要点如图6-2所示，具体内容可扫码进行延伸阅读。

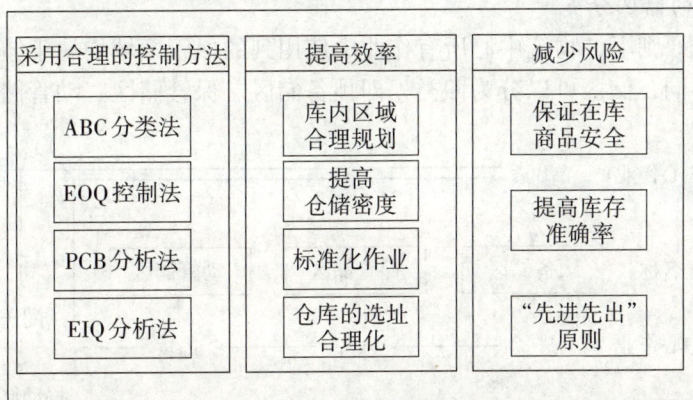

| 采用合理的控制方法 | 提高效率 | 减少风险 |
|---|---|---|
| ABC分类法 | 库内区域合理规划 | 保证在库商品安全 |
| EOQ控制法 | 提高仓储密度 | 提高库存准确率 |
| PCB分析法 | 标准化作业 | "先进先出"原则 |
| EIQ分析法 | 仓库的选址合理化 | |

图6-2　仓储管理要点

| 延伸阅读资料：仓储管理要点 ☞

### 6.2.2 储位管理

随着货品流通变得快速而复杂，客户对配送时效的要求越来越高，以及市场少量多样需求的增加，在储存作业中，第三方物流企业对货品的掌控难度加大。有效掌握货品去向及数量的方法就是利用储位使货品处于"被保管状态"，而且能够明确地指示货品的具体位置，货品在储位上的情况也能被准确记录下来。储位管理就是解决这一问题的管理方法。

1. 储位管理的原则

储位管理与库存管理、商品管理一样，其管理方法都是对原理原则的灵活运用，但储位管理没有像库存管理、商品管理那样被明确定义。所以，要了解储位管理，首先要了解以下三个基本原则：

（1）储位明确

一般先将储存区域进行详细规划区分，并标示编号，让每一项预备储放的货品均有位置可以储放。此位置必须是明确的、经过储位编码的，不能是边界含糊不清的位置，如走道、楼上、角落或某某货品旁等。

（2）有效定位

依据货品保管方式的不同，确定合适的储存单位、储存策略、指派法则，把货品有效配置在先前所规划的储位上。所谓"有效"，就是刻意的、经过安排的，如冷藏货品就该放在冷藏库里，高流通货品就该放在靠近出口处。

（3）记录变动

货品被有效配置在规划好的储位上之后，剩下的工作就是储位的维护，也就是说，不管是因拣货取用或因产品汰旧换新，或是受其他作业的影响，使得货品的位置或数量有了改变时，都必须及时把变动情况记录下来，以使出账数与实际数能够完全吻合，如此才能进行有效管理。

2. 储位管理的储区分类

在上述三个原则下，物流中心所有作业中使用到的保管区域均属于储位管理的范畴。按作业方式的不同，储区可以分为四类，即预备储区、保管储区、动管储区和移动储区，如图6-3所示。

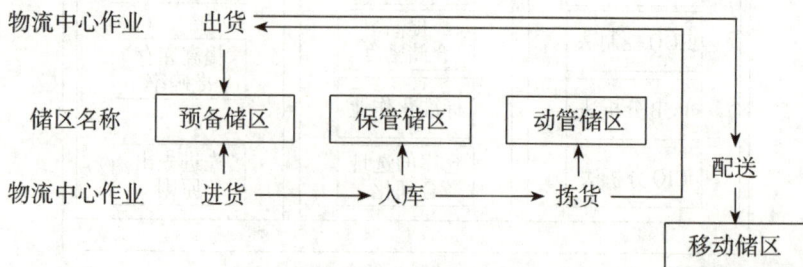

图6-3　储位管理的范围

（1）预备储区

预备储区一般是指在进/出货作业时使用的暂存区。其功能在于进出货时，货品在此暂时存放并预备进入下个储区。虽然货品停留在此区域的时间并不长，但如果不进行严格管理，就特别容易出现管理上的困扰。例如，货品管理员在"只是暂放而已"的观念的指导下工作，导致货品由于缺乏整理整顿而置放凌乱、寻找不易，甚至常有损毁的情况发生。正因为如此，预备储区的管理应纳入储位管理的范围，进行标示、隔离、定位等，并配合目视管理与颜色管理（见表6-1）。

表6-1　　　　　　　　　　　　　　预备储区货品归类表

| 类别 | 储区颜色 | 名称类别* | 货品项目 | 看板标识 | 货品标识 |
|---|---|---|---|---|---|
| 一 | 红色 | 货品1<br>货品2<br>货品3<br>⋮ | A类 | 红色标识区<br>A | 级别：A<br>品名：<br>区域：红（A）区 |
| 二 | 绿色 | 货品1<br>货品2<br>⋮ | B类 | 绿色标识区<br>B | 级别：B<br>品名：<br>区域：绿（B）区 |
| 三 | 黄色 | 货品1<br>货品2<br>⋮ | C类 | 黄色标识区<br>C | 级别：C<br>品名：<br>区域：黄（C）区 |

*"名称类别"按照ABC分类法进行划分。

（2）保管储区

保管储区的货品大多以中长期状态进行保管，一般物流中心均以该区域为最大且最主要的保管区域。货品在此区域均以较大的储存单位进行保管，因此，对保管储区的管理是整个物流中心的工作重点。为了使该区域的储放容量尽可能达到最大，物流中心需要考虑如何充分利用空间，以提升保管储区的使用效率。因此，第三方物流企业必须采用合适的储位指派方式、储存策略，使用合适的储放设备及搬运设备，以提高作业效率。

（3）动管储区

动管储区是指拣货作业时使用的拣货区域。此区域的货品大多在短时期内被拣取送出，货品在储位上的流动频率很高。由于这个区域的功能在于满足拣货的需求，为了让拣货时间和距离缩短，以及在拣取时能很方便地找到欲拣取的货品，储存的标示与位置指示就显得非常重要。而要让拣货顺利进行及降低拣错率，还得靠一些拣货设备来完成。

（4）移动储区

移动储区是指在配送作业时，配送车上的货品的放置区域。在此区域，货品是存放在移动中的车上，因此称为移动储区。在配送的过程中，货品并不会像想象中那么方便和轻易地被依序一一送到顾客手中。由于现在的交通时常出现拥堵状况，以及大多数顾客都有收货时间的限制，因此常会发生当你把货品依配送店家由后向前的顺序，在配送车上由内到外依序排好后，却在配送中因塞车而延误了第一家和第二家的收货时间的情况，为了争取配送时间，你必须先送货给第三家，再回头送货给第一家及第二家。在这种情况下，你就得先把第一家及第二家的货搬下车，才可取到第三家的货，然后再把第一家及第二家的货搬回车上，这就是货品相对位置的布置及配送顺序未能配合的结果。假如能预先在车上安排一个回转空间，就不需把第一家及第二家的货品搬下来，只要直接在车上移动第一家或第二家中任一家货品的摆放顺序，就可轻易取得第三家的货品。另外，配送车上的货品若没有定好摆放管理规则，在出货配送时只是胡乱地往车上塞，只考虑增加出车装载率，其结果便是，配送员不得不在配送时花更多时间在车上寻找货品，甚至还会有货品遗失的情况发生，这些就是必须对移动储区进行管理的理由。此外，商品未送达顾客签收时，仍是物流中心的存货，物流中心必须有所掌握，库存才能与账目相符。因此，物流中心理应重视对移动储区的管理。

在实际操作过程中，不同类型的物流中心由于服务对象不同，对储位管理会有不同的需求方向，因此其保管区分方式也会有很大的差异。不同类型的物流中心就是由于其保管区分方式的限制，导致其对储存单位、储存策略、储位指派等储存方法的选择不同。

### 6.2.3　第三方物流配送及其管理

#### 1.物流配送概述

配送是指根据客户要求，对物品进行分类、拣选、集货、包装、组配等作业，并按时送达指定地点的物流活动。物流配送的发展经历了三次变革：最早的物流配送就是送货上门，这是商务活动的第一次变革；第二次物流配送变革是电子商务的出现，它是一次脱胎换骨的变化，不仅影响到物流配送本身，也影响到上下游各环节；第三次物流配送变革是信息化及网络技术的广泛应用所带来的，它使物流配送更有效率。信息化配送与传统配送的区别在于：

（1）传统的物流配送公司需要置备大面积的仓库，而电子商务系统网络化的虚拟公司将散置在各地的分属不同所有者的仓库通过网络系统连接起来，使之成为"虚拟仓库"，进行统一管理和调配使用，服务半径和货物集散空间大。这样的公司在组织资源的速度、规模、效率和资源的合理配置方面都是传统的物流配送公司所不可比拟的。

（2）传统的物流配送过程由多个业务流程组成，受人为因素和时间因素影响大。新型的物流配送的业务流程都由网络系统连接，网络的应用可以实现整个过程的实时监控和实时决策，当系统的任何一个神经末端收到一个需求信息的时候，该系统都可以在极短的时间内做出反应，并可以拟订详细的配送计划，通知各环节开始工作。这一切工作都是由计算机根据人们事先设计好的程序自动完成的。

（3）在传统的物流配送管理中，由于信息交流的限制，完成一个配送过程的时间比较长，这个时间随着网络系统的介入变得越来越短，任何一个有关配送的信息或资源都会通过网络管理在几秒钟内传到有关环节。

（4）传统的物流配送环节极为烦琐，在网络化的新型物流配送中心里，这一过程可以大大缩短；在网络支持下的成组技术可以被充分使用，物流配送周期缩短，组织方式也会发生变化；计算机系统管理可以使整个物流配送管理过程变得简单和容易；网络上的营业推广可以使用户的购物和交易过程变得更有效率、费用更低；物流配送公司的竞争力提高。随着物流配送业的普及和发展，行业竞争的范围和残酷性大大增加，信息的掌握、信息的有效传播和其易得性，使得用传统的方法获得超额利润的机会和数量越来越少，网络的介入使人们不再是机器、数字和报表的奴隶，人们的潜能得到充分发挥，自我实现的需求成为多数员工的工作动力。

上述区别表明，今天的物流配送体系已经成了一个高效的体系，是一个信息化的流程，这为第三方物流产业的发展提供了有力的支持。

2.第三方物流配送管理

第三方物流配送的对象、品种、数量较为复杂，为了有条不紊地组织配送活动，物流企业应当遵循一定的工作程序。配送计划是保证配送省时省力的主要因素。为了满足客户的需求，通过精心策划，制订出配送计划，提高配送效率，已成为一种必然的趋势。

（1）配送计划要点流程

配送计划要点流程包括：

①依据企业的中长期规划做计划。

②人员的使用及训练计划。

③增车及车检计划。

④主要顾客的分析配送、勤务计划等。

（2）配送计划业务流程

配送计划的业务流程以订单为起始作业，以配送用的驾驶记录为业务要项。驾驶记录表见表6-2、表6-3。

表6-2　驾驶记录表A

| 车号：　　驾驶： | | 出货指示单 | | | 出货日期：　出货时间： | |
| --- | --- | --- | --- | --- | --- | --- |
| 品名 | 数量 | 客户名称 | 出货地点 | 领货地点 | 领货签单 | 备注 |
| | | | | | | |

表6-3　驾驶记录表B

| 车号： | | 驾驶： | | | 日期： | | | |
| --- | --- | --- | --- | --- | --- | --- | --- | --- |
| 顺序 | 地点 | 品名 | 数量 | 客户 | 行车距离 | 行车时间 | 停留时间 | 摘要 |
| | | | | | | | | |
| 合计 | | | | | | | | |

预计行驶距离：　　KM　　　　实际行驶距离：　　　KM

（3）车辆排程系统

车辆排程系统的主要功能在于明确配送路径，提高管理水准，确保配送系统的高效率。车辆排程系统的输入与输出见表6-4。

表6-4                                车辆排程系统的输入与输出表

| | 道路网资料 | 区域范围划分资料 | 最短路径 | |
|---|---|---|---|---|
| 道路网分析 | 仓库位置<br>·顾客位置<br>·十字路<br>·道路分析<br>·行车距离<br>·单向行驶信号 | 仓库管辖范围<br>·仓库所属顾客 | ·时间上的最短途径<br>·距离上的最短途径<br>·最短途径的路径<br>·区域范围分割记录 | |
| 配送计划 | 车辆资料<br>·车种<br>·能力<br>·台数<br>·数量<br>·其他<br>在库资料<br>·仓库别、商品别、在库量<br>·其他 | 订货资料 | 配送时间表<br>·哪辆车<br>·何时<br>·至何地<br>·携带什么<br>·其他<br>区域范围分隔结果<br>·哪个仓库配送哪些客户 | 行动实绩<br>·车辆利用状况<br>·配送状况 |

（4）物流配送管理

配送计划制订好后，要通过各项评估决定配送的优先顺序。货物上车需依照"先达后进"的顺序装载，这样不会因顺序混淆而使后达的货品挡住配送车的出口，而先达的货品还装在车的里面。因此，对储位的管理应依照下列几点进行：

①依配送计划决定送货优先级，在"时间"与"量"方面作严密的考虑。

②送货优先级决定后，在驾驶记录表上载明路线优先级与到达时间，并告知驾驶装货配送员。

③货物装载的单位（如栈板）应尽量使用标准尺寸，以提高装载车的容积率。

④装载车内的储存空间应预留适当位置，以利于配送货品的移转调配及人员取货时站立。

⑤货品装载单位（如栈板）上应附有客户名称、卸货顺序标示卡，并正确存放在事先定好的储位上与编号对应。如图6-4所示。

注意：装货顺序采用"先达后进"的原则。在没有事先规划好移动储位编号时，家电类货品必须以帆布或隔板明确区隔。

3.配送合理化

需要注意的是配送合理化是配送工作的目标，在服务过程中需要注意控制不合理配送问题的出现，并采用一定的措施避免不合理配送的出现。参见图6-5。

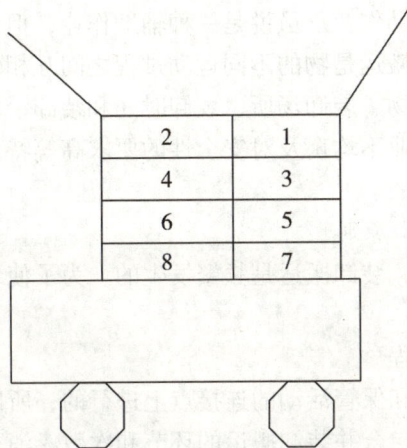

图6-4　装货配送顺序编号

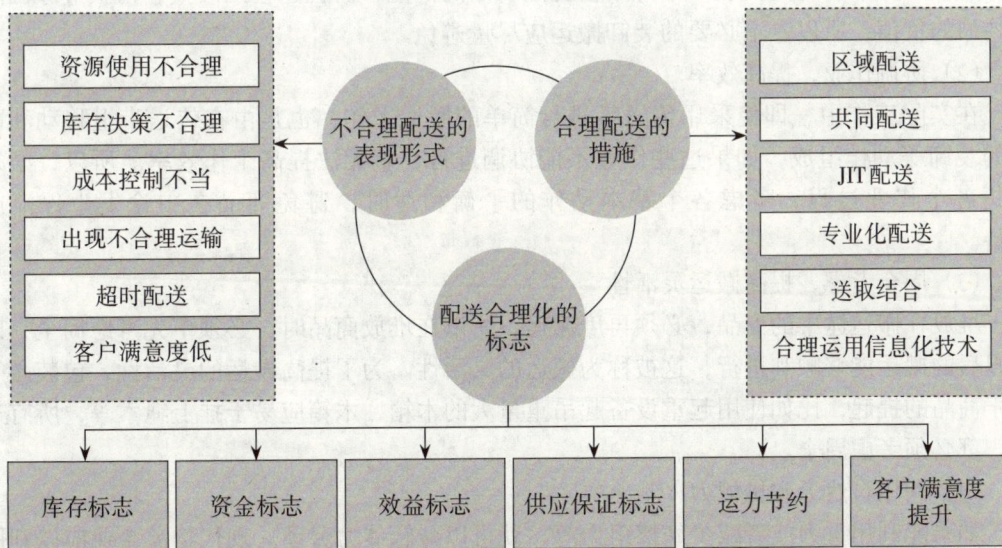

图6-5　如何实现配送合理化示意图

## 6.3　第三方物流装卸搬运与流通加工管理

### 6.3.1　第三方物流装卸搬运管理

**1.装卸搬运的概念**

装卸是指在运输工具间或运输工具与存放场地（仓库）间，以人力或机械方式对物品进行载上载入或卸下卸出的作业过程。在实际操作中，装卸和搬运是密不可分的，两者都属于运输的范畴，前者显然是为运输作准备或属于运输的终端作业，后者属于短途运输。

运输可以产生空间效用，保管可以产生时间效用，装卸搬运是随着运输和保管等物流活动的进行而发生的一种辅助作业。虽说是一种辅助作业，但由于它是运输和保管前后必然发生的作业，因此，装卸搬运是物的不同运动过程之间互相转换的桥梁。

装卸搬运涉及人、装卸物、装卸场所、装卸时间和装卸手段等要素。一般说来，它具有作业量大、对象复杂、作业不均衡及对安全性的要求高等特点。因此，采取措施使装卸搬运实现合理化是非常必要的。

2.装卸搬运合理化的基本原则

在物流活动的全过程中，装卸搬运是频繁发生的。为了使装卸搬运实现合理化，物流企业应遵循以下基本原则：

（1）减少环节，简化流程

装卸搬运作业是在运输和保管活动的连接点上进行的，所以必须很好地考虑连接的时间和地点的配合，设法取消、合并装卸搬运的环节和次数，消灭重复、无意义、可有可无的作业，以免浪费时间。装卸本身不会提高物品的价值，而且还会因破损、污损等原因降低物品的价值，所以，不必要的装卸搬运应尽量避免。

（2）协调作业，提高效率

在实际工作中，即使采用传送带进行简单的搬运工作，也是由在传送带上移动和两端的装卸等动作组成，如果这些作业不能协调进行，就无法提高工作效率。所以，必须分析各个作业过程，考虑各个基本动作的平衡和适时，避免商品在中途发生停滞或等待。

（3）周全考虑，提高搬运灵活性

堆放在搬运途中的商品，必须再度搬运，所以在堆放商品时，必须事先考虑周全，以便以后的搬运能够顺利进行，这被称为搬运的灵活性。为了提高搬运的灵活性，包装必须便于商品的提起，比如使用起重设备起吊重量大的木箱，木箱应易于挂上绳索等，所有这些，都必须考虑周全。

（4）利用自然力和机械力

如果能利用重力或者减少摩擦阻力等，就可以减轻体力劳动。现代物流企业应以利用电子计算机建设自动化和无人化装卸搬运系统为目标。

（5）集中作业，集散分工

集中作业能使作业量提高到一定水平，从而为实现装卸搬运的机械化、自动化创造条件。所以，装货点和卸货点应尽可能集中，并把同类货物放在一个专业区内。另外，成件货物集装化和散装货物散装化是在装卸搬运过程中实现物流合理化的两个重要方面，因此，物流企业应实行集装、散装分工作业。

（6）协调兼顾，标准通用，实行集装箱化

只有使装卸搬运作业与物流其他环节，如各工序、工步，装货点与卸货点，以及在管理、工艺、设备、设施等方面相互协调，才能提高其效率。装卸搬运的货物单元、包装、标志、用语等，应当标准化、系列化、通用化，这是实现装卸搬运现代化的重要条件。特别是在处理包装商品时，最好实行集装箱化，用机械进行处理。集装箱化的目的在于：扩大处理单位，提高工作效率；改善搬运灵活性；使处理单位均等，以求作业标准化；不用手触及物品，以达到保护物品的效果。

3.装卸搬运设备选择

在物流的各个环节，选择装卸搬运设备主要依据以下三个条件：

（1）以满足现场作业为前提

装卸搬运设备首先要符合现场作业的性质和物资的特点、特性要求，明确是单纯的装卸或单纯的搬运，抑或需要更为机动一些。机械的作业能力（吨位）与现场作业量之间要形成最佳的配合状态。影响物流现场装卸作业量的最基本因素是吞吐量，此外，还要考虑堆码、搬倒作业量、装卸作业的高峰值等因素的影响。装卸机械吨位应在按现场要求进行周密的计算、分析之后确定。在能够完成同样作业效能的前提下，应选择性能好、节省能源、便于维修、利于配套、成本较低的装卸机械。

（2）控制作业费用

装卸搬运设备作业发生的费用主要有设备投资额、运营费用和装卸作业成本等。其中，设备投资额是指平均完成一吨货物装（卸）所投入的机械设备的费用，即每年机械设备投资的总和（包括购置费用、安装费用和直接相关的附属设备费用）与相应的每台机械设备在一年内完成装卸作业量的比值；运营费用是指平均完成一吨货物装（卸）所投入的运营支出，即某种机械设备一年运营总支出（包括维修费用、劳动工资、动力消耗、照明等）和机械设备完成装卸量的比值；装卸作业成本是指在某一物流作业现场，机械设备每装卸一吨货物所支出的费用，即每年机械设备的投资支出和运营支出的总和与每年装卸机械作业现场完成的装卸总吨数之比。

（3）装卸搬运设备的配套

装卸搬运设备的配套是指根据现场作业性质、运送形式、速度、搬运距离等要求，合理选择不同类型的相关设备。其主要内容包括：克服各种机械设备自身的弱点，使多台装卸搬运设备在生产作业区内能够有效衔接；设备吨位相互匹配，便于发挥出每台机械设备的最大能力；合理安排运行距离，缩短总的物流作业时间等。装卸搬运设备配套的方法是，首先按装卸作业量和被装卸物资的种类进行机械配套，在确定各种机械生产能力的基础上，按每年装卸1万吨货物需要的机械设备台数和每台机械设备负责装卸物资的种类与每年完成装卸货物的吨数进行配套。具体的计算公式可查阅有关设计手册和物流手册。此外，还可以采用线性规划法来设计装卸作业机械的配套方案，即根据装卸作业现场的要求，列出数个线性不等式，并确定目标函数，然后求出各种机械设备的最优台数。

### 6.3.2　第三方物流流通加工管理

1.流通加工的概念

流通加工是指根据顾客的需要，在流通过程中对产品实施的简单加工作业活动的总称。其表现有提高原材料利用率、进行初级加工以方便用户、提高加工效率及设备利用率、充分发挥各种输送手段的最高效率、改变某些产品的功能等不同形式的流通加工。在流通领域中，流通加工是一项高附加值的活动。这种高附加值的形成，主要着眼于满足用户的需要和提高服务的功能，是贯彻物流战略思想的表现，是一种低投入、高产出的加工方式。实践证明，有的流通加工通过改变装潢使商品档次跃升而充分实现其价值，有的流通加工将产品利用率一下子提高20%～50%，这是采取一般方法提高生产率所难以企及的，因此它是物流中的利润源。

2.流通加工管理

从本质上说，流通加工管理和生产领域的生产管理一样，是在流通领域中进行的生产管理。所不同的是，流通加工管理不仅要重视生产的一面，更要着眼于销售的一面，因为后者是它的主要目的。流通加工管理工作可分为计划管理、生产管理、成本管理和销售管理等。

（1）计划管理

对于流通加工的产品，企业必须事先制订计划。例如，对加工产品的数量、质量、规格、包装要求等，都要按用户的需要制订出具体计划，然后按计划进行加工生产。

（2）生产管理

生产管理主要是指加工生产过程中的工艺管理，如生产厂房或车间的设计、生产工艺流程的安排、原材料的储存供应、产成品的包装及入库等一系列工艺流程的设计是否科学、合理与现代化。

（3）成本管理

在流通加工中，成本管理也是一项非常重要的内容。一方面，加工是为了方便用户，创造社会效益；另一方面，加工也是为了扩大销售，增加企业收益。所以，必须详细计算成本，不能进行"亏本"的加工。

（4）销售管理

流通加工部门的主要职能是销售，加工也应该以此为目的。因此，在加工之前，企业要对市场情况进行充分调查。只有广大顾客需要的、加工之后有销路的产品，才能组织加工。否则，对于顾客不需要的或销路不好的产品，企业不能进行徒劳的加工。

3.流通加工合理化

流通加工合理化的含义是：实现流通加工的最优配置，不仅要做到避免各种不合理的流通加工，使流通加工有存在的价值，而且要做到最优的选择。实现流通加工合理化主要应考虑以下几个方面：

（1）加工和配送相结合

这是指将流通加工设置在配送点中：一方面，按配送的需要进行加工；另一方面，加工是配送业务流程中（分货、拣货、配货）的一环，加工后的产品直接投入配货作业，而无须单独设置一个加工的中间环节，从而使流通加工有别于独立的生产，将流通加工与中转流通巧妙结合在一起。同时，由于配送之前有加工，因此配送服务水平可以大大提高。加工和配送相结合是当前对流通加工进行合理选择的重要形式，它在煤炭、水泥等产品的流通中已表现出较大的优势。

（2）加工和配套相结合

在对配套要求较高的流通中，配套的主体来自各个生产单位，但是完全配套有时无法依靠现有的生产单位实现，而适当的流通加工可以有效促成配套，充分发挥流通的桥梁与纽带作用。

（3）加工和合理运输相结合

流通加工能有效衔接干线运输与支线运输，从而促进两种运输形式的合理化。在支线运输转干线运输或干线运输转支线运输这些本来就必须停顿的环节，不进行一般的支转干或干转支，而是按照干线运输或支线运输合理化的要求进行适当的加工，这样能够大大提高运输及运输转载水平。

（4）加工和合理商流相结合

通过加工有效促进销售，使商流合理化，也是流通加工合理化需要考虑的方向之一。通过加工提高了配送水平、强化了销售，是加工与合理商流相结合的一个成功的例证。通过简单改变包装提高购买量，通过组装加工消解用户使用产品前进行组装、调试的难处，都是有效促进商流的例子。

（5）加工和节约相结合

节约能源、节约设备、节约人力、节约耗费都是流通加工合理化需要考虑的重要因素。

## 6.4　物流服务项目监控

第三方物流企业对物流服务项目的监控能力已成为其能否开拓与保持业务的关键之一。本节将讨论物流服务项目监控的内容与方法，包括对客户服务的监控，对成本与生产效率的监控，以及对仓库、运输和存货的监控等。

### 6.4.1　对客户服务的监控

对综合（整合）的、管理型的物流服务提供商来说，它们对企业各要素（运输、仓储等）的协调负有基本责任，即应使物流配送系统有效运作，实现在准确的时间、正确的地点把产品送达客户的目标。物流配送服务的目标是使客户满意，因此，客户服务监控系统需要测量两大类变量：

1. 产品交货过程中的客户满意度

这是一个"软"数据的领域，即这一数据并不很精确，且主观性较强。然而，这个变量却是非常重要的。

2. 内部统计数据

这是对客户满意度最具影响力的度量。内部统计数据的内容随时间与行业的不同而有所区别，客户最关心的是产品的可得性、交货周期、信息和通信系统的反应速度等，这些方面的表现水平都是可以测量的。表6-5是一个典型的客户服务测量报告（内部），这个报告测量了订单完成率、目标完成率、订单周期、准时率、出错率、投诉等主要服务项目，并进行了打分。

表6-5　　　　　　　　　　　　　客户服务测量报告（内部）

| 项　目 | 仓　库 | | | | | |
|---|---|---|---|---|---|---|
| | 地点1 | | 地点2 | | 合　计 | |
| 订单完成率（%） | | | | | | |
| 目标完成率（%） | | | | | | |
| 表现（%） | | | | | | |
| 订单周期（天） | 1~7 | 8~14 | 15~21 | 22~28 | 28以上 | 其他 |
| 地点1 | | | | | | |
| 地点2 | | | | | | |
| 地点3 | | | | | | |
| 地点4 | | | | | | |
| 地点5 | | | | | | |
| 总计 | | | | | | |
| 准时率（%） | | | | | | |
| 出错率（%） | | | | | | |
| 订单下达 | | | | | | |
| 仓库 | | | | | | |
| 运输 | | | | | | |
| 票据 | | | | | | |
| 其他 | | | | | | |
| 总计 | | | | | | |
| 目标 | | | | | | |
| 投诉 | | | | | | |
| 收到次数 | | | | | | |
| 所占比重（%） | | | | | | |
| 订单处理数 | | | | | | |
| 总数 | | | | | | |
| 总体表现（%） | | | | | | |

### 6.4.2　对成本与生产效率的监控

对物流成本与生产效率的监控，应从两个方面展开：一是主要功能活动（运输、仓储等）或设备划分的物流配送成本；二是物流配送系统的生产效率，即一次作业、一个人或一台机器的投入产出比。

1.对物流配送成本的监控

公司的成本管理体系一般是建立在每一项成本发生的分类账户的基础上的。一般情况下，劳动力或材料成本可分别计入一个特定的订单中，而有些成本，如租金或折旧，是与时间有关的，它们可计入同期生产的产品中。

在成本计算系统中，这两大类费用被计入功能活动和设备之中，并在部门会计定期（一般为月度）报告中报告。因此，物流配送系统的成本可以从月度要素成本中得到。发生的每项成本通常在月末、年末进行分析，并与年度执行计划或预算及前一执行年度相比较。

物流配送成本一般可以细分为以下方面：管理费用、劳动力成本、补贴、租金（建筑物折旧）、动力费用、电话费、税金、设备租金或折旧及其他项目。

物流配送成本可以计入下列项目中的一项：

（1）进货物流费用。

（2）出货物流费用。

（3）内部设施之间的物流费用。

由其他公司支付的运费可以从成本中减除。

虽然成本细分可以给出一些供监控用的信息，但是要想将这些信息用于监控成本，还需要对其做进一步的分析，因为每日、每周和每季的量是不同的，绝对值很难说明问题，所以在一般情况下，物流项目经理对物流配送成本的监控要采用一些成本的相对数。经常使用的两个成本比率如下：

其一，成本占收入的比例。大部分企业的预算是按销售额做出的，这样，企业将根据历年货运成本与销售额的比例来分配仓库费用。仓库费用是很大的，可能占销售额的2%。

其二，成本占重量的比例。这一比例常用于由第三方或公共仓库来进行存储与发运的货物。这一比例也可以根据订单处理数、处理箱数等来确定。其他方面，如订单的下达、客户服务和配送网络管理等也可用类似的方法。

这些成本比率形成了最基本的物流配送成本监控系统，一般需要用微机和有关软件来处理大量的数据。

2.对物流配送系统生产效率的监控

在上述基础上，对成本的监控需要更详细的比率，并且是更接近于成本发生时间的比率，而利用这些比率与成本发生时间的比率进行监控，就是对生产效率的监控。从技术上说，对生产效率的监控需要计算出一个比率，如在监控仓库时，成本对收益的比率，或成本与所发送货物重量的比率，用以表明在给定的时间内投入所产生的产出量。

生产效率主要用来与历史的表现或竞争对手的表现做对比。在评估生产成本时，需要更详细的信息，以便能够对每一个具体操作做出评估。在仓储中，常用的产出单位是订单、货物种类、箱、千克、单位容器、托盘等，投入单位是工时或时间（分钟）、工时费用等。同样，劳动力的投入也可以换算成工时费用，以便计算出不同的工资水平和加班费或不同班次的差别。

### 6.4.3　对公共仓库和合同仓库的监控

通过外包合同运作的第三方物流企业对仓库的监控与以资产为基础的企业对自己运作设施的监控是非常相似的，它以收入和通过量为基础监控合同方的成本，即销售量的成本百分比或重量的成本百分比。

第三方物流企业服务合同中的项目总数可以扩展至合同中规定的基本处理单位，如箱、件、订单等，因此第三方物流企业对仓库的监控内容包括：

（1）每时期的成本：装卸、储存、附加服务、特殊服务、总计。

（2）以订单、箱或重量表示的产出：进货、出货、存储。

（3）投入产出比率。

通常，第三方物流合同也规定服务水平和生产率目标，显然，日常和每时每刻的控制由第三方负责。对被服务的企业来说，其不需要进行短期成本控制，长期控制是由合同条款和竞争性招标来规定的。

### 6.4.4　对运输的监控

从生产地到消费者之间的运输成本一般是很大的，在发达国家典型的物流配送系统中，运输成本平均占销售收入的4%。因此，尽量减少运输开支并提供与费用相对应的服务水平是很重要的。一般物流配送监控系统对运输的监控至少有两个层次的内容：一是面向大客户的整车或大批量的原材料的供应，这些货物可以是包装或托盘化的，也可以是干散货或液体散货，运输方式可以是铁路、公路、水运或航空。二是从物流配送系统中心向客户的小批量配送，可以采用所有的运输方式。物流监控系统应记录所有发运的货物、客户服务水平、发生的成本等。监控是在两个相关但分开的系统中进行的（货物流与资金流）。

1. 货物跟踪

现代物流配送系统必须提供货物的实时信息，包括提供货物的位置与状态。货物跟踪系统较为昂贵，但由于服务的改进，提供货物跟踪系统的竞争优势是显著的。

2. 运费账单审计

运价考虑到了起始点的位置、货物类别、货物体积和重量、运输距离、包装形式和地域。运费账单必须审计后支付。运费账单处理系统能够接受审计、支付账单和提供控制系统的详细数据。运费账单处理系统可以手工操作，也可以用计算机操作。其中，计算机操作系统由条码、扫描系统及处理软件三部分组成。

这样的外包物流通常由三个独立的第三方公司来运作：

（1）一个或多个网络运输公司，负责在配送中心提货和发送产品给收货人。承运人制作运费账单，并送到运输服务公司。

（2）运输服务公司通过比较托运人的发货通知和商定的运价，审计运费账单；然后由运输服务公司代表托运人支付正确的账单，或把审计过的账单交给另一个应支付的公司。

（3）以电子数据网络为基础的货物运送和交付的跟踪系统，可以由供应链中包括货主、收货人、承运人、配送中心或外部网络提供者的任何一方来运作。

### 6.4.5　对存货的监控

存货成本是物流配送系统设计时应考虑的一个重要方面。这是因为：

（1）存货成本在任何一个公司的资本投资中都占有很大的比例。例如，据统计，在美国的制造业中，货物平均每年周转4次，而存货成本通常占销售额的50%。因此，每100单位的销售额中，有12.5单位是投资于存货的。

（2）存货成本可以是很大的，它不但包括利率成本，还包括产品老化、损耗（坏）、保险等成本。

大部分存货存在于物流配送系统中，通常，配送订单是根据制造厂和基于对销售量和配送的要求而产生的。

物流企业对物流配送监控系统的要求是容易获得有关存货的数据。因此，物流配送监控系统必须能够精确地知道有多少库存单位存在和目前存放在何处。在较小或老式仓库中，汇总的存货记录一般集中在存货文件中，而对仓库中的有效位置的记录则在另一个文件中。现在的做法是使用较为复杂的仓库管理系统，把两者（数量和位置）结合起来。

存货信息以实时形式（即与交易同时发生）或根据批量每小时或每天更新。最新的方法是通过条码和扫描系统准确记录存货的数量和位置。为了尽量减少错误，最好的方法是定期盘点。这种监控方法需要一个人或一个小组对产品数量及位置进行盘点，然后把结果输入电脑终端，这样，电脑系统就可以显示出被盘点货物的数量和位置。

企业通常把每月汇报存货的准确性视为物流配送系统质量保证计划的一部分。在无条码系统的仓库，存货盘点的准确率是95%~98%，即每次盘点有2个可能的错误（数量和位置），总体货物盘点准确率不应低于95%。在有条码系统的仓库，存货盘点的准确率大于99%是常事。如果发生错误，一般是系统相关的错误而非仓库的错误，除非遭窃或货物损坏。

### 💧案例分析　　　　　日日顺物流

**1.概况**

青岛日日顺物流有限公司，成立于山东青岛，是国家5A级物流企业和3A级信用企业，企业发展先后历经了企业物流→物流企业→生态企业三个阶段。日日顺物流定位于颠覆传统物流服务模式的高度，力图成为引领行业的物联网场景中的物流生态品牌。

日日顺物流以遍布城乡的20万个触点为核心竞争力，打造国内独有、国际领先的场景生态共创服务平台，将传统的"送达"由服务的终点转变为服务的起点，以用户体验增值为目标，将用户、企业、生态方全部汇聚到一起，基于健身、出行、居家服务等不同场景共创定制化的解决方案，在满足用户需求的同时，实现了增值分享。目前，已吸引了3 000多家像宜家、林氏木业、亿健、雅迪等的行业头部生态企业。

日日顺物流依托先进的管理理念和物流技术，以数字化为驱动力，在大件物流智能化上先行先试，获得了众多荣誉：如曾入选十大"国家智能化仓储物流示范基地"；牵头承担科技部国家重点研发计划——"智慧物流管理与智能服务关键技术"项目等。目前，日日顺物流在全国拥有15大发运基地、136个智慧物流仓、6 000多个网点、3 300条干线班车线路、10 000余条区域配送线路、10万家车小微、20万名场景服务师。

## 2.运输服务

日日顺运输服务有整车运输和零担运输。以零担运输为例，日日顺零担服务专注于300kg～500kg及500kg以上大票零担市场，致力于为制造业、商贸业、电商与中小企业提供安全、快捷、经济、周到的一点对全网大票零担快运解决方案，在全国设有43个零担分拨中心、拥有40万平方米周转仓库、自有运输车辆1 300多台、供应商车辆9 000余台，并自主研发了全程全网物流信息管理系统，网络已经覆盖全国2 840个区县。其设计的主要服务内容有：分行业提供个性化前端服务，包括订单对接、驻厂服务、短程盘驳；提供标准化、集约化、高时效、低成本的干线甩挂运输服务；提供电商平台全国入仓与逆向退货到供货商的一体化运输服务；按客户需求提供EDI对接、网上查询、邮件推送等多种信息反馈渠道；按客户需求提供定制化末端服务，包括预约送货、定时送货、带人卸货、搬运上楼、开箱验货；针对大票零担市场的特点，分行业提供个性化前端服务，标准、集约、高效、低廉的干线甩挂运输服务，以及仓储、包装、再加工等增值服务等。

日日顺物流已经搭建起了全球化物流实力，可以定制门到门、门到港、港到港、港到门等一体化全流程方案，支持"空铁陆海"多式联运，确保所需物资无缝衔接、快速运达。

2020年新冠肺炎疫情暴发初始，国内医疗资源告急，海尔等众多企业及机构纷纷发挥全球产业和资源优势，调配全球医疗物资驰援疫情防控工作。然而，随着国外救援物资的增多，以及运输航班的大量减少，货运舱位十分紧张。为了确保物资能够快速送达国内，日日顺物流采用更改包装的方式缩减了近30%的形成货物体积，一方面节省了成本，另一方面降低了舱位安排难度。同时，日日顺通过组建国际救援物资运输小组，综合各国政策、航班信息、运力情况等各类因素，协同青岛海关等，为救援物资开通一体化清关通道，形成了全国主要关区快速通关能力，实现了从俄罗斯莫斯科机场只用46小时救援物资就送达武汉，从美国芝加哥机场只用32小时救援物资就送达青岛的快速运输。

## 3.智能无人仓

目前，日日顺物流已先后在山东青岛、浙江杭州、广东佛山、山东胶州等地建立了众多不同类型的智能仓。位于即墨物流园的智能无人仓，定位于连接产业端到用户端的全流程、全场景区域配送中心，是日日顺物流基于新基建背景在科技化、数字化、场景化方面深度探索的成果，通过5G、人工智能技术以及智能装备的集中应用，为用户提供定制化的场景物流服务解决方案，所处理的SKU数量超过1万个，覆盖海尔、海信、小米、格力等绝大部分家电品牌，实现了全品类大家电的存储、拣选、发货的无人化。

整个无人仓主要分为四大作业区域，分别为入库扫描区、自动化立体存储区、拆零拣选区、备货（发货暂存）区。其中，自动化立体存储区位于整个建筑的左后侧，采用堆垛机实现智能存储，仓库面积10 000平方米，货架高22米，配备16台高速堆垛机，总存储货位（托盘位）13 800个，可以存放超过14万台大家电产品。

入库扫描区和拆零拣选区位于自动化立体存储区外侧，即整个建筑左前侧。其中，入库扫描区位于一楼，共有5条入库输送线，其中4条伸缩皮带机用于普通大家电产品的入库作业，另一条为智能电视机产品专用入库线，配备有全景智能扫描站（DWS）、码垛关节机器人等智能装备。拆零拣选区位于二楼，进一步划分为夹抱分拣区、吸盘分拣区、电视机分拣区三大作业区域。其中，夹抱分拣区配备两组夹抱龙门拣选机器人，针对的是冰箱等大型或较重的家电产品（100kg以内）；吸盘分拣区配备两组吸盘龙门拣选机器人，针对的是中小型家电产品（80kg以内）；电视机分拣区采用定制化解决方案，配备专用的吸盘龙门机器人以及专用托盘。与龙门拣选机器人配合的还有载重量为1吨的重型AGV。备货区位于建筑右侧，地面设有500个托盘存储位，可以满足40辆车的发货需求。备货区上部空间根据业务发展需要进行扩展，备货区主要作业设备为AGV。该仓主要服务于C端消费者，主要作业分为入库上架、拆零拣选、备货出库等几部分。

该仓运营后节省人力40～50人，机械设备（夹抱车、电动地牛等）15辆，储存效率提升了3倍以上，出入库效率较传统仓储提升了5倍以上。通过全流程系统监控，提升仓储和配送服务质量，为消费者提供差异化的用户体验（送装同步/用户订单轨迹监控/车辆轨迹优化），提升用户交互水平；同时也整合了网点/专卖店资源，实现了专卖店入仓，线上线下库存共享，减少了中间多级转运环节，提升了物流全流程的运行效率。

（根据相关的公开资料整理）

**分析思考：**

（1）日日顺的运输服务有什么特点？能否复制？

（2）新冠肺炎疫情期间，日日顺为确保物资快速达达国内，采用了哪些手段和方法？有何启发？

（3）日日顺的智能无人仓和传统仓库相比，有何优劣势？

（4）日日顺如何确保了其智能无人仓项目运作的高效？有何启示？

（5）如何评价日日顺物流？它有何借鉴意义？

## 本章小结

运输是物流的主要功能之一，它可以改变物品的空间状态，将空间上相隔的供应商和需求者联系起来，并使供应商能在合理的时间内将物品提供给需求者。运输提供了物品位移和短期库存的职能。运输管理具有专业化、系统化和信息化的特点，其内容包括运输决策、过程管理、结算管理三个部分。运输管理的基本原理包括规模原理、距离原理、服务至上原理和成本最低原理。第三方物流企业在运输管理中，要充分运用合理化途径，建立运输管理系统。

第三方物流的仓储管理主要包括基本仓储决策和储位管理两个方面。其中，基本仓储决策包括自营仓储、公共仓储和合同仓储的选择；集中仓储和分散仓储的选择；仓库的规模与选址；仓库布局；存货种类。储位管理的原则有储位明确、有效定位、记录变动等。为了更有效地进行储位管理，可以将储存区分为预备储区、保管储区、动管储区和移动储区四个部分。

配送是指按照用户的订货要求和时间计划，在物流据点进行分拣、加工和配货等作业后，将配好的货物送交收货人的过程。配送的对象、品种、数量较为复杂。为了做到有条不紊地组织配送活动，物流企业应当遵循一定的工作程序。

装卸是指物品在指定地点以人力或机械设备装入或卸下。搬运是指在同一场所内，对物品进行以水平移动为主的物流作业。装卸搬运合理化应遵循减少环节、简化流程、协调作业、提高效率，周全考虑、提高搬运灵活性，利用自然力和机械力，集中作业、集散分工，以及协调兼顾、标准通用、实行集装箱化等原则。

在流通领域中，流通加工是一项高附加值的活动。这种高附加值的形成，主要着眼于满足用户的需要和提高服务的功能，是贯彻物流战略思想的表现，是一种低投入、高产出的加工方式。流通加工管理可分为计划管理、生产管理、成本管理和销售管理等。

第三方物流企业对物流服务项目的监控能力已成为其能否开拓与保持业务的关键之一。监控的内容包括对客户服务的监控、对成本与生产效率的监控、对公共仓库和合同仓库的监控、对运输的监控以及对存货的监控。

### 关键概念

运输管理　仓储管理　流通加工　合理化　配送系统的生产效率

### 思考题

1. 第三方物流运输管理的目的、基本原则是什么？
2. 试分析第三方物流企业进行运输管理的优势。
3. 第三方物流仓储管理中应注意哪些方面的问题？
4. 什么是配送？配送管理的意义是什么？
5. 装卸搬运合理化的基本原则是什么？
6. 流通加工管理和生产管理有什么联系和区别？
7. 第三方物流企业与传统的储运企业在物流管理方面有何异同？
8. 物流服务项目监控的核心是什么？主要包括哪些内容？

# 第7章

# 第三方物流服务合同

## 学习目标

第三方物流具有节省费用、减少资本占用和库存积压、实现企业资源的优化配置、服务更专业、提升企业形象等诸多优点，因此成为物流现代化发展的主要趋势。第三方物流的显著特点表现为物流服务关系的合同化，通过合同的形式来规范物流经营者和物流消费者之间的关系。第三方物流又称契约式物流或合同物流，因此服务合同在第三方物流企业的经营活动中占有非常重要的地位。通过本章的学习，我们将了解第三方物流服务合同的分类和特点；掌握第三方物流服务合同的主要条款及相关法律规定；掌握第三方物流服务合同的设计原则；学习合同中的价格和费用结构；了解我国《民法典》（合同编）中有关第三方物流服务合同的相关规定。

## 导入案例

### 仓储运输合同纠纷

案情摘要：沈阳运输集团有限公司（原告）与铁岭华晨橡塑制品有限公司（被告）仓储运输合同纠纷。

原告称：原告与被告签订一份《第三方物流服务合同》，合同约定由原告向被告有偿提供仓储物流服务，费用按月结算，合同期限自2014年1月1日至2014年12月31日。合同签订后，原告按合同约定履行了全部合同义务。按约定，原告于每月底前与被告共同核对当月实际发生的费用，并向被告提供相关的增值税发票。但是，自2014年9月起，被告开始拖欠物流服务费用，直至双方合同到期仍未支付。2014年12月29日，原告收到被告出具的《合同到期告知函》，得知自2015年起，被告不再与原告续签《第三方物流服务合同》，双方近10年的合作关系就此告终。基于双方合作惯例，原告已经提前做好了下一年度合同履行的各项准备，垫付了大量成本费用，被告突然通知合同到期不再续签，给原告造成了巨大的经济损失。

在此种情况下，被告仍拖欠合同约定的物流服务费用不予结清，原告只能对被告相关货物行使留置权，要求被告按合同约定支付2014年9月至2014年12月的物流服务费用、延期支付的滞纳金以及留置物的保管费用。在原告多次催要下，被告于2015年2月13日以现金和承兑汇票的方式向原告先行支付了2014年9月至2014年12月的物流服务费用本金，但仍未向原告支付物流服务费延期支付的滞纳金以及留置物的保管费用。原告向被告索取的保管服务费用为原告为看管留置物派驻的5名工作人员的工资和原告承担的派驻人员保险统筹费用，以及留置期间的工资和保险。原告向法院申请索要被告应支付的因其延期支付物流服务费所产生的滞纳金30 982元、仓储保管服务费225 438.74元。

被告称：原告所诉不是事实，被告已按约定将相关费用支付给了原告，结清了账款。原告所谓的行使留置权，是原告为了达到索要仓储费而有意为之，并非是被告不支付仓储费。被告对被告合同到期后不再与原告签约存有不满，不让被告拉走被告的库存商品，致使被告库存商品在原告处滞留1个多月，不但影响了被告的声誉还造成了被告不应有的损失。为此被告将就此案提起反诉，并请人民法院驳回原告不合理的诉讼请求，并向法院提供相关证据。

审判结果：经法院了解审理本案，判决如下：

一、被告铁岭华晨橡塑制品有限公司于本判决生效之日起10日内，给付原告沈阳运输集团有限公司仓储物流服务费滞纳金30 982元，给付原告沈阳运输集团有限公司留置货物期间的仓储及办公用房的费用共计175 583元，两项合计206 565元。

二、驳回原告的其他诉讼请求。

逾期履行，按《中华人民共和国民事诉讼法》第二百五十三条的规定执行。

案件受理费5 150元（原告预交），由被告负担4 400元，原告负担750元。

如不服本判决，可在判决书送达之日起15日内，向本院（民一庭）递交上诉状，并按对方当事人的人数提出副本，上诉于辽宁省铁岭市中级人民法院。

上诉人在递交上诉状次日起7日内，向本院交纳上诉费（民一庭代收），逾期交纳，按撤回上诉处理。

（援引中国裁判文书网生效判例（案号：（2015）铁银民一初字第00405号），有改动）

案例思考：

（1）签订和履行第三方物流服务合同必须坚持什么原则？

（2）第三方物流企业在履行物流服务合同的过程中应注意哪些事项？

# 7.1　第三方物流服务合同概述

## 7.1.1　第三方物流服务合同的概念及分类

第三方物流服务合同是指物流服务需求方与第三方物流经营人订立的，约定由物流经营人为物流服务需求方完成一定的物流行为，物流服务需求方支付相应报酬的合同。

第三方物流是一个高度集成的行业，涉及环节多，所以其服务合同具有很强的综合性，可能涉及不同的合同关系。第三方物流服务合同可按照不同的标准进行划分。

1.按合同间关系划分

（1）物流主合同

物流主合同是指物流服务需求方与物流服务提供方订立的，不以其他物流服务合同的存在为前提，不受其他物流合同所制约而单独存在的，以提供物流服务为内容的合同。

（2）物流从合同

物流从合同是指物流服务提供者以总承包方的形式从物流服务需求者处承包物流服务项目，然后以总承包方的身份将具体的物流活动分包给社会上其他物流服务提供者所形成的物流合同。尤其是那些非资产型的物流服务提供者，为了整合社会物流资源，经常采取这种方法。

2.按合同提供的服务内容划分

一是运输合同，包括公路货物运输合同、铁路货物运输合同、水路货物运输合同、航空货物运输合同、多式联运合同。二是仓储合同。三是综合物流服务合同。

### 7.1.2　第三方物流服务合同的特点

（1）双务合同

第三方物流服务合同的双方互负权利义务。物流供应商有完成规定服务的义务和收取相应费用的权利；工商企业有支付费用的义务，并接受完善的服务，一旦出现服务瑕疵（如在运输过程中出现货物损害），有向物流供应商索赔的权利。

（2）要式合同

物流单据是物流服务合同的证明，其本身不是服务合同。

（3）有偿合同

物流供应商有以完成全部服务为代价取得报酬的权利，而工商企业有享受完善服务的权利并以支付费用为代价。

（4）有约束第三者的性质

第三方物流服务合同的双方是工商企业和物流供应商，收货方有时并没有参加合同的签订，但物流供应商应向收货方交付货物，收货方可直接取得合同规定的利益，并自动受合同约束。另外，第三方物流服务合同内容有时包括转委托、提供其他服务业务。

### 7.1.3　第三方物流服务合同的主体及其法律关系

第三方物流服务合同的主体涉及三类企业：一是物流服务需求企业（A）；二是第三方物流企业（B）；三是物流作业的实际履行企业（C）。

第三方物流服务合同主体（A、B、C）之间的法律关系可以表述为：

（1）B作为A的代理人与C签订物流作业合同时，物流作业合同中的当事人是A与C，B不与C发生权利义务关系，只承担代理人的责任。

（2）B与A约定部分物流作业由B来完成，部分由B代理A与C签订合同来完成时，在由B作业的过程中，其与A存在合同义务关系。在B只是作为代理人与C订立物流合同，由C来完成物流部分作业时，B与A、C之间的关系跟（1）的情况相同。

（3）B与A之间订立物流主合同，约定B可以采用自己履行或分包作业的方式来完成全部物流作业，而B又与C订立物流分合同，由C完成部分物流作业时，A与B之间依物流主合同确定权利义务关系，B与C之间依物流分合同确定权利义务关系，C与A之间则不直接产生权利义务关系。

## 7.2　第三方物流服务合同设计

### 7.2.1　第三方物流服务合同的设计原则

第三方物流服务合同的内容比较复杂，包括物流系统设计、具体物流运作标准、费用计算办法、对物流服务的特殊要求等。不同物流合同对合同事项约定的差异比较大，并不是物流合同的约定事项在每个物流合同中都是齐全的。而且，物流过程是一个长期的、合作的过程，合同必须对此加以体现，在物流环节出现纰漏或由于一方的过错导致物流中断时，物流合同需要约定解决办法、费用及责任的承担。

### 1.合理性

合同中要考虑双方的利益，力争双赢目标，这一点很重要。如果只考虑一方获利，而使另一方无利可图，这样的合同即使签下来，履约中也会出现各种问题。实践证明，如果双方的理念一致，所签合同的目标相同，履约中一般不会产生什么问题，即使有问题也较容易协商解决。

### 2.完善性

物流供应商与客户签订合同是一个非常复杂的过程，任何一方如果在签约前考虑不周或者准备不足，都有可能在未来执行合同的过程中出现问题。此外，合同的执行标准及衡量标准是客户与物流供应商在签约时首先应谈判的问题，但在实践中，大量的合同根本未对此做出规定，导致双方在执行合同时产生争议。同时，服务范围要明确，许多物流供应商往往忽视了服务范围的重要性。物流供应商与客户第一次合作签订合同时，一定要给"服务范围"一个明确的界定，包括如何为客户提供长期的物流服务、服务的具体内容、服务到何种程度及服务的期限。否则，物流供应商就会连要干什么都不清楚，客户也不清楚支付的是什么服务费用。"服务范围"应详细描述有关货物的物理特征，所有装卸、搬运和运输的需要，运输方式，信息流和物流过程中的每一个细节。

### 3.真实性

物流供应商不要为了争取客户而使其产生误解，将物流服务视为灵丹妙药，认为物流供应商可将客户所有的毛病都连根治愈。物流供应商应让客户认识到，没有一个物流方案能十全十美地解决企业的全部问题，即使要解决某一方面的问题，也需要详尽的策划、充足的时间，以及付诸实施的过程。

### 4.稳妥性

许多企业在尚未做好任何准备的情况下，就去寻求物流供应商的帮助，并对物流供应商寄予过高的期望而匆匆签约，或许它们有太多迫在眉睫需要解决的问题，但这样做往往会带来忙中出错的后果。

### 5.可行性

专业性较强的企业在签约前应向有关专家咨询，甚至请他们参与谈判，分析企业生产管理的特点、特殊要求及需要特别注意的问题，以免留下难以弥补的遗憾。物流供应商对于经过努力仍无法做到的方面，千万不要轻易承诺。

### 6.经济性

物流供应商接受和签订的合同影响着项目的最终效益，而适当水平的物流成本开支必然与所期望的服务表现有关。要取得物流企业的领导地位，关键是要掌握使自己的能力与关键客户的期望和需求相匹配的艺术。对客户的承诺是形成物流战略的核心，一个完善的物流战略的形成，需要物流供应商具有对达到所选方案的服务水平所需成本进行合理估算的能力。

7. 可塑性

物流供应商在签订合同时，要掌握好尺度，即合同要达到何种水平。比较好的尺度是将合同定位于中间性的、可改进的方案，而非最终方案上，以便为以后留出调整、改进的余地。合同条款要订好，要有保护措施，轻易不要订立那种没有除外责任、没有责任限额的条款，否则将收取很少的费用而承担无限的责任，赔偿整个货价；轻易不要订立严格责任制条款，而要争取过失责任制条款。

### 7.2.2　第三方物流合同中服务价格的确定

第三方物流企业与货主签订物流服务合同时，一个重要的协定就是确定第三方物流服务的价格与费用结构。费用结构在第三方物流服务使用方与提供方之间可以有不同的选择。一般有三种方法来确定第三方物流的服务价格，即单位价格（单位费用）、管理费用与成本加管理费用。

1. 单位价格

单位价格是指按每一单位物流服务收取的固定费用，如每平方米每天仓储费用按0.65元收取。经合同双方一致同意，单位价格包括所有直接的操作成本和设施成本、适当比例的企业管理费用和固定成本、一定的利润水平。

单位价格结构的优点表现为：

（1）易于使用和理解。

（2）第三方物流使用方的成本是可变的，随着物流服务数量的多少而变化。

（3）它可以适应实际的物流服务数量水平。

（4）能促进第三方物流提供方提高生产率。

单位价格结构也存在缺点：

（1）在数量和其他变量没有达到计划水平的时候，风险会增加。

（2）第三方物流服务提供方缺乏和货主分享效率的动机。

（3）如果"单位"难以定义的话，使用起来会比较困难。

（4）第三方物流提供方可能会出现成本上浮的情况，包括突发情况产生的成本上浮。

2. 管理费用

管理费用就是按年对所需要的服务收取的固定费用。在有些情况下，管理费用包括直接成本、企业的一般管理费用与固定成本、利润等所有要素。一般情况下，由货主支付直接的成本，第三方物流提供方获得固定的管理费用，包括提供服务的管理费用与利润。

管理费用结构的优点是：

（1）在操作费用和服务水平上产生的分歧较小。

（2）管理效率会提高。

（3）在难以定义"单位"且数量和运输模式不明确的时候，提供了一种可供选择的支付方式。

（4）第三方物流提供方的利润和管理费用是固定的。

管理费用结构的缺点是：

（1）不能随着生产率的变化而变化。

（2）设定一个适当的费用比较困难。

（3）没有提高效率的促进因素。

（4）对促进第三方物流提供方做出监督或管理上的努力缺乏推动力。

3.成本加管理费用

成本加管理费用的补偿可以通过以下几种方式实现：

（1）实际的成本加上作为利润和企业管理费用的固定费用。

（2）成本加上一定比例的管理费用。

（3）对成本降低或服务提升给予一定的奖励。

成本加管理费用结构的优点是：

（1）利润已知，第三方物流提供方没有降低物流服务水平、增加利润的动机。

（2）在成本结构不确定的时候，开端会比较平稳。

（3）第三方物流提供方不会为偶发事件支付额外费用。

（4）如果第三方物流服务提供方提高生产率，货主将因此受益。

（5）相比单位价格而言，第三方物流服务提供方承担的风险较小。

（6）第三方物流服务提供方不会因配送模式估计不准而遭受损失。

成本加管理费用结构的缺点是：

（1）缺乏对第三方物流服务提供方降低成本和提高生产率的促进因素。

（2）需要有合适的方式监督成本水平和设定合理的成本基准点。

第三方物流合作双方采取哪种价格与费用结构通常可以灵活处理，有时需要综合使用单位价格、管理费用和成本加管理费用这三种方法。在我国，货主较多地采取以价格来衡量与选取第三方物流提供方的方法。由于价格与服务的相关关系，在以价格为首选因素的情况下，服务与安全很难得到保证。

### 7.2.3　第三方物流服务合同中的关键条款

在货主企业与第三方物流提供方签订第三方物流服务合同时，双方应注意所签合同要尽量包括关键条款。这些条款包括业务范围、物流服务质量标准、可扩充性、风险与责任、利益分配机制、合同终止等。

1.业务范围

业务范围即物流服务要求明细表，用于明确界定服务环节、作业方式、作业时间、服务费用等细节，是物流外包合同的基本组成部分，一般包括运送、仓储提供、额外服务、损失责任、保险、风险分担、索赔和诉讼等内容。

物流外包失败的原因大多可归结为业务范围不清晰。业务范围不清晰会导致双方责任不明确，出现问题时相互推诿。物流需求企业若没有在外包合同中写明额外服务涉及的内容和范围、费用计算方式，那么物流服务提供方就会在提供这些服务时索要高价，或在出现失误时拒绝承担责任。

例如，惠普在确定物流外包时，对具体内容和范围等方面都进行了适度而精心的界定，哪些业务外包，哪些仍然留在企业内，都是有选择的。如果仅将物流运输及仓储业务外包，并明确具体的业务范围，而在物流战略规划、备件计划及采购、物流网络建设等方面仍由自己做主，则能够降低公司的外包风险，使自己进退自如，留有充分的选择余地。

2. 物流服务质量标准

合同条款中的物流服务质量标准是将第三方物流提供方的工作动力与货主企业的目标需求紧密相连的有效工具。物流服务质量标准包括以下主要内容：

（1）要评定哪方面的服务质量

一般而言，物流服务质量的评定涉及服务的速度、有效性、可靠性、友好性、及时性、一致性、效率等方面。一个好的质量评价体系应该既能对供应商产生影响力和控制力，又能对双方交易的成功产生关键的评定作用。而且，第三方物流外包中完善的服务质量评定还应该使合作双方的动力合成一股共同起作用的力量。例如，当服务价格采用固定价格形式的合同时，会使第三方物流企业产生降低成本的动力，而合同中有关服务质量的条款会使第三方物流企业把工作重点放到质量和及时性上。

（2）服务质量具体评定什么内容

第三方物流服务合作各方必须明确定义物流服务质量水平，否则双方之间就不能真正达成一致。有时会出现一种不协调的现象：物流服务需求企业认为要对A、B、C三项进行服务质量评定，而第三方物流供应商则认为仅对A和B加以评定即可。在这种情况下，当C项出现问题时就会产生争执，这就称为"合同中未能明示"。

（3）采用何种过程来评定绩效

在目前情况下，企业对于第三方物流服务合同履行状况的评定大多是自己进行的。企业可以在第三方物流服务合同中以附件的形式对具体评定标准也就是常说的关键绩效指标加以定义。

在确定评定过程时，有三个关键因素需要考虑，一是准确性，二是成本，三是透明度。

（4）要提供哪些报表文件

物流服务质量标准中应要求第三方物流供应商提交清晰、易用、及时的有关绩效的报表。标准中应详细规定报表中应该反映出哪些信息，还应规定供应商对未能达到规定标准的服务要从根本上分析原因，并将分析结果以报告的形式提交给第三方物流服务需求企业。

3. 可扩充性

这是对应于合同灵活性原则的一项条款。服务范围可以根据一定的条件进行扩充，但不能违背原合同的宗旨。

由于物流服务合同是一项立足于长期合作的协议，在双方较长期的合作中，服务内容可能会随时间的推移有所变动，此时就要求合同条款有一定的可扩充性，以适应变动的需求。

4. 风险与责任

明确的风险分担条款是第三方物流外包合同中必备的条款。只有对双方的责任和风险进行明确有效的划分，第三方物流外包才能走向成功。如某第三方物流服务合同对甲乙双方的风险与责任进行了如下划分：

（1）甲方的权利义务

甲方应根据需要提前以书面形式或乙方认可的形式通知乙方发货情况（包括但不限于货物的名称、具体提货时间、发货日期及时间、重量、件数、体积，以及收货人的姓名、电话、详细地址、邮政编码、电传或电子信箱等信息）；如甲方临时加单，应提前2小时以书面形式或乙方认可的形式通知乙方。

甲方应向乙方提供必要的货物信息。因甲方申报不实或者遗漏重要情况，造成乙方损失或费用支出的，甲方应当承担赔偿责任。

货物运输需要办理审批、检验等手续，甲方可委托乙方代为办理，但必须提供所需的相关资料并承担全部费用。

甲方应当按照国家或行业标准的要求包装货物。

甲方应依据本合同的约定按时付款给乙方。

甲方若对乙方的物流服务费用有疑问，有权要求乙方解释。

货物发运后，甲方有权过问货物运输情况。

在合同执行过程中，若乙方的运输服务屡次不能满足甲方的要求，甲方有权终止合同。

（2）乙方的权利义务

乙方承诺对承担的甲方国内/国际货物的物流服务予以权利保障，保证足够运力，保证优质服务。

乙方应该按照本合同的约定按时、如数运抵甲方指定的收货单位或收货人。

乙方接到甲方通知后，应及时安排收货运输事宜。乙方应协助甲方做好装货查验工作，查验无误后应填写装货验收单或其他单据，如发现货物短缺损坏，应及时通知甲方有关人员。

乙方对运输过程中货物的毁损灭失承担损害赔偿责任，但乙方对下列原因造成的货物毁损、灭失，不承担损害赔偿责任：①不可抗力，经甲方调查确认；②货物本身的缺陷或自然性质以及包装不善；③甲方违反国家有关法令，致使货物被有关部门查扣弃置或做其他处理，以及由甲方、收货人的过错造成的；④货物运抵甲方指定的收货单位或收货人，并经收货人签字确认没有货损的。

乙方对甲方的货物必须保持外包装完好，不得开箱；否则，如发现短缺损坏，由乙方承担相应的赔偿责任，赔偿额为甲方与客户所签订的短缺或损坏部分的合同金额，但最高赔偿额以保险金额为限。

如果运输途中遇到困难，乙方须及时通知甲方，以便甲方确定到货时间及采取相应的措施。

如果货物在物流服务中出险，乙方须及时通知甲方，并办理保险索赔事宜。

若非国家政策调整的原因导致乙方物流成本大幅度增加，在合同有效期内，乙方不得以其他任何借口向甲方提出增加运费单价的要求，甲方对乙方提出的涨价要求可不予处理。

5.利益分配机制

物流外包合作的成功有赖于公平、合理的收益分配方案的制订。所谓收益分配，是指合作各方成员从联盟组织的总收入或总利润中分得各自应得的份额。只有公平合理的收益分配，才能保证合作过程的顺利进行和市场机会的灵活响应。所以，在订立物流外包合同时，双方应对收益分配问题达成共同认可的方案，并作为合同中的重要条款。

6.合同终止

第三方物流服务合同终止条款即为退出条款。第三方物流服务合同中的退出条款应考虑以下三个方面的内容：

（1）合同终止的原因。大多数第三方物流服务合同在一定条件下允许终止，即在合同有效期内，发生实质性违反合同履行的情况时，合同终止。

（2）第三方物流供应商终止合作关系的权利。

（3）合同终止时，双方企业应做何处理。

为了平稳过渡，第三方物流供应商应在以下方面提供协助：协助制订过渡计划；提交有关各方业务间的往来数据、资料及文件等的副本；雇用员工、购买资产；与过渡有关的咨询服务；过渡结束后，可继续使用共同的网络或其他类似资产。

物流服务需求方单方面提出终止合同时，应该向第三方物流供应商提出补偿性措施，以及给予第三方物流供应商动力，以促进其协助终止合同。

### 7.2.4　第三方物流服务合同签订流程

"谈判"是解决所有挑战的核心所在。有效的谈判能够降低成本和提高运营效率，并且能够确保物流服务质量。以下是成功达成物流服务合同的四个重要步骤：

1.确定目标

要想成功达成一份物流服务合同，第一步是在谈判开始之前确保谈判队伍能清楚地了解目标。所需的物流服务项目应该一目了然地列出来，并且能真正反映工商企业的实际需求。在整个谈判过程中，双方应该对不同选择相应会带来的财务结果进行明确的记录和探讨，并且不断评估这些选择方案。

2.确定对象

第二步是选择合适的物流服务提供商参加谈判。整个选择应该建立在稳妥报价的基础上，考虑物流服务提供商的能力和所报出的价格。在挑选物流服务提供商时，应基于工商企业明确了的书面要求而不是对方的营销表现加以考虑。如果物流服务提供商的服务并不能满足工商企业的需要，那么价格谈得再好也是"竹篮打水一场空"；相反，如果工商企业只有啤酒钱的预算，而对方能够提供香槟级的服务，这才是物有所值。物流经理们在选择潜在的物流服务提供商时应考虑以下因素：

（1）物流服务提供商和工商企业文化相融合的能力。

（2）物流服务提供商对工商企业业务（或行业）的了解程度。

（3）物流服务提供商能够有意识地分享工商企业的目标和战略方向。

（4）物流服务提供商对信息系统工具的管理能力和适应力。

（5）物流服务提供商能够提供客户所需的附加价值和额外服务。

（6）物流服务提供商承诺遵从工商企业的目标和指令。

3. 实际操作

第三步则是实际起草物流服务合同和谈判。在整个合同起草的过程中，至关重要的是写清楚双方应如何处理与对方的关系，以及其各自特定的职责。双方在建立关系之初就要明晰责任，这会减少服务、成本和关系持续性的潜在负面影响。

（1）确定法律责任

双方的法务部门在谈判有关法律条款时负有主要责任，如知识产权的保护、保密条款和适用法律等。此外，同样重要的是明确界定双方的运营关系，包括服务的特定范围、订购流程、管理流程、价格、支付条款、绩效水平的保证等。

（2）界定服务范围

物流服务合同中最重要的条款之一就是对服务范围的全面描述。如果含糊不清，可能导致物流服务提供商按照合同所提供的服务并不是工商企业所需的服务。

（3）奖励和激励

业务重组时，主要的目标是提高运营效率和削减成本，因此，工商企业需要在物流服务合同中确保有关奖励和激励条款能够帮助自己达到上述目标。物流服务合同中还需要涵盖关键的绩效评估措施，以确定物流服务提供商是否按照可接受的水平提供了相应的服务。

（4）确立过渡计划

工商企业成功地引入物流服务提供商后，应让物流服务提供商做出以下承诺：在特定的时间框架内（即所说的过渡期），物流服务提供商应该达到什么样的服务质量。

4. 有效管理

最后一步是根据物流服务合同所确立的标准，有效管理物流服务提供商。工商企业应该对物流服务提供商实施有效的"治理"。"治理"可以通过以下方式进行：

（1）高级管理层按季度进行业务评估。

（2）每月进行运营业务评估。

（3）对服务的描述。

（4）汇报有关绩效标准。

（5）合同管理。

（6）变革管理。

（7）争议解决流程。

（8）最低期望的服务水准。

## 7.3  我国《民法典》（合同编）中有关第三方物流合同的条款

《中华人民共和国民法典》（以下简称《民法典》）于2021年1月1日正式实施。其体

现了对调整市场、交易便利、财产安全、生活幸福、人格尊严等各方面权利平等的保护，
具有鲜明中国特色、实践特色和时代特色。

### 7.3.1 《民法典》（合同编）中有关第三方运输合同的条款

运输合同是指承运人将货物运到约定地点，托运人或收货人支付票款或运费的合同。
其特征有：运输合同是有偿的、双务的合同；运输合同的客体是指承运人将一定的货物运
到约定地点的运输行为；运输合同大多是格式条款合同。

《民法典》（合同编）在综合各专门运输法的规定和借鉴国际公约、各国运输合同立法
中的有益经验的基础上，对运输合同做出了相关规定。《民法典》（合同编）第八百零九条
条至八百一十三条是关于运输合同的一般规定；第八百二十五条至八百三十七条是关于货
物运输合同的规定；第八百三十八条至八百四十二条是关于多式联运合同的规定。

1. 一般规定

第八百零九条　运输合同是承运人将旅客或者货物从起运地点运输到约定地点，旅
客、托运人或者收货人支付票款或者运输费用的合同。

【释义】本条是对运输合同含义的规定。

第八百一十条　从事公共运输的承运人不得拒绝旅客、托运人通常、合理的运输
要求。

【释义】本条是对公共运输的承运人不得拒绝运输的规定。

第八百一十一条　承运人应当在约定期限或者合理期限内将旅客、货物安全运输到约
定地点。

【释义】本条是对承运人应当按照约定时间安全运输的规定。按照约定时间进行安全
运输是承运人的一项主要义务。运输合同是承运人与托运人就运输事宜所做的一致的意思
表示。合同中一般对运输时间、到达地点和运输的安全做了约定，承运人应当按合同中的
约定进行运输，否则就要承担违约责任。

第八百一十二条　承运人应当按照约定的或者通常的运输路线将旅客、货物运输到约
定地点。

【释义】本条是对承运人按照约定或者通常运输路线进行运输的规定。

第八百一十三条　旅客、托运人或者收货人应当支付票款或者运输费用。承运人未按
照约定路线或者通常路线运输增加票款或者运输费用的，旅客、托运人或者收货人可以拒
绝支付增加部分的票款或者运输费用。

【释义】本条是对旅客、托运人或者收货人支付票款或者运输费用的规定。

2. 货运合同的相关规定

第八百二十五条　托运人办理货物运输，应当向承运人准确表明收货人的姓名、名称
或者凭指示的收货人，货物的名称、性质、重量、数量，收货地点等有关货物运输的必要
情况。

因托运人申报不实或者遗漏重要情况，造成承运人损失的，托运人应承担损害赔偿
责任。

【释义】本条是对托运人如实申报情况义务的规定。

第八百二十六条　货物运输需要办理审批、检验等手续的，托运人应当将办理完有关手续的文件提交承运人。

【释义】本条是对托运人托运货物必须办理某些手续的规定。

第八百二十七条　托运人应当按照约定的方式包装货物。对包装方式没有约定或者约定不明确的，适用本法第六百一十九条的规定。

托运人违反前款规定的，承运人可以拒绝运输。

【释义】本条是对托运人应当对货物履行包装义务的规定。

第八百二十八条　托运人托运易燃、易爆、有毒、有腐蚀性、有放射性等危险物品的，应当按照国家有关危险物品运输的规定对危险物品妥善包装，做出危险物品标志和标签，并将有关危险物品的名称、性质和防范措施的书面材料提交承运人。

托运人违反前款规定的，承运人可以拒绝运输，也可以采取相应措施以避免损失的发生，因此产生的费用由托运人承担。

【释义】本条是对运输危险货物的规定。

第八百二十九条　在承运人将货物交付收货人之前，托运人可以要求承运人中止运输、返还货物、变更到达地或者将货物交给其他收货人，但是应当赔偿承运人因此受到的损失。

【释义】本条是对托运人变更或者解除运输合同权利的规定。

第八百三十条　货物运输到达后，承运人知道收货人的，应当及时通知收货人，收货人应当及时提货。收货人逾期提货的，应当向承运人支付保管费等费用。

【释义】本条是对提货的规定。

第八百三十一条　收货人提货时应当按照约定的期限检验货物。对检验货物的期限没有约定或者约定不明确，依照本法第五百一十条的规定仍不能确定的，应当在合理期限内检验货物。收货人在约定的期限或者合理期限内对货物的数量、毁损等未提出异议的，视为承运人已经按照运输单证的记载交付的初步证据。

【释义】本条是对收货人检验货物的规定。

第八百三十二条　承运人对运输过程中货物的毁损、灭失承担赔偿责任，但是，承运人证明货物的毁损、灭失是因不可抗力、货物本身的自然性质或者合理损耗以及托运人、收货人的过错造成的，不承担赔偿责任。

【释义】本条是对承运人对于货损责任的规定。

第八百三十三条　货物的毁损、灭失的赔偿额，当事人有约定的，按照其约定；没有约定或者约定不明确，依照本法第五百一十条的规定仍不能确定的，按照交付或者应当交付时货物到达地的市场价格计算。法律、行政法规对赔偿额的计算方法和赔偿限额另有规定的，依照其规定。

【释义】本条是对如何确定货物赔偿额的规定。

第八百三十四条　两个以上承运人以同一运输方式联运的，与托运人订立合同的承运人应当对全程运输承担责任；损失发生在某一运输区段的，与托运人订立合同的承运人和该区段的承运人承担连带责任。

【释义】本条是对单式联运的规定。

第八百三十五条 货物在运输过程中因不可抗力灭失，未收取运费的，承运人不得请求支付运费；已经收取运费的，托运人可以请求返还。法律另有规定的，依照其规定。

【释义】本条是对货物在运输过程中因不可抗力而灭失时，运费如何处理的规定。

第八百三十六条 托运人或者收货人不支付运费、保管费或者其他费用的，承运人对相应的运输货物享有留置权，但当事人另有约定的除外。

【释义】本条是对承运人留置权的规定。

第八百三十七条 收货人不明或者收货人无正当理由拒绝受领货物的，承运人依法可以提存货物。

【释义】本条是对收货人不明或者收货人拒绝受领货物的情况下如何处理的规定。

3. 多式联运合同的相关规定

第八百三十八条 多式联运经营人负责履行或者组织履行多式联运合同，对全程运输享有承运人的权利，承担承运人的义务。

【释义】本条是对多式联运经营人应当负责履行或者组织履行合同的规定。

第八百三十九条 多式联运经营人可以与参加多式联运的各区段承运人就多式联运合同的各区段运输约定相互之间的责任；但是，该约定不影响多式联运经营人对全程运输承担的义务。

【释义】本条是对多式联运合同中责任制度的规定。

第八百四十条 多式联运经营人收到托运人交付的货物时，应当签发多式联运单据。按照托运人的要求，多式联运单据可以是可转让单据，也可以是不可转让单据。

【释义】本条是对多式联运单据的规定。

第八百四十一条 因托运人托运货物时的过错造成多式联运经营人损失的，即使托运人已经转让多式联运单据，托运人仍然应当承担赔偿责任。

【释义】本条是对托运人应当向承运人承担过错责任的规定。

第八百四十二条 货物的毁损、灭失发生于多式联运的某一运输区段的，多式联运经营人的赔偿责任和责任限额，适用调整该区段运输方式的有关法律规定；货物毁损、灭失发生的运输区段不能确定的，依照本章规定承担赔偿责任。

【释义】本条是对多式联运经营人承担赔偿责任所适用法律的规定。

### 7.3.2 《民法典》（合同编）中有关第三方仓储合同的条款

仓储合同，是指当事人双方经约定由保管人（又称仓管人或仓库营业人）为存货人保管储存货物，存货人支付仓储费的合同。

仓储业是随着商品经济的发展，从保管业中发展、壮大起来的特殊行业。近代以来，仓储业日渐发达，原因就是随着国际及地区贸易的扩大，仓储业能为大批量货物提供便利、安全、价格合理的保管服务。因此，仓储合同不再被作为一般的保管合同来对待，而是被作为一种独立的有名合同在《民法典》（合同编）中加以规定。

仓储合同具有以下特征：

（1）保管人必须是具有仓库营业资质的人，即具有仓储设施、仓储设备，专事仓储保管业务的人。这是仓储合同主体上的重要特征。

（2）仓储合同的对象仅为动产，不动产不可能成为仓储合同的对象。

（3）仓储合同为诺成合同，仓储合同自成立时起生效。

（4）仓储合同为不要式合同，可以是书面形式，也可以是口头形式。

（5）仓储合同为双务、有偿合同。保管人具有提供储存、保管的义务，存货人具有支付仓储费的义务。

（6）仓单是仓储合同的重要特征。

第九百零四条　仓储合同是保管人储存存货人交付的仓储物，存货人支付仓储费的合同。

【释义】本条是对仓储合同定义的规定。

第九百零五条　仓储合同自保管人和存货人意思表示一致时成立。

【释义】本条是对仓储合同何时生效的规定。

第九百零六条　储存易燃、易爆、有毒、有腐蚀性、有放射性等危险物品或者易变质物品的，存货人应当说明该物品的性质，提供有关资料。

存货人违反前款规定的，保管人可以拒收仓储物，也可以采取相应措施以避免损失的发生，因此产生的费用由存货人负担。

保管人储存易燃、易爆、有毒、有腐蚀性、有放射性等危险物品的，应当具备相应的保管条件。

【释义】本条是对储存危险物品和易变质物品的规定。

第九百零七条　保管人应当按照约定对入库仓储物进行验收。保管人验收时发现入库仓储物与约定不符合的，应当及时通知存货人。保管人验收后，发生仓储物的品种、数量、质量不符合约定的，保管人应当承担损害赔偿责任。

【释义】本条是对仓储物验收的规定。

第九百零八条　存货人交付仓储物时，保管人应当出具仓单、入库单等凭证。

【释义】本条是对保管人出具仓单义务的规定。

第九百零九条　保管人应当在仓单上签名或者盖章。仓单包括下列事项：

（一）存货人的姓名或者名称和住所；

（二）仓储物的品种、数量、质量、包装及其件数和标记；

（三）仓储物的损耗标准；

（四）储存场所；

（五）储存期限；

（六）仓储费；

（七）仓储物已经办理保险的，其保险金额、期间以及保险人的名称；

（八）填发人、填发地和填发日期。

【释义】本条是对仓单应记载事项的规定。

第九百一十条　仓单是提取仓储物的凭证。存货人或者仓单持有人在仓单上背书并经保管人签名或者盖章的，可以转让提取仓储物的权利。

【释义】本条是对仓单转让和出质的规定。

第九百一十一条　保管人根据存货人或者仓单持有人的要求，应当同意其检查仓储物或者提取样品。

【释义】本条是对仓单持有人有权检查仓储物或者提取样品的规定。

第九百一十二条　保管人发现入库仓储物有变质或者其他损坏的，应当及时通知存货人或者仓单持有人。

【释义】本条是对保管人在仓储物变质或者有其他损坏情况下的通知义务的规定。

第九百一十三条　保管人发现入库仓储物有变质或者其他损坏，危及其他仓储物的安全和正常保管的，应当催告存货人或者仓单持有人做出必要的处置。因情况紧急，保管人可以做出必要的处置；但是，事后应当将该情况及时通知存货人或者仓单持有人。

【释义】本条是对保管人对有变质或者其他损坏的仓储物如何处理的规定。

第九百一十四条　当事人对储存期限没有约定或者约定不明确的，存货人或者仓单持有人可以随时提取仓储物，保管人也可以随时请求存货人或者仓单持有人提取仓储物，但是应当给予必要的准备时间。

【释义】本条是对储存期限不明确时如何提取仓储物的规定。

第九百一十五条　储存期限届满，存货人或者仓单持有人应当凭仓单、入库单等提取仓储物。存货人或者仓单持有人逾期提取的，应当加收仓储费；提前提取的，不减收仓储费。

【释义】本条是对储存期限有明确约定时如何提取仓储物的规定。

第九百一十六条　储存期限届满，存货人或者仓单持有人不提取仓储物的，保管人可以催告其在合理期限内提取；逾期不提取的，保管人可以提存仓储物。

【释义】本条是对仓单持有人不提取仓储物时如何处理的规定。

第九百一十七条　储存期内，因保管不善造成仓储物毁损、灭失的，保管人应当承担赔偿责任。因仓储物本身的自然性质、包装不符合约定或者超过有效储存期造成仓储物变质、损坏的，保管人不承担赔偿责任。

【释义】本条是对因保管不善造成保管物毁损、灭失时责任的规定。

第九百一十八条　本章没有规定的，适用保管合同的有关规定。

【释义】本条是对适用保管合同的规定。

## 7.4　第三方物流合同范本

本节所提供的合同是第三方物流服务的一个合同范本，物流企业可以结合法律环境、提供服务的种类、甲方的要求等，在实际应用中参考应用其中的相关条款。

工商企业与第三方物流服务提供者建立合作关系的动因一般包括：资产利用率、资金问题、长期业务增长、市场全球化及其他与物流提供者分享的有关利益。有时，在工商企业外协其物流过程时，就会要求第三方物流企业购买资产、雇用长期劳动力、进行设备租赁等。第三方物流提供者的服务承诺，常常要付出很高的代价，可能对其财务平衡产生很大影响，因此，物流服务提供者一般要求签订长期合同，以规避风险。相反，要求外协物流服务的工商企业，需要确保在第三方物流服务提供商不能提供其所期望的服务标准时，合同可以被终止，以便选择其他第三方物流服务提供商。

所以，每个物流服务合同的签订，都具有以下两条对立的原则：

（1）物流服务提供者的投资摊提与回收。

（2）物流服务使用者选择是否终止物流服务关系。

物流服务使用者希望必要时能够立即终止合同和物流服务提供者希望投资能够得到摊提与回收是相互对立的。下面的合同范本把这两个对立面融合起来。这个合同范本是实际中常用的合同样式，此合同的重点是与仓储有关的服务，根据实际情况，可以加入与删除相应内容。使用下面的合同格式可以大大减少达成合同的时间与费用。

### 第三方物流服务合同

（XXX成品分拨/XXX物流项目/外包物流持续改善）

合同履行地：中国XXX省__市__区

项目编号：XXX

北京XXX物流储运有限公司

合同目录

（1）服务、支付和期限

（2）运输

（3）仓储的提供

（4）送货要求

（5）增值服务（特殊服务）

（6）责任和损失限制

（7）义务

（8）风险分担

（9）参与各方的地位

（10）索赔通知和诉讼

（11）口头交流

（12）仓库

（13）转让

（14）授权

（15）违约

（16）继任者和受让人

（17）说明

（18）所适用的法律

（19）最终完成合同

本协议在_____公司（甲方）与北京_____物流储运有限公司（乙方）之间于

_____年_____月_____日在_____生效。

甲方要求乙方进行物流存货与管理服务；甲方要求乙方以下列条款和条件提供这些服务。

双方达成以下协定：

（1）服务、支付和期限

乙方将履行在"工作范围"内所定义的服务、费用支付，与另行约定之"服务项目与费用表"中所定义的服务、费用一致。如果在合同下提供的物流服务的货币价值（在其中任何1个月内）比"服务项目与费用表"中提出的每月最小额要少，甲方需支付不少于最小额的费用。除非任何一方根据（8）（a）款提出书面终止通知，合同期限自_____年___月___日起3年。合同的起始条款与续定条款终止日期前的60天，双方将重新洽谈续定合同的物流、仓储费。

（2）运输

（a）指定收货人

一般情况下，甲方不将乙方作为指定收货人来运输货物，乙方也有权拒绝或接受以乙方作为指定收货人的货物。如果乙方接受以乙方作为指定收货人的货物，甲方在得到乙方通知后，应立即书面通知承运人，副本一份送给乙方，说明乙方对上述财产没有受益权或利益关系。

（b）不符合规定的货物

甲方同意不把符合下列条件的货物运输到乙方：

◇与货物清单中规定的不一致。

◇与每一批货物的包装上描述的不一致。

乙方有权利拒绝或接受任何不符合规定的货物。如果乙方接受该种货物，甲方应支付"服务项目与费用表"中所规定的费用；若"服务项目与费用表"中没有规定，则支付合理的费用。乙方收到这些不符合规定的货物，将尽快通知甲方，以获得有关指令，乙方不承担口头传递信息造成失误的责任。

（3）仓储的提供

由乙方配送的所有货物都必须恰当地标记和包装，然后送到仓库以便配送。双方同意甲方在送货前，准备好符合"工作范围"的货单。双方同意乙方以相互同意的价格，储存和搬运其他货物，这以达成书面协议为前提。工作范围内所列货单和将来可能加到货单中的其他物品，在这里称为"货物清单"。所有送到乙方的货物都必须是"货物清单"中所列的货物。

（4）送货要求

（a）没有甲方明确的书面指示，乙方不运输或转移货物。当然也可以根据电话发送货物，但是乙方不承担口头传递信息造成失误的责任。

（b）当甲方从仓库中订购货物时，必须给乙方合理的时间执行指令。如果因为天灾、战争、罢工、扣押、骚乱等，或者其他乙方不能控制的任何原因，或者因为不属于乙方责任而造成的货物损失或损坏，或者因为法律所提供的任何其他理由，乙方不承担过失责任。如果执行过程中发生不可抗力事件，甲方与乙方应同意适当延期。

（5）增值服务（特殊服务）

（a）不属于通常物流服务（即工作范围内）所需的乙方劳动力，按乙方的通常费用标准收取额外的合理费用。

（b）甲方所需要的特殊服务包括（但不限于）编制特定的存货报表、报告标记的重量，以及包装上的系列数字或其他数据、货物的物理检验和物流运输清单。乙方提供（但不限于）这些服务，甲方按乙方的通常费用标准承担额外的合理费用。

（c）乙方为甲方提供包装材料或其他特殊材料，甲方按乙方的通常费用标准，承担额外的合理费用。

（d）由于事先安排，不在正常营业时间内收到或运输货物，按乙方通常的费用标准，甲方承担合理的另外费用。

（e）在邮资、电传、电报或电话等通信方面，如果这些方面服务的标准超过通常的服务标准，或者在甲方的要求下，这些通信不采用邮政或电信的正常方式，那么上述费用向甲方收取。

（f）必须认识到，有时乙方在没有甲方书面同意的情况下，造成一些"非常"费用是必需的，甲方因此同意支付乙方由此产生的合理适当的费用。

（6）责任和损失限制

（a）损失责任

作为委托人的甲方把私有财产送到作为受托人的乙方，乙方在下列条件下同意接受上述财产：乙方对储存货物的丢失或损坏不负责任，除非这种丢失或损坏是由乙方照管不当造成的；对于收据中的所有财产，乙方不为甲方投保火灾险或其他意外事故险，因火灾或其他事故对财产造成的损失，甲方同意乙方无法律责任。

（b）保险

对于任何原因造成的货物损失乙方均不负责保险，但乙方同意当前的保险单继续生效。该保险单阐述如下：在协议的期限或延期内，对于放在协议中指定的乙方仓库里的私有财产，如果遭受丢失、毁坏或损坏，作为受托人的被保险人，由于法律上所规定的义务必须赔偿，但这些赔偿金额（在其保险范围内）由保险公司代表乙方来支付。该保险单在协议期限，包括延期内，应全部生效（除去一些除外条款）。甲方若需要的话，乙方可以提供该保险单的副本。

（c）损失计算

如果乙方对甲方货物的丢失或损坏负责，那么为了计算这种损失，货物将按它的售价的存货成本来估算。

（d）装卸

乙方对由于进货卸货或出货装货的延误而造成的滞期费负责。乙方应竭尽全力提供及时的服务。

（e）随后损失

不是由于乙方的任何行为或疏忽而造成的随后损失，乙方不负责任。

（7）义务

乙方将负责监督、人员配备、看门服务、物流设备、办公家具、正常安全（包括下班后锁门和启动电子安全系统）、包装材料、捆绑和房屋的保养。

（8）风险分担

有关方都认识到乙方为提供服务将做出承诺并投资。因此，双方同意下列条款：

（a）终止

尽管与以上的协议相反，无须任何理由，任何一方在90天前以书面形式通知另一方，即可终止该协议。该书面通知应有终止日期。无论什么原因的终止，无论是甲方还是乙方提出的终止，甲方同意补偿乙方全部的未摊提的货款或租金。

在终止协议时，还应以下列方式确定资产的名称和所有权：

（i）如果乙方在3年的该协议起始条款下的任何时候终止该协议，在甲方满足所有的财务义务后，该资产的名称和所有权应归属于甲方。

（ii）如果甲方在第一个18个月的任何时间终止该协议（或由于法规的作用与其他原因引起的终止），该资产的名称和所有权应归属于甲方。

（iii）如果甲方在起始条款以后的任何时间终止合同（或在第18个月后由于法规的作用与其他原

因引起的终止），在甲方满足所有的财务义务后，可以有如下选择：

◇支付给乙方＿＿＿＿＿＿，该资产的名称和所有权应归属于甲方。

◇如果甲方没有支付＿＿＿＿＿＿给乙方，则该资产的名称和所有权应归属于乙方。

甲方在不迟于终止日期前，应通知乙方进行选择，即选择（i）或（ii）。

（b）劳动力价格

双方承认"服务项目与费用表"中所提出的价格是物流和存储服务的最低收费，是基于一定的劳动力价格的，在实际的劳动力价格超过乙方的假设时，双方应调整支付给乙方的费用与最低月费用。

（9）参与各方的地位

（a）参与各方达成共识：乙方不从事出租货物的存储业务，也不能被看作法律中规定的"仓库所有人"，并且，乙方明确表示在任何时候都不提出索赔、抵押、特免、抵消的优惠权或类似的对合同中所规定甲方货物的相关处置权利，货物的全部的、单一的、无疑问的权利仍属于甲方。

（b）以与合同中的任何条款不冲突为前提，据此同意：乙方对于合同中所规定的货物而言，其是受托者，乙方与甲方之间的关系是受托者与委托者的关系。进一步达成共识：乙方对于完成任务所需的方法和措施，应有独立控制和自由处理的能力。乙方不是甲方的代理人或雇员。为了使乙方能完成作为该合同的受托者的任务，甲方允许乙方按甲方的利益，在任何适当的时间，能独立控制并对货物和房产进行检查。

（10）索赔通知和诉讼

（a）所有的索赔必须在法庭宣判前，以书面形式提交。

（b）只有当这些索赔以书面形式提交，并且是在事件发生后1年内提出，甲方或乙方才能做出反应。

（11）口头交流

2（b）、4（a）和5（f）款规定了由于与甲方进行口头交流后所产生的误交流的责任。在与以上各节内容无冲突的条件下，甲方同意用书面形式在发生口头交流24小时内，对这些口头交流内容进行确认。乙方收到这些书面确认后，再也无权依靠自己对口头交流的理解行事，而应以书面确认的情况为准。但是，在乙方收到口头交流确认前，乙方不必对根据口头交流内容而发生的行为负责。

（12）仓库

房产与终止的结果：房产位于＿＿＿＿＿＿，由乙方租赁，期限＿＿＿＿＿＿年，自＿＿＿＿＿＿年＿＿＿＿＿＿月＿＿＿＿＿＿日开始。该房产在"租用仓库设施说明"中有比较详细的介绍。当由于某些原因要终止该合同时，甲方应承担终止后的租赁费用，因而甲方应单独承担租赁中承租人的法律责任，而乙方不应承担所有这些责任，即包括但不限于必须付的租金或其他任何款项。一旦合同终止，乙方应向甲方移交其在所有租赁关系改变中得到的利益。

（13）转让

未得到甲方的书面同意，乙方不能转让、转送、抵押或让渡这一合同或合同的任何一部分，或与合同有关的任何权利。

（14）授权

在合同上签名的工作人员、代理人或雇员声明并保证完成所有必需的工作，他们有权使各自的组织受到法律保护。

（15）违约

下列情况被认为是乙方违约：

（a）乙方在执行合同条款时，有实质性的违约。

（b）如果乙方向法院提出自愿破产的申请，或者被法院宣告破产或资不抵债，或者为债主的利益进行转让时，寻求或同意对所有资产任命接收人或清算人。

如果乙方收到这一书面违约通知单后30天，违约还在继续，在这种情况下，甲方有权终止合同，其满足8（a）款中所述的终止付费的规定。在与前述无冲突的情况下，乙方在收到这一违约通知后有30天的时间来消除、纠正自己的违约行为。

（16）继任者和受让人

该合同应对各方的继任者和受让人具有法律效应。

（17）说明

在限定为条款的实际工作范围内，说明仅供参考。

（18）所适用的法律

该合同应根据_____的法律执行。

（19）最终完成合同

除下面所述或各方签名的书面协议外，本合同不能以口头或其他任何方式做出修改、作废，或终止。书面意见包括完整的协议，是双方签署的，双方均不能授权委托他人代理签署本合同。

（双方签名盖章）

💧 案例分析　　　　　　　运输合同纠纷案

2020年11月7日，原告某玻璃有限公司与被告谢某签订货物运输合同，原告委托被告谢某承运一批玻璃至云南丽江，总重18吨，价值186 000元，双方约定"运输过程中如发生货物灭失、短少、损坏、变质、污染等问题，承运方应确认数量并按照托运方购进或卖出时价格全额赔偿"。2020年11月8日，被告谢某雇用司机石伟驾驶豫A号货车行驶至国道108线梓潼县文昌镇铁匠桥路段，相对方向车辆借道时，石某采取紧急制动，发生道路交通事故，导致车上所载18吨钢化玻璃破碎、车厢栏板受损。

另查明，豫A号货车实际所有人为谢某，该车挂靠于被告某货运公司（登记所有人）。被告谢某已支付原告货物损失20 000元。2020年11月7日被告谢某与某财险江苏分公司签订国内水路、陆路货物运输保险单，为涉案运输货物投保，保险金额为110 000元，合同生效时间为2020年11月7日7时，保险货物项目、标记、数量及包装为钢化玻璃（18吨），保单另约定每次事故绝对免赔额为人民币10 000元或损失金额的20%，两者以高者为准。原告提供的销售订单显示涉案玻璃购买方为福建某建设股份有限公司，工程项目为云南某项目，总金额为186 038元。

本院认为，原告某玻璃有限公司与被告谢某签订货物运输合同，系双方当事人的真实意思表示，不违反法律规定，合法有效，应遵照履行。被告谢某作为运输车辆的实际车主应承担运输合同的相应义务，应按约将承运的货物安全运输到目的地，但中途发生交通事故导致原告运输的货物全损，被告谢某应承担违约责任，并对由此导致原告的损失承担赔偿责任。关于原告某玻璃有限公司主张被告某货运公司承担赔偿责任的主张，于法无据，本院不予支持。

被告谢某与某财险江苏分公司签订国内水路、陆路货物运输保险合同是双方真实意思表示，不违反法律规定，合法有效。本案争议焦点是涉案车辆避让借道车辆采取紧急制动导致车上货物损毁是否属于碰撞所致。本案双方当事人对碰撞的理解发生争议，原告及谢某认为因避让车辆致车上货物之间、货物与车厢之间的碰撞造成货损，属于保险责任的赔偿范围。某财险江苏分公司则认为碰撞是指被保险机动车与外界物体直接接触并发生意外撞击，事故认定书未载明涉案车辆是与外界物体直接接触并发生意外撞击而造成货损，不属于赔偿范围。本院认为，保险条款中对碰撞的定义，保险公司未提供证据证明在保险合同中有相关规定。

依照相关法律规定，判决如下：

一、被告谢某于本判决生效后10日内赔偿原告某玻璃有限公司货物损失93 200元；

二、被告某财险江苏分公司于本判决生效后10日内支付原告某玻璃有限公司保险理赔款72 800元；

三、驳回原告某玻璃有限公司的其他诉讼请求。

如果被告未按本判决指定的期间履行给付金钱义务，应当依照《中华人民共和国民事诉讼法》第二百五十三条之规定，加倍支付迟延履行期间的债务利息。

案件受理费4 020元，减半收取计2 010元，由某玻璃有限公司负担228元，谢某负担1 892元。

如不服本判决，可在判决书送达之日起15日内，向本院递交上诉状，并按对方当事人或代表人的人数提出副本，上诉于××省××市中级人民法院。

（援引法律快车网案例，有改动）

分析思考：

（1）结合案例，谈谈你对物流服务合同的理解。

（2）总结影响本案判决的因素。

## 💧 本章小结

第三方物流是一个高度集成的行业，涉及环节多，所以其服务合同具有很强的综合性，可能涉及不同的合同关系。物流服务合同按照不同的分类标准可以分为物流主合同和物流分合同，以及运输合同、仓储合同等。第三方物流服务合同的主体涉及三类企业：一是物流服务需求企业（A）；二是第三方物流企业（B）；三是物流作业的实际履行企业（C）。

第三方物流服务合同的设计需要考虑合理性、完善性、真实性、稳妥性、可行性、经济性以及可塑性。在签订第三方物流服务合同时，主要有确定目标、确定对象、实际操作和有效管理四个关键步骤。其关键条款包括业务范围、物流服务质量标准、可扩充性、风险与责任、利益分配机制、合同终止等。

第三方物流服务的价格与费用结构可以根据情况灵活采用，包括单位价格、管理费用及成本加管理费用。

我国《民法典》（合同编）中分别从运输合同、仓储合同两个角度对第三方物流服务合同进行了规范。其中，运输合同又包括一般规定、货运合同和多式联运合同三个部分。

## 💧 关键概念

物流服务合同　法律关系　关键条款　风险与责任　利益分配机制　合同终止

## 💧 思考题

1. 什么是第三方物流服务合同？它有哪些特点？

2. 设计第三方物流服务合同时应遵循哪些原则？

3. 第三方物流服务合同中有哪些关键条款？试举例说明。

4. 确定第三方物流服务价格有哪些方法？各有哪些利弊？

5. 请全面解读我国《民法典》（合同编）中有关"运输合同"与"仓储合同"的相关条款。

# 第8章

# 第三方物流的电商服务

## 💧 学习目标

电子商务，特别是B2C电子商务的兴起是近年来一道亮丽的风景线。电子商务给传统业态带来了巨大冲击，如何根据不同电子商务模式的特征提供专业、高效的物流配送服务，是大量第三方物流企业面临的一个重大机遇和挑战。通过本章的学习，我们将从不同电子商务形态的物流需求入手，在认识电子商务企业物流需求的前提下，掌握电子商务物流系统的设计原则和方法，并在第三方物流企业市场细分的基础上，了解制定电子商务服务信息化策略和经营策略的方法；掌握第三方物流电子商务运营中的流程管理、运输服务管理，以及电子商务条件下的客户服务管理及考核指标的制定方法。

## 💧 导入案例

### 菜鸟收购点我达：搭建智能物流骨干网

2018年7月，菜鸟以2.9亿美元战略控股点我达，其意义不仅在于这是即时物流领域最大的一笔投资，更为重要的是，这是在马云公开提出"新物流"、菜鸟在承担了搭建"国家智能物流骨干网"的任务之后，第一个大手笔出资。对于菜鸟和其背后的阿里而言，毋庸置疑这一投资是"新物流"的组成部分，也是"国家智能物流骨干网"拼图中的重要一块。菜鸟总裁万霖表示，接下来菜鸟将和点我达"一颗心、一场仗、一张图"，共同聚焦分钟级配送，为新零售提供更好的物流供应链支持，成为国家智能物流骨干网的有机组成部分。

马云在2016年年底提出了"新零售"的思想。自此之后，关于新零售的理解和实践推动，也进入深水区和攻坚战。物流新业态和全渠道可以说是已有了最显著的成果。"盒马鲜生"以生鲜为切入点打造出新一代"超市+餐饮"的复合业态，同时开始向大润发等传统超市赋能。与此同时，线上线下全渠道触达消费者，半小时到门的送货体验也开始成为主流。在这一过程中，各界也更加直观通俗地将新零售理解为"人货场的数字化"，通过数字化的重构来完成价值的重塑。

面对新一代的消费者，消费升级带来的不仅是产品的升级，还包括服务体验的升级。这里所说的物流毛细血管的渗透能力，是让消费者满意愉悦地接受，并且能够真正对这张"网"产生黏性。随着越来越多的30分钟送达成为电商和线下零售商的标配，很多人即刻下单即刻上门的消费习惯已经养成，这种体验感的提升往往是不可逆的。从这个意义上说，分钟级配送无论难度多大，都已是未来城市物流配送的唯一出路。

菜鸟网络自成立以来，一直坚持自己不做物流、不送快递，但是通过背后的数据化协作平台，集合了中国快递行业最优秀的一线力量，每天数以万计的包裹在这个平台上流转。菜鸟的共享模式是一大多强的共享模式，可以说是大共享。打个比方，点我达就像是一颗行星，有自己的卫星体系，但是在太阳系的体系里，点我达成为共享资源的一部分。

如今的菜鸟，真正的强大之处不仅在于自身数字化能力的提升，而且由于新零售的提法受到了行业的普遍关注和接纳，数字化进程正在变为零售行业乃至物流行业的全行业命题，而数字化能力，恰恰是互联网生态与传统平台的区别，它大幅扩展了平台的范围、速度、便捷性，提升了平台的效率。有了这样天时、地利、人和的基础，菜鸟的"国家智能物流骨干网"才有了加速落地的可能。

（根据物流指闻微信公众号的资料整理）

案例思考：

（1）菜鸟与阿里巴巴做这样一个物流平台的目的和作用是什么？

（2）对消费者来说，菜鸟网络这样的物流平台究竟有什么价值？

（3）对快递企业和其他第三方物流企业来说，菜鸟网络这样的物流平台又有什么样的价值？

## 8.1　电子商务企业的物流需求

不同类型的电子商务企业对物流的需求呈现多层次性，我国电子商务企业按照销售主体的不同可以分为以下几类：

（1）综合型电商企业：以京东商城、当当网、亚马逊为代表的多产品线、多类目的电商。

（2）平台型电商企业：以淘宝、拍拍等电子商务平台为代表的电商。

（3）品牌型电商企业：以小米、柠檬绿茶为代表的诞生于网络的有独立品牌的电商。

（4）连锁型电商企业：以苏宁易购为代表的由传统连锁企业转变而来的电商。

### 8.1.1　综合型电商企业的物流需求

从供应链流程的角度来看，综合型电商企业一般采用自营模式，各类品牌供应商处于上游，直接面向客户。在信息链中，制造商向综合型电商企业提供产品信息，由综合型电商企业负责将产品在网络销售平台上进行展示、销售与推广，消费者获得商品信息后再利用网络实现交易。在物流环节，综合型电商企业需要根据市场情况向产品制造商订购商品，完成运输后将商品存放于仓库，当有顾客在综合型电子商务网上下订单订购商品时，则由仓储操作，之后在配送环节可根据配送目的地选择自营还是外包给其他快递供应商，如图8-1所示。

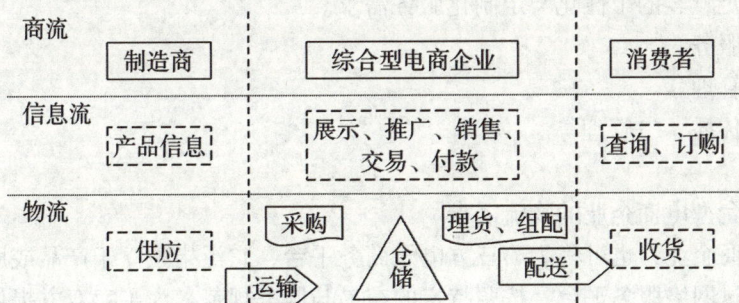

图8-1　综合型电商企业的运作流程

以京东商城为例，其物流运作就是典型的自建物流模式。京东商城曾试着寻找一家在服务、速度、费用三者间取得平衡的物流公司，但在国内没有顺利找到。如果将代收货款业务交给第三方物流企业操作，则账期太长。由于京东商城需要压品牌商品供应商的库存，因此一旦资金流转慢，货物周转速度就会被限制。

通过自建物流体系和自建信息系统，货物周转速度加快，2017年京东就实现了530万个

SKU（库存量单位）的库存周转期为30多天。京东物流已经实现了商品从工厂生产到消费者家中，把过去中国庞大的物流体系，由平均搬运5.2次降低到只搬1~2次。2017年年底，京东曾宣布计划"未来3年内"实现重型无人机可飞500~1 000千米，携带1~2吨货物，远期实现超过20万吨载的运输量，目前这个项目仍在进行中。同时，已独立运营的京东物流凭借大数据优势、智能系统优势向社会全面开放，并与中储发展股份有限公司签署战略合作协议，围绕仓储、运力、物流科技、物流产品开发等方面展开深入合作，实现物流设施资源、商家业务资源、信息系统资源等的互补与共享，推进物流行业合作伙伴的共生。

再以1号会员店为例，作为京东旗下的会员制购物平台，1号会员店已在北京、上海、广州、武汉、成都分设5个仓储物流中心及多个仓库，一个仓库可以覆盖周边250平方千米，可实现对二级城市物流网络渠道的覆盖。到2015年年底，1号会员店自建仓储中心已达15个，仓库面积也从4年前的6 000多平方米增加到26万平方米。在北上广地区，由于客户群的密集度足够大，1号会员店主要以全品种仓库为主，并配备了自有的配送员，可以实现次日达和24小时配送。此后，1号会员店自配送团队的退单率低于1%，远远低于同行业物流平均2%~3%的退单率。

除了京东商城与1号会员店的自建物流外，新蛋网自建物流奥硕，亚马逊自建物流世纪卓越，这些都是基于对现有第三方物流企业服务水平的不满而自建物流体系的典型例证。

可见，综合型电商企业具有相似的特征：需要储备品牌商品供应商的货，即花钱压库存；拥有自己的销售平台和仓储，将品牌供应商的销售和仓储都揽下来；仓储内商品品类多、单量大，配送目的地多而杂；高管有相关的物流运营体系的技术背景。

综上所述，综合型电商企业的物流需求包括：

（1）订货、存货管理。

（2）供应链物流成本管理。

（3）全程供应链信息系统管理。

（4）能满足顾客的个性化与定制化服务需求。

（5）售后服务。

（6）货款管理。

（7）品牌传播、CI管理等。

### 8.1.2 平台型电商企业的物流需求

平台型电商企业，也可称为第三方电子商务平台，它泛指独立于产品或服务的提供者和需求者，通过网络服务平台，按照特定的交易与服务规范，为买卖双方提供服务，服务内容可以包括但不限于"供求信息发布与搜索、交易的确立、支付、物流"。平台型电商企业一般具有以下四个特征：

（1）独立性。平台型电商企业在网络交易中既不是买家，也不是卖家，而是为交易的各方提供交易平台。

（2）网络化。平台型电商企业通过计算机网络（一般情况下是利用互联网）来实现其功能。

（3）专业化。电子商务平台需要更加专业的技术，包括订单管理、支付安全、物流管理等方面，这样才能够为买卖双方提供安全、便捷的服务。

（4）开放性。平台型电商企业能够为既定类目的所有交易方提供相关服务。

在平台型电商企业的服务体系中，由于不同商家一般拥有由不同供应商、不同商品流通渠道构成的供应链，商品的采购、储存一般都采用分散模式由各商家自己解决。因此，在一般情况下，平台型电商企业仅为不同商家具有共同需求的类目提供服务，就物流环节来讲，由于小额、分散的终端配送是所有平台商家面临的共同服务需求，所以现阶段，中小型快递企业就成为平台型电商最主要的物流服务提供商。平台型电商企业的运作流程如图8-2所示。

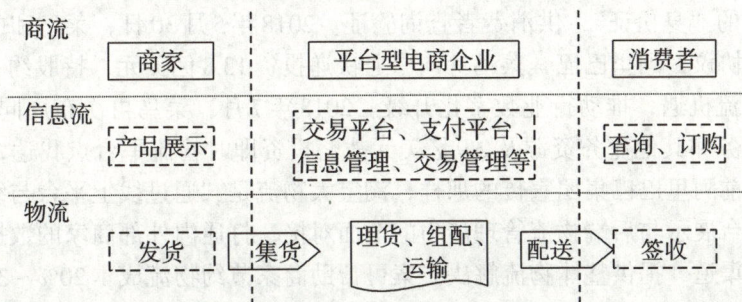

图8-2　平台型电商企业的运作流程

平台型电商企业为商家提供开设网店的平台，商家在平台上进行店铺装修、推广与商品销售。当顾客在商家的网上店铺订购商品，订购信息就会进入物流环节。商家可对事先存放于自营仓库或第三方物流企业仓库的商品进行分拣、包装等操作，继而通过第三方物流的配送体系将符合订单信息的商品派送到顾客手中。平台型电商企业对物流的需求特征如下：

①协同性，通过整合平台的物流配送需求，降低配送成本。

②安全性，通过有效的监控手段和机制保证货物安全。

③高效性，能够满足电商客户高效、便捷、实时的物流要求。

④多元化，可以同时为不同类型的客户提供多种类型的服务。

⑤柔性化，可以满足不同类型客户的个性化要求。

⑥信息化，拥有完备的信息技术手段，实时进行物流跟踪。

⑦集成化，通过互联网完成系统的互联互通，实现实时的物贸联动。

从单纯物流的角度来看，由于平台型电子商务企业并不参与实质性商品交易，因此大多数平台在早期并不介入交易流程本身。以淘宝为例，虽然中国快递业2014年接件量为140亿件，快递业务收入是2010年的3倍，其中一半业务来自淘宝（包括天猫）。但实际上，淘宝（包括天猫）平台对于交易后的物流流程仍然没有介入，所有物流数据均直接源于快递企业的信息系统。

当然，平台型电商企业并没有忽视这个由网络交易催生出来的巨大市场。2007年阿里巴巴集团开始投资百世物流，2010年3月又投资星晨急便，2013年5月更是高调与银泰集团联合复星集团、富春控股、顺丰集团、"三通一达"（申通、圆通、中通、韵达）、宅急送、汇通，以及相关金融机构共同宣布"中国智能物流骨干网"（简称CSN）项目正式启动，合作各方共同组建的"菜鸟网络科技有限公司"正式成立。2014年7月10日，阿里巴巴集团宣布全面启动渠道下沉战略，菜鸟网络联合日日顺物流，全面激活了全国2 600个区县的物流配送体系服务于此战略，实现了全国93%的区县家电送货入户。2016年3月3日，菜鸟网络宣布投入1亿元补贴跨境进口物流。2016年6月，菜鸟曾联合全球32家物流合作伙伴启动"绿动计划"，提出到2020年争取行业总体碳排放量减少362万吨，50%的电商包裹包装替换为100%可降解绿色包装。2018年2月，菜鸟与天猫国际共同宣布，已经启用区块链技术跟踪、上传、查证跨境进口商品的物流全链路信息，这些信息涵盖了生产、运输、通关、报检、第三方检验等商品进口全流程，给每个跨境进口商品打上独一无二的"身份证"，供消费者查询验证。2018年5月30日，菜鸟和中通快递宣布达成战略投资协议，阿里巴巴、菜鸟等向中通快递投资13.8亿美元，持股约10%，双方将共同探索新物流机遇，推动行业数字化升级。2018年7月，菜鸟再次布局同城配送领域，宣布以众包业务和其他业务资源及2.9亿美元战略投资即时物流平台点我达，成为其控股股东。正如此前阿里巴巴集团宣传的那样，淘宝大物流是"通过线上平台与线下物流配送体系、前端平台展示与后端物流管理能力的全面对接，打通内外部商家的数据信息通道和物流仓储配送渠道，提供整体物流解决方案可帮助商家节约物流成本20%～30%"。

可以看出，菜鸟网络是淘宝商业生态系统构建的一个重要组成部分。这将进一步推进淘宝的商业生态圈理念：专业的人做专业的事情，让平台上的商家更专心地做自己的销售和店铺管理，仓储物流工作则外包给专业的物流公司；原先相对孤立的电商平台、卖家、快递，经过整合从信息流角度实现有机协同，对传统快递业形成了挑战，引进仓储与配送的整合也是对物流行业进行规范的一大促进措施。

### 8.1.3　品牌型电商企业的物流需求

品牌型电子商务是垂直型电子商务的一种，是指诞生于网络，并以同一品牌，在某一个行业或细分市场深化运营的电子商务模式。该类电子商务企业旗下通常只经营同一类型的商品，如凡客诚品、小米等。

与综合型电商企业的供应链相比，品牌型电商企业的参与度更加深入，不仅要负责产品营销和策划，还会涉及产品的策划设计、制造、供应等环节，因此对供应链管理的要求更高。品牌型电商企业往往有独立的电子商务销售网站，同时也会在淘宝网等第三方电子商务平台开设店铺。其把设计与生产的商品信息发布到网站和店铺，同时负责整条供应链的运作。当有顾客下订单时，订单信息直接进入供应链系统，经过统筹原材料供应、产品制造等环节后，产品进入分销仓库，再经过分拣、包装等环节，将订单产品通过配送网络送到顾客手上。品牌型电商企业的运作流程如图8-3所示。

虽然品牌型电商企业的产品通常采用基于市场细分的聚焦战略，经营的产品仅限于某一门类，品种没有其他类型电子商务企业那样繁杂，但由于其需要对供应链运作的全过程负责，因此供应链中任何环节出现问题都会给品牌型电商企业带来致命的影响。因此，品牌型电商企业需要具备比其他类型电商企业更强的供应链管理能力，这也使它们更有动机采用外包形式引入更加专业的战略合作伙伴来管理其流程中的非核心业务，但如果合作伙伴达不到应有的专业水准，也会给其运作流程带来巨大影响。

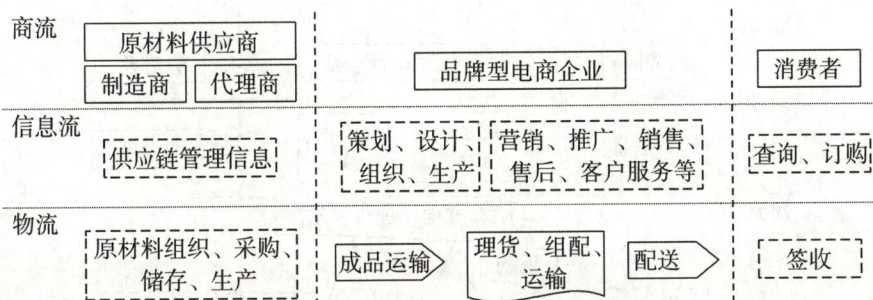

**图8-3　品牌型电商企业的运作流程**

以凡客诚品为例，作为轻公司的代表，其自2007年成立以来，就一直专注于网络平台的推广，将物流外包给第三方。但2008年由于订单激增，物流系统响应速度过慢，用户差评蔓延，这成为凡客诚品自建物流的导火索。同时，凡客诚品早已清楚地了解到传统物流的弊端：包装环节对包装材料的使用没有统一的标准；发货后相关货物的运输线路、车辆分配情况以及包裹追踪等信息无从查询；配送流程不规范，无法保证送货的准确时间；无法满足顾客先验货再付款签收的特殊要求；代收款返款流程长，时效性无法保证等。2008年，凡客诚品开始采取一线城市自建物流配送，二三线城市分别外包给30多家第三方物流企业并辅以绩效考核，其他地区由邮政覆盖的策略。2008年，凡客诚品全资建立风达物流，实现了上海、北京、广州、深圳全境24小时内送货。但随着"客户体验改善"而来的又是运营成本的大幅上升。品牌型电商企业更容易陷入物流流程自营与外包的两难境地。

由此可见，品牌型电商企业对物流的需求包括以下内容：

(1) 完善的物流信息系统。

(2) 供应链管理、协调。

(3) 物流系统及渠道设计。

(4) 高效的、专业的终端配送。

(5) 低成本的物流运营。

### 8.1.4　连锁型电商企业的物流需求

垂直型电子商务的另一种典型形态是由实体连锁企业创立并负责运营的网上销售渠道，我们可将其称为连锁型电商企业，这也是一种"互联网+"的典型形式。其代表主要有苏宁易购等。

对于连锁型电商企业来说，电子商务主要是其实体业务的扩展和延伸。实体连锁经营使其本已具有了相对完善的配送及售后服务体系，这使消费者在享受电子商务快捷、便利服务的同时，也可以延续传统实体交易中的客户体验及售后服务等。可以说，连锁型电商企业实质上是O2O模式在消费品领域的一种典型形态，其运作流程如图8-4所示。

与其他类型的电商企业相比，连锁型电商企业天生具备一些无法替代的优势：

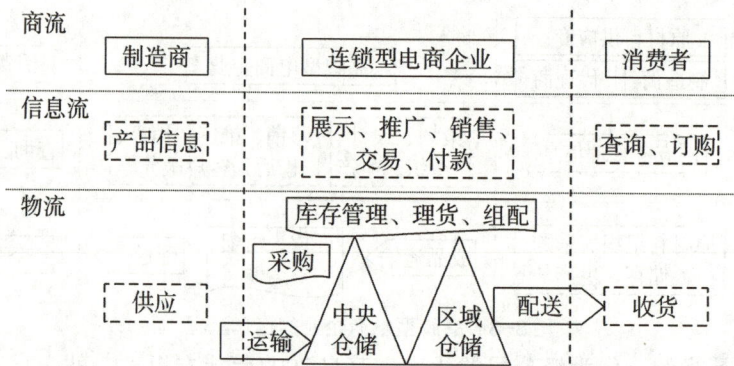

图8-4　连锁型电商企业的运作流程

1. 渠道优势

连锁型电商企业最大的优势就在于网点数量。连锁型电商企业拥有大量专业的专卖连锁店铺，遍布各地的营业网点能在地理空间上最大限度地接近消费者，消费者更加容易辨识其网上商城，并能更迅速地获取相关资讯，消费者通过上网订购商品，然后到附近的连锁店取货或由连锁店送货上门，就可十分便利省时地完成购物活动。

2. 物流优势

连锁型电商企业本身网点分布广阔，一般拥有较大的物流配送中心，在配送方式上有多种方式可供选择。例如，苏宁易购的配送方式有预约自提和送货上门；百联E城支持EMS、联华超市门店直送和供应商直送三种配送方式等。连锁店一般营业时间较长，可以满足网上消费者的要求，在一天中的任何营业时间内为消费者送货；又由于连锁店靠近居民区，因此可以缩短取货时间，从而有效解决了电子商务中送货时间长、成本高的问题。

3. 商品优势

连锁型电商企业的实体门店销售着琳琅满目的商品，网上商城可以依托实体门店，实现资源共享，并可以借助与现有供应商的合作关系，共同开发适合网上销售的商品，扩大盈利范围，提高经济效益。

4. 品牌优势

连锁型电商企业依靠其长期建立起来的品牌形象，可以让顾客在网上更加放心地购物和消费，这对于一些对互联网购物体验较少或者对网购信任度较低的顾客而言更显重要。

电子商务网站可以在短时间内建立起来，而实体的物流配送网络的建立却不可能在短期内完成。连锁型电商企业经过多年的发展，一般都拥有较为完善的服务体系及物流配送系统，这正好是发展电子商务尤其是B2C电子商务的基础和保障。在连锁经营的基础上开展电子商务，完全可以满足消费者对送货时间的要求。消费者只需在线支付货款并按要求填写个人信息，电商企业就可根据消费者的信息指派就近的连锁分店送货并进行相关售后服务。如果网络支付存在障碍，分店还可以代收货款。因此，从现阶段来看，连锁型电商企业的物流需求主要集中在如何解决实体店铺没有覆盖区域的问题。

## 8.2　电子商务物流系统

### 8.2.1　电子商务物流系统概述

电子商务代表了未来的贸易方式、消费方式和服务方式，是信息化和网络化的产物。作为一种数字化的生存方式，其优势在于简化流程、降低成本和提高效益。但是，虽然加上了"电子"二字，但电子商务并没有真正改变其商务的本质，归根到底还是依托营销环境、市场分析和目标销售、购买行为、产品策略、渠道策略、促销策略、定价策略和营销组合等企业经营模式。综合说来，完整的电子商务应该包括商流、物流、信息流和资金流四个方面。在目前的情况下，商流、信息流、资金流都可以在网上进行，更多的目光应聚焦于如何建立电子商务物流系统这一问题。

1. 电子商务物流系统的概念

电子商务物流系统是指在实现电子商务特定过程的时间和空间范围内，所有需位移的商品（或物资），包括设备、装卸搬运机械、运输工具、仓储设备、人员和通信设施等若干相互制约的动态要素所构成的具有特定功能的有机整体。电子商务物流系统既是电子商务系统的一个子系统，也是社会物流大系统的一个子系统。

2. 电子商务物流系统的构成

一般电子商务物流系统由下列子系统构成：

（1）物流信息网络系统。

（2）运输网络系统。

（3）配送系统。

（4）仓储系统。

（5）客户服务和管理系统。

物流系统各环节所耗费的劳务、设备以及材料等资源，经过处理转化成为物流系统的输出，即物流服务。与传统物流系统一样，电子商务物流系统也是由从商品包装到集配运输，从仓储到物流加工，从采购到客户服务的一系列实体物流职能构成的。但由于受电子商务的特性影响，电子商务物流更突出强调一系列电子化、机械化、自动化工具的应用以及准确及时的物流信息对物流过程的监督，更强调物流的速度、信息的畅通和整个系统的合理化。随着电子商务交易过程中实物的流动，畅通的信息流能够把相应的采购、运输、仓储、配送等业务活动联系起来，使之协调一致，这是提高电子商务物流系统整体运作效率的必要途径。

3. 电子商务物流系统的特点

电子商务物流系统的作用是对整个物流系统实行统一的信息管理和调度，并按照用户订货要求，在物流基地进行理货，最后将配好的货物送交收货人。该体系要求物流系统提高服务质量、降低物流成本及优化资源配置。为了达到上述目的，电子商务物流系统需要

具备以下特点:

（1）功能集成化

电子商务物流系统着重将物流与供应链的其他环节进行集成，包括物流与商流的集成、物流渠道之间的集成、物流功能的集成、物流环节与制造环节的集成等。物流系统的竞争优势主要取决于它的功能整合与集成的程度。

（2）复杂性和动态性

电子商务要求物流系统提供更加完备、迅速和灵活的服务，并随时保持物流系统的畅通。符合电子商务快速和灵活要求的物流系统将比以前的物流系统更为复杂，而且需要具有一定的柔性，可随时根据环境和需求变化进行动态调整。

（3）服务系列化

在电子商务环境下，物流系统除了强调物流配送服务功能的完善化、系列化，以及传统的仓储、运输、包装和流通加工等服务外，还在外延上扩展至市场调查与预测、采购及订货处理，向下延伸至物流配送咨询、物流系统方案的选择与规划、库存控制策略协议、货款回收与结算、教育培训等增值服务，提高了以上服务对决策的支持作用。

（4）现代化和自动化

电子商务下的物流系统使用先进的技术、设备与管理为销售提供服务，生产、流通和销售的规模越大、范围越广，物流配送技术、设备及管理越现代化。

（5）组织网络化和规模化

互联网的开放性导致了电子商务客户区域的离散性和不确定性，使过于分散的配送网络不利于实施集中的批量配送。但随着现代通信技术和网络技术的发展，构建跨地区的物流网络已经成为可能。为了保证对产品提供快速、全方位的物流支持，电子商务物流系统需要拥有全国性、规模性的物流网络，保证整个物流配送网络有最优化的库存水平及库存分布。

（6）目标分散性

在经济全球化的今天，电子商务企业十分注意企业的灵活性和相对独立性，不再将企业的业务高度集中在一两个点上或一两个大城市上，这种分散性也导致了物流系统的目标分散性。

（7）企业信息化

物流企业的信息化不仅包括存储、运输等物流活动的信息管理和信息传送，还包括为物流过程中的各种决策活动提供支持，即充分利用计算机分析物流数据、进行决策、降低成本和提高效率。

### 8.2.2　电子商务物流系统的合理化

作为电子商务运作的基础，物流系统的合理化改造必将成为电子商务企业最重要的竞争领域。保证电子商务物流系统的合理化是为了:

（1）确保电子商务企业的正常运转。其主要包括：将商品在适当的交货期内准确地向客户配送；满足客户的订货要求，不缺货；适当配置仓库和配送中心的位置；实现运输、装卸和仓储的自动化；确保信息畅通。

（2）降低物流成本和费用。对于电子商务企业来说，物流费用在成本中占有相当大的比重，只有提高物流作业的效率，减少运输费用和仓储包装费用，才能直接达到降低成本的目的。

（3）压缩库存。库存控制是物流系统合理化的重要内容，其目的是通过各种方法使企业在满足客户需求的前提下把库存控制在合理的范围内。

（4）合理运输。应充分应用信息技术，合理地组织运输，根据不断变化的实际情况，在良好的信息系统的支持下，不断调整运输的方式，使运输尽量达到合理化。

（5）提高客户服务水平。将电子商务技术和传统的物流服务技术相结合，可以达到合理运输、更好地压缩库存的目的，但归根到底还是为了更好地为客户服务，提高客户服务水平和客户满意度，促进企业的发展。

对于电子商务企业来说，实现物流系统合理化的途径主要包括以下几个方面：

1.仓储合理化

企业的流动资金大部分是被库存商品所占用的，降低库存可以少占用流动资金，加快资金周转速度。实现仓储合理化可考虑以下几个途径：

（1）实行ABC管理。

（2）应用预测技术。

（3）实施科学的库存管理控制。

2.运输合理化

运输是物流系统的重要组成部分，实现运输合理化的途径主要有以下几个方面：

（1）合理配置运输网络。

（2）选择最佳的运输方式。

（3）提高运送效率。

（4）推进共同运输。

3.配送合理化

国内外一些先进企业推行配送合理化的过程中，可供借鉴的办法主要有：

（1）专业化配送：主要包括使用专业的设备、设施和采用标准化的操作程序。

（2）共同配送：集中、整合配送需求，可以以最近的路程、最低的配送成本完成配送，从而实现合理化。

（3）准时配送：通过提高系统运行效率和运作精度来实现准时配送。

（4）即时配送：它是电子商务企业快速反应能力的具体化，虽然其成本较高，但它是整个配送合理化的重要环节。

4.成本合理化

物流成本合理化管理主要包括以下内容：

（1）物流成本预测和计划

物流成本预测是对物流成本指标和计划指标的实现进行测算，以指导成本计划的制订。而物流成本计划是进行成本控制的主要依据。

（2）物流成本计算

在计划开始执行后，对产生的生产耗费进行归纳，并以适当的方法进行计算。

（3）物流成本控制

采取各种方法严格控制和管理日常的物流成本支出，使物流成本降到最低，以达到预期的物流成本目标。

（4）物流成本分析

对计算结果进行分析，检查和考核成本计划的完成情况，找出影响成本升降的主客观因素，总结经验，发现问题。

（5）物流成本信息反馈

收集有关数据和资料并提供给决策部门，使其掌握情况并加强成本控制，保证既定目标的实现。

（6）物流成本决策

根据物流成本信息反馈的结果，确定以最小耗费获得最大效果的最优方案，以指导今后的工作，更好地进入物流成本管理的下一个循环过程。

### 8.2.3　电子商务物流系统分析

**1.电子商务物流系统分析的内涵**

电子商务物流系统是多种不同功能要素的集合。各要素相互联系、相互作用，形成了众多的功能模块和各级子系统。分析电子商务物流系统，可以了解电子商务物流系统各部分的内在规律性。所以，不论是从系统的外部还是内部来看，不论是设计新系统还是改造现有系统，系统分析都是非常重要的。电子商务物流系统分析的运用范围很广，研究的主要问题是如何使物流系统的整体效益达到最优。

**2.电子商务物流系统分析的过程**

任何问题的研究与分析都有一定的逻辑推理步骤，电子商务物流系统分析的步骤如下：

（1）确定物流问题的构成及目标

当一个物流问题确定以后，首先要对该问题进行系统化与合乎逻辑的叙述，其目的在于确定目标，说明问题的重点与范围，以便进行分析研究。

（2）收集有关物流资料并探索可行性方案

在确定了问题要素之后，就要拟定大纲和确定分析方法，然后依据已经收集到的有关资料找出其中的相互关系，寻求解决问题的各种可行方案。

（3）建立物流模型

为了便于分析，应建立物流系统的各种模型，利用模型预测每一种方案可能产生的结果，并根据其结果定量说明各种方案的优劣。模型的功能在于组织需求，及时获得解决实际问题所需要的指示或者线索。

模型只是对现实过程的近似描述，如果它说明了所研究的物流系统的主要特征，就可以看成是一个满意的模型。

（4）分析对比各种物流可行性方案，进行综合评价

利用模型和其他资料所获得的结果，将各个方案进行定量和定性的综合分析，显示出每一种方案的利弊得失和成本效益。

（5）对方案进行检验与核实

由决策者根据更全面的要求，以试验、抽样及试运行等方法鉴定所得结论，提出应该采取的最佳方案。

（6）实施计划

根据分析结果，按照选定的方案对物流系统进行具体实施。如果实施过程比较顺利或者遇到的困难不大，则只要对方案略做修改和完善即可确定下来。如果问题较多，则需要重复以上几个步骤，不断对方案进行修改完善。

分析电子商务物流系统必须回答以下六个问题，即 What、Why、When、Where、Who、How，有人将其归纳为解决问题的"5W1H"。例如，假如接受了某个电子商务物流系统的开发项目，那么接下来就必须设定问题。表8-1所列疑问句就比较容易抓住问题的要点。

表8-1 电子商务物流系统分析涉及的六个问题

| 问题 | 具体说明 |
| --- | --- |
| What | 项目的对象是什么？（或：电子商务物流系统要做什么？） |
| Why | 项目的目的是什么？（或：电子商务物流系统为什么应该是这个样子？） |
| When | 项目在什么时候使用？（或：什么时候需要使用电子商务物流系统？） |
| Where | 项目使用的场所在哪儿？（或：电子商务物流系统在什么地方运行？） |
| Who | 项目为谁服务？（或：为谁提供电子商务物流系统的服务？） |
| How | 怎样才能解决问题？（或：如何建立电子商务物流系统？） |

3.电子商务物流系统分析的内容

电子商务物流系统分析主要包括两个方面，即外部环境分析和内部要素分析。

（1）外部环境分析

电子商务物流系统的外部环境非常复杂，物流与各种外部环境因素密切相关，离开外部环境研究电子商务物流系统是不可能的。

①商品供应情况。商品是电子商务的主体，具有一定数量和品质的商品供应是电子商务系统运行的基础，商品的规模和构成决定了电子商务物流系统的深度和广度。

②商品销售状况。商品销售的规模决定了电子商务物流系统的规模，销售商品的结构决定了电子商务物流系统的构成。商品销售的速度越快，则要求商品采购的速度越快，从而要求物流的速度也越快。

③社会经济状况。社会经济状况决定了个人和企业购买力的投向，电子商务也必然受其影响，从而间接影响物流系统。

④网络环境状况。在进行电子商务物流系统分析时，需要对该地区的网络环境以及发展潜力进行充分细致的调查分析，从而确定该地区物流系统的规模和水平。

⑤国家的方针、政策和制度也影响着电子商务物流系统的发展。

（2）内部要素分析

电子商务物流系统内部要素的具体分析内容有：

①需求特点，包括需求量、需求对象、需求构成以及所涉及的需求联系方法。

②物流活动数据，包括采购、仓储和运输等物流系统诸环节。

③物流系统构成，包括新技术、新设备和新要求等。

④库存商品，包括数量、品种、分布情况、季节性变化、产品质量状况以及顾客对产品的各种反馈意见等。

⑤运输能力，包括运输方式、运输条件和运输要求等。

⑥各种物流费用。

4.电子商务物流系统分析的技术方法

为了实现电子商务物流系统开发、计划、设计和应用，需要定量或者定性地分析和掌握系统的功能和特性。在物流研究中，定量的系统分析和系统综合已经受到了广泛重视。模型是开展这项工作的有效工具，模型化是开展这项工作的前提和基础。

（1）物流系统模型化

模型是对系统的特征及其变化规律的一种表示或抽象，而且往往是对系统中那些需要研究的特定特征变量的抽象。

物流系统模型化就是把系统中各个组成部分的特征以及变化规律数量化，组成部分之间的关系方程化。为了实现物流系统合理化，需要在物流系统的规划与运行过程中做出科学的决策。由于物流系统结构与行为过程的复杂性，只有综合运用定性、半定量与定量的分析方法，才能建立恰当的物流系统模型，进而求得最佳的决策结果。因此，物流系统模型化是物流合理化的重要前提。

（2）物流系统的建模方法

①优化方法。运用线性规划、整数规划和非线性规划等数学规划技术来描述物流系统的数量关系，以便求得最优决策。

②模拟方法。利用数学公式、逻辑表达式、图表和坐标等抽象概念来表示实际物流系统的内部状态和输入输出关系，以便通过计算机对模型进行试验，通过试验取得改善物流系统或设计新的物流系统所需要的信息。由于物流系统结构复杂，不确定情形多，因此模拟方法仍以其能力优势成为物流建模的主要方法。

③启发式方法。针对优化方法的不足，运用一些经验法则来降低优化模型的数学精确程度，并通过模仿人的跟踪校正过程求取物流系统的满意解。启发式方法能同时满足详细描述问题和求解的需要，它比优化方法更为实用，缺点是难以知道什么时候好的启发式解已经被求得。因此，只有当优化方法和模拟方法不必要或不实用时，才使用启发式方法。

除了以上三种方法外，一个物流决策课题通常有多种建模方法，同时一种建模方法也可用于多个物流决策课题。

### 8.2.4　电子商务物流系统设计

1.设计目标

电子商务物流系统是一个范围很广的系统，其设计的目标就是要把其中的各个环节联系起来，对一个整体进行设计和管理，以最佳的结构和最好的配合，充分发挥其功能和效率，实现电子商务整体物流合理化。电子商务物流系统设计所要达到的具体目标主要有以下几个方面：

（1）服务性，是指在能够接受的费用范围内为用户提供可以满足用户要求的物流服务。

（2）快捷性，要求把货物按照用户指定的地点和时间送达。

（3）有效性，指面积和空间利用的有效性。

（4）适当规模，是指应该考虑物流设施集中与分散是否适当，机械化与自动化如何合理利用，信息系统的集中化及电子计算机等设备的利用率等。

（5）库存控制，是指按照生产与流通的需求变化对库存进行控制。

上述五个目标简称为5S。要实现5S，就要进行研究，把从采购到消费的整个物流过程作为一个联动的系统，通过缩短物流路线实现物流作业的合理化和现代化，从而降低其总成本。

2.设计要素

在进行电子商务物流系统设计的过程中，需要使用以下几个方面的基本数据：

（1）商品的品种、品目及特殊的配送需求等。

（2）商品的数量以及年度销售目标的规模。

（3）商品的流向以及各配送中心的处理量等。

（4）服务水平、产品的配送速度和商品质量等。

（5）不同时间各种产品的销售量的波动和特点等。

（6）物流成本。

以上数据是物流系统设计中必须具备的，统称为物流系统设计基本数据的六要素。

3.应注意的问题

电子商务物流系统的设计必须集思广益，提出尽可能多可选择的方案。在设计过程中，应该注意以下问题：

（1）收集电子商务物流系统的原始数据

这是规划设计电子商务物流系统的依据，也是电子商务物流系统今后能否满足实际需要的关键。

（2）明确方案中的可控因素和不可控因素

物流系统的设计就是通过调整可控因素，观察系统性能的变化趋势，从而选择可控因素的最佳匹配，达到系统的最佳效果。

物流系统的功能除了受可控因素的影响外，还与不可控因素有密切关系。通常，不可控因素是不确定的，如电子商务企业销售量的多少以及商品的到货日期和数量等都是一些假设。当然，这些假设必须具备一定的依据，或者是历史资料，或者是商务合同。在这些假设的基础上，规划设计的物流系统通常可以满足实际需要。但是，如果对这些假设没有十分的把握，我们还可以通过不可控因素考察物流系统的敏感性。如果发现物流系统对不可控因素非常敏感，即物流系统的功能表现出较大波动，那就需要十分慎重地确定这些不可控因素，或者在规划设计中留有充分的余地，以免建成的物流系统不能满足实际需要。

4.物流信息系统的设计

为了对电子商务物流系统进行有效管理和控制，必须建立完善的物流信息系统，物流信息系统的水平是物流现代化的标志。电子商务时代最大的特征就是以信息为主，所以，物流信息系统建设要求有更高的起点。电子商务物流信息系统的设计一般应具备以下几个方面的功能：

（1）及时有效

它需要提供及时准确的物流信息，充分满足物流系统各项作业的需求，并能整合相关的硬件设备与软件系统，提供格式化的表单，使得从进货入库到出库运送的各个作业环节均能做到灵活管理与控制。

（2）运输规划及安排

鉴于电子商务跨地区的特点，物流系统的运输规划及安排就显得非常重要。在运输作业及管理需求上，它要能提供全面的运输作业信息管理，能够有效处理运（配）送时间、运（配）送路线、人员薪资、运货账款、相关设备及客户订单等管理事项。同时，该系统亦要能提供整体运输作业中全程的管理功能，包括装卸和专用车辆管理，以及回程载运管理等。

（3）订货管理

订货管理是一套完整的账务处理系统，它能对物流中心每项货品的销售过程进行处理，把握每项货品的明确资料。该过程包括从电子商务客户下达订单开始到开立账单，直到信息进入仓储管理系统进行配送业务。

（4）物流决策支持

物流决策支持系统是为了进一步提高物流作业水平而设计的一套决策支持系统。这个系统通过界面连接物流管理系统，是高层管理者实现管理控制的工具，它能协助管理人员在复杂的物流作业决策上，迅速而有效地做出正确的决定。

需要强调的是，物流系统的合理化追求的并非各个单一环节的合理化，而应从整体效益出发，力求在确保实现整体目标的前提下，对物流各个环节进行优化。

5.电子商务物流系统设计方案的评价

（1）评价原则

①保证评价的客观性。

②保证方案的可比性。

③确保方案指标的系统性。

（2）评价标准

要想对设计方案做出客观公正的评价，就应该针对各个方案制定出评价的标准。通常，评价标准包括以下几项：

①经济性，包括初始投资、每年的运营费用、直接或间接的经济效益、投资回收期以及全员劳动生产率等。

②可靠性，包括电子商务物流系统各个环节和整个系统的可靠性、技术的成熟程度、设备故障率和排除故障所需的时间。

③灵活性，包括电子商务物流系统各环节与企业销售节奏相匹配的能力以及调整物流路线的可能性。

④安全性，包括商品的安全和人员的安全，以及正常和紧急状态下的安全保障。

⑤易操作性，即操作简单，不容易发生错误，只需要少量指令就可以使设备和整个系统投入运行。

⑥可扩展性，即电子商务物流系统的服务范围和吞吐能力方面有进一步扩大的可能性。

⑦劳动强度，即电子商务物流系统需要劳动力的数量以及可能引起的劳动者的疲劳程度。

⑧服务水平，即电子商务物流系统对顾客要求做出快速响应的能力。

⑨敏感性，即电子商务物流系统对于外界环境发生变动的敏感程度。

（3）评价方法

由于不同设计方案的结构、性能及评价因素都不尽相同，因此评价方法也各有不同，应该针对各个方案的不同情况制定设计方案的评价方法。

目前，国内外常用的评价方法有：定量评价方法、定性评价方法和两者相结合的评价方法。

从评价因素的个数来分，评价方法可以分为单因素评价法和多因素评价法两种。单因素评价法是指在进行物流系统设计方案的评价时，对各个评价方案只考虑一个主要因素，如物流成本、营业利润等的方法；多因素评价法则是在进行物流系统方案设计评价时，同时考虑两个或两个以上主要因素的方法。

从评价的时间先后来分，评价方法又可以分为两类：第一类是对物流需求进行评价，对限制要素有一个全面的了解，从而为设计方案的调整和优化提供基础信息和思路。第二类是研究系统项目的可行性以及效益的大小，从而为最终决策提供辅助信息。

## 8.3 第三方物流的信息化策略及电子商务策略

### 8.3.1 信息化策略

#### 1.需求分析及功能模块

对电子商务环境下第三方物流企业的信息系统进行需求分析是构建物流信息系统的前提，它是指在物流业务流程分析和再造的基础上，明确企业各部门的工作职能对信息系统功能上的要求和相互之间的逻辑联系，再根据部门职能和逻辑联系抽象出各物流功能模块。第三方物流一般可依据功能类型将业务需求分为物流作业、电子商务和物流管理三个层次，各层次包括若干个功能单元，可以以此为依据划分物流信息系统软件的架构，设计系统各功能模块。

一般第三方物流企业的业务构成及信息系统需求见表8-2。

表8-2　　　　　　　　一般第三方物流企业的业务构成及信息系统需求

| 类型 | 部门 | 功能需求 | 技术需求 |
|---|---|---|---|
| 物流作业 | 运输 | 实时动态跟踪、货物定位、路线优化、实时通信等 | 运输管理系统、GPS、GIS等 |
| | 配送 | 订单组配，车辆配载、路线优化、货物实时定位、实时通信等 | 条码、RF射频、DRP等 |
| | 仓储 | 出入库管理，储位优化、分配、查询，收货人及发货人管理，收货地及发货地管理，中转管理，设备管理等 | WMS |
| | 搬运 | 搬运计划，搬运设备管理、调度，储位计划，储位管理等 | CAD、WMS等 |
| | 流通加工 | 货物信息采集、条码打印、商品组配等 | MRP II、DRP等 |
| | 计划调度 | 作业计划管理、生产进度管理、作业统计等 | MRP II等 |
| 电子商务 | 市场 | 订单管理、客户信息管理、市场分析及预测、业务完成情况统计、物流动态业务数据查询等 | CRM、市场分析软件等 |
| | 财务 | 物流服务费用结算，财务报表生成，单据、票据管理，费用、成本、利润计算，财务统计，财务预测，预算辅助编制，资金往来等 | 财务管理软件 |
| 物流管理 | 决策 | 业务数据统计、分析，绩效管理，决策辅助等 | 数据库、专家系统等 |
| | 运营 | 合同管理、绩效考核、作业监控等 | MIS、监控系统等 |
| | 业务 | 作业数据管理、作业单据管理、进度监控、考勤管理等 | 考勤管理系统、监控系统、业务系统 |

企业各部门、各层次对物流信息系统的需求是划分功能模块的基础，而模块设计及功能实现应该遵循以下原则：

（1）高聚合，低耦合。细化业务模块构成，尽量降低模块之间的耦合度，使之既是一个独立的有机体，又是一个整体。

（2）可扩充性。要考虑到使功能内涵随着业务内容的拓展做出必要的扩充和完善，所以功能模块要具有一定的开放性，易于升级和维护。

（3）坚持先进性与适用性相统一。在软件设计上下功夫，杜绝功能模块的各种漏洞，既坚持技术超前性，又需要考虑适用性。

2.系统架构设计

（1）系统体系结构

利用互联网（Internet）技术构建网络平台，其内容包括如下方面：中心网络与客户之间的连接利用互联网实现；中心网络与公司各部门的连接通过内联网（Intranet）实现；采用B/S（浏览器/服务器）或B/S与C/S（客户机/服务器）混合模式。这种平台架构最大限度地降低了物流企业的建网成本，保证了信息系统的开放性、可扩展性。B/S三层应用体系结构在目前的网络应用系统中居主导地位，它通过浏览器上的用户界面就能实现强大而复杂的功能。

向服务器发出请求，服务器进行相应的处理后将结果返回客户。由于用户界面不统一，不同系统间不兼容，因此制约了信息交流，妨碍了物流合理化和最优化。B/S结构是实现企业内部信息共享和企业信息发布以及企业电子商务的最佳平台。

（2）网络运行环境及安全性

①数据中心模式。鉴于物流信息系统对于现代物流运作的中枢神经作用，网络平台的设计应该采用数据中心模式，即建立以中央数据库为核心的数据库集群，建立电子数据交换系统，提供到数据中心的Internet的数据接口。

②系统安全性问题。考虑到网络安全，应利用多层防火墙技术与设备，重点保护系统软件运行的专用服务器群；利用认证技术，实现连接专用服务器群的用户身份识别、授权及保护在线传输数据的抗截获能力；在中心网络的路由器及交换机的配置上要充分考虑系统扩展的冗余性及硬件故障的防范措施；充分考虑对网络病毒和黑客的防范；中心网络平台采用双份动力电源及UPS实现系统断电保护。

（3）系统软件架构

企业物流信息系统的总体架构可以采用三层立体结构和一个可不断扩展的平面结构。系统的三层立体结构是：业务处理层、综合管理层和管理决策支持层。这三个层次体现为系统各类业务/管理要素和信息系统的各个应用层面。实际上，从每个系统层次上分离的子系统和分系统需要进一步整合起来，在业务管理规范化的同时，保障数据的一致性和规范处理流程，保证基础数据和代码的统一。同时，随着管理的深化和技术手段的进步，每个系统层次上的应用还需要不断丰富，这实际上是扩大了整个管理和信息系统的内涵。

（4）系统架构设计思路总结

①建立企业网络。物流活动的空间分布广、流程环节多，有必要通过信息整合物流网络。因此，应建立全企业范围的网络系统，为信息系统管理构筑一个高的起点，以适应业务长远发展的需要。

②采用系统层次框架结构。根据业务功能层次划分功能模块层次，保证系统支持的针对性和清晰的系统架构，同时可以进行系统权限管理。

③统一系统规范。建立一个规范的、功能覆盖面广的、灵活易扩充的业务系统，并在软、硬件平台，数据库平台，业务操作层面上保持高度一致，从而为物流信息化打下坚实的基础。

④实施全局管理和风险控制。保证业务处理的规范化、操作的统一性，降低信息系统的整体运作成本，提高系统的应用效率，减少不必要的重复投资，避免因系统关键点过多而发生系统故障，降低系统风险。

⑤数据共享。数据共享有利于协调各部门的行动，便于管理层的业务监督和及时有效控制，保证决策的科学性和准确性。

⑥保障系统安全。保证企业网络和数据中心的系统安全性，保证关键数据的安全，实现系统安全可管理。

### 8.3.2　电子商务策略

1. 第三方物流企业在电子商务环境下的经营原则

在电子商务环境下，第三方物流企业的运作不但要考虑到上游供应方的库存优化，还要快速响应下游商品需求方的各种需求。在交易过程中，第三方物流企业是维系买卖双方的桥梁，没有高效的物流运作，是没办法支撑和维持电子商务的发展的。因此，在电子商务环境下，第三方物流企业的经营必须以自身的优势资源为出发点，并把握以下几个原则：

（1）物流信息化

首先，在电子商务环境下，信息至关重要。作为电子商务的保障，物流必须跟上电子商务技术的步伐，以实现商流与物流的无缝连接。其次，第三方物流是商品买卖的桥梁，也是在整个交易过程中与上下游企业接触最多的环节。信息能力直接决定了整个交易过程的效率与质量。对上，第三方物流企业要为商品供应方优化供应链库存；对下，第三方物流企业要为需求方进行准时的运输配送。这些都是以充裕的信息量为基础的。最后，当物流过程中遇到突发状况时，如交通堵塞、配送地址改变或者订单明细有误等，也必须通过实时的信息交换，才能做出及时调整。

（2）以客户为核心

电子商务的出现改变了销售模式，打破了地区之间的市场限制，不仅使得买卖双方的选择范围大幅度扩大，也加剧了行业整体的竞争。在电子商务环境下，商品需求者可以通过电商平台随时随地了解信息，货比三家，但仍然需要实体物流的支持。这样，物流流程中任何意外情况的发生，都会极大地影响到需求方的满意度。因此，不仅是商品供应方（客户），第三方物流企业更应该积极围绕消费者（客户的客户）的需求开展物流服务。

（3）服务差异化

对于第三方物流企业而言，区别于其他竞争对手的服务才是其真正的核心竞争力，这也是电子商务环境下第三方物流企业抓住客户的强有力手段。不同的企业有不同的物流需求，如有的企业注重仓储，有的企业偏向配送，有的企业侧重包装服务等，需求的个性化为第三方物流企业提供差异化服务带来了巨大的商机。

2. "一对一"策略

在电子商务环境下，商品流通行业的竞争更为激烈，物流企业不得不面对更多的竞争对手。所谓"一对一"策略，是指第三方物流企业只为特定的电子商务企业提供包括运输、仓储、配送、包装、信息处理等物流环节的个性化服务；同时利用网络平台、信息技术等手段，为客户企业提供效益最大化的个性化服务。该策略强调的是提供具有个性化、定制化、增值化的物流服务，并不是只为一家商品企业服务。

在一些与客户交流密切且客户需求、物流要求都较高的行业，如医药、保鲜食品等，实施"一对一"合作模式具有较大的发展空间。在电子商务环境下，订单一旦在上下游企业之间产生，那么物流就必须及时有效地介入，将商品运送至需求方。在整个交易过程中，物流与企业之间的关系无疑是最密切的，不仅需要及时沟通、报告准确的商品状态，还要根据客户的需求对商品进行分拨、拆零、组装、配送、入库等。事实上，由于商品的特殊性和对物流流程的高要求，一般情况下，此类企业一旦就某块业务签订合同并确立伙伴关系，这种合作关系就将长久保持，这意味着第三方物流企业与客户企业"一对一"关系的建立。正是由于这种专业化的服务，决定了第三方物流企业对于高需求企业是不可或缺的，双方的关系是互利互惠、相辅相成的。同时，这种专业化的服务也促使第三方物流服务深化，体现了物流服务的渗透性，增强了合作关系的稳定性。电子商务"一对一"策略的模型如图8-5所示。

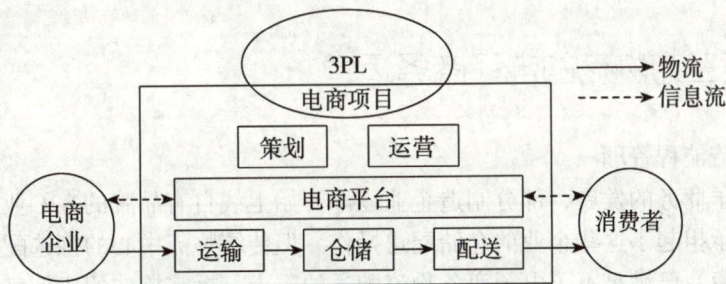

图8-5　电子商务"一对一"策略模型

"一对一"策略的核心就是完全以客户企业的需求为导向，着眼于双方的长久合作和双赢。一方面，只有客户企业的需求得到满足，效益提高了，才能建立起客户企业对第三方物流企业的忠诚度，并进一步促进商品物流服务质量的提升；另一方面，第三方物流企业提供的差异化、个性化服务，反过来又促进了客户企业效益的提高，从而提高了其他物流企业的进入门槛，形成了良性循环。

**3.联盟策略**

我国电子商务物流市场发展空间巨大，但目前市场流通还不规范，管理效率低下，物流企业众多，规模较小，且业务范围窄，成本又高，这非常不利于电子商务的持续发展和参与全球化竞争，变革和重组成了电子商务物流发展的当务之急。电子商务物流的专业化发展需要专业的第三方物流作为支撑，然而，我国第三方物流的专业化水平仍然有限。因此，构建第三方物流的电子商务联盟策略就成为我国提高第三方物流服务水平的一条重要途径。

联盟化第三方电子商务物流模式，是指在电子商务环境下，为应对激烈的市场竞争，第三方物流企业可选择合适的合作伙伴结成联盟，整合资源，实现优势互补，共同面对竞争的一种组织经营策略。该策略的宗旨是通过共享资源、整合优势、扬长避短，降低企业物流运作成本，从而获得企业和联盟整体的竞争优势。电子商务物流联盟策略模型如图8-6所示。

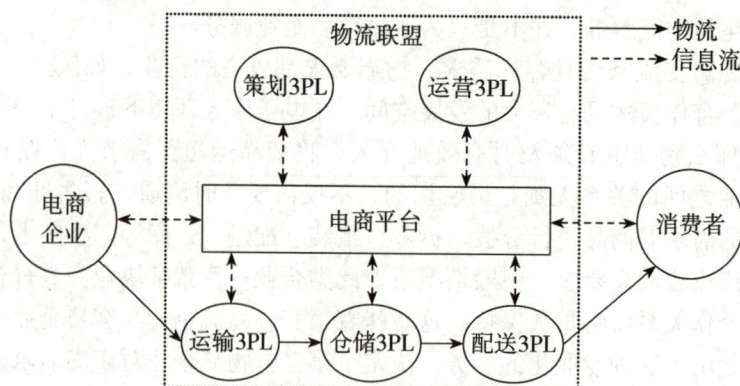

图8-6　电子商务物流联盟策略模型

## 8.4　第三方物流的电子商务运营

### 8.4.1　物流流程管理

伴随着电子商务的发展，部分制造企业逐渐开始上线自有品牌的B2C业务，第三方物流企业也顺势承担起了这些企业的仓储配送操作。但传统物流中心的拣选配送模式（整箱入库、整箱出库）已满足不了电子商务物流配送的需求，拆零拣选的比例已大大增加。面对这种新的挑战，第三方物流企业应调整操作流程，以适应需求的变化。

1.收货方式

第三方物流企业的物流服务流程涉及的供货方一般包括工厂、中央仓库，以及区域仓库（转货和退货），对口的供货方不超过10家。但电子商务客户视项目品类，会涉及成百上千家供货商，情况复杂，操作难度大。一般第三方物流服务与电子商务物流服务收货方式的对比见表8-3。

表8-3　　　　　一般第三方物流服务与电子商务物流服务收货方式的对比

| 主要变化点 | 供应方数量 | 到货检验比例 | 特殊处理 |
| --- | --- | --- | --- |
| 一般第三方物流服务 | 较少（10家以内） | 抽检（10%）如发现问题，增加检验比例 | 基本没有 |
| 电子商务物流服务 | 较多（成百上千） | 均需开箱上架，相当于100%检验 | 供应方数量实时增减 |

2.存货方式

存货时，应考虑按货物的种类、大小、订单相关性，或者产品季节性与量的大小合理布局摆放。比如把货品按出货量分成A、B、C类，A类是平时（或者某个时期）出货量最大的品种，放在最容易存取的地方。另外，如果某些货物经常在同一个订单中出现，则应该放在相近的地方。需要注意的是，不同批号但相同库存量单位的货物不能放在一起或者离得太近，以免在操作时产生辨识错误。一般第三方物流服务与电子商务物流服务存货方式的对比见表8-4。

表8-4　　一般第三方物流服务与电子商务物流服务存货方式的对比

| 主要变化点 | 码放方式 | 系统数据管理 |
| --- | --- | --- |
| 一般第三方物流服务 | 大部分整箱，小部分散货 | 手工上架，工作站人工确认 |
| 电子商务物流服务 | 一般以散货形式堆存，少量大宗货物堆垛存放 | 采用RFID（无线射频识别）和RDT（可靠数据传输）技术，自动实时完成数据更新 |

3.配货策略

订单分配方式直接决定了仓库操作人员之后如何拣货，当所有操作都在同一个仓库进行时，一般会根据订单行数的不同将订单分为以下两种配货模式：

①当订单行数仅为一行时，将多个订单合并后再进行配货。

②当订单行数不止一行时，直接将多个订单合并在一个装车计划中进行配货。

然后根据拣货推车的容量分配波次。例如，若一个拣货推车可以摆放9个周转箱，则设定9个订单为一个波次。

在电子商务环境下，随着供应方、货物品类以及配送对象的增加，配货策略也需要进行相应调整。一般第三方物流服务与电子商务物流服务配货策略的对比见表8-5。

表8-5　　一般第三方物流服务与电子商务物流服务配货策略的对比

| 主要变化点 | 订单处理 | 分拣方式 | 工作周期 |
| --- | --- | --- | --- |
| 一般第三方物流服务 | 发货点发货，按照发货车辆容量合并订单 | 整箱区、散货区分别分拣，合并发货 | 每周5×8小时 |
| 电子商务物流服务 | 分区域拣货，再跨区域合并订单 | 按拣选推车容量分配拣货波次 | 实时响应 |

4.拣选方式

配送中心的拣货作业是物流中心最重要的成本项目。从投入的时间成本来看，拣货作业的时间占30%～40%。从人力投入来看，与拣货作业直接相关的人力投入约占50%。此外，拣货作业的效率直接影响订单的履行效率。所以，无论从时间和人力的投入来看，还是从对客户服务的影响来看，拣货作业都具有重要的地位。因此，合理规划与管理拣货作业，对配送中心作业效率的提高具有决定性的影响。

现代物流配送中心的拣选流程一般为：

（1）由拣货组长与文件组长交接单据，安排拣货小组人员拣货。

（2）拣货人员根据不同的订单取不同颜色的周转箱准备拣货。

（3）拣货单（Picking Slip）需包含的内容有：订单设计区域；区域提示（Before/This Zone/Next）；货位（Location）；品名（SKU）；数量（Quantity）；下一操作（Order Finished/Next Zone/Store Area）。

（4）做完一行在相应的位置上打"√"确认此次拣货。

（5）完成后，在拣货单上签名，并将拣货单据一并放入拣货车周转箱内。

（6）发现相应货位缺货时，不得随意从其他货位拣相同的货物，而是完成此次拣货，并在拣货单上记录实际拣货的货位，通知操作组长是否有拣不到货的情况。

（7）操作组长协调先完成此次拣货，然后通知系统超级用户冻结有问题的SKU。

（8）仓库主管安排人员针对拣不到货的SKU进行循环盘点，查找货位缺货的原因。

5.包装方式

（1）仓库整理员定期将合并完成的周转箱运至包装区域。

（2）客户在电商平台选择相应的快递公司时，快递面单号同时生成。

（3）若不能选择快递公司，系统则把订单地址信息发送给与WMS接口的快递公司，由快递公司自动识别是否能送达该地址，返回快递面单号。

（4）根据货物的件数及大小选择相应的纸箱，扫描箱型进行订单绑定。

（5）逐件扫描SKU进行复核、装箱，直至最后一件确认此票拣货。

（6）若待发货物超过1箱，需要由包装人员发送"修改订单"信息到快递公司的系统，由接口系统返回子快递面单号，并发送至同一地址的不同包裹。

（7）扫描订单号，扫描快递面单号，系统进行绑定。

（8）封箱、称重、打印重量标签并贴在包裹外包装上，扫描记录此重量标签。

（9）系统中的订单状态更新为"完成"。

（10）回传此票货物的订单号、快递单号，以及箱型、重量等信息至电子商务系统。堆放至托盘待运区，准备出货交接。

### 8.4.2 运输服务管理

1.交接方式

第三方物流企业有义务按照项目约定，提供固定时间段的货物发送服务。第三方物流企业需保证交接给配送服务商的包裹内物、包裹订单信息、发货交接单信息、系统发货数据一致；需配合配送服务商进行包裹交接的相关事宜，包括但不限于核对地址信息，共同保证包裹准时、准确完成交接，确保系统状态更新。

2.运输方式

第三方物流企业应通过自有车辆和所属社会车辆为客户提供相应的运输服务，并通过运输管理系统对这些车辆进行统一管理。除此之外，第三方物流企业还应与其他通过严格筛选的具有区域或线路优势的承运商在KPI（关键绩效指标）考核的基础上建立共识，并基于互信及开放的态度保持战略合作关系，以提高为客户提供柔性服务的能力。

第三方物流企业为电子商务企业提供电子商务物流服务，必然需要快递公司的介入。第三方物流企业借助自己的信息平台效应以及自己在物流市场的商誉，与多家快递公司签订合作协议，由快递服务商帮助平台卖家完成小包裹的最终递送、门店之间的调货、客户的退换货，以及紧急订单的递送等业务。一般第三方物流服务与电子商务物流服务运输方式的对比见表8-6。

表8-6　　　　　一般第三方物流服务与电子商务物流服务运输方式的对比

| 主要变化点 | 配送方式 | 客户交接 | 送达通知 |
| --- | --- | --- | --- |
| 一般第三方物流服务 | 整车、零担 | 公司直接面向客户 | 回单时效长 |
| 电子商务物流服务 | 快递配送 | 快递员面向客户，需要对快递员进行有效管控 | 对每一单均需要及时、准确地追踪 |

### 3.递送方式

第三方物流企业根据卖家在电子商务信息系统中记录的订单信息，将订单商品在订单约定时间内配送至订单信息中记录的收货地址及收货人，同时通过电商系统向卖家反馈订单商品配送的跟踪信息、异常信息处理、投诉处理及配送状态反馈等情况。具体服务内容包括：

（1）取件

通过电话通知快递公司接口联系人至仓库取件，快递工作人员应在接到公司通知后按照三种（指定时间/定时/实时）不同标准及时到仓库收件。

（2）签收

快递工作人员上门派送时，应由收件人本人签收；对于本人无法签收的，应在联系收件人确认后，由代收点代为签收，或放入快递柜中。快递工作人员应明确告知签收人应先验收货物外观，再签收。

（3）异常处理

①正常派件失败时，快递工作人员应立即返回信息，通过电商平台通知卖家。

②两次派送均失败时，快递工作人员应通知收件人，确认后将货物存放于配送点，转为自提物品；转派第三方地址的情况，视距离远近，由快递公司与卖家协商转派费用。

③在首次派送失败后，快递公司承诺免费保管一定的天数；超出保管期限，快递公司按快递服务标准收取仓储费用。

④在免费保管期间，由于物品自身原因导致的物理/化学变化，快递公司不承担责任。

⑤对于非快递公司原因导致退货的情况，快递公司有权对卖家/买家收取退货费。

⑥对于快递公司原因导致退货的情况，快递公司无权向卖家/买家收取任何物流费用。

⑦若承运物品在快递公司揽收后30天内未送达收件人，也未退还寄件人，且未反馈给公司该订单的结束状态，则视为丢失处理。

⑧若寄件人放弃该物品，在签署声明书后，物品交由快递公司处理。

### 8.4.3 客户服务管理及考核指标

#### 1.客服中心管理

不同于传统的第三方物流服务，电商平台的营销模式需要物流作业人员随时待命。为了保证双方合作的顺利开展，第三方物流企业必须指定以下接口负责人，并保证接口负责人24小时可联系：

（1）总协调人

总协调人是第三方物流企业与电商企业联系沟通的枢纽，对项目运作过程中各项事件的处理和响应负责。

（2）客服责任人

客服责任人负责日常工作中与各方面（如电商企业物流人员、快递服务商、最终客户）之间的协调、沟通工作。

（3）IT系统技术责任人

IT系统技术责任人负责IT方面的相关事宜。

（4）运营责任人

运营责任人负责汇报日常运作中出现的问题及解决方案。

2.KPI考核体系

基于电子商务的第三方物流企业在建立KPI考核体系时需要考虑的是，能够满足电子商务快速、全天候的服务要求，且在供应链中作为"承上启下"的参与者，第三方物流企业与其合作伙伴之间的战略联盟关系对于企业的发展运营非常重要，应具有极高的相互依赖度。另外，电子商务环境下的第三方物流企业的经营活动应建立在现代技术的基础上，这类技术包括现代信息技术、车辆技术、配送技术以及其他与现代物流运作、管理有关的技术。由此，依据第三方物流企业绩效评价体系的构建原则，从可操作性、数据可得性方面考虑，可以从服务能力、关系能力和内部能力三个维度来设计第三方物流企业的电子商务服务能力评价指标体系。

（1）服务能力

第三方物流企业服务能力指标见表8-7。

（2）关系能力

关系能力一般可从三个维度进行评测，即合作双方的亲密度、彼此的贡献度和发展愿景（如图8-7所示）。

①亲密度，感性指标，可将双方合同签订时间长短作为衡量关系能力的依据。

②贡献度，理性指标，可通过计算双方的业务依存比例获得。

③发展愿景，感性指标，可通过设计多层次问卷获得。

（3）内部能力

无论在什么条件下，企业的内部能力都是企业持续发展的基础条件。其评价指标包括财务状况，学习与创新能力和信息技术能力三个方面。

①财务状况。企业的财务状况是衡量企业经济效益的客观标准。财务状况可以从流动比率、应收账款周转率、资产报酬率、资产负债率和总资产周转率五个方面进行评价。

②学习与创新能力。学习与创新能力反映了企业不断创新并保持其竞争能力与未来发展势头的能力。学习与创新能力可以通过员工培训总人时增长率、员工建议增长率、新技术采用率、研究开发投资率等指标进行评测和度量。

③信息技术能力。电子商务是以电子信息技术为基础的，第三方物流企业的信息共享能力和信息处理能力会直接影响到其提供相应服务的能力和质量。信息技术能力可以通过

现有可得业务信息的准确性、时效性和信息系统的先进性进行评价。

表8-7 第三方物流企业服务能力指标

| 考核指标 | 说明 | 目标 | 备注 |
|---|---|---|---|
| 收货准确率 | 符合收货标准的商品，需在24小时内0~30 000件；48小时内30 001~50 000件；72小时内50 001~80 000件 | ≥99% | 单次到货超过80 000件的，收货时间与客户协商 |
| 退货准确率 | 消费者拒收且符合退货入库标准的商品，应在收到商品后24小时内完成商品上架 | ≥99% | 不符合退货条件的，需要在24小时内反馈给客户 |
| 发货及时率 | 前一日16：00至当日16：00通过电商平台下的订单，需在当日22：00前反馈发货状态 | 及时率≥99.5%准确率≥99.9% | 由于延迟发货，买家直接退款的，卖家承担全部物流费用损失；全额承担由于错发、少发、多发、补发商品的物流费用；大型/特殊促销活动发货时效另行约定 |
| 库存差异率 | （系统账面数量–盘点数量）÷系统账面数量 | 普通商品≤0.1%易碎品≤0.5% | 盘点的次数、频率需另行约定 |
| 系统稳定率 | 支持7×24小时稳定运行，在工作时间内1小时内响应系统故障，3小时内提供解决方案 | ≥99.5% | 相关业务数据应异地备份，保留5年 |
| 客服中心服务 | 标准化用语及流程 | 响应时间≤15秒回复时间≤15分 | 保留至少90天的服务记录 |
| 客户投诉率 | 接到卖家投诉后，12小时内响应，3日内给出处理结果 | ≤0.05% | 若处理延迟，或卖家对投诉处理结果不服，可直接投诉至总经理 |
| 快递配送服务 | 配送到门，包括电话预约1次（到货前半小时），送货上门，本人确认签收 | 准时率≥90%投诉率≤0.05% | 虚假上传签收信息，将收取1 000元/次的违约金 |

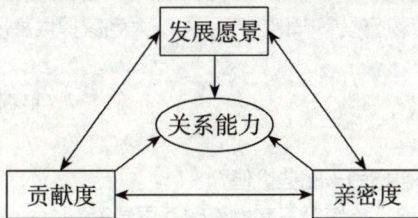

图8-7 关系能力指标构成

💧 **案例分析** 京东物流"6·18"运营举措

截至2020年"6·18"，京东物流已经推出"半日达（211限时达）"10年，在依然保持快的基准线上，京东物流将通过大数据精准预测、前置备货、社区分钟级配送、城市群半日达和千县万镇24小时达，为消费者提供多元化时效服务，同时全力保障全国范围内上门服务。京东物流还将继续以物流补贴和服务优惠等多种措施为中小商家提供便利，助力中小微企业在全民消费浪潮中快速复苏。

在2020年"6·18"前夕，京东物流全国730多个仓库、超过1700万平方米的仓储设施已准备就绪，备货量超过10亿级。其中，28座"亚洲一号"创造新纪录，亚洲电商物流领域最大智能仓群规模进一步扩大；天狼、地狼、竖亥、秒收等机器人仓火力全开，尤其是智能称重量方设备，每小时可实现3600件商品的尺寸、重量、条码等全数据采集。

据介绍，新投入的"亚洲一号"包括廊坊经开亚一、德州齐河亚一以及郑州经开亚一等，将对京津冀、山东、河南、湖北、湖南、安徽等地区的海量订单处理提供重要支撑，这也是京东物流"亚洲一号"逐步落地到二至四线城市，以新基建下沉的方式，让当地消费者享受极致物流服务。

在智能物流软件方面，京东物流通过智能大脑、大数据拣选、大件AI预约等创新，实现作业效率提升。其中，智能大脑将通过大数据计算及时预测、监控、调整生产计划，实现自动化仓的精益生产；大件AI预约技术将在大促期间首次批量使用，通过每小时外呼5万次的智能语音交互，取代人工进行配送预约，大幅提升配送效率；京东物流网络规划也将进行多项优化升级，通过强化物流枢纽的聚合和中转功能、优化路线等方式，缩短商品到达消费者的距离，确保万千好货第一时间送达。

据了解，"6·18"期间京东物流多项业务的全国覆盖能力进一步提升，其中，京东快递个人寄件服务将覆盖全国210个城市，可寄航空件的城市扩展到超过120个；京东快运在全国148个核心城市新增224个集配站，服务客户即时需求；京东冷链服务则覆盖30个省份、220余个城市以及3万多条路线，生鲜宅配日订单处理150万单。

在供应链服务方面，京东物流做到了标准化与个性化业务兼顾，针对服饰、汽车后市场、家电、家居、图书、母婴等不同行业的不同特点，打造了从仓储到配送，从线上到线下，从硬件到软件，从原材料采购到分销供应链的一体化解决方案，深度服务众多知名品牌商，共同迎接大促订单峰值量的刷新及分钟级履约的服务挑战。此前在新冠肺炎疫情期间，京东物流供应链一体化服务能力已经得到商家的广泛认可，在疫情最严重的2020年2月份，新增商家数量同比增长超过100%。

为助力中小商家备战"6·18"，京东物流提供多项物流支持政策和解决方案，比如联合银行共同打造京信贷服务，为入仓商家提供贷款服务，缓解资金压力，助力商家备战"6·18"；在广州、深圳、汕头、泉州等全国9个城市，针对使用京东物流发货的"京喜商家"，提供物流折扣补贴；针对入仓商家推出"智能商务仓"供应链一体化解决方案等，指导商家科学地调整大促期间的库存结构，提高库存满足率，降低库存水平、周转天数、成本费用。

依托"6·18"不断刷新的订单纪录，京东物流将继续挑战物流履约的巅峰能力，无论在城市还是在农村，都将用物流普惠和极致体验推动消费者体验提升，带动全民消费升级。同时，在新冠肺炎疫情暴发后的特殊的"6·18"，京东物流以多样化的产品为广大商家提供高品质服务，帮助中小商家快速复苏，助力内需提振和经济复苏。

（根据京东物流网站的公开资料整理）

分析思考：

（1）第三方物流究竟可以为客户带来哪些价值？

（2）互联网时代的第三方物流与传统第三方物流有何异同？

（3）随着京东物流向社会的开放，它是否属于第三方物流的范畴？它为客户带来了什么样的特别价值？

### 🌢 本章小结

电子商务的兴起，为第三方物流企业带来了重大的机遇和挑战，适应电子商务环境下物流服务的要求成为第三方物流企业发展的重要基础。我国电子商务企业按照销售主体的不同，可以分为综合型电商企业、平台型电商企业、品牌型电商企业、连锁型电商企业四类。

从供应链流程的角度来看，综合型电商企业一般采用自营模式，各类品牌供应商处于上游，直接面向客户。这类电商企业的典型特征为：需要储备品牌商品供应商的货，即花钱压库存；拥有自己的销售平台和仓库，将品牌供应商的销售和仓储都揽下来；仓储商品品类多、单量大，配送目的地多而杂；高管有相关的物流运营体系的技术背景。综合型电商企业根据自身特征，可以选择自营和外包两种不同的物流模式。

平台型电商企业独立于产品或服务的提供者和需求者，通过网络服务平台，按照特定的交易与服务规范，为买卖双方提供服务，服务内容可以包括但不限于"供求信息发布与搜索、交易的确立、支付、物流"。其最主要的特征是独立性、网络化、专业化和开放性。就物流环节来讲，由于小额、分散的终端配送是所有平台商家面临的共同服务需求，所以现阶段，中小型快递企业就成为电商平台最主要的物流服务提供商。

品牌型电子商务是垂直型电子商务的一种。与综合型电商企业的供应链相比，品牌型电商企业的参与度更加深入，不仅要负责产品营销和策划，还会涉及产品的策划设计、制造、供应等环节，因此对供应链管理的要求更高。这使它们更有动机采用外包形式引入更加专业的战略合作伙伴来管理其流程中的非核心业务，但如果合作伙伴达不到应有的专业水准，也会给其运作流程带来巨大影响。

垂直型电子商务的另一种典型形态是由实体连锁企业创立并负责运营的网上销售渠道，我们可将之称为连锁型电商企业，这也是一种"互联网+"的典型形式。连锁型电商企业经过多年的发展，一般都拥有较为完善的服务体系及物流配送系统。从现阶段来看，连锁型电商企业的物流需求主要集中在如何解决实体店铺没有覆盖区域的问题。

电子商务物流系统是指在实现电子商务特定过程的时间和空间范围内，所有需位移的商品（或物资），包括设备、装卸搬运机械、运输工具、仓储设备、人员和通信联系设施等若干相互制约的动态要素所构成的具有特定功能的有机整体。这一系统具备以下特点：功能集成化、复杂性和动态性、服务系列化、现代化和自动化、网络化和规模化、目标分散性、企业信息化等。

对电子商务企业来说，仓储合理化、运输合理化、配送合理化和成本合理化都是实现系统合理化的重要途径。电子商务物流系统分析主要包括外部环境分析和内部要素分析两个方面。

在电子商务环境下，第三方物流企业必须把握物流信息化、以客户为中心、服务差异化三个基本原则，通过"一对一"策略或"联盟"策略为电子商务企业提供专业物流服务。在运营过程中，第三方物流企业应调整收货方式、存货方式、配货策略、拣选方式、包装方式等，以适应电子商务环境下物流需求变化的特征。

## 关键概念

综合型电商企业　平台型电商企业　品牌型电商企业　连锁型电商企业　合理化　联盟策略

## 思考题

1. 电子商务企业按照其经营主体的不同可以分为哪几类？
2. 不同类型电商企业的物流需求有何不同？
3. 电子商务物流系统与传统的物流有何不同？为什么会有这些不同？
4. 在电子商务环境下，第三方物流企业应具备什么样的软、硬件条件？
5. 对于不同类型的电商客户，第三方物流企业应该采取何种策略为之提供物流服务？
6. 电商企业如何选择满足自身物流需求的第三方物流企业作为合作伙伴？

# 第9章

# 第三方物流
# 绩效管理

## 🌢 学习目标

随着中国物流市场的逐步开放，刚刚起步的国内第三方物流企业除了要面对众多的国内竞争外，还要面对跨国物流巨头的竞争与挤压。在这样的环境下，企业只有在对绩效进行科学评价的基础上，才能找到自身存在的优劣势，才能保证企业在复杂的市场环境中制定出正确的发展战略和经营措施，才能塑造出核心竞争力。通过本章的学习，我们应掌握第三方物流企业绩效评价的概念、动机、原则、方法和步骤；掌握关键指标评价（KPI）的内容和方法以及KPI在使用过程中的优缺点；掌握平衡计分卡（BSC）的内容和应用方法；掌握标杆法的内涵和应用特点。

## 🌢 导入案例

### 李宁公司第三方物流绩效管理

一些国际著名品牌在中国的物流分拨时间是7天，而李宁公司的物流分拨时间只有4天半，是什么造就了李宁的今天？李宁公司在物流策略上拥有更胜一筹的"独家秘籍"，那就是在物流运输服务、仓储配送、物流信息化方面善打组合拳。

李宁体育用品有限公司成立于1990年，经过30多年的探索，已逐步成为代表中国的、国际领先的运动品牌公司。公司全面整合产品设计、供应链、渠道、零售等资源，发展电子商务，进一步提高运作效率和品牌形象。在第三方物流合作方面，选择一些中等规模的物流运输公司作为合作伙伴，在物流承运合同中加上了一条：无论发生什么情况，李宁公司的货物首先发。

李宁公司对物流承运商进行绩效考核、末位淘汰和追踪控制。李宁公司的物流承运商和代理公司都必须接受严格的绩效考核。公司共有5个考核指标，分别是准时提货率、及时正点率、货损货差率、服务态度和完美回单率。针对专线承运商，李宁公司物流部会亲自监控每一个指标的完成情况，而对代理公司则进行整体考评。

所有物流承运商都被要求把它们的信息管理系统与李宁公司物流部的管理系统进行对接，通过该系统及时反馈运输监控信息。它们必须每天上报报表，包括货单号、提货时间、发货时间、在途时间、长途运输中不同地点的报告和事故分析原因等。与此同时，李宁公司物流部设有运输追踪机构，专门负责电话追踪经销商、专卖店，把自己得到的信息与承运商反馈的数据统一做成一个文件，形成承运商在一个月中的工作程序。参照这些程序，李宁公司每个月都会给承运商打分，每个季度集中一次，把数据报表向承运商公布，要求其针对不足限期整改。

整合储运统一分拨是为了集中网络优势促销售。李宁公司一边把全国分公司的物流储运部整合起来，设物流中心进行统一管理，一边推行按销售地入仓的做法。李宁公司以没有原料库、成品库为目标，在可控范围内压缩库存时间，投资改造了仓库，而且在改造过程中非常注重细节，不同的货架在仓库里按照不同的发货需求和货品属性依次排开，成为一道独特的风景。

为加速货物运转，李宁公司继续上马新的信息系统，以实现三个目标：加快物流分拨和配送速度，降低成本；提高分拣准确性，将从收到订单到货物出库的时间大幅度压缩；进一步节省仓储面积，增加库容。经过一系列升级改造之后，李宁公司仓储分拣的各个环节被打通了，新的信息系统使李宁公司的物流更加畅通，信息传递更加快捷高效。

　　李宁公司与第三方物流公司在物流运输服务、仓储配送、物流信息化上打组合拳，在时间、空间、信息上抢占优势；第三方物流公司也积极达到李宁公司的要求，不断提高自身素质，在高度配合下最终达到共赢的局面。

（根据相关的公开资料整理）

案例思考：

　　（1）什么是物流绩效？如何提升第三方物流的绩效管理水平？

　　（2）李宁公司的第三方物流绩效管理的要点是什么？

　　（3）你对李宁公司的第三方物流绩效管理改进有何建议？

## 9.1　第三方物流绩效管理概述

　　随着经济全球化的发展，我国第三方物流企业面临着前所未有的激烈竞争：一方面，国外物流企业纷纷进驻，其先进的技术水平、管理理念，雄厚的财力和物力，无疑给中国物流市场带来了巨大冲击；另一方面，随着我国物流需求的不断升温，本土物流企业迅速膨胀，更加剧了我国第三方物流市场的激烈竞争。在这种形势下，我国第三方物流企业只有科学评价自己的绩效，准确了解自身状况，寻找出自身存在的优势和劣势，才能在复杂的市场环境中制定出正确的发展战略和经营措施，塑造核心竞争力，不断扩大市场，并立于不败之地。因此，科学、全面地分析和评判物流企业的运营绩效，已成为物流企业的迫切需要。

　　21世纪是知识经济时代，企业绩效评价以其具有的判断、预测、导向及管理功能备受理论界和实务界的青睐。近些年来，物流成为一个新的经济增长点。物流企业如雨后春笋般不断涌现，如何使正处于发展初期的物流行业健康、有序地发展壮大，成为当前迫切需要解决的问题。对物流企业进行效率评价，能够促进企业改善经营管理，正确判断企业的实际经营水平，进而提高企业的整体效益。同时，随着物流理论的不断发展和物流实践的不断深入，客观上也要求建立与之相适应的评价方法，以科学、客观地反映物流企业的运营情况。在经济发达国家，大多数物流企业都有一整套较完善的、科学的绩效评价体系。我国第三方物流企业目前正处于发展初期，如果从这一时期开始重视物流绩效的评价与分析，就一定会发展壮大起来。因此，结合第三方物流企业自身的特点，探索科学、合理的企业运作效率评价方法，客观、正确地评价物流企业的绩效极具必要性。

　　国内外第三方物流企业的绩效管理大体上可分为正式和非正式两种情况：正式的物流绩效管理具有明确的绩效评价目标、周密的计划，即一套完整的体系和程序；非正式的物流绩效管理则是无计划的，只是几个管理人员对某项或某些指标进行评价。经济发达国家的第三方物流企业进行绩效管理时，都有一套正式的、较为完整的、科学的物流绩效评价体系。我国也有越来越多的第三方物流企业开始重视物流绩效的评价和管理，并建立了自己的评价体系。

在绩效管理的发展过程中，各种绩效管理方法不断涌现，如早期的基于财务指标的杜邦分析法、沃尔比重评分法，以及目前的标杆法、关键绩效指标法、经济增加值法、作业成本法、价值链分析法、企业发展潜力评估法、平衡计分卡法、绩效棱柱法、ABPA法等。本节主要介绍在第三方物流绩效管理中运用较多的关键绩效指标、平衡计分卡、标杆法三种方法。

### 9.1.1　企业物流绩效评价的概念

企业物流绩效评价是指运用数理统计和运筹学的方法，采用特定的指标体系，对照一定的评价标准，按照一定的程序，通过定量、定性分析，对一定经营期内的物流经营效益和经营者的物流业绩做出客观、公正和准确的综合评价。它是在会计和财务理论的基础上，运用计量经济学的原理和现代化分析技术建立起来的剖析经营过程、真实反映物流现状、预测未来发展的一门学科。

企业物流绩效的评价对象是在一定经营期间内，企业的物流经营效益和经营者的物流绩效。企业的物流经营效益主要表现在物流的盈利能力、资产运营能力、偿还能力和后续发展能力等方面。因此，准确反映上述内容的各项定量和定性指标是评价的主要依据。对第三方物流企业进行全面的物流绩效管理，也是提升第三方物流企业竞争力的一个重要途径。

1. 物流绩效

尽管大量的研究文献对物流绩效提出了许多不同的衡量尺度，包括效力、效率、质量、生产率、创新性、利润率以及预算性等，但明确地给出物流绩效的定义是一项比较困难的工作。基布勒（Keebler）对这项工作给出了五项建议：

（1）研究者们要更加明确绩效指标的定义与缺陷。

（2）更多的具有创新性的研究应对企业财务绩效评价体系进行补充。

（3）物流绩效评价动态模型需要进行开发，以适应由行业、企业以及产品变革所引起的绩效衡量尺度的变化。

（4）应该考虑在供应链中进行绩效评价，而不是单纯地对单个企业进行评价。

（5）需要建立理论与实践相连接的桥梁。

根据绩效的基本含义，我们认为，第三方物流绩效就是在一定时间内，第三方物流企业所创造的价值，是第三方物流企业活动与行为过程创造的物流价值和经营效益。它既是第三方物流企业活动及行为过程的表现，也是企业实现物流价值和经营效益的反映。

2. 第三方物流绩效管理

第三方物流绩效管理是指在满足客户服务要求的前提下，对第三方物流绩效的一切管理工作的总称，即第三方物流企业在运作过程中对物流绩效的产生、形成所进行的计划、组织、指挥、监督和调节等活动。

### 9.1.2 第三方物流绩效评价原则

**1.注重经济效益原则**

现代物流企业绩效评价，要注重经济效益，使费用最小化和评估收益最大化。评估要符合现行公司法的规定，应该兼顾短期利益和长远利益，实现物流企业的可持续发展，兼顾国家、企业和员工的利益，对市场经济建设要有明确的指导意义。

**2.科学性原则**

绩效评价要能够科学地评价与估量出企业的综合运营能力，真实反映出企业的运营状况和存在的问题。绩效评价的科学性如何，直接关系到评价的准确性和可靠性。

**3.时效性原则**

物流企业绩效评价要突出时效性，评估要简、明、快，迅速指出物流环节的缺点和不足，形成快速有效的反馈，以适应瞬息万变的市场要求。

**4.系统性和可行性原则**

绩效评价要能够完整地反映现代物流过程的特征和规律，尽量使评估过程简便易行、便于操作，应尽量与我国公司法、税法等现行标准相一致。评估方法应该简洁明晰，避免产生误解和歧义。

**5.层次性和重点性原则**

绩效评价要注意分清主次，要有层次性，在每一个层次中应选取评估重点，准确、科学地评估现代物流企业的内外部环境，估算出企业具有的优劣势，从而为评价企业的整体运营状况提供有效的反馈信息，以便更好地进行决策。

### 9.1.3 第三方物流绩效评价的特殊性

物流领域的绩效评价不如工业领域那样应用广泛，其主要原因在于物流活动的特殊性。这种特殊性主要表现为物流活动的复杂性，物流活动是商业活动和其他活动的派生物，又具有远程性和服务性，因此其结构不但复杂，而且不稳定，系统很难具有恒定性。在物流领域中，尽管业务比较稳定的仓库管理领域被公认为是绩效评价比较易于贯彻的领域，但是仓库管理的对象物也是经常发生变化的，流量的稳定性远比工业生产差，因此，物流过程绩效评价很难像工业生产绩效评价那样达到事先控制的目的，这些特殊原因使得物流企业不可能完全搬用工业企业绩效评价的方法。第三方物流企业与传统的仓储、运输等企业又有所不同，这种差别主要体现在绩效评价指标的设计与选择上，前者选择的指标要体现第三方物流企业的特征，如个性化服务、信息化水平、客户管理等。

### 9.1.4 第三方物流绩效评价的步骤

**1.确定评价工作的实施机构**

（1）绩效评价组织机构。这是指直接组织实施评价的机构，其负责成立评价工作组，并选聘有关专家组成专家咨询组。如果委托社会中介机构实施评价，应先与其签订委托书，然后由中介机构成立评价工作组及专家咨询组。无论由谁来组织实施评价，对工作组和专家咨询组的任务和要求均应予以明确。

（2）参加评价工作的成员应具备的基本条件：

①具有较丰富的物流管理、财务、资产管理及法律等专业知识。专家咨询组的专家还应具有一定的工程技术方面的知识。

②熟悉企业物流绩效评价业务，有较强的综合分析能力。

③评价工作主持人员应有较长时间的经济管理工作经历，并能坚持原则、秉公办事。

④专家咨询组的专家应该在物流领域具有一定的知名度和相关专业的技术资格。

2.确定评价方法，制订评价工作的方案

由评价工作组根据有关规定制订企业物流绩效评价工作方案，经评价组织机构批准后开始实施，并送交专家咨询组的每位专家。

3.根据评价方法，收集并整理基础资料

根据评价工作方案的要求及评分的需要，收集、核实及整理基础资料。

（1）选择与物流行业同等规模行业的评价方法及评价标准值。

（2）收集连续三年的会计决算报表、有关统计数据及定性评价的基础资料，确保资料的真实性、准确性和全面性。

4.评价计分

计算评价指标的实际分数，这是物流绩效评价的关键步骤。

（1）按照核实准确的会计报表及统计数据，计算定量评价指标的实际值。

（2）根据评价标准，计算出各项基本指标的得分，形成第三方物流绩效初步评价计分表。

（3）利用修正指标对初步评价结果进行修正，形成第三方物流绩效基本评价计分表。

（4）根据已经核实的定性评价基础材料，参照绩效评价指标参考标准对评价指标进行打分，形成绩效评价计分汇总表。

（5）将上述基本评价计分表和绩效评价计分汇总表进行修正和汇总，形成第三方物流企业绩效指标的实际分数。

（6）根据评价方法的要求，对评价指标体系进行分析。

5.评价结论

将第三方物流绩效的评价结果、评价分析、评价结论及相关资料送交专家咨询组或评价机构，进行评价总结，为第三方物流企业提高物流绩效、提升企业管理水平、增强竞争优势提供依据和标准。

## 9.2　关键绩效指标

### 9.2.1　第三方物流绩效评价指标体系（KPI）

构建一个合理的绩效评价指标体系，为第三方物流绩效管理提供理论依据，是第三方物流企业面临的主要问题。但是，不同的企业由于业务及竞争优势的不同，很难构建一个第三方物流企业的通用绩效评价指标体系。因此，第三方物流企业的绩效评价指标体系也就各式各样。一般来讲，我们可以从第三方物流企业的功能性、经营性、稳定性的角度来有效评价企业的绩效。

### 1.评价指标体系选取的原则

所谓评价指标体系，就是由一系列相互联系、相互制约的指标组成的科学的完整的总体，用以说明研究的绩效现象各方面相互依存和相互制约的关系。

在建立第三方物流绩效评价指标体系的过程中，应遵循以下基本原则：

（1）全面性原则

应能够全面、系统地评价第三方物流企业顾客服务的质量，有效监督、控制和掌握第三方物流企业顾客服务的全过程。

（2）系统性原则

针对各种情况设立相应的指标，系统科学地反映第三方物流企业的全貌，以达到对企业整体科学评价的目标。

（3）代表性原则

影响顾客服务的因素有很多，代表性原则要求选择最关键的因素，在指标设计时要注意在这方面进行权衡。

（4）经济性原则

在设计指标时，应充分考虑到成本效益因素，必须在指标数据的获取成本和带来的效益之间进行权衡。选择的指标最好能够在物流企业的日常管理运作中直接得到，或者通过一定的整理组合得到。评价体系应当考虑到操作时的成本收益，选择具有较强代表性且能综合反映第三方物流企业整体水平的指标，这样既能减少工作量和误差，又能降低成本、提高效率。

（5）可操作性原则

可操作性主要是指指标项目的易懂性和有关数据的可行性。这是设置评价指标体系必须考虑的一项重要因素。指标应能真实反映企业的运作情况，评价指标体系在第三方物流企业中应该普遍适用。

（6）相对稳定性原则

相对稳定性有利于指标体系的不断发展和完善。当然，相对稳定性并不排斥依据环境的变化而对指标体系的具体内容进行改进。由于选择第三方物流企业后，货主方与物流供应商之间是战略伙伴的关系，因此对第三方物流企业的评价不应该只局限在目前的状况，而应考虑第三方物流企业的长远发展潜力以及给企业带来的长期利益，要与企业的发展目标和战略规划相一致。

（7）层次性原则

指标应分出评价层次，在每一层次的指标选取中都应突出重点，要对关键的绩效指标进行重点分析。每一层次的指标都要有一定的逻辑性，能够反映第三方物流企业运作的不同方面，供不同部门或者企业组织参考。

（8）可比性原则

评价指标体系的建立不但要考虑到数据在纵向时间上的可比性，还应当考虑到与其他企业甚至国外企业的物流绩效评价体系的兼容和横向的比较，所以在建立评价指标体系时，要参照国际和国内同行业的物流评价基准。

2.评价指标体系的设计要求

评价指标是实施绩效评价的基础，任何评价行为都要运用一定的指标进行。经营绩效取决于诸多因素，具有综合性。一般情况下，单一的指标难以全面反映，因而实施绩效评价必须构建一个能够反映经营绩效各个方面、由一系列相关指标组成的评价指标体系。合理的评价指标体系应满足下列要求：

（1）符合绩效评价目的和评价内容要求

选取的指标应具有明确的经济意义，能够从不同侧面反映企业绩效的实质，指标体系从整体上能够涵盖绩效评价内容的方方面面。

（2）各项指标之间具有较高的独立性

指标之间若存在较大的相关性，必然会造成指标内容所反映的信息出现重叠。

（3）信息的冗余度低

较高的信息冗余度会导致评价对象之间的差异显示不灵敏。统计分析的目的就是在初步确定的指标框架的基础上剔除一些指标，得到最小指标集，使最终的评价指标集中化，使指标之间具有较大的独立性和较低的信息冗余度。这一方面可以减少评价工作的数据收集量和计算量，另一方面可以提高评价的灵敏度。

3.评价指标体系的内容

第三方物流绩效评价指标体系包括功能性、经营性、稳定性这3个二级指标和16个三级指标，以及若干测量指标（如图9-1所示）。

（1）功能性指标

配送功能：配送安全性、配送成功控制、产品可得性、检货准确率。

运输功能：运输能力、正点运输率、运输经济性、运输车辆满载率、运力利用率、在途时间、运输准确率、商品损坏率。

库存功能：库存能力、库存周转率、收发货物能力、库存结构合理性、库存准确率、预测准确率。

采购功能：交付期、付款条件、订单处理、与供应商的关系。

流通加工功能：工艺合理性、技术先进性、流通加工程度、对消费的促进作用。

（2）经营性指标

客户服务水平：缺货频率、送货出错率、顾客满意度、平均交货期、订单处理时间、准时送货率、交货柔性、订单完成稳定性、顾客保持率、每个顾客服务成本、信息沟通能力、事后顾客满意率。

管理水平：产品的残损率、物流系统纠错处理时间、供应计划实现率、设备时间利用率、业务流程规范化、管理人员比重。

企业实力：财务投资能力、信息技术能力、设备先进水平、同行业影响力及业务范

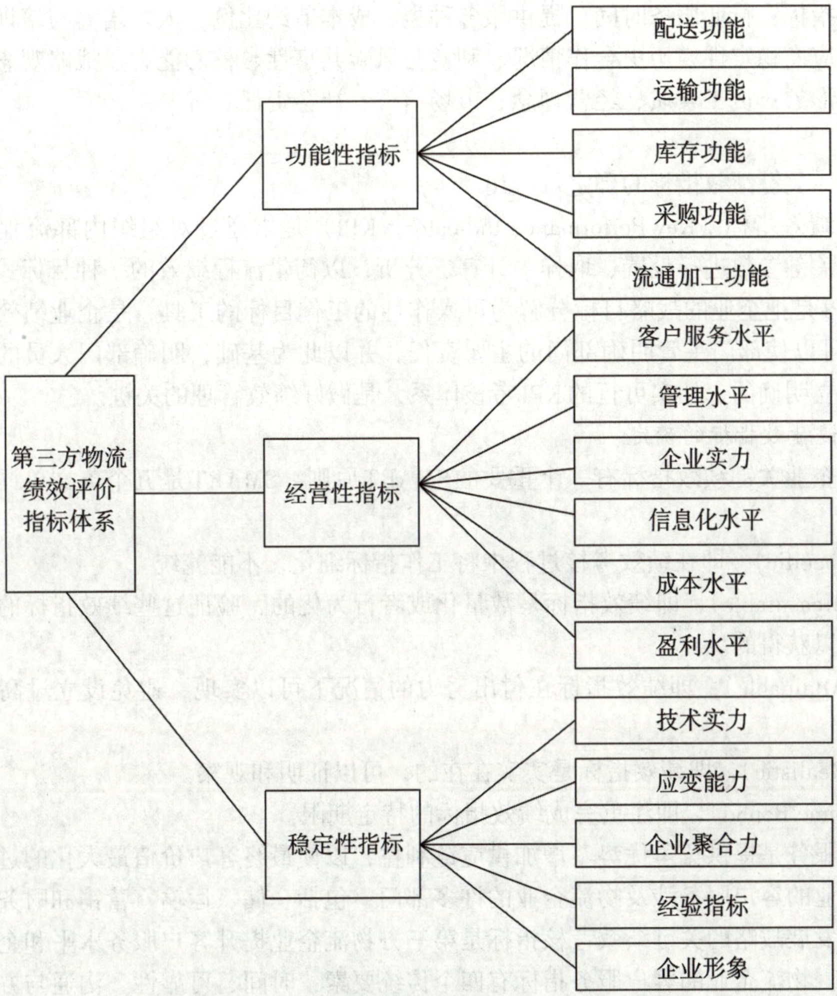

图9-1　第三方物流绩效评价指标体系的构成

围、市场占有率、市场增长率、新用户开发成功率。

信息化水平：硬件配备水平、软件先进程度、信息活动主体的水平、信息共享率、信息利用价值率、实时信息传输量、信息化投资水平、客户变动提前期情况、客户变动完成率、网络覆盖率、平均传输延迟率、传输错误率。

成本水平：单位产品的物流成本、物流成本占制造成本的比重、物流成本控制水平、客户人均服务成本、单位订单成本、单位库存成本。

盈利水平：净资产利润率、总资产利润率、资金周转率。

（3）稳定性指标

技术实力：技术人员比重、技术开发经费比重、开发创新能力、技术改造资产比重、专利拥有比例、设备技术领先程度、硬件设施稳定性。

应变能力：信息化系统水平、预测能力、集成度、外部沟通、流程再造与延迟物流。

企业聚合力：领导层的团结进取力、职工凝聚力、员工满意度。

经验指标：行业服务时间、提供服务种类、成本节约比例、人才培养与培训、客户稳定性、供应商稳定性、历史合作情况、利益与风险共享性、核心能力、战略观念兼容性。

企业形象：员工素质、经营理念、市场信誉、社会责任。

### 9.2.2　关键绩效指标的确定及应用

关键绩效指标（Key Performance Indicator，KPI）是指通过对组织内部流程输入端和输出端的关键参数进行设置、取样、计算、分析，以衡量流程绩效的一种目标式量化管理指标。KPI是把企业的战略目标分解为可操作性的工作目标的工具，是企业绩效管理的基础。KPI可以使部门主管明确部门的主要责任，并以此为基础，明确部门人员的业绩衡量指标。建立明确的、切实可行的KPI考核体系，是做好绩效管理的关键。

1.关键绩效指标的确定

确定企业关键绩效指标有一个重要的SMART原则。SMART是五个英文单词首字母的缩写：

S（Specific），即在绩效考核过程中将工作指标细化，不能笼统。

M（Measurable），即绩效指标是数量化或者行为化的，验证这些绩效指标的数据或者信息是可以获得的。

A（Attainable），即绩效指标在付出努力的情况下可以实现，避免设立过高或过低的目标。

R（Realistic），即绩效指标是实实在在的，可以证明和观察。

T（Time Bound），即注重完成绩效指标的特定期限。

客户服务是提供竞争优势、增加供应链利益，以使最终客户价值最大化的过程。第三方物流企业的客户服务涉及物流企业的许多部门，包括仓储、运输、营销和财务等。建立符合企业发展战略的关键绩效考核指标是第三方物流企业提升客户服务水平和企业管理能力的关键。物流企业的客户服务指标有四个传统要素：时间、可靠性、沟通与方便。

2.关键绩效指标在第三方物流企业中的应用

第三方物流企业要提高客户服务质量，最有效的方式是建立科学可行的关键绩效指标，建立物流服务质量指标体系。有了先进的物流服务质量绩效考核指标体系，第三方物流企业就能找到差距和不足，并寻求改进的措施，创造出符合第三方物流企业自身特点和客户需求的服务方式。积极借鉴和吸收国内外物流企业的成功经验，尽可能多地将第三方物流企业客户服务运营的各方面、各环节纳入服务质量指标体系，并与国际认证体系接轨，同时以客户为中心制定相应的服务标准、作业程序、绩效考核标准及物流战略等，是提升第三方物流企业客户服务水平的重要途径。而对第三方物流企业的管理人员和员工进行有效的绩效考评，也是第三方物流企业提升服务水平和增强企业核心竞争能力的关键之一。

（1）将考核结果运用于改进企业工作流程和绩效管理制度

绩效反馈有助于管理层发现KPI绩效管理制度中的缺陷和不足。例如，当不同部门完成绩效考核的情况差距过大，部门协作情况不理想时，企业就应考虑关键绩效指标设置的合理性，并在部门关键绩效指标中加大团队建设和管理方面的绩效考评及指标权重。对个别部门和岗位绩效考核普遍不达标的情况，如30%以上的某岗位员工年度绩效考评不达标，在排除员工工作能力和态度问题的因素后，应考虑关键绩效指标设置的合理性和工作流程的科学性，从而为进一步提升绩效考核管理和客户服务水平奠定基础。

（2）考核结果运用于员工晋升和个人发展

连续的考核结果记录可为员工的职务晋升和部门经理的选拔提供依据。工作表现一直在任职资格标准线以上，且呈上升趋势的员工，可作为晋升选拔的候选人。考核者应将考核结果反馈给个人，同时还应指出被考核员工在工作中的优缺点，从而使员工改进工作有依据和目标。在实现组织目标的前提下，员工不断提高工作能力，开发自身潜能，不断改进和优化工作，这有助于个人职业目标的实现，同时也有助于提升企业客户服务水平。

**3.KPI绩效管理实施中的建议**

（1）建立完善的KPI绩效考核制度

企业各级各类员工都要积极参与并认同企业的KPI绩效考核标准。绩效考核不单纯是人力资源部门的事，而是企业全体员工共同参与的大事。企业应完善每个工作岗位的职责、工作内容以及对员工的任职要求等，从而明确绩效考核的内容、目标与计划，通过层层分解，形成对员工个人考核的KPI。企业主管应本着公正、公平的原则，对自己的每一位下属进行绩效考核与评价，从而分清每一位员工对企业的价值贡献程度，为价值分配奠定基础。

（2）建立公司层、部门层和岗位层的KPI体系

根据KPI相关理论和实践，全面的KPI体系分为三个层面：公司层、部门层和岗位层。进行KPI绩效考核的前提是公司已经建立了一套完整的公司层、部门层和岗位层KPI绩效考核体系。

（3）绩效考核标准合同化

业绩合同或KPI考核协议是员工与上级就应实现的工作目标、业绩订立的正式书面协议，它定义了公司各管理层、员工的主要考核方面及关键业绩指标，即工作目标设定，确定各主要考核内容的权重；参照历史业绩及未来策略重点，设定业绩需达到的标准；参与决定合同受约人薪酬与非物质奖惩。

KPI在第三方物流企业中的应用，能有效提升第三方物流企业的客户服务水平和员工绩效考核水平。但在设置具体部门和岗位的KPI时，首先必须考虑其是否与物流企业的整体发展战略相符合；其次要考虑企业具体部门和岗位的业绩目标和业务运作的流程、特点，确定指标考核权重；最后，为了使KPI绩效考核能有效提升第三方物流企业的客户服务水平，在客户服务类岗位和部门，企业必须将客户满意度作为一项重要的指标，即以客户为中心制定KPI，只有这样，才能不断提升第三方物流企业的客户服务水平，并且提高企业的核心竞争能力。

## 9.3 平衡计分卡

### 9.3.1 平衡计分卡（BSC）概述

卡普兰和诺顿在1992年创建的平衡计分卡（Balanced Score Card，BSC）是一种能够有效反映无形资产的真实价值并将其转化为企业利益的工具。卡普兰和诺顿认为，传统的财务测评方法在工业化时代是有效的，但对于今天公司力图掌握的技术和能力而言，这一方法已不再适用。平衡计分卡的出现，极大地拓宽了企业绩效评价理论的空间，具有划时代的意义，是20世纪最有影响力的商业理念之一。

在工业时代，注重财务指标的管理方法还是有效的。但在信息社会，传统的业绩管理方法并不全面，组织必须通过在客户、供应商、员工、组织流程、技术和革新等方面的投资，获得持续发展的动力。平衡计分卡打破了传统的只注重财务指标的业绩管理方法，认为传统的财务会计模式只能衡量过去发生的事情（落后的结果因素），而无法评估具有前瞻性的投资（领先的驱动因素），组织应从四个角度审视自身业绩，即学习与成长、内部经营流程、客户、财务。

平衡计分卡反映了财务和非财务衡量方法之间的平衡、长期目标和短期目标之间的平衡、外部和内部的平衡、结果和过程的平衡、管理业绩和经营业绩的平衡等多个方面，能够反映组织的综合经营状况，使业绩评价趋于平衡和完善，有利于组织的长远发展。

1.基本内容

平衡计分卡中的目标和评估指标来源于组织战略，它把组织的使命和战略转化为有形的目标和衡量指标。在客户方面，管理者确认了组织将要参与竞争的客户和市场部分，并将目标转换成一组指标，如市场份额、客户留住率、客户获得率、客户满意度、客户获利水平等。在内部经营流程方面，为吸引和留住目标市场上的客户，满足股东对财务回报的要求，管理者必须关注对客户满意度和实现组织财务目标影响最大的那些内部流程，并为此设立衡量指标。在这一方面，平衡计分卡重视的不是单纯的现有经营过程的改善，而是以确认客户和股东的要求为起点，以满足客户和股东的要求为终点的全新的内部经营过程。在学习与成长方面，管理者确认了组织为了实现长期的业绩而必须进行的对未来的投资，包括对雇员的能力、组织的信息系统等方面的衡量。组织在上述各方面的成功必须转化为财务上的最终成功。此外，在产品质量、完成订单时间、生产率、新产品开发和客户满意度等方面的改进，只有转化为销售额的增加、经营费用的减少和资产周转率的提高，才能为组织带来利益。因此，平衡计分卡在财务方面列示了组织的财务目标，并衡量战略的实施和执行是否在为最终的经营成果的改善做出贡献。平衡计分卡中的目标和衡量指标是相互联系的，这种联系不仅包括因果关系，而且包括结果的衡量和引起结果的过程的衡量，最终反映在组织战略上。

2.核心内容

平衡计分卡的设计包括四个层面：财务、客户、内部经营流程、学习与成长。这四类指标代表了企业三个主要的利益相关者：股东、顾客、员工。每类指标的重要性取决于指标的本身和指标的选择是否与公司战略相一致（如图9-2所示）。

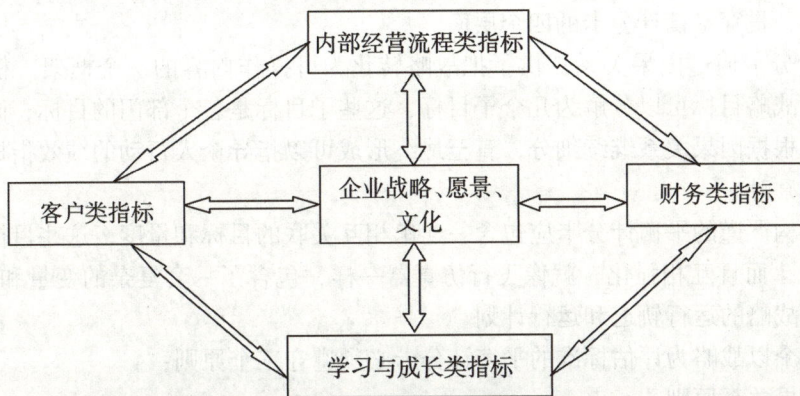

```
        ┌──────────────────────┐
        │  内部经营流程类指标    │
        └──────────────────────┘
   ↗              ↕              ↖
┌──────────┐  ┌──────────────┐  ┌──────────┐
│ 客户类指标 │←→│ 企业战略、愿景、│←→│ 财务类指标 │
│          │  │    文化       │  │          │
└──────────┘  └──────────────┘  └──────────┘
   ↘              ↕              ↗
        ┌──────────────────────┐
        │   学习与成长类指标      │
        └──────────────────────┘
```

**图9-2　平衡计分卡指标构成**

同时，每一个层面都有其核心内容：

（1）财务层面。财务类指标可以显示企业的战略及其实施和执行是否对改善企业盈利做出贡献。财务目标通常与获利能力有关，其衡量指标有营业收入、资本报酬率、经济增加值等，也可能是销售额的迅速提高或创造现金流量。

（2）客户层面。在客户层面，管理者确立了其业务单位将竞争的客户和市场，以及业务单位在这些目标客户和市场中的衡量指标。客户类指标通常包括客户满意度、客户保持率、客户获得率、客户盈利率，以及在目标市场中所占的份额。客户层面使业务单位的管理者能够阐明客户和市场战略，从而创造出出色的财务回报。

（3）内部经营流程层面。在这一层面上，管理者要确认组织必须擅长的关键的内部流程，这些流程能够帮助业务单位提出价值主张，以吸引和留住目标细分市场的客户，满足股东对卓越财务回报的期望。

（4）学习与成长层面。在这一层面上，管理者要确认组织实现长期成长和改善必须建立的基础框架，以及目前和未来成功的关键因素。平衡计分卡的前三个层面一般会揭示企业的实际能力与实现突破性业绩所必需的能力之间的差距，为了弥补这个差距，企业必须投资于员工技术的再造、组织程序和日常工作的理顺，这些都是平衡计分卡的学习与成长层面追求的目标，如员工满意度、员工保持率、员工培训和技能等，以及这些指标的驱动因素。

一份结构严谨的平衡计分卡应当包含一系列相互联系的目标和指标，这些指标不仅要前后一致，而且要互相强化。例如，投资回报率是平衡计分卡的财务类指标，这一指标的驱动因素可能是客户的重复采购和销售量的增加，而这二者是客户的满意度高带来的结果。因此，客户满意度被纳入平衡计分卡的客户类指标。通过对客户偏好的分析发现，客户比较重视按时交货率这个指标，因此，按时交付程度的提高会带来更高的客户满意度，进而提升财务业绩。于是，客户满意度和按时交货率都被纳入平衡计分卡的客户类指标。而较佳的按时交货率又通过缩短经营周期并提高内部过程质量来实现，因此这两个因素就成为平衡计分卡的内部经营流程类指标。企业要改善内部流程质量并缩短周期又需要培训员工并提高他们的技术水平，于是，员工技术成为学习与成长类指标。这就是一个完整的因果关系链，贯穿平衡计分卡的四个层面。

平衡计分卡通过因果关系提供了把战略转化为可操作内容的一个框架。根据因果关系，企业的战略目标可以分解为几个子目标，这些子目标是各个部门的目标；同样，各个子目标可以根据因果关系继续细分，直至最终形成可以指导个人行动的绩效指标和目标。

3. 实施原则

一个结构严谨的平衡计分卡应包含一连串相互关联的目标和量度，这些目标和量度不仅前后连贯，而且互相强化，就像飞行仿真器一样，包含了一套复杂的变量和因果关系，并能描绘出战略的运行轨道和运行计划。

建立一个以战略为评估标准的平衡计分卡必须遵守三个原则：

（1）因果关系原则。

（2）成果量度与绩效驱动因素相结合原则。

（3）与财务关联原则。

这三个原则将平衡计分卡与企业战略相关联，其因果关系链代表了目前的流程和决策会对未来的核心成果造成哪些正面的影响。这些量度的目的是向组织提交新的工作流程规范，并确立战略优先任务、战略成果及绩效驱动因素的逻辑过程，以进行企业流程的改造。

### 9.3.2　平衡计分卡在第三方物流企业中的应用

第三方物流企业在运用平衡计分卡进行绩效管理时，要结合自身的实际情况，同时根据平衡计分卡的四个层面所阐述的价值进行绩效评价。

1. 客户价值

如何为客户创造价值，这是公司的首要任务。平衡计分卡要求管理者把为客户服务的声明转化为具体的测评指标，这些指标应该能够反映真正与客户相关的因素。客户所关心的四类事项包括：时间、质量、性能与服务、成本。第三方物流企业此时要关注的指标包括送货准时率、客户满意度、产品退货率或合同取消数、成交价格等（见表9-1）。

表9-1　客户价值指标的构成

| 目标 | 评价指标 |
| --- | --- |
| 时间 | 送货准时率 |
| 质量 | 客户满意度 |
| 性能与服务 | 产品退货率或合同取消数 |
| 成本 | 成交价格 |

### 2.内部经营流程

这一层面的目标是解决"我们必须擅长什么"这一类问题。以客户为基础的指标十分重要，优异的客户绩效来自组织中所发生的流程、决策和行为。物流企业的内部经营流程指标是物流企业绩效评价体系中最能反映其行业和企业特色的指标，需要结合物流企业的特点和客户需求共同确定。内部经营流程指标的构成见表9-2。

表9-2 内部经营流程指标的构成

| 目标 | | 评价指标 |
|---|---|---|
| 价格合理 | | 单位进货价格 |
| 服务质量 | 可得性作业绩效 | 缺货率、供应比率、订货完成率、完成订货发货周期、速度、按时配送率、退货更换时间 |
| | 可靠性 | 按时交货次数、总业务数、配送延迟通知次数、延期订货发生次数 |
| 资源配置 | 硬件配置 | 使用网络化物流管理的客户数/所有客户数 |
| | 软件配置 | 员工完成规定任务的时间、员工完成规定任务的出错率、接受过专业物流教育的员工数/员工总数 |

### 3.学习与成长

这一层面的目标是解决"我们能否持续提高并创造价值"这一类问题。以客户为基础的测评指标和内部经营流程测评指标，确定了公司认为在竞争中取胜最重要的参数。环境和竞争形势要求公司不断改进现有产品和流程，只有通过持续不断地开发新产品、为客户提供更多价值并提高经营效率，公司才能够发展壮大，增加股东价值。学习与成长指标的构成见表9-3。

表9-3 学习与成长指标的构成

| 目标 | | 评价指标 |
|---|---|---|
| 员工学习能力 | 信息系统方面 | 成本信息及时传递给一线员工所用时间 |
| | 员工能力方面 | 员工满意率、员工保持率、员工的培训次数 |
| | 调动员工参与的积极性方面 | 员工建议数量、员工建议被采纳或执行数量 |
| 业务学习与创新能力 | | 研究开发费用增长率、信息系统更新投入占销售额的比率/同业平均更新投入占销售额的比率 |

### 4.财务评价

财务评价的目标是解决"我们怎样满足股东"这一类问题，告诉企业管理者他们的努力是否对企业的经济效益产生了积极的作用。财务评价层面是其他三个层面的出发点和归宿。财务评价指标的构成见表9-4。

表9-4 财务评价指标的构成

| 目标 | 评价指标 |
| --- | --- |
| 生存 | 现金净流量、速动比率 |
| 成功 | 权益净利率、股东权益回报率 |
| 增长 | 相对市场份额增加额 |

在系统性、科学性及可行性等原则的指导下，将平衡计分卡应用于对第三方物流企业绩效的衡量，其重点是根据物流企业本身的特点和物流客户需求的特点，设定恰当的评价指标，提出一个全面衡量物流企业绩效的方法体系。通过采用这种全方位的分析方法，管理者在物流企业的经营绩效与其竞争优势的识别之间搭建了一个桥梁，这必将有利于企业的战略成长。在物流企业绩效评价方法的研究过程中，仅仅集中于理论研究是不够的，还应该结合具体企业的实际情况，制定评价指标，选定适宜的评价方法，进行实证分析和研究。只有这样，才会对第三方物流企业的持续发展提供有益的帮助。

### 9.3.3 平衡计分卡的优缺点

1. 优点

平衡计分卡不仅是一种管理手段，也体现了一种管理思想，那就是：只有量化的指标才是可以考核的；必须将要考核的指标进行量化。组织愿景的达成要考核多方面的指标，不仅包括财务指标，还应该包括客户、内部经营流程、学习与成长等层面的指标。自平衡计分卡提出以后，其对企业全方位的考核及关注企业长远发展的观念受到了学术界与企业界的充分重视。

平衡计分卡主要有以下优点：

（1）有利于克服财务评估方法的短期行为。

（2）有利于整个组织行动的一致，服务于战略目标。

（3）能有效将组织的战略转化为组织各层面的绩效指标和行动。

（4）有助于各级员工对组织目标和战略的沟通和理解。

（5）有利于组织和员工的学习成长和核心能力的培养。

（6）有利于实现组织长远发展。

（7）有利于提高组织整体管理水平。

2. 缺点

平衡计分卡是对传统绩效评价方法的一种突破，但也不可避免地存在一些缺点：

（1）实施难度大

实行平衡计分卡要求企业有明确的组织战略，高层管理者具备分解和沟通战略的能力和意愿，中高层管理者具有指标创新的能力和意愿。因此，管理基础差的企业不可以直接引入平衡计分卡，必须先提高自己的管理水平，再循序渐进地引入平衡计分卡。

（2）指标体系的建立较困难

平衡计分卡对传统业绩评价体系的突破就在于它引进了非财务指标，克服了单一依靠财务指标评价的局限性。然而，这又带来了另外的问题，即如何建立非财务指标体系、如何确立非财务指标的标准以及如何评价非财务指标。我们知道，财务指标的设立是比较容易的，而其他三个方面的指标则比较难以收集，需要企业长期探索和不断总结。而且，不同的企业面临着不同的竞争环境，需要不同的战略，进而需要设定不同的目标，因此企业的管理层在运用平衡计分卡时，应根据企业的战略、运营的主要业务和外部环境进行仔细斟酌。

（3）指标数量过多

如果指标数量过多，指标间的因果关系就很难做到真实、明确。平衡计分卡涉及财务、客户、内部经营流程、学习与成长四类业绩评价指标，按照卡普兰的说法，合适的指标数目是20～25个。其中，财务角度5个，客户角度5个，内部经营流程角度5～10个，学习与成长角度5个。如果指标之间不是完全正相关的关系，那么在评价最终结果的时候，应该选择哪个指标作为评价依据？如果舍掉部分指标的话，是不是会导致业绩评价的不完整？这些都是在应用平衡计分卡时要考虑的问题。

平衡计分卡对战略的贯彻基于各个指标间明确、真实的因果关系，但贯穿平衡计分卡的因果关系链很难做到真实、可靠，就连它的创立者都认为，"要想积累足够的数据去证明平衡计分卡各指标之间存在显著的相关关系和因果关系，可能需要很长的时间，可能要几个月或者几年。在短期内，经理对战略影响的评价，不得不依靠主观的定性判断"。而且，如果竞争环境发生了激烈的变化，原来的战略及与之相适应的评价指标就可能会丧失有效性，从而需要重新修订。

（4）各指标权重的分配比较困难

要对企业业绩进行评价，必然要综合考虑上述四个层面的因素，这就涉及一个权重分配问题。更使问题复杂的是，不但要在不同层面之间分配权重，而且要在同一层面的不同指标之间分配权重。不同的层面及同一层面的不同指标分配的权重不同，可能会导致不同的评价结果。而且平衡计分卡没有说明针对不同的发展阶段与战略需要确定指标权重的方法，因此权重的分配并没有一个客观标准，这就不可避免地使得权重的分配有浓厚的主观色彩。

（5）部分指标的量化工作难以落实

对于部分很抽象的非财务指标的量化工作非常困难，如客户指标中的客户满意程度和客户保持程度、员工的学习与创新指标，以及员工对工作的满意度等。这也使得在评价企业业绩的时候，不可避免地带有主观的因素。

（6）实施成本高

平衡计分卡要求企业从财务、客户、内部经营流程、学习与成长四个层面考虑战略目标的实施，并为每个层面制定详细而明确的目标和指标。在对战略有了深刻理解后，企业需要消耗大量精力和时间把它分解到部门，并找出恰当的指标。而落实到最后，指标可能会多达15～20个，在进行考核与数据收集时，也是一个不轻的负担。同时，平衡计分卡的执行也是一个耗费资源的过程。一份典型的平衡计分卡需要3～6个月去执行，还需要几个月去调整结构，使其规范化。因此，其总的开发时间通常需要1年或更长的时间。

## 9.4　标杆法

标杆（Benchmark）法的应用主要侧重于企业流程层面，主要是将企业尽可能多的业绩指标与竞争对手的业绩指标进行对比分析。因此，获得竞争对手的业绩指标是实施该方法的关键。竞争对手的业绩指标通常可以从行业协会或其他行业出版物，以及统计部门的公开资料中获得，也可以通过专门的市场调查获得。

标杆法就是将那些出类拔萃的企业作为测定基准，以它们为学习对象，迎头赶上，进而超越。一般来讲，标杆法除了要求测量相对好的公司的绩效外，还要发现这些优秀公司是如何获得这些成就的，并将这些信息作为制定企业绩效目标、战略和行动计划的基准。标杆法对于那些没有处于领先地位的企业是非常有用的。例如，一个企业发现竞争对手推出一种产品时，马上分析为什么它的产品那么有竞争力，这就是一种反应性标杆法。尽管反应性标杆法比较被动，但企业一旦通过杠杆的实施过程找到了竞争对手的优势，那么企业也可以获得知识，创造各种方法，超过竞争对手。

### 9.4.1　标杆法的分类

标杆法一般可以分为以下三种：

1. 战略性标杆

这是指将本企业的市场战略与其他企业的市场战略进行比较。战略性标杆通常包括以下几个方面的问题：

（1）竞争对手强调什么样的市场？

（2）竞争对手的市场在哪里？

（3）支持竞争对手市场战略的资源水平是什么？

（4）竞争对手的竞争优势集中于哪些方面？

2. 操作性标杆

操作性标杆以职能性活动的各个方面为重点，找出有效的方法，以便在各个职能上都取得最好的成绩。为了解决主要矛盾，一般选择对标杆职能有重要影响的有关职能和活动，以使企业能够获得最大的收益。

3. 支持活动性标杆

企业内的支持功能应该显示出比竞争对手更好的成本效益，通过支持活动性标杆控制内部间接费用，防止费用上升。

### 9.4.2　实施标杆法的关键因素

标杆法的实施会受到多种因素的影响，其中有些是关键性的因素。绩效指标必须能为全体人员实实在在地接受，而不能搞形而上学或者其他的形式主义。全体人员必须把绩效标杆看作建立企业竞争战略的长久措施，同时，企业高层领导的支持也是十分关键的因素。

　　企业还应注意收集有关数据。首先要了解哪些企业是一流的，其次分析为什么这些企业能够成为一流的企业，最后确定衡量标杆法实施效果的定量分析法。总之，标杆法的成功实施依赖于细致的、准确的数据和信息处理。

　　管理人员必须把实施标杆法的过程看作向其他企业学习和改进本企业工作的一个有效途径。在一些经营较好的企业中，有些人不愿承认竞争对手的优势，认为树立标杆没有必要，这种思想在实施标杆法的过程中是十分有害的。所谓"人无远虑，必有近忧"，从思想深处认识到标杆的作用也是实施标杆法的关键因素之一。

### 9.4.3　实施标杆法的过程

罗伯特·坎普（Robert Camp）提出了实施标杆法的五个阶段。

1.计划阶段

计划是第一个阶段，也是最关键的阶段。在此阶段，企业要提出哪些产品或者职能需要实施标杆法，选择哪一个企业作为目标，需要什么样的数据和信息来源等。计划阶段应该集中精力解决标杆实施的过程和方法问题，而不是追求某些数据指标。

2.分析阶段

分析阶段的主要工作是数据和信息的收集和分析。企业必须分析为什么被定位为标杆的企业更好一些，它在哪些方面是优秀的，本企业与标杆企业的差距到底有多大，怎样把标杆企业的成功经验用于本企业等问题。这一阶段是关键阶段，因为如果目标定位不准，将导致后续工作偏离预定目标。

3.整合阶段

整合是将标杆实施过程中的新发现在组织内部进行沟通，使有关人员了解和接受这些新发现，然后基于这些新发现建立企业的运作目标和操作目标。

4.行动阶段

确定项目、子项目的负责人，落实绩效标杆计划和目标，建立一套报告系统，对计划和目标进行修改和更新。

5.正常运作阶段

当标杆法成为确定绩效计划、目标的方法时，就进入了正常运作阶段。

### 9.4.4　实施标杆法的收益

企业可以通过实施标杆法获得一定的收益，主要表现在：

　　第一，帮助企业辨别最优秀的企业及该企业优秀的管理功能，并将之吸收到企业的经营计划中来，通过标杆活动改进工作绩效。这个过程可以激励管理人员更好地完成绩效计划，使员工发挥出更高的创造性，取得实施标杆法的实际效益。

　　第二，可以克服阻碍企业进步的顽疾。管理者通过对比外界的情况，找出本企业中深层次的问题和矛盾，再根据标杆企业的成功做法，决定采取何种措施保持本企业的持续发展。

第三，可以发现过去没有意识到的技术或管理上的瓶颈。

第四，可以使企业内各部门的结合更加紧密。

### 9.4.5　标杆法在第三方物流企业绩效管理中的应用

对于第三方物流企业而言，标杆法是企业真实衡量自己的物流水平、找出本企业物流作业及管理的差距、提高物流作业及管理水平的重要工具。运用标杆法评价及改进第三方物流企业绩效管理的步骤如下：

1. 确定第三方物流企业绩效管理的指标

围绕当前的企业战略，确定企业物流绩效管理的主要指标。指标的设置不需要面面俱到，关键是针对当前物流管理中存在的主要问题进行选择，把握问题的重点和实质。

2. 确定第三方物流企业绩效管理的标杆

第三方物流企业应选择本行业内物流绩效管理效率最高的企业作为标杆。如果行业内其他物流企业的绩效管理效率并不突出，或者本企业在行业内就具有较高的管理效率，则有必要将标杆选择范围扩大到相关行业。在选择标杆的过程中，应注意信息的可获得性，只有充分获得标杆企业的资料，才能有效发挥标杆法的功效。

3. 确定第三方物流企业绩效管理的真实水平和差距

第三方物流企业通过对标杆企业及自身物流管理的相关信息的收集与分析，确定自身的管理水平和真实绩效水平，通过与标杆企业进行对比，明确差距所在，找出产生差距的原因。因此，在本阶段中，相关企业绩效管理信息的获取尤为重要。

4. 制订第三方物流企业绩效改进方案

针对阻碍第三方物流企业绩效提高的各种原因，借鉴标杆企业的成功经验，第三方物流企业可以制订缩小、消除差距乃至超越标杆企业绩效水平的实施方案，确定自己及各供应链合作伙伴改进的方向、重点及步骤。

5. 实施第三方物流企业绩效改进方案并监控实施效果

按照第三方物流企业绩效改进方案确定的步骤，改进内部流程作业和管理流程，优化各部门之间的合作和配合，落实相关的人、财、物，建立相应的报告系统，监控方案的实施情况，并及时进行总结，以便于进行持续性的改进。

### 案例分析　　　　　　　UPS（DL）的平衡计分卡

UPS（United Parcel Service）于1907年成立于美国西雅图，是全球最大的快递承运商与包裹递送公司，其提供专业的运输、物流、资本与电子商务服务。UPS为全球220个国家和地区提供服务，拥有将近40万名员工，2012年的营业收入已达541亿美元。其为全球第九大航空公司，自有货机269架、租赁305架，每日为全球880万客户提供服务。UPS公司在全球拥有1700多家分支机构，其高质量的服务保障极大地倚赖于强大的网络，这就要求UPS所有的分支机构在操作流程和标准上保持一致。作为UPS的分支机构之一，UPS（DL）所有的职能都是直接向上一级职能部门负责，首要使命是保证日常的操作流程和服务标准严格按照统一要求执行。但满足国际标准化要求，就必然无法与本土客户的需求及市场状况完全接轨，当客户需求与统一标准差距较大时，就不能做出相应的反应和调整，从而影响企业的绩效管理，乃至经营结果。

**一、战略与目标的确立**

平衡计分卡是一种将企业战略和绩效结合起来的评价工具：企业战略为平衡计分卡的绩效提供了目标，平衡计分卡则保证了企业战略的成功实施。没有足够清晰而明确的战略目标，平衡计分卡就会失去方向，因此确立清晰而明确的战略目标对于平衡计分卡的应用至关重要，关系其作用和价值的发挥。

UPS（DL）分公司的价值观是诚信、团队合作、服务、质量和效率、安全、可持续性及创新，因此，平衡计分卡需要将财务、客户、内部经营流程、学习与成长四个维度有机地结合起来。

**二、评价指标的建立**

在战略实施过程中，一项重要的工作就是从财务、客户、内部经营流程、学习与成长四个维度将公司目标分解为即期目标，再将即期目标细分为能够体现其功能特点的具体综合指标。基于公司战略目标，应建立如下各项评价指标：

**1. 财务维度**

（1）出口产品收入增长。出口产品收入包括国际上各项业务产品的出口收入总和，不包括国内业务货量。衡量频率为月，每个季度加总。公司的市场部负责数据的收集和管理。该指标对应了保持业务增长的战略目标。

（2）毛利润增长。毛利润增长指标衡量的是扣除运输成本之后的实际收入与计划收入的比值。收入只扣除业务成本，不扣除管理成本。衡量频率为月，每个季度加总。公司的市场部负责数据的收集和管理。该指标对应了增加产品价值的战略目标。

（3）税前利润增长。税前利润指标反映了公司的经济状况。它表明战略执行对股东价值的贡献。衡量频率为月，每个季度加总。公司的财务部负责数据的收集和管理。计算方法为实际利润除以计划利润。

**2. 客户维度**

（1）转运时间。转运时间衡量的是服务的可靠性。衡量频率为月，操作系统会自动记录和统计数据报告，计算方法为所有被衡量的货件数量除以延误派送的货件数量。

（2）客户端数据上传。该指标衡量客户端数据上传的及时性。所谓及时性指的是在UPS操作部门进行数据捕捉之前，客户已经将其出货的数据资料上传到UPS系统。其及时性可以提高客户提供给海关的申报数据的质量，同时也降低了重新捕捉在操作过程中有可能造成的数据丢失的成本。衡量频率为月，操作系统会自动捕捉信息并提供报告。计算方法：有效性和目标之比。对应建立高效的客户管理流程和提高服务效率的战略指标。

（3）客户流失率。该指标显示了可能由于客户的不满意，竞争对手的更具竞争力的价格或者市场营销策略，或者和客户生命周期相关的其他因素而导致的客户流失。衡量频率为月，每个季度加总。市场部负责数据的收集和管理。计算方法：当年同期货量和上年同期货量的差值与上年同期货量之比。

**3. 内部经营流程维度**

（1）营业杠杆。衡量毛收入增长转换为净收入增长的效率，其本质是测度管理效率。衡量频率为月。财务部负责数据的收集和管理。计算方法为当年与上年收入比值除以当年与上年的费用。对应高效资源利用的战略目标。

（2）索赔费用。衡量实际赔付成本和计划结果的比较。该指标可以更好地帮助公司驱动正向营业杠杆，提高营运利润。衡量频率为月，财务部负责数据的收集和管理。计算方法：实际赔付金额降低的百分比和计划降低的百分比之比。对应提高服务质量和有效降低成本的战略目标。

（3）赔付时间。服务的补救是客户满意度中极为重要的一点，而赔付时间的缩短正可以改善客户满意度。衡量频率为月，每个季度加总。索赔部门负责数据的收集和管理。计算方法：当年赔付所需时间减去上年所需时间与上年时间之比。

4．学习与成长维度

（1）工伤频率。这里的工伤指因工作原因造成，且导致一段时间内不能工作的伤害。衡量频率为月，每月累计年初至统计时间的数据。人力资源部负责数据的收集和管理。计算方法：基于每20万小时产生的工伤次数，即累计工伤次数×200 000/累计员工工作小时数。对应安全及提高服务质量的战略目标。

（2）车辆事故频率。衡量频率为月，每月累计年初至统计时间的数据。人力资源部负责数据的收集和管理。计算方法：基于每10万小时产生的车辆事故次数，即累计车辆事故次数×100 000/累计驾驶员工作小时数，以实际的车辆事故频率和计划车辆事故频率的比值得出车辆事故频率的百分比。对应安全及提高服务质量的战略目标。

（3）TLA频率。指Talk、Listen、Action，意即：员工说、管理者听、达成一致一起行动。其衡量全体员工中沟通人数的比率。衡量以年为单位，由人力资源部负责数据记录。该指标是完成TLA的人数和所有员工人数的比值。

（4）培训完成率。要求根据员工的不同状态及业务需求，设置培训计划，并在相应时间段内完成计划。该指标以完成的培训项目为单位，由人力资源部负责数据的收集和管理。该指标是按计划完成的培训项目数和计划项目数的比值。

三、平衡计分卡系统建立

1．权重分配：将权重指标的最高值根据重要性程度对本层次指标内的不同指标进行合理有效的分配，通常采用德尔菲权重确定法，即通过打分小组来确定权重。

2．数据综合处理：确定定性定量等各项数据、指标的权重值，并进行全面综合分析。先对基层指标值进行处理，然后依据基层指标的逆处理得到上一层次相对应的指标，再依次得到最高层指标。

3．绩效评价体系：通过上述处理分析，以及对不同指标的计算及设计，有效联系公司的实际情况，就可得到UPS（DL）的平衡计分卡，如表9-5所示。

表9-5　　　　　　　　　　　　　UPS（DL）的平衡计分卡

| 目标层 | 维度 | 权重 | 指标 | 权重 | 权系数 |
|---|---|---|---|---|---|
| 实现企业长期经营绩效 | 财务维度 | 30% | 出口产品收入增长 | 33.3% | 10% |
| | | | 毛利润增长 | 33.3% | 10% |
| | | | 税前利润增长 | 33.3% | 10% |
| | 客户维度 | 30% | 转运时间 | 33.3% | 10% |
| | | | 客户端数据上传 | 33.3% | 10% |
| | | | 客户流失率 | 33.3% | 10% |
| | 内部经营流程维度 | 20% | 营业杠杆 | 50% | 10% |
| | | | 索赔费用 | 25% | 5% |
| | | | 赔付时间 | 25% | 5% |
| | 学习与成长维度 | 20% | 工伤频率 | 25% | 5% |
| | | | 车辆事故频率 | 25% | 5% |
| | | | TLA频率 | 25% | 5% |
| | | | 培训完成率 | 25% | 5% |

（资料来源：戴冬恰．平衡计分卡在UPS（DL）绩效管理中的应用研究［D］．大连：大连理工大学，2014）

分析思考：

（1）USP（DL）运用平衡计分卡的指标是如何选取的？

（2）该平衡计分卡在实际的绩效管理应用中有无缺陷？

（3）该平衡计分卡中有哪些指标可以进一步改善？

（4）有无更好的方法对第三方物流企业进行绩效评价？

## 本章小结

在激烈的竞争环境中，我国第三方物流企业只有科学评价自己的绩效，准确了解自身状况，找出自身存在的优势与劣势，才能在复杂的市场环境中制定出正确的发展战略和经营措施，塑造出核心竞争力，不断扩大市场，使企业立于不败之地。因此，科学、全面地分析和评价物流企业的运营绩效，已成为物流企业的迫切需要。企业物流绩效评价是指运用数理统计和运筹学的方法，采用特定的指标体系，对照一定的评价标准，按照一定的程序，通过定量、定性分析，对一定经营期间内的物流经营效益和经营者的物流业绩做出客观、公正和准确的综合评价。

我们可以从功能性、经营性、稳定性三个方面来有效评价企业的绩效，为第三方物流企业绩效管理提供较好的视角。在建立第三方物流企业绩效评价指标体系的过程中，遵循的基本原则包括全面性、系统性、代表性、经济性、可操作性、相对稳定性、层次性和可比性。

关键绩效指标（KPI）是指通过对组织内部流程输入端和输出端的关键参数进行设置、取样、计算、分析，以衡量流程绩效的一种目标式量化管理指标，是把企业的战略目标分解为可操作性的工作目标的工具，是企业绩效管理的基础。

平衡计分卡（BSC）是一种能够有效反映无形资产的真实价值并将其转化为企业利益的工具。平衡计分卡打破了传统的只注重财务指标的业绩管理方法，认为传统的财务会计模式只能衡量过去发生的事情（落后的结果因素），而无法评估具有前瞻性的投资（领先的驱动因素），组织应从四个维度审视自身业绩，即财务、客户、内部经营流程、学习与成长。

标杆法就是将那些出类拔萃的企业作为测定基准，以它们为学习对象，迎头赶上，进而超越。标杆法一般可以分为三种：战略性标杆、操作性标杆和支持活动性标杆。

## 关键概念

物流绩效　绩效管理　指标体系　关键绩效指标　平衡计分卡　标杆法

## 思考题

1.第三方物流绩效管理的原则及特殊性有哪些？

2.第三方物流企业进行绩效评价时应遵循怎样的步骤？

3.阐述关键绩效指标和平衡计分卡在第三方物流企业绩效管理中的应用。

4.平衡计分卡的主要优点和缺点是什么？

5.阐述第三方物流企业在应用标杆法进行绩效管理的过程中应注意的关键因素。

6.试用本章所学理论和方法为一家企业构建物流绩效评价指标体系。

# 第10章

# 第四方物流概述

## 💧 学习目标

随着物流技术的不断发展和电子商务的迅速普及与渗透，供应链上各节点企业对内整合资源和向外扩展的需求不断扩大，各类企业或主动或被动地开始实施供应链管理。供应链管理模式不断深化整个产业链上各企业之间的分工，提升专业化水平，进而提高生产效率，这就对物流方案设计和组织协调水平提出了更高的要求。同时，第三方物流企业也不断将其内部的物流设计和运作之间的分工转向外部市场，以进一步提升专业化水平，提高效率。作为产业分工深化的结果，第四方物流从传统的供应链管理中脱颖而出。通过本章的学习，我们将了解第四方物流的基本概念及产生的背景，并重点关注第四方物流与第三方物流之间的区别；掌握第四方物流服务应该具备的功能和特点，了解第四方物流基本的组织形态。

## 💧 导入案例

### "宝供"的物流服务模式

宝供物流企业集团有限公司（以下简称"宝供物流"）创建于1994年，总部设在广州，是国内第一家经工商行政管理总局批准以物流名称注册的企业集团，是中国最早运用现代物流理念为客户提供物流一体化服务的专业公司，也是我国规模大、影响力强的第三方物流企业。公司在全国65个城市设有7个分公司、8个子公司和50多个办事处，形成了一个覆盖全国并向美国、澳大利亚、泰国等地延伸的国际化物流运作网络和信息网络，与国内外近百家著名企业结成战略联盟（其中包括宝洁、飞利浦、联合利华、通用电气、松下、三星、东芝、LG、壳牌、丰田汽车、雀巢、卡夫等多家世界500强企业），为它们提供商品以及原辅材料、零部件的采购、储存、分销、加工、包装、配送、信息处理、信息服务、系统规划设计等供应链一体化的综合物流服务。同时，宝供物流也是中国物流百强企业、中国5A级物流企业。

过去，宝供物流作为一家普通的储运公司，只提供传统物流服务，即只为客户提供单纯的储运服务，与客户的关系基本只是短期的交易关系，其流程及公司整体架构不足以维持与客户的稳定关系，后来，其又为客户提供物流信息管理服务，信息透明度在物流过程中得到充分体现，而这个物流过程在中国物流业界成了一个典型。通过提供信息咨询、仓储、装卸、运输、订单履行、售后等综合的物流服务，其和客户的关系逐渐发展成为一般的中短期合约关系。随着资本及人才储备的增加，宝供物流又发展成为领先物流企业（Leader Logistic Provider, LLP），LLP不仅是物流服务商，而且为客户管理所有的物流业务，管理客户的所有物流服务商以及所有的物流环节，负责信息技术的集成、相关标准的制定，以及物流绩效的评估。LLP和客户的关系更近了一步，一般是中长期的合约关系。现在，宝供物流开始为客户提供供应链一体化服务，为客户提供供应链管理，从而利用信息将供应链上的各个企业连接起来，成为客户和物流服务商之间的沟通平台；提供各环节相关信息咨询与供应链最优解决方案，以提高整条供应链的绩效，降低供应链各环节的成本；与客户的关系基本比较稳定，将合作伙伴变成了长期稳定的合作对象。基于这种模式，宝供物流自称为"供应链一体化服务商"。

（根据相关的公开资料整理）

**案例思考：**

 （1）为什么如此众多的顶尖制造企业会选择宝供物流作为自己的合作伙伴？

 （2）宝供物流到底为其客户提供了怎样特殊的物流服务？

 （3）传统的物流服务与宝供物流的"供应链一体化服务"到底有什么区别？

 （4）宝供物流是如何与客户保持长期稳定的合作关系的？

## 10.1　第四方物流的概念及成因

  随着经济全球化，以及市场竞争的不断深化和加剧，企业建立竞争优势的关键，已由节约原材料的"第一利润源泉"、提高劳动生产率的"第二利润源泉"，转向建立高效的物流系统的"第三利润源泉"。企业物流组织模式也呈现出多样化的发展趋势，既有以生产、制造为核心的企业自营物流模式，也有以物流合作为基础的物流战略联盟模式、基于物流系统外包的第三方物流模式，更有基于供应链集成的第四方物流模式。

### 10.1.1　第四方物流的概念

  第四方物流（the Fourth Party Logistics，4PL）的概念是由美国埃森哲（Accenture）管理咨询公司首先在1996年提出并注册的，该公司将第四方物流定义为："所谓第四方物流，是一个供应链的整合者及协调者，调配与管理组织本身与其他互补性服务所有者的资源、能力和技术来提供综合的供应链解决方案。"该公司认为，企业将由20世纪70年代自行运营（Insourcing）各项物流功能，到80至90年代开始出现把物流功能外包（Outsourcing）给第三方物流提供者的趋势，继续发展为企业专注在其核心事业上，而将其在全球供应链上有关物流、资金流、商流、信息流的管理与技术服务，统筹外包给一个可以提供一站式整合服务的服务提供者。这种多元化整合服务不是单单一个第三方物流企业所能及的，必须整合多个第三方物流与管理顾问及科技咨询公司等的能力，而这个服务联盟的主导就是所谓的第四方物流。

  从第四方物流的这个定义可以看出，第四方物流提供商必须开发先进的集成和同步化技术，将供应链上的各个企业所拥有的资源、技术及业务能力进行优化整合，以便提高供应链的整体运作绩效。所以说，第四方物流服务商是个相关实体互相联系和交流的枢纽。

  第四方物流服务商基于整个供应链过程考虑，扮演着协调人的角色：一方面与客户协调，与客户共同管理资源、计划和控制生产、设计全程物流方案；另一方面与各分包商协调，组织完成实际物流活动。因此，第四方物流提供的是一种全面的物流解决方案，与客户建立的是长期、稳固的伙伴关系。

### 10.1.2　第四方物流的产生背景

**1.物流业务外包发展的必然产物**

第四方物流作为供应链管理的一种新的模式，它的出现是物流业务外包的必然产物。企业物流业务外包有三个不同的层次，每个层次都比上个层次更加有深度和广度：

第一层次是传统的物流外包。企业与一家物流服务提供商签订合同，由其提供单一的、明确界定的物流服务，如把仓储外包给专业仓储公司、把运输外包给专业运输公司、委托专门的结算机构代结货运账、委托海关经纪人代为通关、委托进出口代理商准备进出口文件。

第二层次是第三方物流。企业与一家物流提供商签订合同，由其提供整合解决方案，包括两种或更多的物流服务，并且给予其一定的决策权，如货运代理决定用哪一家运输公司，如何进行运输管理、进货管理、整合的仓储和运输管理。

第三层次是第四方物流。在利用所有第二层次服务的基础上，获得增值的创新服务，如供应链网络结构设计、全球采购计划、IT功能的强化和管理、商品退货和维修、持续的供应链改善。

第四方物流在复杂的供应链管理中担负着主要的任务，是供应链外部协作的重要组成部分。它对供应链的物流进行整体上的计划和规划，并监督和评估物流的具体行为和效果。对于供应链的管理来说，第四方物流是对包括第四方物流服务商及其客户在内的一切与交易有关的伙伴的资源和能力的统一。

**2.效率和效益的最大化要求**

随着科技的进步和市场的统一，供应链中很多供应商和大的企业为了满足市场需求，将物流业务外包给第三方物流服务商，以降低存货的成本，提高配送的效率和准确率。但是，第三方物流缺乏较综合的、系统性的技能，具有整合应用技术的局限性，加上全球化网络和供应链战略的局部化，使得企业在将业务外包时不得不将业务外包给多个单独的第三方物流服务商，从而增加了供应链的复杂性和管理难度。市场的这些变化对物流和供应链管理提出了更高的期望，这在客观上要求将现代科技、电子商务和传统的商业运营模式结合起来，在供应链中构造一个将供应链的外包行为联结在一起的统一单位，而不是像以前那样单独的行为。

从管理的效率和效益来看，对于将物流业务外包的企业来说，为获得整体效益的最大化，它们更愿意与一家公司合作，将业务统一交给能提供综合物流服务和供应链解决方案的企业。而且，由于在供应链中信息管理变得越来越重要，所以也有必要将物流管理活动统一起来，以充分提高信息的利用率和共享性，提高外包的效率和效益。供应链管理中外包行为的这些变化促使很多第三方物流服务商与咨询机构和技术开发商开展协作，以增强竞争能力，由此产生了第四方物流。

**3.日益激烈的市场竞争要求**

经济全球化导致市场竞争日益加剧，企业对自身利润的深层次挖掘成为竞争的重要手段之一。由此，降低物流成本的追求就使物流提供商有必要从更高的角度来审视整个物流流程，并以此为基础来提供物流服务。把物流服务从具体的运输管理协调和供应链管理上升到对整个物流供应链的整合和供应链方案的再造设计，就成为物流企业新的职责和任务。

4.弥补第三方物流的不足

第三方物流主要利用自有的交通运输工具、物流基础设施和一些最基本的物流信息，为企业提供具体的物流运作服务，但并不参与整个被服务企业的物流供应。因此，也就不能站在整体的高度来看待客户的整个供应链。同时，也缺乏整合整个供应链流程所需的战略专业技能。

作为一个提供全面供应链解决方案的供应链集成系统，第四方物流可以站在较第三方物流更高的高度，不受约束地将每一个领域的最佳物流提供商组合起来，为客户提供最佳物流服务，进而形成最优物流方案或供应链管理方案。

第四方物流实际上是一种新的供应链外包形式，这种形式正在通过比传统的供应链外包协议更多的成本降低和资产转移来实现。通过与行业最佳的第三方服务供应商、技术供应商、管理顾问的联盟，第四方物流组织可以创造任何单一的物流服务提供商无法实现的供应链解决方案。

5.顾客服务期望及现代网络技术的应用

在当今的供应链环境中，顾客对他们的供应商的期望越来越高。这种服务需求的增加随着现代电子通信技术的发展而得到了强化。这些技术在提供的物流服务比过去有了实质性改善的同时，也会驱使顾客期望服务更大程度地改善。而顾客未满足的期望推动企业重新评估它们的供应链战略。这两种因素相互作用，共同推动了这种物流外包形式的产生。

### 10.1.3　企业物流组织模式的演化

1.内部一体化——自营物流模式

传统的自营物流主要源于企业生产经营的纵向一体化。企业自备仓库、送货车辆等物流设施，内部设立综合管理部门，统一企业物流运作。

企业采用自营物流模式具有如下几个积极作用：

（1）掌握控制权。对于企业内部的采购、加工和销售环节，原材料和产成品的性能、规格，供应商以及销售商的经营能力，企业自身掌握最详尽的资料。企业自营物流，可以运用自身掌握的资料有效协调物流活动的各个环节，能以较快的速度解决物流活动管理过程中出现的问题，获得供应商、销售商以及最终顾客的第一手信息，以便随时调整自己的经营战略。

（2）盘活企业原有资产。企业选择自营物流，可以在改造企业经营管理结构和机制的基础上盘活原有物流资源，带动资金流转，为企业创造利润空间。

（3）降低交易成本。选择第三方物流，由于信息的不对称性，企业无法完全掌握物流服务商完整、真实的资料。而企业通过内部组织权力控制原材料的采购和产成品的销售，不必为运输、仓储、配送和售后服务的佣金问题进行谈判，避免多次交易产生的费用以及交易结果的不确定性，降低交易风险，减少交易费用。

（4）提高企业品牌价值。企业自建物流系统，就能够自主控制营销活动，一方面，可以亲自为顾客服务到家，使顾客近距离了解企业、熟悉产品；另一方面，企业可以掌握最新的顾客信息和市场信息，并根据顾客需求和市场发展动向对战略方案做出调整。

同时，企业采用自营物流模式亦存在以下负面效应：

（1）增加了企业投资负担，削弱了企业抵御市场风险的能力。企业为了自营物流，就必须投入大量的资金用于仓储设备、运输设备以及相关的人力资源建设，这必然会减少企业对其他重要环节的投入，削弱企业的市场竞争能力。

（2）企业配送效率低下，管理难以控制。对于绝大多数企业而言，物流部门只是企业的一个后勤部门，物流活动也并非为企业所擅长。在这种情况下，企业自营物流就等于迫使企业从事不擅长的业务活动，企业的管理人员往往需要花费过多的时间、精力和资源去从事辅助性的工作，结果是辅助性的工作没有抓起来，在关键性业务方面也无法发挥出核心作用。

（3）规模有限，物流配送的专业化程度非常低而成本较高。对于规模不大的企业，其产品数量有限，采用自营物流，不能形成规模效应。一方面，导致物流成本过高，产品在市场上的竞争能力下降；另一方面，由于规模有限，物流配送的专业化程度非常低，不能满足企业的需要。

（4）无法进行准确的效益评估。由于许多自营物流的企业内部各职能部门彼此独立地完成各自的物流活动，没有将物流分离出来进行独立核算，因此企业无法计算出准确的产品物流成本，无法进行准确的效益评估。

2.物流职能外包——第三方物流模式

第三方物流是由第三方物流专业企业承担企业物流活动的一种物流形态，它通过与第一方或第二方的合作来提供其专业化的物流服务，它不拥有商品，不参与商品买卖，而是为顾客提供以合同为约束，以结盟为基础，系列化、个性化、信息化的物流代理服务。与自营物流相比，第三方物流具有明显的优势：

（1）能够让企业集中精力于核心业务

由于任何企业的资源都是有限的，很难成为业务上面面俱到的专家，而要想在激烈竞争的市场中占据一席之地，企业必须学会整合资源，借助第三方物流的专业化优势增强企业核心竞争力。

（2）提高企业物流效率

对于大部分企业来说，物流并不是自己最擅长的业务，在管理经验、专业技术、人力资源方面十分缺乏，而且物流作用只能通过规模表现出来，单独一个企业的物流量非常有限，物流效率难以提高。而第三方物流企业可以利用自己庞大的配送网络、专业化的物流技术和业务管理，达到提高物流效率的目的。

（3）减少企业固定资产投资

企业自营物流需要投入巨额资金用于改造或新建仓库、购买物流基础设备、建设信息系统等，这对于中小企业来说是个沉重的负担。而使用第三方物流，不仅可以减少设施设备的投资，还解放了仓库和车队方面的资金占用，加速了资金周转，为企业创造价值。

　　当然，与自营物流相比较，第三方物流服务商在为企业提供上述便利的同时，也会给企业带来诸多的不利，主要有：企业不能直接控制物流职能；不能保证供货的准确性和及时性；不能保证顾客服务的质量和维护与顾客的长期关系；企业将放弃对物流专业技术的开发等。比如，企业在使用第三方物流时，第三方物流公司的员工经常与企业的客户发生交往，此时，第三方物流公司会通过在运输工具上喷涂其自己的标志或让公司员工穿着统一服装等方式来提升第三方物流公司在客户心目中的整体形象从而取代企业的地位。

　　3.物流战略联盟——第四方物流模式

　　物流战略联盟是以物流为合作基础的企业战略联盟，它是指两个或两个以上独立经营的企业组织在某个时期内出于对整体市场的预期和企业自身经营目标、经营风险的考虑，为达到共创市场、共担风险、共享利益等战略目标，通过签订协议、契约等方式结成的优势互补、风险共担、要素水平双向或多向流动的松散型网络组织。物流战略联盟的意义在于：

　　（1）降低生产成本

　　由于企业之间存在着资源的相互依赖和经济活动的互补性，这些资源和经济活动在联盟中能够得到新的组合和延伸，从而使企业降低交易成本，获取更多的潜在利润。

　　（2）学习并形成新的知识和技能

　　在联盟过程中，可以利用与伙伴的合作机会相互学习，一个公司要保持战略领先，必须有不断学习的能力和机会。不断更新知识和技能对于一个企业来说是非常重要的。从长期来看，企业的可持续竞争优势来自比竞争对手更强的学习和吸收能力。这里的学习不仅包括知识的传输，还包括知识的创造。战略联盟创造了学习机会和一个分享知识的环境，使公司容易接受新技术并能在内部进行顺利转换，循序渐进地提高效率。

　　（3）获取本身缺少的战略资源

　　企业战略联盟的意义在于优势互补，拥有关键的战略性资源的公司可以从中获得持续的竞争利益。随着一些战略资源日趋复杂化，它们不容易被分拆引进，也不能被模仿和再造。在这种情况下，那些需要使用其他公司战略资源的公司最好采用联盟的方式达到目的，因为如果买进另外一个公司的全部或部分股份以期掌握战略资源，很可能导致更高的成本。战略联盟也可用于获取那些补充性资源，如分销网络，而无须花费巨额成本在内部构建那些资源。

　　（4）提高运作效率

　　由于联盟各方都是以各自的核心资源进行联合协作，在当今分工日益深化的社会经济背景下，企业战略联盟的实力是单个企业无法比拟的，它可以综合各方面的资源优势来完成单个企业难以胜任的各项经营任务，具有提升企业竞争力、分担风险、防止过度竞争、扩张市场以及获得规模经济和范围经济效应等高效功能。

　　（5）应对潜在竞争者的威胁

　　随着现代物流需求的增长和现代物流理念的传播，大型传统储运企业纷纷向第三方物流企业转型，一些大型制造企业如海尔、一汽、青岛啤酒等企业的物流部门也纷纷向专业物流企业转型。另外，各种大大小小的运输、仓储企业甚至小型送货、送报企业也都纷纷打起了物流的牌子，进入物流市场，使国内物流市场竞争更加激烈。

大量新进入者的加入会导致行业服务供应能力的扩大，也必然带来激烈竞争，使服务价格下跌；与此同时，行业新进入者也带来对有限资源的竞争，使行业生产成本升高，从而导致行业的平均利润下降。所以，现有物流企业一方面可以通过与客户企业建立战略联盟来规避这一风险，另一方面也可以与自己的竞争者结成战略联盟，将威胁化解为更大的机遇。

物流模式及其服务组织的演化过程如图10-1所示。

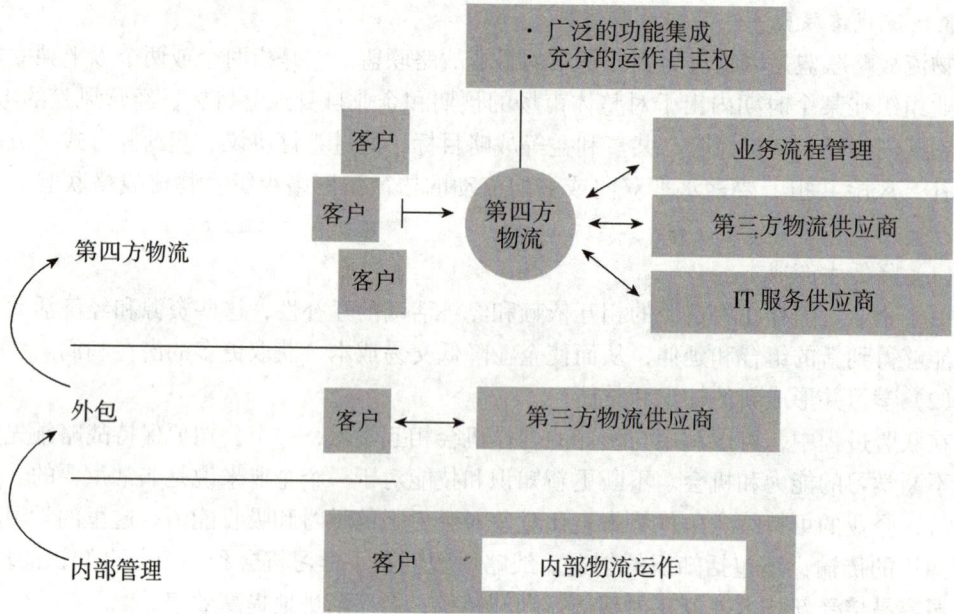

图10-1 物流模式及其服务组织的演化过程

## 10.2 第四方物流服务的内容

### 10.2.1 第四方物流服务基础

专业化分工以及市场竞争的加剧，使物流服务呈现出一些新特征，主要包括分布性、异构性、动态性、竞争性、协同性和可重构性等。这些特性对物流的敏捷化运作和协同管理提出了新的要求。第四方物流提供的仍然是物流服务，因此物流功能的实现情况及技术应用水平仍然直接决定第四方物流的运作效率和效益。为了选择合适的物流模式、更好地实现运作协同，客观上要求对第四方物流服务建立一种准确的、基于统一技术标准的模型。具体的需求包括：

针对物流服务分布性、异构性以及可重构性的特点，为了实现物流服务的远程协作和良好的互操作与集成，物流服务应该采用统一的基于标准的描述规范和通信协议，并实现

第 三 方 物 流　　221

第10章　第四方物流概述

物流服务的接口描述和服务实现的分离。

针对物流服务动态性的特点，物流服务模型应该支持静态信息和动态信息相结合的描述模型，这既能反映物流服务的静态特性，又能反映物流服务及物流资源的动态特性。

为了增强第四方物流对市场的敏捷性，支持快速准确地获取所需要的备选物流服务集，物流服务模型应该具备机器可理解和处理的语义信息，从而增强服务检索的智能性和提高检索结果的准确性。

为了支持快速地从备选的物流服务集中选择合适的物流服务，物流服务模型除了具备服务功能模型语义描述以外，还应该具有决定服务选择评价标准的非功能性描述，即服务质量（Quality of Service，QOS）信息描述。

1. 第四方物流的能力构成

第四方物流的能力构成如图10-2所示，只有具备了这些能力，才能具备以下主要功能：

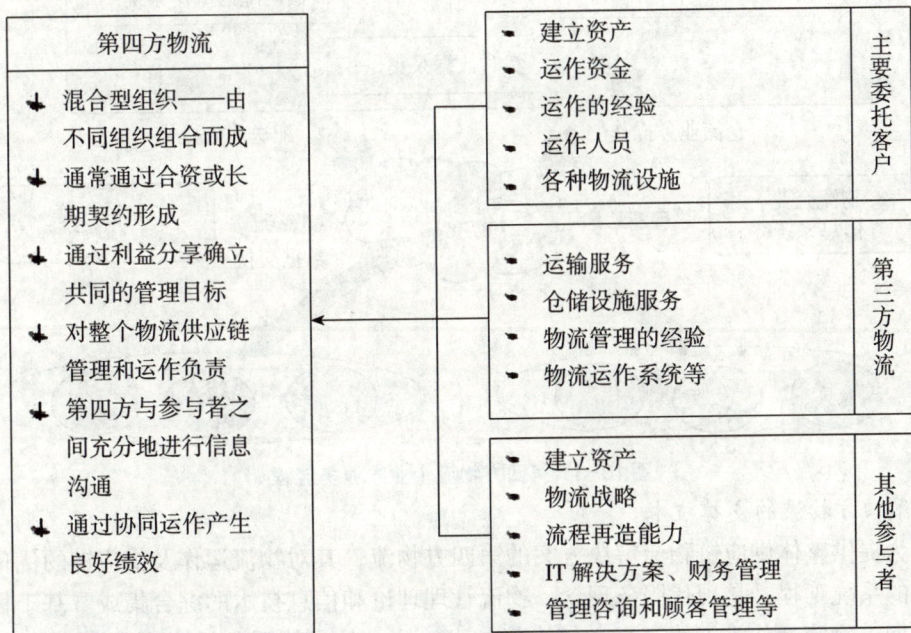

图10-2　第四方物流的能力构成

（1）供应链管理，即管理从货主/物流企业到客户的供应全过程。

（2）物流一体化，即管理物流企业之间在业务操作上的衔接与协调问题。

（3）供应链再造，即根据货主/物流企业在供应链战略上的要求，及时改变或调整战略战术，使其高效率地运作，保证所提供的物流服务速度更快、质量更好、价格更低。

2. 第四方物流的业务流程

第四方物流通过其主体业务功能和辅助功能实现信息共享。同时，通过物流信息门户网站和客户服务系统实现与客户的信息交流；通过数码仓库应用系统和数码配送应用系统实现物流资源的调度和实时数据采集；物流企业信息系统和客户系统通过互联网进行数据的交换，分别与仓库、物流中心和运输公司实现信息共享（业务流程如图10-3所示）。

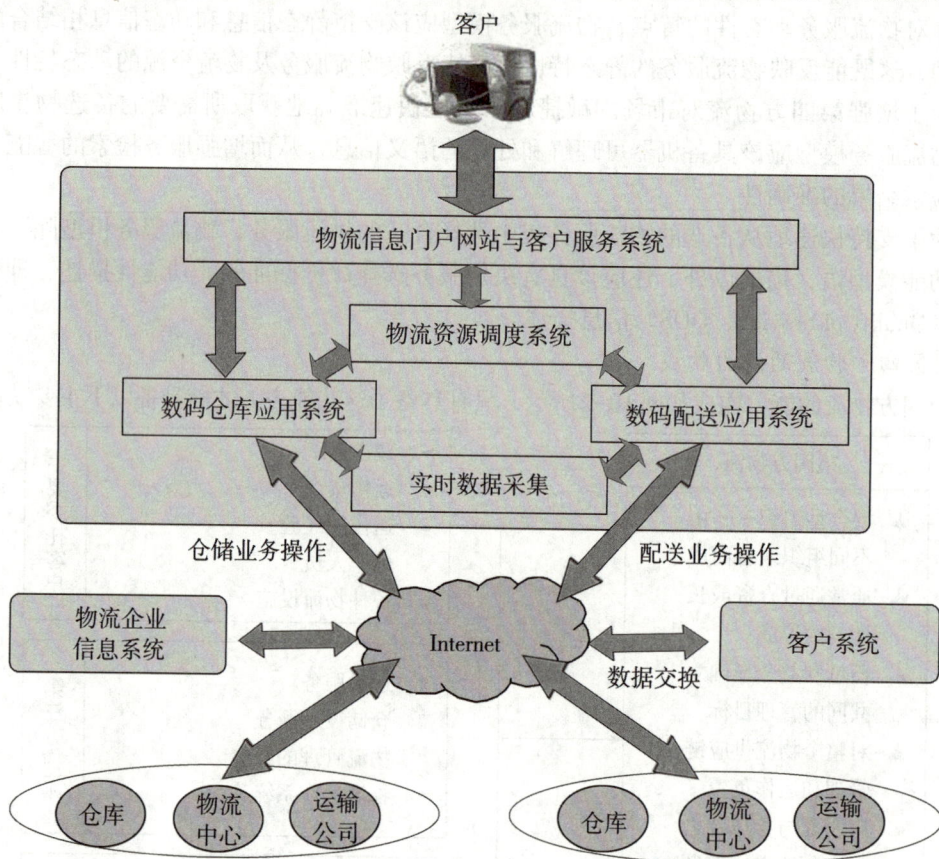

图10-3　第四方物流企业的业务流程

3.第四方物流的支撑技术

作为提供整体供应链物流解决方案的第四方物流，其对物流运作及供应链的优化是一项复杂的系统工程，是现代服务理念、物流管理理论和信息技术的综合集成。基于物流服务的第四方物流运作涉及大量的关键支撑技术，这一技术体系包括第四方物流运作技术、物流管理技术和信息支撑技术三大类关键支撑技术。

（1）物流运作技术

第四方物流运作技术是第四方物流区别于第三方物流特有的相关关键技术，包括面向网络动态联盟的第四方物流组织管理技术、基于Web服务的物流服务管理技术、面向客户需求的物流任务管理技术、基于流程化运作的物流服务链运作技术以及第四方物流服务绩效管理技术等。

（2）物流管理技术

物流管理技术是面向服务的第四方物流运作过程中涉及的相关物流职能的管理和运作技术，包括商品的仓储管理、商品的运输管理、流通加工、物流方案的规划以及物流运输路线的规划与优化等。

（3）信息支撑技术

信息支撑技术是构建第四方物流运作平台的基础，也是进行物流信息管理、信息协同和货物跟踪的关键性技术。其具体包括Web服务技术、工作流技术、系统集成技术、RFID技术以及GIS、GPS、GS技术等。

### 10.2.2　物流网络规划

#### 1.物流网络规划的任务

物流网络规划的主要任务是确定产品从原材料起点到市场需求终点的整个流通渠道的结构。其包括物流设施的类型、数量与位置，设施所服务的顾客群体与产品类别，以及产品在设施之间的运输方式（如图10-4所示）。

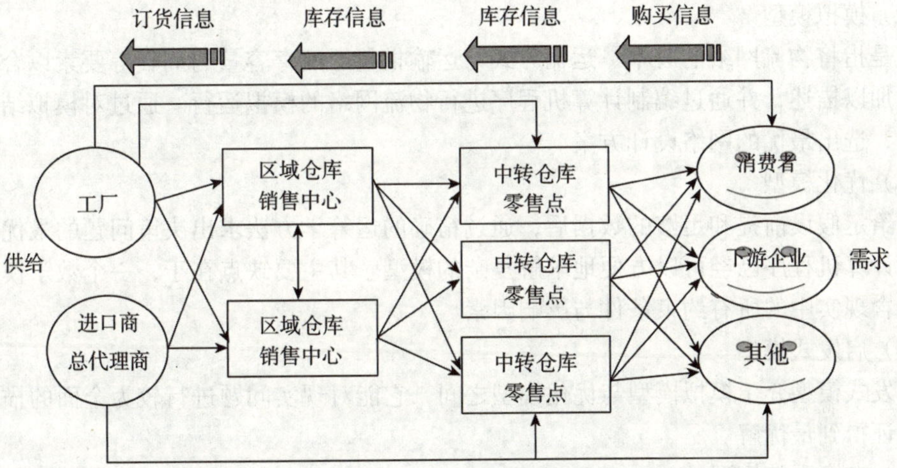

图10-4　产品流通网络示意图

进行物流网络设计必须充分考虑空间和时间两方面的因素。空间方面是指为工厂、仓库、零售点等设施选址。时间方面是指保持产品的可得性以迎合顾客服务目标，涉及库存政策与运输管理。这需要来自各方面的大量数据作为决策的基础，这些数据通常包括以下内容：

（1）客户产品线上的所有产品清单。

（2）顾客、存货点、原材料供应源的地理分布。

（3）每一区域的顾客对每种产品的需求量。

（4）运输成本和费率。

（5）运输时间、订货周期、订单满足率。

（6）仓储成本和费率。

（7）采购/制造成本。

（8）产品的运输批量。

（9）网络中各节点的存货水平及控制方法。

（10）订单的频率、批量、季节波动。

（11）订单处理成本与发生这些成本的物流环节。

（12）顾客服务目标。

（13）在服务能力范围内设备和设施的可用性。

（14）产品配送模式。

2.物流网络规划模型的选择

物流网络规划分析中所使用的工具技术大致可分为以下五类：

（1）图表技术

图表技术泛指大量使用图表的直观方法。这类技术不需要深奥的数学分析，但能够直观、综合地反映各种现实约束条件，并被广泛应用，如统计图表、加权评分法、电子表格等。

（2）模拟模型

这是指将物流网络的成本、运输方式与运输批量、库存容量与周转等要素以合理的数量关系加以描述，并通过编制计算机程序进行物流网络的模拟运行。通过对模拟结果的评估分析，选出最优的网络设计方案。

（3）优化模型

在给定假设前提和足够的数据后，通过精确的运筹学方法求出决策问题的最优解。现在借助计算机程序已经可以方便地求解复杂的模型。其主要缺点在于，一个数学模型往往无法包含现实中的所有约束条件与影响因素。

（4）启发式模型

启发式模型介于模拟模型与优化模型之间，它能对现实问题进行较为全面的描述，但并不保证得到最优解。

（5）专家系统模型

专家系统模型亦称人工智能系统，是将人们以往在解决问题中积累的经验、方法与专长转化为计算机程序，把专家的知识与解决问题的逻辑思维以程序的方式"传授"给计算机，借助其强大的计算能力来解决实际问题。

3.物流网络规划分析

物流网络的设计是整个物流规划的起点，如图10-5所示。

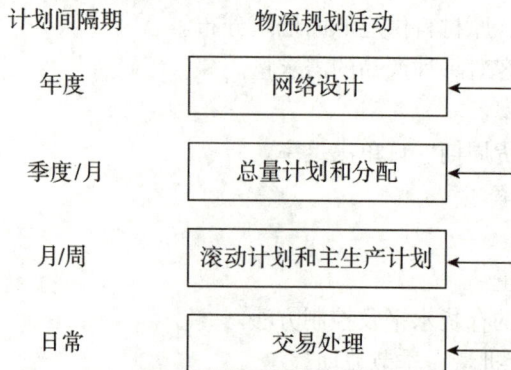

图10-5　物流规划层次结构

（1）网络设计

网络设计是指根据企业的战略目标规划网络组成及结构。它包括确定配送中心、工厂以及其他节点的数量、选址与运行能力（容量或产量）；设定各节点的库存水平；确定顾客服务水平等。网络设计所需的数据为总量数据与长期预测数据，该项工作的间隔期通常在一年以上。其主要流程任务包括：

①审计顾客服务水平

物流网络设计的第一步是进行顾客服务水平的审计。顾客服务水平审计可以确定企业当前的顾客服务水平以及顾客对服务水平的实际期望。顾客服务水平对企业的物流成本与物流网络的收益能力影响很大；在网络设计中，顾客服务水平通常被看作一个重要的约束条件，网络设计必须兼顾顾客服务水平与相应的物流成本。

②组织和开展研究

网络设计这一阶段的工作通常包括定义项目的范围和目标，研究队伍的组建，确定所需信息的可得性和收集信息的步骤（如图10-6所示）。目的是确定在特定情况下开展战略性研究的可行性，确定研究队伍的人员构成，以及得到有价值的研究结果的可能性。

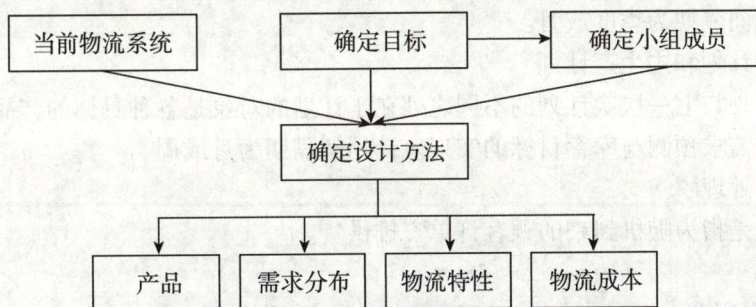

图10-6　物流网络设计准备阶段工作流程

③确定目标基准

以企业当前的管理政策、物流运作模式与绩效作为参照，即设定目标基准。典型的基准是企业当前物流系统的成本与顾客服务水平。建模分析是解决网络设计问题的流行方法，因为很多分析工作我们不可能放到实际运作中来进行，只能借助适当的模型。基准的设置是模型分析中重要的一步，通过调整模型中的参数与变量，得到不同的运行结果，将这些结果与基准进行对比分析，就可以确定一些重要参数（如需求量、库存量、运输批量等）与模型运行结果（如物流成本和顾客服务水平）之间的关系，据此才能选择出最优的物流网络设计方案。

④网络构架设计

网络构架设计的主要目标有以下三个：

一是在一定的顾客服务水平约束下求取最低物流总成本。

二是在一定的物流总成本约束下实现最优顾客服务水平。

三是通过尽可能地扩大特定的顾客服务水平所创造的收益与相对应的物流总成本之间的差距，获得最大的利润贡献。

其中第三个目标与企业的经济目标最为接近，但由于难以对产品销售与顾客服务水平之间的关系精确定义，绝大多数模型都围绕第一个目标而设计，即在满足特定的顾客服务水平以及工厂生产能力与仓库容量约束的情况下，对发生在生产、采购、仓储、运输等环节的物流成本进行权衡与平衡，实现最低的物流总成本。

⑤渠道设计

网络设计还需要考虑各种产品究竟是如何在物流网络中流动，直至到达消费者手中的。问题主要包括：

每种产品在渠道中各个层次和各存储点应当设置多少库存？

各级节点之间应提供怎样的运输服务？

在需求配送计划中应当采用拉动式还是推动式库存控制战略？

信息传递的最佳方式是什么？

最佳的预测方式是什么？

（2）总量计划和分配

决定配送中心、工厂及原材料的总量（需求量、产量或采购量），以及总量在各节点的分配。计划间隔期为季度或月。

（3）滚动计划和主生产计划

本层次计划与上一层次计划的不同之处在于计划的对象是各种具体的产品而非笼统的总量，以确保需求预测与库存目标的实现。计划间隔期为月或周。

（4）交易处理

交易处理是指为随机到来的顾客订单安排供货。

### 10.2.3　供应链物流系统方案

1.供应链物流系统规划的目标

（1）良好的客户服务能力

在供应链设计中，要首先考虑能否提高服务的能力，能否满足客户的个性化需求。设计、规划出来的供应链要能更好地满足目标客户的需求。

（2）快速的市场反应能力

对客户的需求快速做出反应是企业赢得市场竞争的保障。及时满足顾客的需求，不仅要求有恰当的预测未来需求的能力，而且要求有快速处理物流服务的能力，尽可能减少因反应不及时而引起的顾客流失。所以，拥有快速的反应能力是供应链规划的一个主要的目标。

（3）强大的信息处理能力

信息处理能力是指供应链中的信息收集、交换与共享能力，物流活动信息的跟踪、查询能力。保持供应链内部信息的通畅可以增强成员企业对市场需求变化的反应灵敏度，同时也可以减少供应链的供需失调，降低牛鞭效应和库存联动效应。

（4）物流资源的充分利用

要充分利用社会公共仓储物流和第三方企业物流资源，让供应链上的节点企业同步、协调运行，实现灵活响应性和规模经济性，减少物流资源浪费。充分发挥成员企业最核心的优势，利用企业外部资源快速响应市场的需求，达到减少投资和运营成本的目的。

2.供应链物流系统规划的原则

为了使供应链物流系统能够满足企业战略目标和供应链管理思路的要求，一般在规划与设计过程中，应遵循以下几个原则：

(1) 全局性原则

从全局的角度出发，考虑可实施性。通常依据市场需求和企业发展规划做出战略规划和决策，并提供给设计规划小组，再由执行部门提出意见给设计规划小组作为参考，设计规划小组综合权衡各方面利弊，制定相应的物流系统的规划体系。

(2) 互补性原则

供应链的各个节点的选择应遵循强强联合的原则，最大限度地利用各企业的优势资源，实现资源整合，增强供应链的灵活性和竞争力，并使各成员企业达到资源互补的目的，每个企业只集中精力于各自核心的业务流程。

(3) 协调性原则

供应链合作伙伴关系是否和谐，深刻地影响着供应链业绩的好坏。所以，在设计供应链物流系统时应该注意强调供应链内部协调，以充分发挥各成员的主动性和创造性。同时也应注重供应链系统与周围环境之间的协同。

(4) 动态性原则

不确定性的存在会导致需求信息不断变化，设计出的供应链应能够最大限度地减少信息传递过程中的信息延迟和失真，因此也就必须保持供应链管理的动态性，根据时间和地点的不同来选择不同的实施方案。

(5) 规模化原则

企业通过供应链的设计能够充分享受生产运作规模化带来的单位成本减少。在进行供应链设计时，要考虑设计后的供应链是否会破坏企业原有的规模，或者是否会给企业带来规模效应，进而产生额外利润。

(6) 战略性原则

供应链物流系统的设计必须在企业总体目标和战略目标的指导下进行，与战略目标保持一致。供应链的战略要与企业的经营战略相匹配。战略性原则是从企业发展的长远性和可预见性的角度来考虑供应链的设计的。

3.供应链物流系统规划的层次

供应链物流系统规划主要分为战略规划、战术计划和运作优化三个层次。

(1) 战略规划

战略规划是高层管理者从供应链整体视角考虑影响企业长期盈利能力和竞争地位的因素而制定的决策。它主要是确定供应链结构和每一环节的流程，包括生产地点、生产能力、仓储设施、运输方式、信息系统等规划，侧重于合作伙伴的选择、供应链网络的布局设计，其作用是决定或变动整个供应链的基本目标及基本政策。

（2）战术计划

战术计划立足于时间竞争策略，是将战略规划中具有广泛性的目标和政策转变为具体的目标和政策，并规定达到各种目标确切时间的决策。它主要是制定一套供应链的运作管理制度以控制短期运营行为，侧重于库存策略、配送渠道、运输和转运方案的选择与计划。

（3）运作优化

运作优化是根据战术计划，确定计划期间的预算、利润、销售量、供应量、生产量、库存量等具体目标，确定工作流程，划分合理的工作单位，分派任务和资源，确定权力和责任。它主要是针对每一顾客订单制定明确的执行决策，侧重于订单作业计划、并行与同步化执行、准时物流、车辆送货路线等作业业务的实际操作安排。

供应链中的典型决策问题在不同规划层次的内容侧重点不同，如表10-1所示。

表10-1　供应链规划决策层次举例

| 决策问题 | 战略层次 | 战术层次 | 运作层次 |
|---|---|---|---|
| 货物运输 | ●选择运输方式及其组合 | ●制订运输计划方案 | ●线路选择、发货、派车 |
| 订单处理 | ●选择和设计订单录入系统 | ●确定订单处理的先后顺序 | ●客户订单履行 |
| 客户服务 | ●设定服务水平和标准 | ●制定服务内容和服务规范 | ●客户订单处理与失误补救 |
| 货物仓储 | ●仓库的数量、规模和位置 | ●仓储货物的库存地点定位 | ●确定补货数量和补货时间 |
| 物料采购 | ●制定采购政策 | ●洽谈合同，选择供应商 | ●发出采购订单 |

三个规划层次之间的一个重要区别在于计划的时间跨度和规划范围。战略规划是长期的，时间跨度通常较长，规划内容比较宏观，起指导性作用，规划期一般为3~10年；战术计划是中期的，侧重于管理制度建设，尤其是要决定供应链中各种"流"和资源的数量、时间，计划期为6~24个月；运作优化是短期决策，通常是每时或者每天都要频繁进行的决策，决策的重点在于如何利用战略性规划的物流渠道快速、有效地运送产品等。

## 10.3　第四方物流的特点与运作模式

### 10.3.1　第四方物流的特点

第四方物流是一个新的物流服务概念，它是在克服了第三方物流的许多不足的基础上产生和发展起来的，并具有以下特点：

1.提供供应链解决方案

设计、实施和运作一个使客户价值最大化的系统的供应链技术方案，只有通过管理咨询公司、技术公司和物流公司的齐心协力才能够实现。第四方物流集成了管理咨询公司和第三方物流服务商的能力，为客户提供了一套完善的供应链解决方案。其层次结构如图10-7所示。

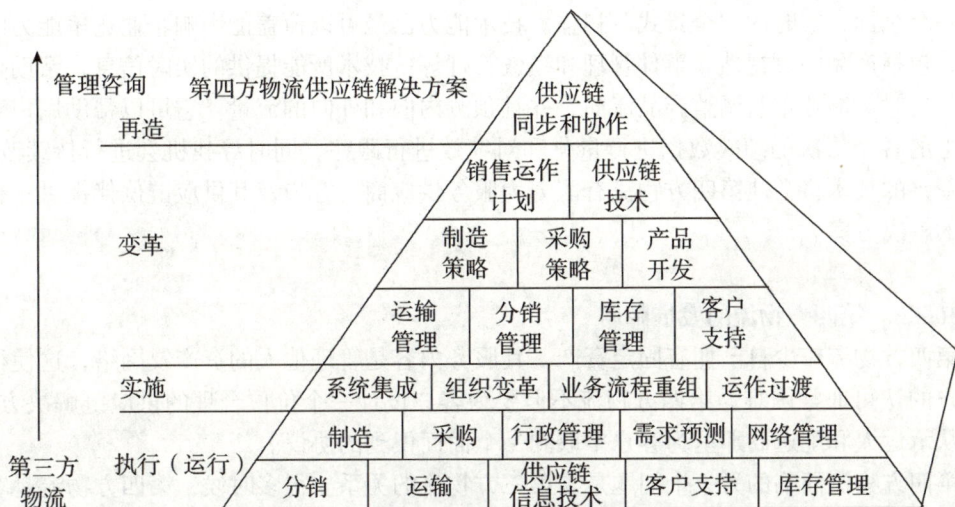

图10-7　第四方物流的供应链解决方案的层次结构

（1）再造

供应链再造，即供应链协作和供应链过程的再设计。再造是一个基于供应链管理咨询技巧，使得企业运作策略和供应链策略协调一致的过程；同时，技术在这一过程中起到了催化剂的作用，整合和优化过程中真正的显著改善要么是通过各个环节计划和运作的协调一致来实现的，要么是通过各个参与方优化供应链内部和与之交叉的供应链的运作来实现的。

（2）变革

变革指对某一具体的供应链职能，包括销售运作计划、分销管理、采购策略、客户支持等进行优化和改善。在该层次，供应链管理技术对于方案的成败至关重要。

（3）实施

这是指实施新的客户业务方案，包括业务流程重组、客户公司和服务供应商之间的系统集成，以及将业务运作交给第四方物流项目运营小组的组织变革和业务过渡。项目实施过程中应该对组织变革多加小心，因为人的因素往往是把业务转给第四方物流管理成败的关键。

（4）执行

在这一层次，第四方物流开始承担多个供应链职能和流程的运作责任，其工作范围远远超越了传统的第三方物流的运输管理和仓库管理的运作，包括制造、采购、库存管理、供应链信息技术、需求预测、网络管理、客户支持和行政管理等。

2.施行供应链管理

第四方物流充分利用了一批服务提供商的能力，包括第三方物流、信息技术供应商、合同物流供应商、呼叫中心、电信增值服务商等，再加上客户的能力和第四方物流自身的能力。在其运作过程中，信息技术扮演了十分重要的角色。一个真正有效的信息技术策略必须涵盖以下两个层面：企业资源规划系统、决策支持系统（既包括交易支持，又包括管理职能）。近年来在供应链管理技术方面的突破使得供应链的参与者能够真正对整个供应链有一个全面、实时的"全景式"扫描。技术能力已经可以覆盖能影响企业竞争能力的诸方面，包括产品的可视性、事件管理和绩效管理等。技术所能提供的实时信息，帮助企业在必要的时候能够重新调整产品流向，并且预测内向和外向的流量。它可以帮助用户对供应链上的各个层次的绩效数据进行量化和对绩效进行跟踪，同时寻找机会进行持续改善。这些新兴的技术将会使第四方物流有能力为服务供应商、客户及其供应链伙伴提供一整套集成的解决方案。

### 10.3.2　第四方物流的发展障碍

第四方物流较少自己拥有固定资产，其服务内容是管理他人的资产及网络，这使得得到客户的认可非常困难。第四方物流不但要为客户设计一个价位合理的供应链解决方案，还要从承运人和配送商那里为客户争取到一个面面俱到的协议。

第四方物流面临的另一个问题是与第三方物流的关系。很多时候，第四方物流是客户和第三方物流之间的桥梁，如果第三方物流与第四方物流的合作出现裂痕，往往使合作关系因为信任危机而转化成竞争关系。作为第三方物流提供商，难免会产生这样的担心：第四方物流自由进出自己的信息系统，掌握自己的价格和服务特色，然后会利用这些信息抢走客户。这些诱因的存在往往使合作变成竞争。

### 10.3.3　第四方物流服务提供商

实际上，旨在弥补第三方物流发展中的局限性、提供满足供应链整体物流需求的优质物流服务的第四方物流的出现是物流管理发展的一个全新阶段。目前国际上有能力从事第四方物流服务，并达到第四方物流服务标准的企业仍然屈指可数。从实践来看，有可能成为第四方物流提供商的通常是第三方物流企业、管理咨询公司和信息技术公司。

**1.第三方物流企业**

作为专业化的物流企业，第三方物流企业明显在物流的专业化操作方面具有不可替代的地位，但它们缺乏为客户进行职能优化、资源优化、流程再造、信息平台搭建等第四方物流服务所必须具备的能力。不过，第三方物流企业若在纵向上扩大物流领域的业务范围，在横向上为客户进行物流总体规划，并加强在信息技术方面的投入以及在物流规划方面的积累，同时利用其长期为客户提供物流业务而形成的与客户沟通、相互信任等方面的优势，提供第四方物流服务也就有可能了。

**2.管理咨询公司**

管理咨询公司长期为众多的传统企业甚至物流企业提供管理咨询，对很多企业的运作流程十分熟悉，同时具备对物流供应链系统进行总体分析、流程再造、战略重组的优势。第四方物流概念的倡导者埃森哲公司的成功案例，就是管理咨询公司提供第四方物流服务的有力证据。在我国，安必行物流咨询公司（深圳）、海格物流股份有限公司（深圳）、华夏福瑞特物流咨询有限公司（北京）、博维企业管理咨询有限公司（深圳）、普思企业管理咨询公司（深圳）等专业化物流咨询公司已经开展了第四方物流咨询项目，但尚不具备埃森哲这样的实力。因为起步相对较晚，企业规模相对较小，管理经验的积累相对缺乏，所以业务范围相对较窄。

### 3.信息技术公司

信息技术公司在信息处理方面的专业优势非常明显，在建立和应用B2B、物流交易平台，提供及实施物流信息技术解决方案方面驾轻就熟。现在已有一些大型IT企业开始以功能强大的管理软件为突破口涉足管理咨询公司的业务范围，并在管理咨询人才方面进行大力投资，兼并收购一些管理咨询公司，如IBM收购国际管理咨询公司普华永道；微软针对中小型企业推出ERP软件；SAP不断地拓展其管理咨询方面业务等。这些国际性的IT巨头们本身在企业信息平台的建设上就具有较强优势，加之拓展管理咨询业务，既增强了在信息技术行业中的竞争能力，又为其扮演第四方物流提供商角色提供了可能。

不同类型的第四方物流服务提供商优劣势比较如表10-2所示。

表10-2　　　　　　　　　不同类型的第四方物流服务提供商优劣势比较

| 企业类型 | 优势 | 劣势 |
| --- | --- | --- |
| 第三方物流企业 | 物流运作能力<br>信息技术应用<br>多客户管理 | 供应链管理<br>变革管理能力 |
| 管理咨询公司 | 管理理念创新<br>供应链管理<br>组织变革管理 | 实际物流运作能力<br>信息技术应用能力 |
| 信息技术公司 | 信息技术解决方案<br>创新和实施 | 实际物流运作能力<br>供应链管理<br>变革管理能力 |

### 4.物流联盟（虚拟企业）

当第三方物流企业、管理咨询公司和信息技术公司都不具备独立发展成为专业的第四方物流提供商条件时，由这三者组成动态物流联盟（虚拟企业）则可以整合各自的资源，形成战略合力，增强整体服务能力，实现提供真正意义上的第四方物流服务的目标。首先，多个第三方物流企业的结盟将扩大各自原本的经营范围，获得地域性甚至全球性的覆盖能力和支持能力；其次，管理咨询公司的参与将为第四方物流的组织工作带来先进的管理理念；再次，信息技术公司的参与将为第四方物流提供良好的信息平台；最后，第四方物流的各成员企业可以提高各自的核心能力，从而能在变化的经济环境中保持自身的竞争优势。

### 10.3.4　第四方物流的运作模式

按照国外的概念，第四方物流是一个提供全面供应链解决方案的供应链集成商，其基本运作模式如图10-8所示。在实际的操作中，有协同运作模式、方案集成商模式和行业创新者模式三种运作模式可供选择。

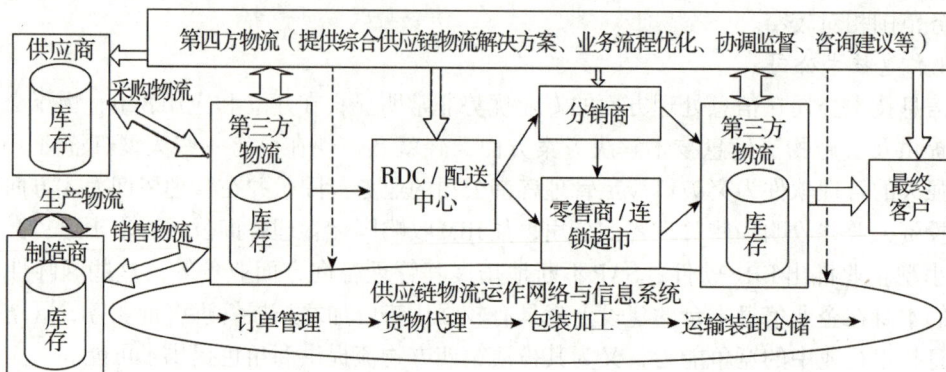

图 10-8    第四方物流的基本运作模式

**1. 协同运作模式**

该模式中，实力雄厚的第三方物流是市场开发和市场运作的主体，由它直接面向客户，第四方物流仅以流程方案的提供者或参谋者的角色参与市场运作，第四方物流向第三方物流提供技术和战略技能的支持。因此，第四方物流方人员往往会在第三方物流公司内工作，并以第三方物流方人员的身份参与客户物流流程，由第四方物流向第三方物流提供一系列的服务，包括技术、供应链策略技巧、进入市场能力和项目管理专长等。其概念模式如图 10-9 所示。

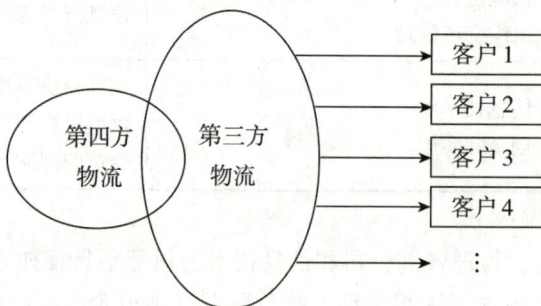

图 10-9    第四方物流协同运作模式

该模式属于第四方物流运作的初级阶段，大多数第四方物流企业也是通过这种方式逐渐从第三方物流的业态中分离出来的。采用这种运作模式的如中远货运公司，其依托中远集运，在美国西海岸至上海之间为通用公司提供汽车零配件的集装箱陆运、海运、仓储、配送等一条龙服务。

**2. 方案集成商模式**

客户直接与第四方物流签订服务合同，由第四方物流为客户提供整个供应链的解决方案和运营管理。第四方物流负责整合客户及其他社会物流资源，组织和管理第三方物流企业，如图 10-10 所示。

该模式下，第四方物流是客户与所有第三方物流服务提供商之间的中介和桥梁，其除了为客户提供运作和管理整个供应链的解决方案外，也是整个方案实施的总责任人。第四方物流对自身和第三方物流的资源、能力及技术进行综合管理，为客户提供全面的、集成

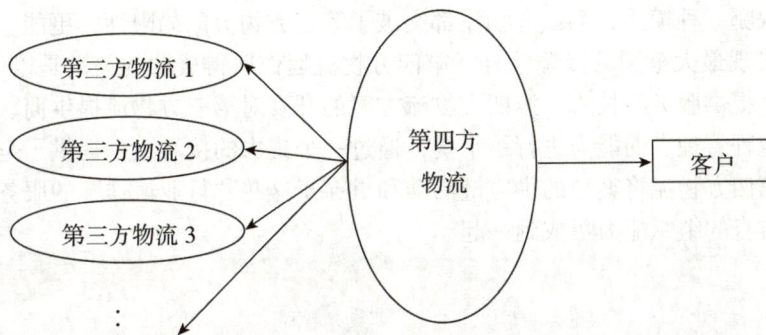

图10-10　第四方物流方案集成商模式

的供应链服务，如中远货运公司在广州与科龙电器公司合资成立的安泰达物流公司，就主要是为科龙集团服务的。这种模式的运作一般是在同一行业范围内，供应商和加工制造商等成员处于供应链的上下游和相关的业务范围内，彼此间专业熟悉、业务联系紧密，有一定的依赖性。第四方物流企业以服务主要客户为龙头，带动其他成员企业的发展。采用该模式的好处是服务对象及范围明确集中，客户的商业和技术秘密比较安全，第四方物流企业与客户的关系稳定、紧密而且具有长期性，但重要的前提条件是客户的业务量要足够大，使参与的服务商对所得到的收益较为满意，否则大多数服务商不愿把全部资源集中在一个客户身上。

3.行业创新者模式

第四方物流可以为多个行业的客户开发和提供供应链解决方案，以整合整个供应链的职能为重点，主要是将第三方物流资源加以集成，向下游的各类型客户提供解决方案。第四方物流以供应链整体方案为纽带，将下游的客户群与上游的第三方物流供应商联系起来，可以在更大范围内实现资源和能力的整合。再以具体的供应链运作为导向，使这种整合更具有效性。其概念模式如图10-11所示。

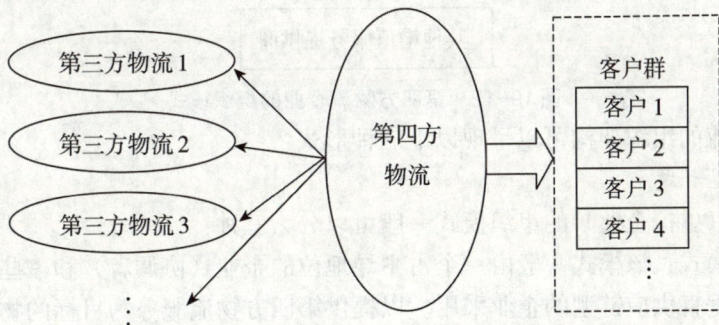

图10-11　第四方物流行业创新者模式

这种运作模式由于直接面向具体问题，并具备资源与能力的双重优势，其运作结果往往是带来行业的创新。如美国卡特彼勒物流公司从起初只负责总公司的货物运输，发展到后来为其他多个行业的客户（如戴姆勒-克莱斯勒公司、标致汽车公司、爱立信公司等大企业）提供供应链解决方案。

无论采取哪一种模式，第四方物流都突破了第三方物流的局限性，更能实现真正的低成本运作，实现最大范围的资源整合。第四方物流运作取得成功的关键是以"行业最佳"的方案为客户提供服务与技术。第四方物流方案的开发对第三方物流提供商、技术服务提供商和业务流程管理者的能力进行了平衡，通过一个集中的接触点，提供了全面的供应链解决方案。第四方物流将客户的供应链活动和贯穿于这些"行业最佳"的服务商中的支持技术，以及自身的组织能力集成到一起。

## 10.4　第四方物流企业的组织模式

组织模式指的是在实际的运作中，服务企业采取怎样的方式来集成提供服务所需的互补性资源，怎样和客户进行合作的操作模式。如前所述，面向客户的第四方物流服务主要需要整合优秀的第三方物流企业、管理咨询公司、信息技术公司及一些其他增值服务提供商的资源。所以，这些都属于提供第四方物流服务的组织成员，并由此形成一个功能整合型组织模式（如图10-12所示）。

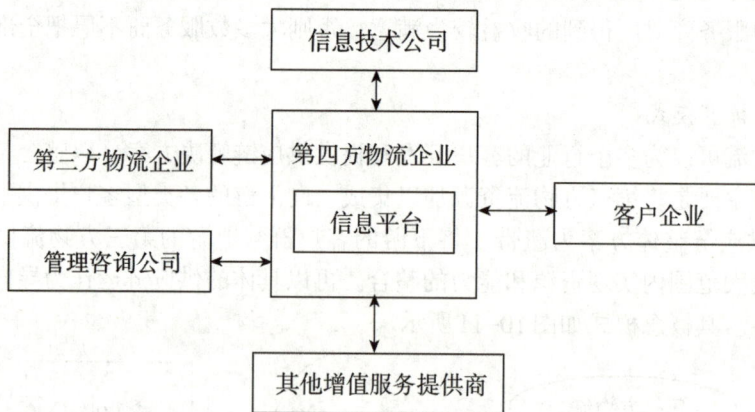

图10-12　第四方物流企业的组织模式

第四方物流的组织架构可以呈现以下三种形式：

1. 物流联盟形式

物流联盟（虚拟企业）的组织模式一般可以分为三种：

（1）星型模式：该模式一般由一个占主导地位的企业（协调者）和一些相对固定的伙伴组成，适合垂直供应链型的企业采用。以提供第四方物流服务为目标的物流联盟通常采用这种模式。

（2）平行模式：该模式不存在主导企业，所有的参与者在平等的基础上相互合作，比较适合基于某一市场机会的产品联合开发。

（3）联邦模式：在平行的基础上，建立一个共同的协调机构，对联盟的资源和技术统一管理和计划，适用于母子公司和集团企业。

如前所述，在第四方物流发展的初期，由于缺乏具备第四方物流服务提供能力的运作主体，通常可由第三方物流企业、管理咨询公司及信息技术公司共同通过合作以动态联盟的形式发挥各自的优势，向客户企业提供标准的第四方物流服务，这是第四方物流的初级形态。这种企业联盟或者虚拟企业形式的第四方物流联盟的构建流程如图10-13所示。

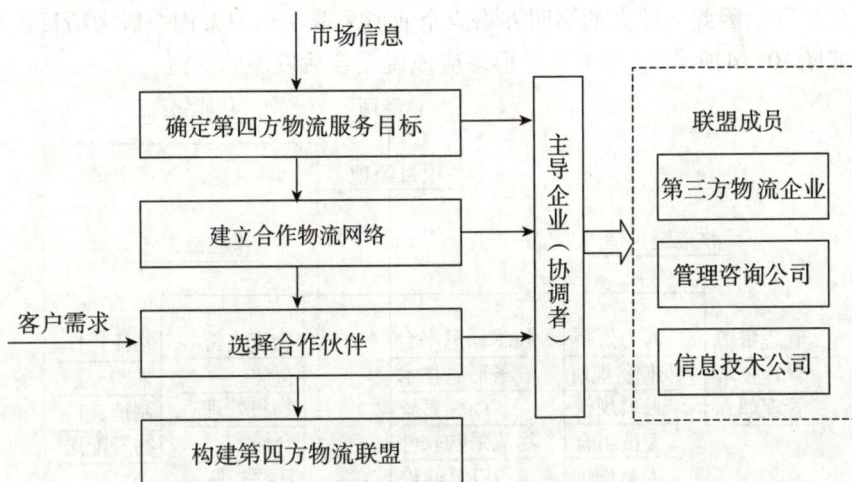

**图10-13　第四方物流联盟的构建流程**

（1）确定第四方物流服务目标

在组建第四方物流企业时，必须首先明确企业参加或建立第四方物流的目标。一般来讲，组建第四方物流企业的主要目标是迎合市场机遇，即根据市场信息，为客户提供一站式供应链解决方案，并满足个性化的物流需求。

（2）建立合作物流网络

确定第四方物流的目标后，第四方物流企业协调者建立合作物流网络，邀请潜在合作伙伴加入到此网络中。一方面便于第四方物流协调者快速、低成本地选择合作伙伴；另一方面又可以帮助其管理合作伙伴，协调成员关系。

（3）选择合作伙伴

合作伙伴选择是虚拟企业组建过程中的一个十分重要的问题，它直接关系到虚拟企业的成败。对第四方物流来说，其重要性也不言而喻。第四方物流协调者必须全面衡量各种因素，根据具体的客户需求，对潜在的候选企业进行全面考察，并从中选择最优化的伙伴组合。关于虚拟企业的合作伙伴选择可分为两个阶段：一是对潜在合作伙伴的核心能力进行识别；二是对潜在合作伙伴的过去绩效进行综合评价。

（4）构建第四方物流联盟

选择好合作伙伴后，第四方物流协调者就可以根据相应的原则组建第四方物流联盟。

**2.独立的第四方物流企业**

独立的第四方物流企业是第四方物流组织的中级形态。该类企业对本身和第三方物流的资源、能力和技术进行综合管理，借助第三方物流为客户提供全面的、集成的供应链方案。第三方物流通过第四方物流的方案为客户提供服务。独立的第四方物流企业全面掌握物流信息，并在此基础上为整个供应链提供全程物流服务，其运作的核心是信息和全程物流解决方案，运作模式一般对应的是方案集成商模式。这种独立的第四方物流企业在运作过程中真正发挥作用的不再是各个职能部门的主管，而是负责各个供应链合同的项目经理，针对每一个独立的供应链，都需要由项目经理负责从方案到资源整合最后到供应链功能实现的全过程。因此，独立的第四方物流企业所采取的组织架构一般为项目负责制的网状结构（如图10-14所示）。该类企业形态应该说是今后发展的主流。

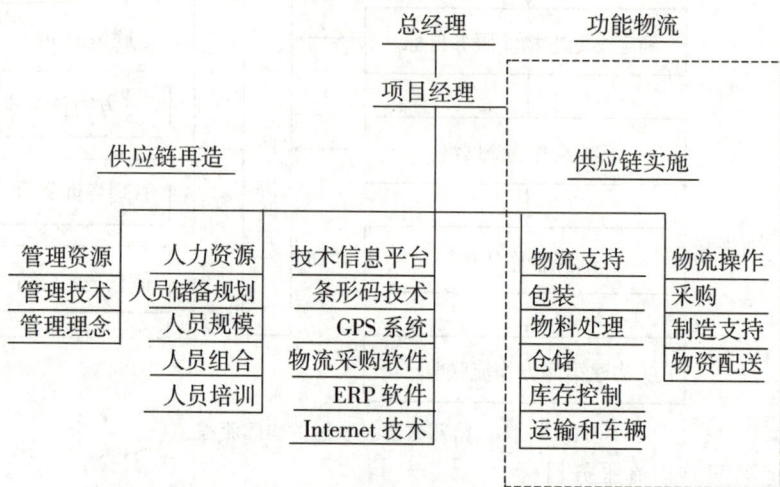

图10-14　独立的第四方物流企业的组织架构

### 3.第四方物流跨国集团

这是第四方物流的高级形态，通常采用的是行业创新者模式。其将第三方物流加以集成，向下游的客户提供解决方案。它是上游第三方物流的集群和下游客户集群的纽带。该类组织形态的最大特点就是全球化，它可以实现供应链全球操作的"无物质流动化"，完成信息传递和异地交货。当然这类企业还没有出现，实现难度比较大。

💧 **案例分析**　　　**传化智联："第一方"到"第四方"的跨越**

传化股份于2004年6月在深交所上市，其产品系列全、品种多、规模大，是国内功能化学品领军企业。2015年11月，传化股份通过定向增发的方式，置入控股股东传化集团旗下作价200亿元的物流资产，传化智联诞生。通过这次重大资产重组，公司主营业务从单一的化工业务变为"物流+化工"双主业。

物流业务方面，公司是"公路港"模式的首创者，拥有全国最大规模的"公路港城市物流中心"网络，也是国内领先的智能供应链服务平台提供商。随着物流业务的快速发展，传化智联提出以构建传化网智能物流业务作为首要发展目标，化工业务作为持续发展的业务板块，形成二者协同发展的格局。

下面是《证券时报》副总编辑成孝海对话传化智联董事长、总经理徐冠巨的一些记录，由此可以看出这家以化工业务起家的上市公司，如何倾力编织出了智慧物流的大网。

**成孝海**：咱们现在已经是一个双主业公司，有化工和物流，请简单介绍一下这两个板块的业务情况。

**徐冠巨**：传化化工主要是做纺织化学品，传化创立30多年来，从做洗涤剂开始，后来发展纺织印染助剂。传化纺化在行业内不仅在国内而且在全球都名列前茅。

传化物流2000年开始创办，现在传化物流已经实现了从传化公路港向传化网的转变。我们线下的公路港全国网和智能系统以及支付金融服务构建了传化网的三个要素。在这个基础上，我们开始开展一系列的业务，为生产和制造业的生产资料、生活资料提供高效流通服务。现在传化智联的两块业务，一个是智能制造，还有一个是智能服务。智能服务是为制造服务的，我们的制造也为我们的服务提供了应用和场景。

中国的生产性服务业发展落后，我觉得未来10年是货运物流发展的10年，这个机会期到来了，在物流这块，我们确实是前景更广阔、机会更多，同时我也感觉责任更大，需要重构生产资料、生活资料流通体系。

1995年，传化化工为了解决自己的产品销售和原料运输问题，成立了车队。1997年，传化将车队改组为杭州传化储运有限公司，开始了在物流领域的探索。

2015年注入上市公司后，传化物流业务更加快速发展，公司线下线上结合，逐步建设了一张覆盖全国、互联互通的中国货运网。

截至2017年年底，传化智联物流业务已经覆盖超过了30个省、自治区、直辖市的347个城市，全网服务的物流企业数量达到17.5万家，调度车次近10万车次/日。

**成孝海**：传化集团是什么时候开始做物流的？

**徐冠巨**：我们（20世纪）90年代有车队，把我们的产品送到客户手里，但是到90年代后期，我们的车队保障不了我们自己化工企业送货上门的要求。另一方面，我们的门口还停满了卡车，但是我们不知道这些车主的身份，他们的诚信不够，所以我也不敢叫他们运输。我们企业有货运不出去和一些司机有运力但没有地方拉货形成一种矛盾。

现在讲共享理念、平台模式，其实我们浙商早就实现了共享理念和平台模式，因为"一村一品""一乡一品"的格局，就是这种案例，我把这样的一种理念应用到了物流上面，诞生了公路港模式。2000年我们开始打造这么一个平台，2003年开始营业，一个公路港解决了整个杭州的物流问题。到2006年，物流开始迈出异地发展的步伐。

**成孝海**：物流这一块是2015年进入上市公司，为什么是在2015年这个节点，当时有什么背景？

**徐冠巨**：2015年，我们已经感觉到传化公路港到传化网的转变，这个模式已经形成，趋势也开始形成。尤其是我们认为，"物流+互联网+金融"这样的模式，是一个走向未来的非常好的模式，各方面的条件都已经成熟。如果真正要推进全国化的发展，还是要借助资本市场。所以在2014年的时候，我们看到，资本市场形势也比较好，大家对物流也开始高度重视，我们也就毅然地做出决定，实行了重组。

**成孝海**：未来我们传化智联在物流行业里会是一个什么样的地位？

**徐冠巨**：我们看日本、德国、美国，他们的物流费用占GDP的比重在7%～8%之间，而我们的物流费用占GDP的比重为14.6%。为什么我们有一流的基础设施，但还是三流的服务效率，就是流通效率，关键是缺了一个运营体系。

所以我们在做一个什么事？用现代的理念和当今的科学技术来重构中国生产资料、生活资料的一个流通体系。通过服务物流公司、司机、卡车来服务生产资料、生活资料的高效流动，服务实体经济的发展。物流板块实现盈利体现了传化模式的优势。

目前，物流业务成为传化智联的收入重头。年报显示，2017年公司营业收入192.15亿元，其中物流板块收入138.18亿元，占比超过七成。

值得一提的是，物流业务在2015年置入上市公司时，控股股东设置了长达7年的业绩承诺期，承诺传化智联物流2015年至2021年累计扣非净利润为50亿元。而在2017年，传化智联物流业务实现扣非净利润1.37亿元，首次由负转正。

**成孝海**：物流供应链业务的商业模式，它的盈利点是在哪个地方？

**徐冠巨**：供应链业务的盈利点关键在于服务，现在是靠市场主体与主体之间的一种连接。比如说我们做一个行业供应链解决方案，我们知道广东佛山是中国针织制造业的一个中心，但它的棉花来自新疆，它的染整和织布又是在浙江，我们如何把新疆的原料棉花拉到广东的佛山，在佛山做成坯布如何拿到绍兴染整，完了以后如何再到制衣厂，就是（到）服装企业（进行）生产。这个过程，就是一个供应链全场景的过程，在这个过程当中有运输、采购、仓储、分拨、配送、金融服务等。

我们的基础设施就是为这样的一个链条服务，链条中的每一个服务的企业都是我们服务的对象，我们为它们服务好了，为整个产业就服务好了，我们（就）获得（了）在整个服务过程当中的服务价值。

**成孝海**：物流是上市公司收入的大头，但是利润率还是稍微低一点，未来我们会想什么办法提高我们物流这块的盈利能力？

**徐冠巨**：作为一个互联网化、平台化的物流企业，我们一方面要消耗全国传化网络拓展的费用，另一方面，像互联网智慧体系的打造，这是巨大的消耗，甚至在这个过程当中我们还要试错。同时，物流有很多场景，当前我们都是免费的，所以像这些因素，我们都要消耗，（但）我们还能够实现扣非利润的由负转正，已经体现了我们模式的优势。

（根据公开的相关资料整理）

分析思考：

（1）目前的传化智联主要提供哪些服务？这些服务都有什么核心价值？

（2）现在的传化智联属于何种类型的企业？为什么？

（3）从传化物流到传化智联反映了这家企业怎样的战略转变？

## 💧 本章小结

企业物流组织模式呈现出多样化的发展趋势，既有以生产、制造为核心的企业自营物流模式，也有以物流合作为基础的物流战略联盟模式、基于物流系统外包的第三方物流模式。近年来，一种以专门提供基于供应链整合及协调的综合供应链解决方案为服务内容的第四方物流也开始大量出现。

第四方物流的出现是企业聚焦核心业务从而使外包业务进一步快速发展的必然产物，是企业追求效益和效率最大化的必然选择，也是日益激烈的国际化市场竞争下的必然结果。它的出现，弥补了传统第三方物流的不足，也推动了网络信息技术在供应链管理环节的进一步普及和扩大。

物流服务仍然是第四方物流运作的核心，物流服务的功能及技术实现能力直接决定着第四方物流的运作效率和效益。第四方物流运作模式及管理方式的发展，使物流运作打破了传统的企业及地域的界限。同时，物流服务的专业化分工以及市场竞争的加剧，也使物流服务呈现了一些新的特征，这些特征主要包括分布性、异构性、动态性、竞争性、协同性和可重构性等。

第四方物流的特点主要体现在两个方面：一是第四方物流提供一套完善的供应链解决方案；二是第四方物流通过其对整个供应链产生影响的能力来施行供应链管理。第四方物流的组织架构主要呈现三种形式：物流联盟、独立的第四方物流企业以及第四方物流跨国集团。

第四方物流在运作过程中主要有三种运作模式：在第四方物流出现的初级阶段，由于一家企业很难同时具备供应链整合、协调和运作的综合能力，因此第四方物流服务的提供往往是以具有一定实力的第三方物流企业的角色出现在委托企业面前的，或进入第三方物流内部，或隐藏在第三方物流后面为客户提供整套的解决方案及资源整合，这被称为协同运作模式。第二种运作模式则是第四方物流成为供应链整合的主角，一方面为客户直接提供解决方案，另一方面整合各种物流资源，这种模式被称为供应链方案集成商模式。第三种运作模式是行业创新者模式，第四方物流可以为多个行业的客户开发和提供供应链解决方案，以整合整个供应链的职能为重点，第四方物流将上游的第三方物流加以集成，向下游的各种类型的客户提供整体解决方案。这种运作模式由于直接面向具体问题，并且具有资源与能力的双重优势，因此它的运作结果往往是带来行业的创新。

## 关键概念

第四方物流　供应链解决方案　协同物流　供应链方案集成商　行业创新　物流联盟

## 思考题

1. 第四方物流产生的原因是什么？
2. 如何界定一家企业是否属于第四方物流？它应具备一些什么典型特征？
3. 第四方物流企业的来源主要有哪几类？
4. 第四方物流主要提供哪些物流服务？
5. 为了提供第四方物流服务应具备怎样的能力？
6. 第四方物流有哪几种运作模式？
7. 根据不同情况分析第四方物流组织架构形式。

# 第11章

## 第四方物流的服务与运作

### 💧 学习目标

第四方物流从第三方物流中分离出来，成为提供物流整体系统设计和供应链解决方案的专业服务提供商，那么要完成第四方物流服务到底需要使用什么方法？或者说成为第四方物流提供商需要具备什么样的能力和使用什么工具呢？通过本章的学习，我们将了解第四方物流服务与运作过程中使用的一些基本工具和分析方法；掌握物流流程规划的内容、目标与方法；学习使用流程改善的工具；了解供应链管理的技术与工具，包括协同规划、预测和补货（CPFP），供应链协同（SCC）与供应链计划（SCP）的概念和内涵；掌握供应链运作的基本策略。

### 💧 导入案例

#### 优衣库的供应链管理秘诀是什么？

**低成本竞争策略——第一成长期**

早期优衣库以比竞争对手更低的成本提供服装产品。优衣库的供应链采用了一系列方法来降低成本，如低价的进货渠道，仓储型门店选址在郊区街边等。

作为供应链的"链主"核心企业，只有处于强势的核心地位，才能有效地影响和控制供应商。

在20世纪80年代，日本传统服装品牌运营模式是从制衣厂和批发商提供的商品中选款和进货，采用代销模式赚差价。

这种模式虽然可以降低库存风险，但没有定价权、无法掌控服装生产，生产与销售之间无法精准对接。

显然，链主还没有处于核心地位。优衣库也属于这种情况，从日本岐阜县采购低价商品，或是通过日本制衣厂在海外委托加工，然后在店铺销售，这与其他竞争者没有显著区别，竞争优势难以体现。

此后优衣库改变了策略，为了进一步加强供应链控制力，降低成本，从1987年起自主开发产品，跳过中间商渠道，直接委托海外工厂加工降低成本，但粗放式的管理导致服装品质较差，迫使优衣库涉足生产管理，进一步加强对海外工厂生产的管控。

从此优衣库建立起了低成本优势策略，并让企业进入了第一个成长期（1991—1995年）。

**产品差异化竞争策略——第二成长期**

一家企业如果仅仅依靠低价，是无法获取到更高的毛利率的，当销量放缓的时候，就会进入瓶颈期。

1995年，由于优衣库不掌控服装生产，单纯的低价策略已经难以形成更显著的竞争优势。产品质量问题也屡遭诟病，公司只得宣布实施3个月内无条件退货。

优衣库意识到，除了低价策略外，还需要不断采取各项措施与同行进行差异化竞争，贯彻并实现"提供无论何时何地、任何人都可以穿的有时装性和高品质的基本款休闲服"理念。

根据供应链管理联盟（Associaton for Supply Chain Management, ASCM）的APICS字典对于产品差异化（Product Differentiation）的定义，它指的是在非价格因素的基础上，使产品与竞争者相区别的策略，如产品线的多样性、可用性、可靠性、耐久性、高质量和产品或服务的特殊性。

优衣库产品差异化对应的供应链策略有以下几类：

1. 模块化设计与延迟策略相结合，允许在最后一刻进行定制，以满足特定消费者的需求。

2. 尽量减少SKU的库存，以防止产生过多的废弃库存。

3. 与供应商合作开发创新。

4. 提供多种选择，满足不同客户的品位和需求。

**强化重点优势策略——第三成长期**

强化重点优势策略就是创造出比竞争者所能提供的更适合特定客户群的产品或服务。

优衣库从始至终都秉持着基础款休闲服装的经营理念，追逐高性价比，因此产品的毛利率在同行中属于偏低的水平。

为了进一步提升企业的销售额，就需要采用独特的重点优势策略，而优衣库采用的是自有品牌零售模式，这种模式的特点是供应链控制力强、反应迅速，非常符合优衣库的经营理念。

优衣库创始人柳井正借鉴GAP创立的SPA（Specialty retailer of Private label Apparel，自有品牌服装零售商）模式打通生产和销售，全面控制从研发到销售渠道的各个环节，进一步强化产品高性价比优势。在措施的具体落实上，主要有这些表现：

1. 研发设计——把所有的设计事务所全部整合到东京原宿的一个事务所，集中设计师资源。

2. 生产——对中国的服装加工厂进行优化，数量由140家缩减到40家，增加每个厂家产量，提高生产集中度、面料和缝制的质量。同时优衣库还精简SKU数量，例如将牛仔裤品种由400多个降至200个，单款商品可以大规模生产，形成了采购和生产成本的规模效应，巩固了自身的竞争优势。

3. 销售模式——从零开始重新检验，打造新商店、新商场、新商品，优化渠道结构，提升产品陈列方式、店铺形象。

4. 库存补货——传统服装生产销售周期是以季度为单位的，企业通常要提前一年开始商品企划，确定流行元素、季节主题，然后开发样品，至少提前3个月确定采购计划，安排工厂生产。

一旦预测出现了偏差，非常容易形成滞销库存，或是畅销款断货。服装商品从开发到上架的周期较长，难以缩短，只有加快从生产到销售的周期，才能缓解以上情况。因此，优衣库的门店采取以周为单位的订货周期，据此决定追加或是减少订货量，提高了对于市场的响应速度。当出现畅销爆款商品时，门店可以立即通知工厂补货，如果出现了滞销，也能够立即停止生产，从而控制住了库存积压。

优衣库采用SPA模式，强化重点优势，加强端到端供应链的控制，把企业经营策略发挥到了极致。凭借着以摇粒绒为代表的高性价比爆款，将优衣库成功升级为国民品牌，覆盖更多消费者群体，也逐渐摆脱了低价商品的标签。

公司在2004年宣布放弃低价策略，注重提升产品品质，2004年后公司毛利率持续上升，并进入了第三个成长期2005—2009。

优衣库的成功是因为依托于清晰的企业经营策略，在不同的发展期，采用了有针对性的商业和供应链策略，使得企业长期保持着竞争优势。

（作者根据弘毅供应链文献整理而得）

**案例思考：**

（1）从案例中可以看出要进行供应链管理会涉及一些什么问题？

（2）对优衣库而言，不同阶段的供应链解决方案特点各是什么？

（3）供应链绩效可以通过什么样的方法进行评价和改善？

（4）案例中不同阶段供应链管理的侧重点，反映了经营策略有何不同侧重？

（5）这些企业是如何实现其供应链管理目标的？

## 11.1　第四方物流服务——流程改善工具

### 11.1.1　要因分析法（鱼刺图法）

问题的产生是由于受某些因素的影响。使用要因分析法进行问题分析时，首先需要通过头脑风暴法①找出影响因素，并将它们与问题的特性值联系在一起，再按相互关联性整理成层次分明、条理清楚，标出重要因素，形似鱼刺的图形。因此，要因分析法又称为鱼刺图法，这是一种透过现象看本质的分析方法（如图11-1所示）。由于鱼刺图能将问题的因果关系直观、醒目、条理分明地反映出来，使用起来比较方便，效果很好，所以得到了许多企业的重视。这种方法是1953年在日本川琦制铁公司，由质量管理专家石川馨最早使用的，所以还被称为石川法。

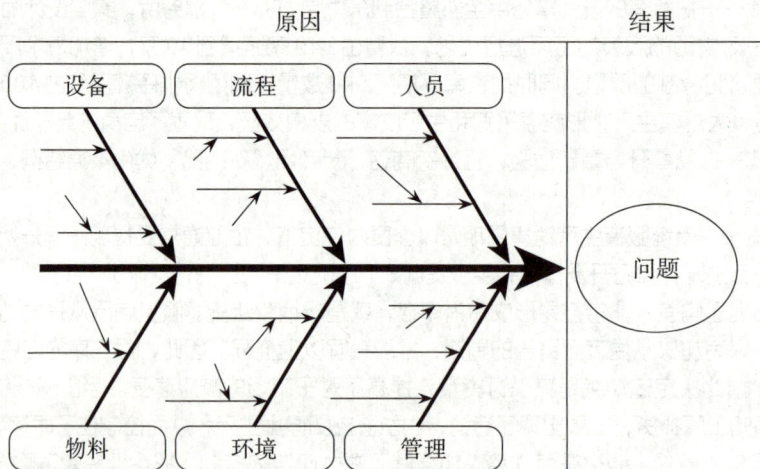

图11-1　鱼刺图法展示导致问题的原因

1.要因分析法的类型

（1）整理问题型鱼刺图（各要素与特性值间不存在原因关系，而是存在结构构成关系，对问题进行结构化整理）。

（2）原因型鱼刺图（鱼头在右，特性值通常以"为什么……"来写）。

（3）对策型鱼刺图（鱼头在左，特性值通常以"如何提高/改善……"来写）。

2.要因分析过程

（1）分析问题原因/结构

①针对问题点，选择层别方法（如人机料法环测量等）。

②用头脑风暴法分别对各层次类别找出所有可能的原因（因素）。

③将找出的各因素进行归类、整理，明确其从属关系。

---

①　头脑风暴法（Brain Storming）是一种通过集思广益、发挥团体智慧，从各种不同角度找出问题所有原因或构成要素的会议方法。其四大原则为严禁批评、自由奔放、多多益善、搭便车。

④分析选取重要因素。

⑤检查各因素的描述方法，确保语法简明、意思明确。

分析要点：

确定大要因（大骨）时，现场作业一般从"人机料法环"着手，管理类问题一般从"人事时地物"着手，应视具体情况决定。

大要因必须用中性词描述（不说明好坏），中、小要因必须使用价值判断（如……不良）。

头脑风暴时，应尽可能多而全地找出所有可能原因，而不仅限于自己能完全掌控或正在执行的内容。对人的原因，宜从行动而非思想态度着手分析。

中要因跟特性值、小要因跟中要因间有直接的原因–问题关系，小要因应分析至可以直接下对策。

如果某种原因可同时归属于两种或两种以上因素，以关联性最强者为准（必要时考虑"三现主义"，即现时到现场看现物，通过相对条件的比较，找出相关性最强的要因归类）。

选取重要原因时，不要超过7项，且应标识在最末端。

（2）绘制鱼刺图

①填写鱼头（按为什么不好的方式描述），画出主骨。

②画出大骨，填写大要因。

③画出中骨、小骨，填写中小要因。

④用特殊符号标识重要因素。

要点：绘图时，应保证大骨与主骨成60度夹角，中骨与主骨平行。

（3）如何使用要因图进行要因分析

①查找要解决的问题。

②把问题写在鱼骨的头上。

③召集同事共同讨论问题出现的可能原因，尽可能多地找出问题。

④把相同的问题分组，在鱼骨上标出。

⑤根据不同问题征求大家的意见，总结出正确的原因。

⑥拿出任何一个问题，研究为什么会产生这样的问题。

⑦针对问题的答案再问为什么，这样至少深入5个层次（连续问5个问题）。

⑧当深入到第5个层次后，认为无法继续进行时，列出这些问题的原因，而后列出至少20个解决方法。

运用要因分析法进行流程诊断及决策分析的示例如图11–2所示。

### 11.1.2　逻辑树

逻辑树又称问题树、演绎树或分解树等。麦肯锡咨询公司分析问题最常使用的工具就是逻辑树。逻辑树是将问题的所有子问题分层罗列，从最高层开始，并逐步向下扩展。

把一个已知问题当成树干，然后开始考虑这个问题与哪些问题或者子任务有关。每想到一点，就给这个问题（也就是树干）加一个"树枝"，并标明这个"树枝"代表什么问题。一个大的"树枝"上还可以有小的"树枝"，以此类推，找出问题的所有相关联项

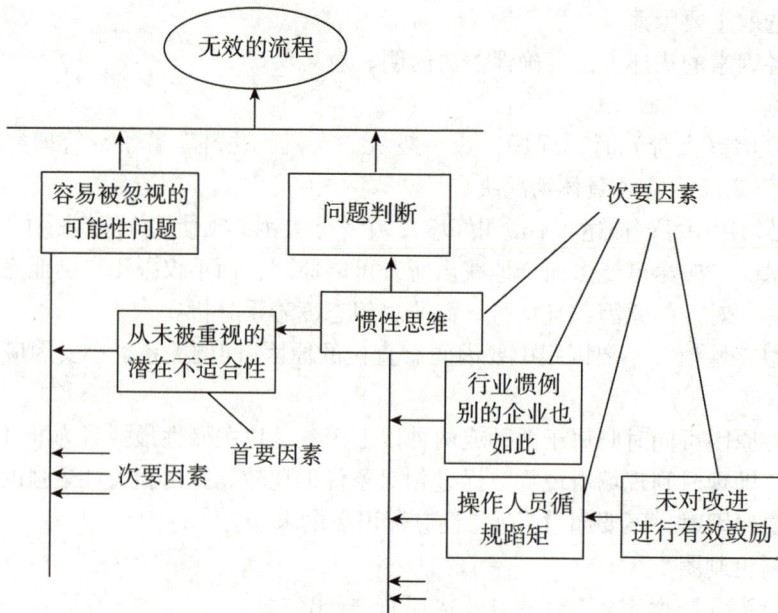

图11-2　要因分析法示例

目。逻辑树主要是帮助你理清自己的思路，不进行重复和无关的思考。

逻辑树能保证解决问题的过程的完整性。它能将工作细分为一些利于操作的部分，确定各部分的优先顺序，明确地把责任落实到个人。

逻辑树是所界定的问题与议题之间的纽带，它能在解决问题的小组内构建一种共识。

1.逻辑树分析法的过程（如图11-3所示）

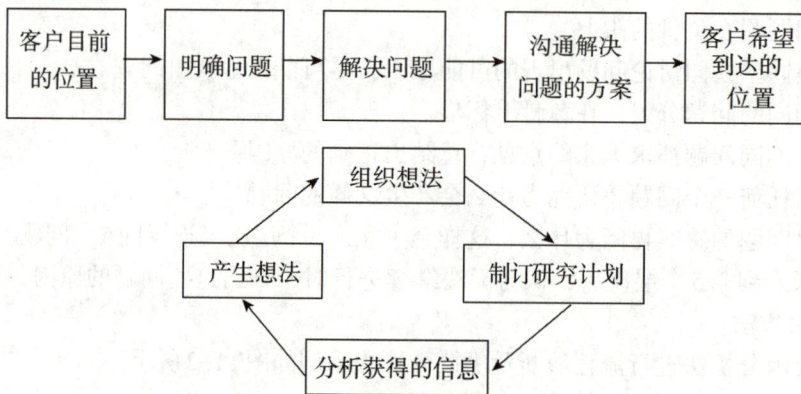

图11-3　逻辑树分析法的过程示意图

2.逻辑树分析法的优点

（1）同一层次的要因之间能相互比较、检验、评价，使其向后展开更有效。

（2）各要因所代表特性的影响程度需要数量化时也更加方便。

（3）要因的层次多时，也能清楚地表现各要因与主题的相关性，此点在特性要因图上则较为复杂。

（4）展开的最末端要标示出对策方案、实施方法、相关标准规格时更加方便。

3.逻辑树分析法示例（如图11-4所示）

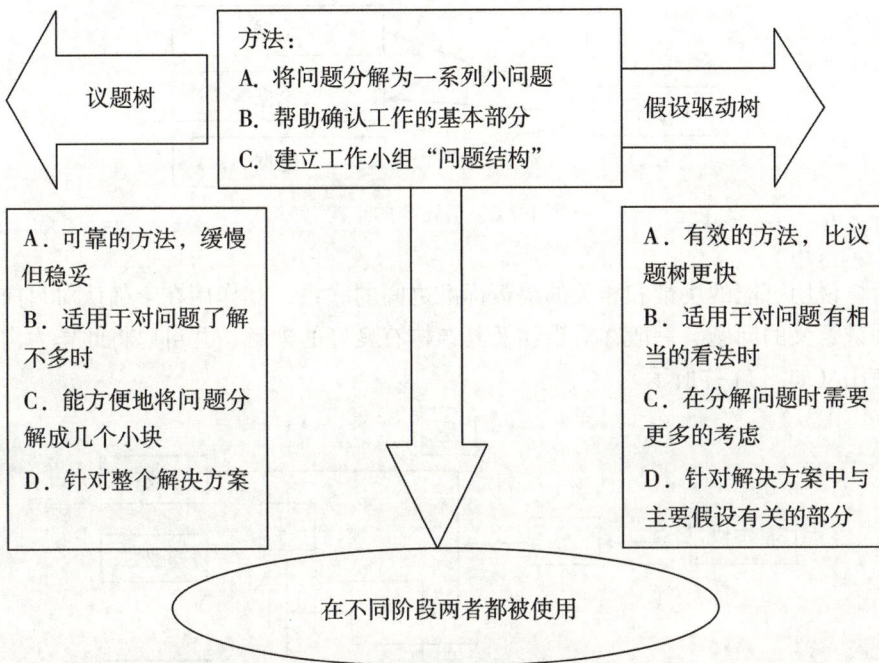

图11-4  逻辑树分析法示例

4.逻辑树的不同类型

（1）议题树

将一项事务细分为有内在逻辑联系的议题树，其作用在于将问题分解为可以分别处理的利于操作的小块。一般是在解决问题过程的早期使用，因为这时还没有足够的可以形成假设的基础（如图11-5所示）。

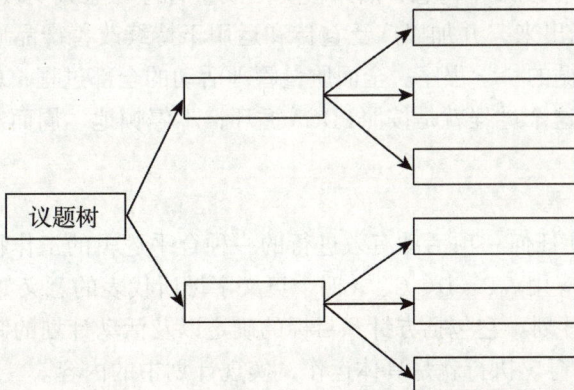

图11-5  议题树的结构

（2）假设树

假设树是指假设一种解决方案，并确认有足够必要的论据来证明或否定这种假设的分析方法，其作用在于较早聚焦于潜在的解决方案，加快解决问题的进程。一般在对情况有足够多的了解，能提出合理假设的时候使用（如图11-6所示）。

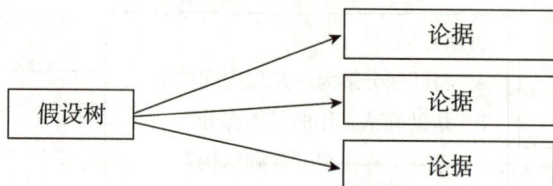

图11-6　假设树的结构

（3）是否树

是否树说明可能的决策和相关的决策标准之间的联系，其作用在于确认对目前要做的决定有关键意义的问题。一般在对事物及其结构有良好的理解，并可以将此作为沟通工具的时候使用（如图11-7所示）。

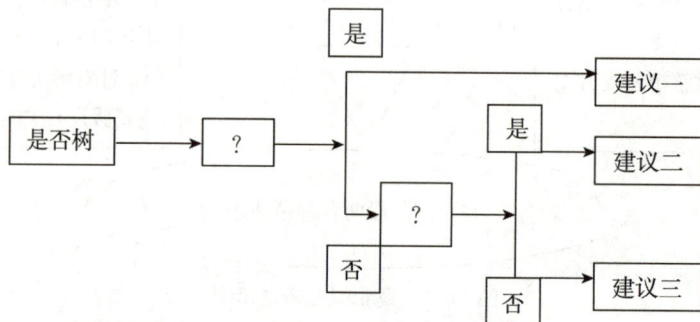

图11-7　是否树的结构

### 11.1.3　PDCA循环

PDCA循环又叫戴明环、质量环，是管理学中的一个通用模型，最早由休哈特（Walter A.Shewhart）于1930年构想，后来被美国质量管理专家戴明（Edwards Deming）博士在1950年再度挖掘出来，并加以广泛宣传和运用于持续改善产品质量的过程中。它是全面质量管理所应遵循的科学程序。全面质量管理活动的全部过程，就是质量计划的制订和组织实施的过程，这个过程就是按照PDCA循环，不停顿地、周而复始地运转的（如图11-8所示）。

1.PDCA的循环过程

PDCA循环是能使任何一项活动有效进行的一种合乎逻辑的工作程序，特别是在质量管理中得到了广泛的应用。P、D、C、A四个英文字母所代表的意义如下：

（1）P（Plan），计划。它包括方针和目标的确定以及活动计划的制订。

（2）D（Do），执行。执行就是具体运作，实现计划中的内容。

（3）C（Check），检查。就是要总结执行计划的结果，分清哪些对了，哪些错了，明确效果，找出问题。

（4）A（Act），行动（或处理）。对总结检查的结果进行处理，成功的经验加以肯定，

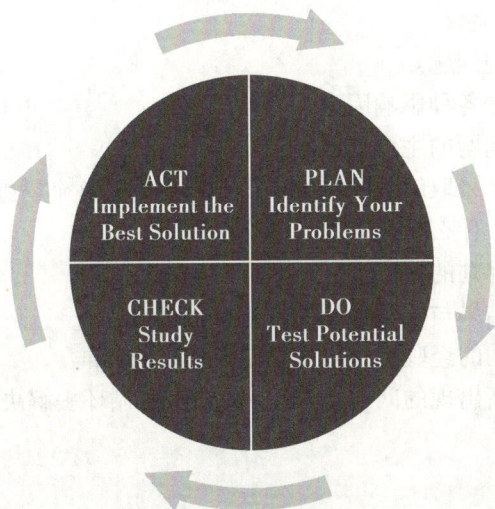

图11-8　戴明环

并予以标准化，或编制作业指导书，便于以后工作时遵循；对于失败的教训也要总结，以免重现。对于没有解决的问题，应提交给下一个PDCA循环去解决。

全面质量管理活动的运转，离不开管理循环的转动，也就是说，改进与解决质量问题、赶超先进水平的各项工作，都要运用PDCA循环的科学程序。不论是提高产品质量，还是减少不合格品，都要先提出目标，即质量提高到什么程度，不合格品率降低多少。这就需要有个计划，这个计划不仅包括目标，而且也包括实现这个目标需要采取的措施。计划制订之后，就要按照计划进行检查，看是否实现了预期效果，有没有达到预期的目标，通过检查找出问题和原因。最后就要进行处理，将经验和教训制定成标准、形成制度。

2.PDCA循环的特点

处理阶段是PDCA循环的关键，因为处理阶段就是解决存在的问题、总结经验和吸取教训的阶段。该阶段的重点又在于修订标准，包括技术标准和管理制度。没有标准化和制度化，就不可能使PDCA循环转动向前。

PDCA循环，可以使我们的思想方法和工作步骤更加条理化、系统化、图像化和科学化。它具有如下特点：

（1）大环套小环，小环保大环，推动大循环。PDCA循环作为质量管理的基本方法，不仅适用于整个工程项目，也适用于整个企业和企业内的科室、工段、班组以至个人。各级部门根据企业的方针目标，都有自己的PDCA循环，层层循环，形成大环套小环，小环里面又套更小的环。大环是小环的母体和依据，小环是大环的分解和保证。各级部门的小环都围绕着企业的总目标，朝着同一方向转动。通过循环把企业上下或工程项目的各项工作有机地联系起来，彼此协同，互相促进。

（2）不断前进，不断提高。PDCA循环就像爬楼梯一样，一个循环运转结束，生产质量就会提高一步，然后再制定下一个循环，再运转、再提高，不断前进、不断提高。

（3）形象化。PDCA循环是一个科学管理方法的形象化描述。

3.PDCA 循环的八个步骤

（1）分析现状，发现问题。

（2）分析质量问题的各种影响因素。

（3）分析导致质量问题的主要原因。

（4）针对主要原因，采取解决的措施。为什么要制定这个措施？达到什么目标？在何处执行？由谁负责完成？什么时间完成？怎样执行？

（5）执行，按措施计划的要求去做。

（6）检查，把执行结果与要求达到的目标进行对比。

（7）标准化，把成功的经验总结出来，制定相应的标准。

（8）把没有解决或新出现的问题转入下一个PDCA循环去解决。

## 11.2　第四方物流服务——供应链驱动策略

### 11.2.1　供应链的驱动方式

从驱动方式来看，供应链可划分为推动式和拉动式两种。

1.推动式供应链

推动式供应链是指以制造商为供应链的核心，根据产品的生产和库存情况，有计划地把商品推向市场，供应链上游制造商的生产是供应链运作的原动力（如图11-9所示）。在这种模式下，供应链上各节点结合得比较松散，追求降低物理功能成本，属卖方市场环境下供应链的一种表现。由于受客户需求变动影响，该方式的库存成本较高，市场反应较慢。

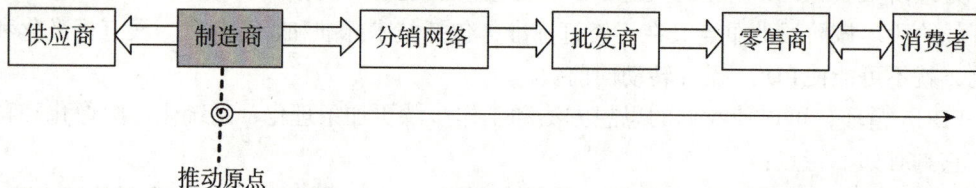

图 11-9　推动式供应链

一般来说，在推动式管理模式之下，制造商利用零售商历次订单需求的品种和数量来预测市场的需求，并根据长期预测进行生产决策。产品生产和原料采购都是以历次需求预测而不是当期实际需求为依据，在客户订货前按计划进行生产和采购。

2.拉动式供应链

拉动式供应链以客户为中心，密切关注客户需求的变化，并根据客户需求组织生产（如图11-10所示）。在这种运作方式下，供应链上各节点集成度较高，属买方市场供应链的一种表现。该运作模式对供应链整体素质要求较高，从发展趋势来看是供应链运作方式发展的主流。

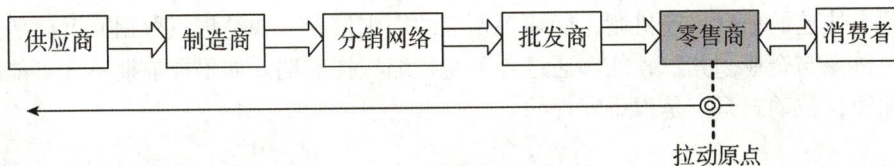

图11-10　拉动式供应链

在拉动式供应链中，生产和分销是由当期需求驱动的，驱动力直接来自最终顾客的当期需求。产品生产和交货是根据当期订单的实际顾客需求而不是基于历次订单预测需求进行协调的，这样生产和分销就能与真正的市场需求而不是预测需求进行对接。

### 11.2.2　两种供应链的优缺点

现实生活中完全采取推动式供应链或者完全采取拉动式供应链的并不多见。这是因为单纯的推动式或拉动式供应链虽然各有优点，但也均存在缺陷。

1.推动式供应链的特点

在推动式供应链中，生产和分销的决策都是根据长期预测的结果做出的。准确地说，制造商是利用从零售商处获得的订单进行需求预测的。事实上，企业从零售商和仓库那里获取订单的变动性要比顾客实际需求的变动性大得多，这就是通常所说的牛鞭效应，这种现象会使得企业的计划和管理工作变得很困难。例如，制造商不清楚应当如何确定它的生产能力。如果根据最大需求量确定生产能力，就意味着大多数时间里制造商必须承担高昂的资源闲置成本；如果根据平均需求量确定生产能力，在需求高峰时期需要寻找昂贵的补充资源。

同样，对运输能力的确定也面临这样的问题：是以最高需求量还是以平均需求量为准呢？因此，在一个推动式供应链中，经常会发现由于紧急的生产转换引起的运输成本增加、库存水平变高或生产成本上升等情况。推动式供应链对市场变化做出反应需要较长的时间，可能会导致一系列不良反应。比如在需求高峰时期，难以满足顾客需求，导致服务水平下降；当某些产品需求消失时，会在供应链上产生大量的过时库存。

2.拉动式供应链的特点

在拉动式供应链中，生产和分销是由需求驱动的，这样生产和分销就能与真正的顾客需求而不是预测需求相协调。在一个真正的拉动式供应链中，企业不需要持有太多库存，只需要对订单做出反应。

拉动式供应链有以下优点：通过更好地预测零售商订单的到达情况，可以缩短提前期；由于提前期缩短，库存可以相应减少，系统的变动性减小，尤其是制造商面临的变动性变小了；由于变动性减小，制造商的库存水平将降低；系统的库存水平有了很大的下降，从而提高了资源利用率。拉动式供应链最突出的缺陷表现在，由于拉动式系统不可能提前较长一段时间做计划，因而生产和运输的规模优势也难以体现。

3.拉动式供应链需要具备的条件

拉动式供应链虽然具有许多优势，但要获得成功并非易事，需要具备相关条件：其一，必须有快速的信息传递机制，能够将顾客的需求信息（如销售点数据）及时传递给不同的供应链参与企业。其二，能够通过各种途径缩短提前期。如果提前期不太可能随着需求信息缩短，拉动式系统是很难实现的。

### 11.2.3    供应链的推-拉组合策略

在供应链的推-拉组合策略中，供应链的某些层次，如最初的几层以推动的形式经营，其余的层次采用拉动式策略。推动式与拉动式的接口处被称为推-拉边界。虽然一个产品如计算机需求具有较高的不确定性，规模效益也不十分突出，理论上应当采取拉动式策略，但实际上计算机厂商并不完全采取拉动式策略。以戴尔为例，戴尔计算机的组装，完全是根据最终顾客订单进行的，此时它执行的是典型的拉动式策略。但戴尔计算机的零部件是按预测进行生产和分销决策的，此时它执行的却是推动式策略。也就是说，供应链的推动部分是在装配之前，而供应链的拉动部分则从装配之后开始，并按实际的顾客需求进行，这是前推后拉的混合供应链策略，推-拉边界就是装配的起始点。

推-拉组合策略的另一种形式是采取前拉后推的供应链组合策略。那些需求不确定性高，但生产和运输过程中规模效益十分明显的产品和行业，适合采用这种策略。家具行业是这种情况的最典型例子。

一般家具生产商提供的产品在材料上差不多，但在家具外形、颜色、构造等方面的差异却很大，因此它的需求不确定性相当高。另外，由于家具产品的体积大，所以运输成本也非常高。此时就有必要对生产、分销策略进行区分。从生产角度看，由于需求不确定性高，企业不可能根据长期的需求预测进行生产，所以生产要采取拉动式策略。这类产品体积大，运输成本高，所以，分销策略又必须充分考虑规模经济的特性，通过大规模运输来降低运输成本。事实上，许多家具厂商正是采取这种策略，就是说家具制造商是在接到顾客订单后才开始生产，当产品生产完成后，将此类产品与其他所有需要运输到某地区的产品一起送到零售商的商店里，进而送到顾客手中。因此，家具厂商的供应链策略是这样的：采用拉动式策略按照实际需求进行生产，采用推动式策略根据固定的时间表进行运输，是一种前拉后推的组合供应链策略。

## 11.3    第四方物流服务——供应链库存策略

传统的企业库存管理侧重于优化单一的库存成本，从存储成本和订货成本出发确定经济订货量和订货点。这种库存管理方法有一定的合理性，但是从整体来看，这一方法对于整个供应链来说显然是欠缺的。因此，第四方物流服务提供商的一项重要任务就是要为客户选择与供应链战略相匹配的供应链库存策略。目前，国内外企业实践经验及理论研究成果中，有几种先进的供应链库存管理技术与方法是值得借鉴的，主要有供应商管理库存、联合库存管理和多级库存优化与控制。

### 11.3.1　供应商管理库存（VMI）

长期以来，供应链上的库存都是各自为政的，流通环节中的每一个部门，无论零售商、批发商还是制造商都有自己的库存，并各自管理，因此供应链各环节都有自己的库存控制策略。但正是由于各自的库存控制策略不同，不可避免地产生需求放大现象，无法使供应链快速响应用户需求的变化。

在供应链管理前提下，要求各个环节活动均能同步进行。显而易见，传统的库存控制方法是无法满足这一要求的，于是，供应商管理库存（Vendor Managed Inventory，VMI）就应运而生了。

**1.VMI的基本思想**

传统上讲，库存是由库存拥有者管理，库存决策也是由同一组织完成的。对于供应链来说，这种库存管理模式往往不是最优的。例如，一个供应商利用库存来应对不可预测的或某一下级用户（下级分销商、批发商）不稳定的需求，同时用户也会设立自己的库存来应对这种不确定性，这样做的结果是增加了供应链整体的不确定性，从而影响供应链的整体效益。VMI系统就能够突破这种传统的分散库存管理模式，以系统、集成的管理思想统一规划供应链库存，并进行管理，使供应链系统能够得到同步化的运作。VMI流程如图11-11所示。

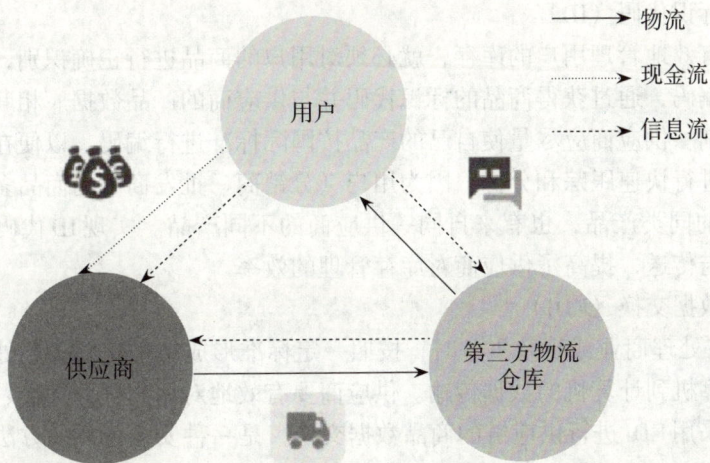

图11-11　VMI流程图

**2.VMI的实施方法**

实施VMI策略，首先要改变订单的处理方式，建立基于标准的托付订单处理模式。首先供应商和批发商（分销商）一起确定供应商的订单业务处理过程所需要的信息和库存控制参数，然后建立一种订单的处理标准模式，如EDI标准报文，最后把订货、交货和票据处理等各个业务功能集成在供应商一边。

库存状态透明性（对供应商）是实施供应商管理用户库存的关键。供应商能够随时跟踪和检查销售商的库存状态，从而快速地响应市场的需求变化，对企业的生产（供应）状态做出相应调整。为此需要建立一种能够使全供应链库存信息实时共享的方法。

实施VMI策略可分为如下几个步骤：

（1）建立用户信息系统。要有效地管理销售库存，供应商必须能够获得用户的有关信息。通过建立用户信息库，供应商能够掌握需求变化的有关情况，把由批发商（分销商）进行的需求预测与分析功能集成到供应商的系统中来。

（2）建立销售网络管理系统。供应商要很好地管理库存，必须建立起完善的销售网络管理系统，保证自己的产品需求信息和物流畅通。

（3）建立供应商与批发商（分销商）的合作框架协议。供应商和批发商（分销商）一起通过协商，确定处理订单的业务流程以及控制库存的有关参数（如再订货点、最低库存水平等）、库存信息的传递方式（如EDI或互联网）等。

（4）变革组织机构。过去一般由财务经理处理与用户相关的事宜。引入VMI策略后，在订货部门产生了一个新的职能，负责用户库存的控制、库存补给和服务，VMI策略改变了供应商的组织模式。

一般来说，以下情况不适合实施VMI策略：零售商或批发商没有IT系统或基础设施来有效管理他们的库存；制造商实力雄厚，并且比零售商拥有的市场信息量大；有较高的直接存储交货水平，因而制造商能够有效规划运输。

3.VMI的支持技术

（1）商品标识代码（ID）

供应商要有效地管理用户的库存，就必须对用户的商品进行正确识别，为此需要对供应链商品进行编码，通过获得商品的标识代码并与供应商的产品数据库相联，实现对用户商品的正确识别。供应商应尽量使自己的产品按国际标准进行编码，以便在用户库存中对本企业的产品进行快速跟踪和分拣。因为用户（分销商、批发商）的商品多种多样，有来自不同供应商的同类产品，也有来自同一供应商的不同产品。实现ID代码标准化有利于进行数据交换与传送，提高了供应商对库存管理的效率。

（2）电子数据交换（EDI）

EDI是指在处理商业或行政事务时，按照一定标准形成结构化的事务处理或信息数据格式，完成计算机到计算机的数据传输。供应商要有效地对用户（分销商、批发商）的库存进行管理，采用EDI进行供应链的商品数据交换，是一种安全可靠的方法。为了能够对用户的库存进行实时的监测，供应商必须每天都能了解用户的库存补货状态。

（3）条码技术（Bar Code）

条码技术是对ID代码进行自动识别且将数据自动输入计算机的方法和手段，条码技术的应用消除了数据录入与数据采集的"瓶颈"，为供应商管理用户库存提供了有力支持。

（4）连续补货策略（Continuous Replenishment）

连续补货程序将零售商向供应商发出订单的传统订货方法变为供应商根据用户库存和销售信息决定商品的补给数量。为了快速响应用户"降低库存"的要求，供应商通过和用户（分销商、批发商或零售商）建立合作伙伴关系，主动提高向用户交货的频率，使供应商从过去单纯地执行用户的采购订单变为主动为用户分担补充库存的责任，在加快供应商响应用户需求速度的同时，也降低了用户方的库存水平。

### 11.3.2 联合库存管理（JMI）

**1.基本思想**

传统的分销模式是销售商根据市场需求直接向工厂订货，然后需要经过一段时间（Lead Time）才能到达。因为顾客不想等待这么久的时间，所以各个销售商不得不进行库存备货，每个销售商直接向工厂订货，同时每个销售商都持有自己的库存，如图11-12所示。

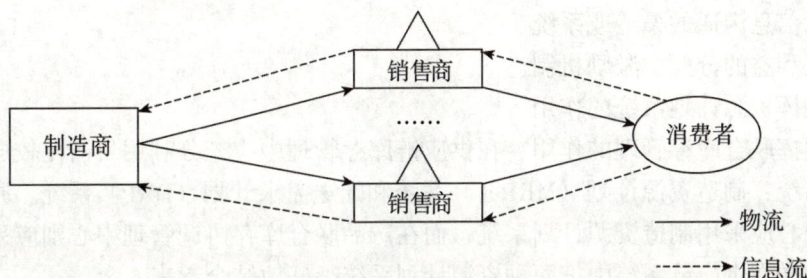

**图11-12　传统商品流通模式**

联合库存管理系统则把供应链管理系统进一步集成为上游和下游两个协调管理中心，从而部分消除了由于供应链环节之间的不确定性和需求信息扭曲现象导致的供应链的库存波动。通过协调管理中心，供需双方共享需求信息，因而起到了提高供应链运作稳定性的作用。

联合库存管理供应链系统是一种基于协调管理中心的库存管理系统，如图11-13所示。

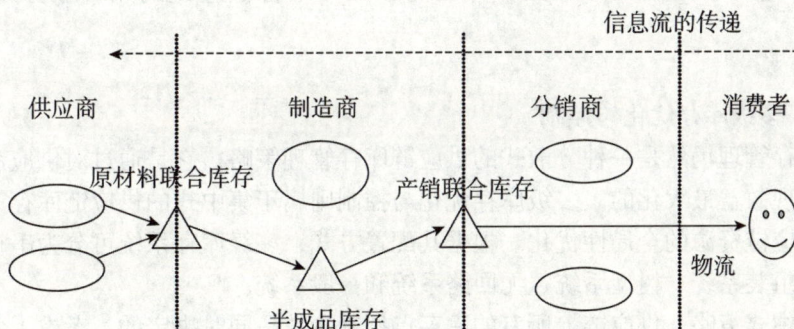

**图11-13　联合库存管理供应链系统模式**

与传统模式相比，联合库存管理策略有如下优点：

①为实现供应链的同步化运作提供了条件和保证。

②减少了供应链中的需求扭曲现象，降低了供应链的不确定性，提高了稳定性。

③库存作为供需双方信息交流和协调的纽带，可以揭示供应链管理中的缺陷，为改进供应链管理水平提供依据。

④为实现零库存管理、准时采购以及精细供应链管理创造了条件。

⑤进一步体现了供应链管理的资源共享和风险分担的原则。

2.联合库存管理的实施策略

（1）建立供需协调管理机制

为了发挥联合库存管理的作用，供需双方应从合作的精神出发，建立供需协调管理的机制，明确各自的目标和责任，建立合作沟通的渠道，为供应链的联合库存管理提供有效的机制。协调管理机制的建立应从以下几个方面入手：

①建立共同合作目标。

②建立联合库存的协调控制方法。

③建立信息沟通的渠道或系统。

④建立利益的分配、激励机制。

（2）发挥资源计划系统的作用

为了发挥联合库存管理的作用，在供应链库存管理中应充分利用目前比较成熟的两种资源管理系统：制造资源计划（MRPⅡ）系统和配送需求计划（DRP）系统。原材料库存协调管理中心应采用制造资源计划系统，而在产品联合库存协调管理中心则应采用配送需求计划，这样在供应链系统中把两种资源计划系统很好地结合起来。

（3）建立快速响应系统

快速响应系统是在20世纪80年代末由美国发展起来的一种供应链管理策略，它可以减少供应链中从原材料到用户过程的时间和库存，最大限度地提高供应链的运作效率。

（4）发挥第三方物流系统的作用

面向协调管理中心的第三方物流系统使供应与需求双方都取消了各自独立的库存，提高了供应链的敏捷性和协调性，并且能够大大改善供应链的用户服务水平和运作效率。

### 11.3.3 多级库存优化与控制

联合库存管理仍然是一种分散式的供应链库存管理策略，它是通过对供应链局部优化的控制来实现效益最大化的。多级库存优化与控制则属于集中式的供应链库存策略，其目标是实现供应链资源的全局性优化。根据其配置方式，多级库存系统可分为串行系统、并行系统、纯组装系统、树型系统、无回路系统和一般系统。

采用集中式策略，供应链上所有的库存点控制参数是同时决定的，考虑了各个库存点的相互关系，通过协调的办法获得库存的优化。但这种策略在管理上协调的难度大，特别是供应链的层次比较多即供应链的长度增加时，更增加了协调控制的难度。

供应链的多级库存优化与控制应考虑以下几个问题：

1.明确库存优化的目标（是降低成本还是缩短时间）

传统的库存优化问题大都采用成本优化，但在强调敏捷制造、基于时间的竞争条件下，单纯成本优化策略就显得不合时宜了。供应链管理的两个基本策略——ECR和QR，都集中体现了顾客响应能力的基本要求，因此在实施供应链库存优化时要明确库存优化的目标是什么——降低成本还是缩短时间。

2.明确库存优化的边界

供应链库存管理的边界即供应链的范围。供应链的结构形式各不相同，有全局的供应链，包括供应商、制造商、分销商和零售商等各个部门；有局部的供应链，分为上游供应链和下游供应链。在传统的所谓多级库存优化模型中，绝大多数的库存优化模型是下游供应链，即关于制造商（产品供应商）—分销中心（批发商）—零售商的三级库存优化。在上游供应链中，主要考虑的问题是供应商的选择问题。

3.多级库存优化的效率问题

从理论上讲，如果所有的相关信息都是可获得的，并把所有的管理策略都考虑到目标函数中去，则中心化的多级库存优化策略比基于单级库存优化的策略要好。但是，现实中当把组织与管理问题考虑进去时，管理控制的幅度常常是下放给各个供应链的部门独立确定，因此多级库存优化策略的好处也许会被组织与管理的考虑所抵消。所以，简单的多级库存优化并不能真正产生优化的效果，而需要对供应链的组织、管理进行优化，否则，多级库存优化策略的效率是低下的。

4.明确采用的库存控制策略

在库存控制策略中，一般采用的是周期性检查与连续性检查策略。周期性检查库存控制策略主要有（nQ，s，R）、（S，R）、（s，S，R）等策略，连续性检查库存控制策略主要有（s，Q）和（s，S）两种策略。这些库存控制策略对于多级库存控制仍然适用。但是，到目前为止，多级库存控制都是基于无限能力假设的单一产品的多级库存，有限能力的多产品的库存控制则是供应链多级库存控制的难点和有待解决的问题。

## 11.4　第四方物流服务——供应链管理工具

### 11.4.1　协同规划、预测和补货

协同规划、预测和补货（Collaborative Planning，Forecasting，and Replenishment，CPFR）是指协同式供应链库存管理。它是一种协同式的供应链库存管理技术，旨在降低销售商的存货量的同时，增加供应商的销售额。

CPFR的形成始于沃尔玛所推动的CFAR（Collaborative Forecast and Replenishment，协同预测和补货）。CFAR是利用互联网，通过零售企业与生产企业的合作，共同做出商品预测，并在此基础上实行连续补货的系统。后来，在沃尔玛的不断推动下，基于信息共享的CFAR系统又向CPFR进一步发展。CPFR进一步推动共同计划的制订，即不仅合作企业实行共同预测和补货，原来属于各企业内部事务的计划工作（如生产计划、库存计划、配送计划、销售规划等）也由供应链各企业共同参与。CPFR的架构如图11-14所示。

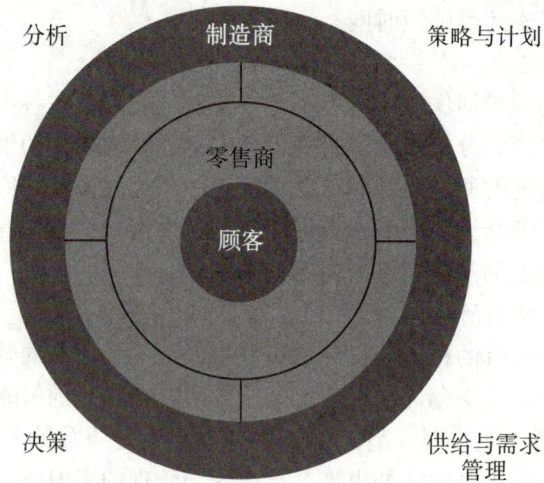

图 11-14　CPFR架构图

**1.CPFR的特点**

（1）协同

从基本指导思想来看，供应链上下游企业只有确立起共同的目标，才能使双方的绩效都得到提升，取得综合性的效益。CPFR要求双方长期承诺公开沟通、信息分享，从而确立协同性的经营战略，尽管这种战略的实施必须建立在信任和承诺的基础上，但这是合作双方取得长远发展和良好绩效的唯一途径。正因为如此，协同的第一步就是保密协议的签署、纠纷解决机制的建立、供应链计分卡的确立以及共同激励目标的形成（不仅包括销量，也包括确立双方的盈利率）。应当注意的是，在确立这种协同性目标时，不仅要建立起双方的效益目标，更要确立协同的盈利驱动性目标，只有这样，才能使协同性体现在流程控制和价值创造的基础之上。

（2）规划

1995年，沃尔玛与华纳-兰伯特公司（Warner-Lambert）的CFAR为消费品行业推动双赢的供应链管理奠定了基础。此后，当美国产业共同商务标准协会（VICS）定义项目公共标准时，认为需要在已有的结构上增加"P"，即合作规划（品类、品牌、分类、关键品种等）以及合作财务（销量、订单满足率、定价、库存、毛利等）。此外，为了实现共同的目标，还需要双方协同制订促销计划、库存政策变化计划、产品导入和中止计划以及仓储分类计划。

（3）预测

任何一个供应链合作方都能做出预测，但是CPFR强调供应链各方必须做出最终的协同预测，像季节因素和趋势管理信息等，无论是对服装或相关品类的供应方还是销售方都是十分重要的，基于这类信息的共同预测大大减少整个价值链体系的低效率和死库存等问题，并能促进产品销售和供应链资源的节约。与此同时，最终实现协同促销计划是提高预测精度的关键。CPFR所推动的协同预测还有一个特点，即它不仅要求供应链双方共同做出最终预测，而且强调双方都应参与预测反馈信息的处理和预测模型的编制及修正，特别是如何处理预测数据的波动等问题。只有把数据集成、预测和处理的所有方面都考虑清楚，才有可能真正实现共同的目标，使协同预测落到实处。

（4）补货

销售预测必须利用时间序列预测和需求规划系统转化为订单预测，并且供应方约束条件，如订单处理周期、前置时间、订单最小量、商品单元以及零售方长期形成的购买习惯等，都需要供应链双方加以协商解决。根据CPFR指导原则，协同运输计划也被认为是补货的主要因素。此外，例外状况的出现比率、需要转化为存货的百分比、预测精度、安全库存水准、订单实现的比率、前置时间以及订单批准的比率，所有这些都需要在双方公认的计分卡基础上定期协同审核。潜在的分歧，如基本供应量、过度承诺等，双方事先应及时加以解决。

2.CPFR 的实施框架和步骤

（1）识别可比较的机遇

CPFR有赖于数据间的比较，这既包括企业间计划的比较，又包括一个组织内部新计划与旧计划，以及计划与实际绩效之间的比较，比较越详细，CPFR的潜在收益就越大。在识别可比较的机遇方面，关键在于：

订单预测整合：CPFR为补货订单预测和促销订单提供了整合、比较的平台，CPFR参与者应该收集所有数据资源及其拥有者，寻求一对一的比较。

销售预测协同：CPFR要求企业在周促销计划的基础上再做出客户销售预测，这样将该预测与零售商的销售预测相对照，就可能有效地避免销售预测中没有考虑促销、季节因素等导致的差错。

将CPFR的实施要求与其他供应和需求系统进行整合：就零售商而言，CPFR要求整合和比较的资源有商品销售规划、分销系统、店铺运作系统；就供应商而言，CPFR需要整合和比较的资源有CRM、APS以及ERP。这种整合和比较的结果至少是形成共同的企业数据库。

（2）数据资源的整合运用

①不同层面的预测比较。不同类型的企业由于自身利益的驱使，计划的关注点各不相同，从而造成信息的来源不同，不同来源的信息常常产生不一致现象。CPFR要求协同团队寻求到不同层面的信息，并确定可比较的层次。

②商品展示与促销包装计划。CPFR系统在数据整合运用方面一个最大的突破在于它对每一个产品进行追踪，直到店铺，并且销售报告以包含展示信息的形式反映出来，这样预测和订单的形式不再是需要多少产品，而是包含了不同品类、颜色及形状等特定展示信息的东西，这样数据之间的比较不再是预测与实际绩效的比较，而是建立在单品基础上，包含商品展示信息的比较。

③时间段规定。在整合利用数据资源时，CPFR非常强调时间段的统一。由于预测、计划等都是建立在一定时间段的基础上，所以，如果交易双方对时间段的规定不统一，就必然造成双方的计划和预测很难协调。供应链参与者需要就时间段的规定进行协商统一，诸如预测周期、计划起始时间、补货周期等。

（3）组织评判

一旦供应链参与方有了可比较的数据资源，他们就必须建立一个特定的组织框架体系，以反映产品和地点层次、分销地区以及其他品类计划的特征。通常企业在现实中采用多种组织管理方法，CPFR能在企业清楚界定组织管理框架后，支持多体系的并存，体现不同框架的映射关系。

（4）商业规则界定

当所有的业务规范和资源的整合以及组织框架确立后，最后在实施CPFR的过程中需要决定的是供应链参与方的商业行为规则，这种规则主要表现在例外情况的界定和判断上。

### 11.4.2　供应链协同（SCC）

供应链协同（Supply Chain Collaboration，SCC）是指两个或两个以上的企业为了实现某种战略目的，通过协议或联合组织等方式而结成一种网络式联合体。供应链协同的外在动因是应对竞争加剧和环境动态性强化的局面；内在动因则包括谋求中间组织效应、追求价值链优势、构造竞争优势群和保持核心文化的竞争力。供应链协同是供应链管理中的重要概念，目的在于有效地利用和管理供应链资源。

供应链协同有三个方面的含义：

（1）组织协同：供应链的不同组织之间由"合作-博弈"的关系逐渐转变为彼此在供应链中更加明确的分工和责任，即"合作-整合"。

（2）业务流程协同：在供应链层面打破企业界限，围绕满足终端客户需求这一核心进行业务流程的系统整合。

（3）信息协同：通过互联网技术实现供应链伙伴成员间的信息系统的集成，实现运营数据、市场数据的实时共享和交流，从而使伙伴间更快、更好地协同响应终端客户需求。

1.供应链协同的范围

供应链协同从实现范围上由两个方面组成：

其一，企业内部协同，即为了使企业内的各个职能部门、各个业务流程能够服从于企业的总目标而实行的不同部门间、不同层次上、不同周期内的计划和运营体系的协同。比如，采购、库存、生产、销售及财务间的协同，战略、战术、执行层次的协同，长期、中期及短期规划间的协同等。顺畅的工作流、信息流，合理的组织结构设计，动态的流程优化是实现企业内部协同的有力保障。

其二，企业间协同，指供应链上的成员在共享需求、库存、产能和销售等信息的基础上，根据供应链的供需情况实时地调整计划和交付或获取某种产品和服务的过程。可见，构建企业间的协同，需要具备的条件包括：

在供应链层面共同构建一个共赢的供应链目标。

建立企业间亲密的合作伙伴关系，达成高信任度。

实现资源的有效整合与利用，相互开放业务信息，增强运营体系的透明度。

在供应链的层次，以满足终端客户需求为核心，实现企业间流程重组。

集成企业间的供应链管理信息系统，实现实时信息的交互和共享，以实现供应链计划、供应链计划执行状态以及预警、应急反应和资源调度的同步化。

最终实现的企业间的协同体现为：预测协同，库存和销售信息协同，采购计划协同，订单的执行协同，生产制造协同，运输交货协同，产品设计协同。

供应链协同是一个复杂的体系，因而保障信息交流畅通的信息技术成为支持供应链协同和监控所有供应链环节的重要支柱。

2.供应链协同机制设计框架

所谓机制设计，是指在不完全信息市场竞争条件下，设计一种局中人能够按照一定的规则和程序展开博弈、进行自由选择和实现激励相容的运行系统，以达到特定目标的制度安排。依据机制设计理论，供应链协同机制设计主要研究供应链协同的目标、规则、业务流程和组织等问题，以提高供应链协同水平和协同效应。

（1）供应链协同目标

供应链协同目标指供应链运作的目标体系，有供应链的总体目标，也有各项业务的子目标；有长期目标，也有短期目标。确立供应链协同目标，实际上是规定了供应链的发展方向、业务焦点和各节点企业的利益焦点。供应链协同目标主要包括：供应链全球化、集成化、敏捷化、柔性化、网络化、知识化等的程度，协同效应最大化、成本最小化水平，以及各节点企业的可实现利润等。

（2）供应链协同规则

供应链协同规则指供应链成员协同运作时所必须遵循的准则和规范，它是供应链实现有效协同的保证。供应链协同规则，除法律规范以外，主要包括确认和选择的价值准则、诚信规范、技术质量标准、办事原则和程序，以及利益和风险分配规则等。

（3）供应链协同业务流程

供应链业务流程是从供应商到消费者的一系列供应链管理活动。由于技术、市场、人员、管理等因素的不断变化，供应链业务流程需要进行不断重组，因此，供应链协同管理显得尤为重要。供应链成员企业应利用信息网络技术对业务流程进行重组，在采购、物流、产品设计开发、生产、配送与销售，以及信息化管理等方面不断优化业务流程，提高运作效率。

（4）供应链协同组织

供应链协同组织主要包括组织结构和组织行为两个方面。应建立科学的有助于供应链协同的组织结构，明确活动主体的目标、责任、权力和利益。组织行为则强调供应链协同参与主体的价值观、行为意向、激励和工作行为等。供应链协同活动主体的价值取向、素质和能力、责任履行和形象展示直接关系到供应链协同活动的效果。因此，在供应链协同活动中，应吸收供应链参与企业的优秀文化，凝聚供应链管理文化，并形成无形资产和竞争优势。

3.供应链协同机制设计策略

（1）进行供应链博弈分析

机制设计理论可以看作博弈论和社会选择理论的综合运用，一方面要考虑信息效率，即所设计的机制的信息成本；另一方面要考虑激励相容，即所设计的机制能否实现每个参与者的目标，并与设计者所要实现的目标一致。在博弈分析和对策分析过程中，信息空间的维数越来越小，激励相容越来越大，局中人做出选择越来越容易。应通过对供应链上下游节点企业之间的博弈行为分析，在战略、战术、操作层面建立供应链各节点企业协同的博弈模型，为供应链各节点企业的协同决策提供支持。

（2）建立供应链合作伙伴关系

合作伙伴关系不是短期的交易关系，而是长期、稳定的合作关系，合作各方是一个命运共同体。因此，供应链企业在选择合作伙伴的过程中，一定要建立选择与评价机制，将具有竞争优势的、信誉度高的企业选择进来，并通过签订协议，建立长期稳定的合作关系。要防止资质较低、缺乏诚信的企业进入，以避免损失。

（3）完善供应链委托–代理关系

在供应链合作伙伴之间，不再是简单的交易关系，而是一种委托–代理关系。这样，从供应商到消费者就构成了一个委托–代理关系链，或更为复杂的委托–代理关系网络。在这个链条或网络中，任何一个委托–代理关系环节出了问题，都会影响到整个供应链体系。因此，在博弈分析和对策前提下，一定要按法律规范要求签订委托–代理合同，建立委托–代理关系，双方必须切实履行责任和义务。

（4）运用信息网络技术

企业内部是通过信息的整合处理来实现各业务间的协同，而企业间则是通过电子商务实现供应链业务流程协同的。可见，两者的实现均需要运用信息网络技术作为前提条件。

### 11.4.3　供应链计划系统

物流控制与库存计划是当今大多数企业进行流程再造的关键领域。供应链计划系统（Supply Chain Planning，SCP）就是这样一个组织计划执行和衡量企业全面物流活动的综合供应链管理系统，它包括预测、库存计划以及分销需求计划等部分。SCP运作模型如图11–15所示。

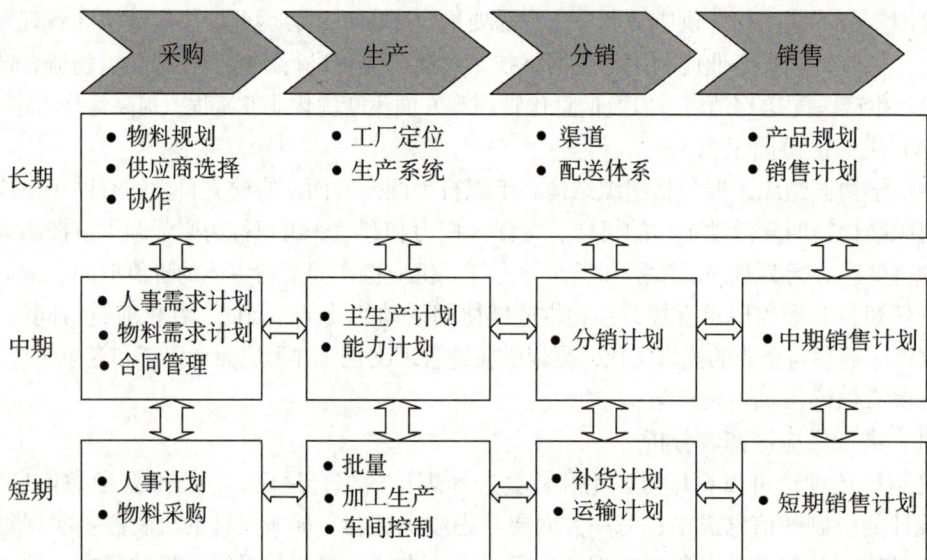

图11–15　SCP运作模型

1.SCP的构成

通常，SCP系统由三个部分构成：

（1）需求预测：收集历史数据；分析历史数据；计算预测值；处理预测结果与修正。

（2）库存计划：制定库存策略；制定客户服务目标；控制库存流转；确定安全库存水平；计算基于时间周期的库存目标。

（3）补库计划：按照净需求量补货；基于公平共享的方式部署可获得库存；预先确定订单。

2.SCP系统的实施

SCP系统的实施主要有以下五个步骤：

（1）准备——调换、组织和鼓舞将要履行任务的员工。

（2）验证——提出和了解计划过程，对当前业务分析开展准备工作。

（3）远景——提出一个有创造性的成果的流程远景，并准备一个未来的业务计划。

（4）技术——定义与细化流程的技术层面。

（5）转变——执行一个详细的计划并且利用连续的变革机制。

作为一个完善的有价值的库存计划工具，SCP系统提供一些功能用以帮助组织更快捷、更清晰、无风险地进行常规业务决策。沟通是成功的关键。对于一项完整的业务计划的执行来说，不同部门之间的协作是必需的。而SCP系统使这种协作变得更加便利。

3.SCP系统的实施原则

（1）内部整合必须到位

内部整合是任何一家公司管理者都会遇到的最基本的也是最费力的挑战，其范围涉及公司领导班子的团结和各个部门之间的协调等。例如，美国芝加哥雅克森供应链服务公司总经理诺曼·瓦西德特别推崇旨在随时平衡供求关系、消除各种差异的一体化营销规划，从而在其供应链经营管理中获得巨大的成功。其实他的规划并无多大新意，只不过是定期召开由制造商、营销专家、采购商、销售商、承包商、物流供应商、金融财务公司等各方负责人参加的会议，共同研究和解决供应链规划中的各种问题。当然这种会议大多是利用电子信息技术手段召开的，这样就可以互相无障碍地远程"交流"。

（2）操作流程数据必须精确

公司管理者或许知道如何预测产品的供需量，却难以确保供应链流程数据的精确和按照正确无误的供应链规划安排公司的产销流程。具体地讲，公司产品在市场上的信息是否真实，产品上市是否及时并对路，这一切都取决于供应链流程信息的精确性。为了使供应链流程数据精确到位，公司在供应链的经营管理方面必须做到：预计精确；调整及时；预算如实；面向市场；制造、经营和物流服务集成管理。

（3）供求软件系统必须一体化

电子信息技术处于发展初期，网络化还没有全面实现之前，财务会计等软件系统都是分段操作的，中间需要设定某种密码才能把系统中的各段供应链软件统一起来。互联网的发展使供应链规划软件系统实现了一体化。现在的软件公司把有关市场交易、经营分析和管理决策等方面的数据软件合并成一个单独的电子软件模块，从而大幅度提高了反应速度和决策水平。

（4）规划必须一元化，力求步调一致

供应链规划的制定者常常需要诸如营销、销售、客户服务、财务和经营管理等方面的预测信息，所有这些信息组合在一起的时候，就要避免互相矛盾和排斥，尽力排除"各自为政"。市场预测的一元化可以最大限度地提高供应链的市场精确度和可行性，并且让所有环节上的各个经营单位有据可查，只有目标一致才能获得最大的成功。

（5）必须落实到物流上

再好的供应链规划、市场预测和生产加工制造都可能毁于不符合要求的仓库系统和为客户提供的最终服务上。因此，良好的供应链规划必须慎重考虑和选择优秀的物流承运人。必须根据合同规定，与承运人具体商谈每天工作安排，以求产品运输达到最高的经济效率、最快的速度和最低的成本。须全面考虑物流过程，确切估计供应链中究竟需要多少承运人，并且要随时判断哪一家承运人的经营管理最佳。物流是一个科学化、系统化、信息化、全球化的业务领域，是任何传统的运输业务无法包容的。而要创造物流价值其成本是非常高昂的，只有仓储、包装、运输、搬运、销售等各个环节都被正确定位，大幅度降低成本，获取竞争优势，物流才能实现增值。

┃延伸阅读资料：云南省人民政府办公厅关于印发《云南省加快推进
　　　　　　　现代物流产业发展10条措施》的通知

## 💧 案例分析　　飞马国际：探索互联网+大宗商品供应链服务之路

深圳市飞马国际供应链股份有限公司（002210.SZ）（简称"飞马国际"或"飞马"）是中国深圳证券交易所上市的、致力于高端物流服务的专业供应链运营商。飞马国际立足于高端物流与供应链服务，在全国拥有4大区域运营中心和14个地区运作中心。

公司于2008年在中国深圳证券交易所上市。多年来本着"诚信为本、技术引领、精益服务"的经营理念，一直致力于研究世界500强企业及大型制造领域企业（包括制造中心、销售中心、研发中心等）的供应链需求及运作模式。通过不断强化和提升供应链技术与运作能力，为客户提供其核心业务以外的、集商流、物流、资金流、信息流于一体的供应链外包方案与运营。

从基础物流到叠加了商流、资金流的综合供应链服务，飞马一直在探索能够为客户带来更多价值的供应链服务模式——如何突破传统供应链服务中的瓶颈？如何从单纯的贸易执行升级为贸易促成？飞马大宗平台就是在垂直细分领域从项目化到平台化的一大突破，它不是简单地将线下服务搬到线上执行，而是通过平台化创造新的交易场景，拉动更多的贸易机会。

一、大宗商品传统供应链服务面临的挑战

飞马国际多年从事有色金属的物流、运输、仓储供应链业务。在为有色金属行业的客户提供供应链服务的过程中，飞马国际深度参与了其供应链管理与运作，对传统交易方式中的痛点有了深刻理解：

一是价格谈判方式落后，合同履行无法保障。目前业内相当部分企业间的交易依然是通过双方根据期货价格在电话中对升贴水讨价还价的方式来进行，双方只能将达成一致的价格各自记下，待休市后再补签协议。在这种方式下，不仅只能一对一进行，而且双方的沟通容易产生误解，价格听错记错的情况时有发生。此外，合同签署后一方如果不履约也没有任何制约措施，违约成本极低。

二是结算方式比较传统，交易风险相对较大。交易员通过电话达成交易且休市后，买卖双方需在线下完成合同签署、打款、交货或货权转移、发票开具等诸多事项。这种线下方式不仅效率较低，而且货、款分离，存在打款不发货或收货不付款的风险。企业为了降低风险，只能在"熟人圈"进行交易，不仅大大限制了其交易规模，而且因为没有实质担保措施，无法完全规避违约风险，仍然存在货、款损失的可能。

三是贸易融资功能不足，行业发展步伐受限。由于前几年大宗商品融资过度发展，行业内存在重复质押、伪造仓单等不法骗取融资的乱象，特别是上海钢贸、青岛港事件后，银行等金融机构对大宗商品的融资非常谨慎，使得行业的融资变得较为困难，这给有色金属行业的发展带来了一些困难。

四是存在专业配套服务缺乏，营运效率难以提高的问题。对于需要进行交收的企业来说，不仅运输、仓储等服务比较分散，也没有形成一体化、一站式的可靠服务；对于中小企业来说，在套期保值等方面，也缺乏专业的服务商来对冲现货库存风险。此外，由于线下交易对货物流向缺乏预判，可能导致一批货来回运输的问题，造成物流效率的损失和物流成本的增加。

## 二、飞马大宗商品供应链服务——安全、高效、低成本

依靠粗放式的规模扩张实现经济发展的时代已经一去不复返。面对经济发展的新常态，飞马国际深信：走集约式发展的路子，运用互联网的方式和思维去改造传统流通领域是时代的趋势。只有通过"互联网+供应链"的模式创新，才能促进交易模式的升级与突破，从而推动产业转型升级。

在大宗商品供应链服务互联网化探索的道路上，凭借在有色金属行业多年的沉淀和在供应链行业的丰富资源，飞马国际推出了旨在提升有色金属供应链服务价值的飞马大宗平台，包含大宗原材料采购供应链系统、智能仓储配送供应链系统和供应链金融系统。

### （一）大宗原材料采购供应链系统

飞马大宗平台以"有色金属行业繁荣"为愿景，致力于解决国内铜、铝、铅、锌、镍、锡、锑、汞、镁、钛等有色金属供应链环节中存在的诸多安全与效率问题，集交易、结算、物流、金融、资讯等多种服务于一体。通过交易系统、结算系统、智仓系统、金融系统等四大拥有自主知识产权的智慧系统，飞马大宗真正打造了一个"完全闭环、快捷交易、钱货安全、高效周转"的线上B2B电子商务平台。通过这个平台，交易双方可以集中精力来做好研发、市场、生产等核心问题，买卖双方可以更便捷、更高效、更安全地达成交易，以提高盈利能力；有色金属领域可以真正实现信息流、商流、资金流和物流的有效集合。

飞马大宗平台致力构建一个有色金属贸易商业生态圈，让生产商、贸易商、物流服务商、金融服务机构、征信机构、会计服务机构、法律服务机构等相关主体都能在这个生态圈内轻松拓展业务、实现盈利目标和社会价值。

### （二）智能仓储配送供应链系统

智能仓储配送供应链系统是飞马大宗商品供应链综合服务系统的基础。为最大限度降低下游中小企业的采购成本和物流配送成本，飞马积极部署线下仓库，采用"自有仓"及"合作仓"的模式，目前已经在上海、无锡、佛山等地部署了仓储资源，并将继续覆盖国内主要产地和加工地区的仓储网络，实现主产地采购、规模化运输、就近配送，大幅降低下游中小企业的采购成本。

飞马仓储系统是由公司自主研发的智仓系统。在该系统下，仓库在供应商货物入库时将货物的名称、规格、型号、数量等详细信息录入智仓系统，在信息录入时分配货物堆放的具体位置。智仓系统将整个仓库划分成若干单位小面积的并标记具体编号的堆放位置，供应商货物入库时即可分配具体的堆放位置。采购商完成交易并获得提货单后，智仓系统按提货单的要求安排相应的货物出货。由于智能仓储配送供

应链系统采用物联网等先进技术手段，客户可以随时查询相关货物的数量及具体存储位置。在室内仓库中，客户还可以通过远程视频方式查看相关货物的实时存储状态。

所有线上平台交易的货物都存放于飞马大宗平台指定的认证仓库，并通过飞马仓储系统与交易平台数据无缝对接，这就从源头上保证了线上交易货物的真实性。目前，飞马大宗平台是市场上众多平台里唯一一个可以做到全闭环的电子商务平台，货款支付和货权转移都是实时的，买家在进行线上付款之后，仓库将会根据之前的授权，立即将货权转移至买家，杜绝了卖家卷款和卷货潜逃的风险。这一决定性的竞争优势来源于飞马将线下资源与线上平台的有效整合。

（三）供应链金融系统

融资难是多年来困扰中小企业尤其是贸易商的老大难问题，这个问题在有色金属行业普遍存在，尤其是青岛港及上海钢贸风险事件的集中爆发，使得相关企业的融资环境进一步恶化。

飞马通过主发起人及平台的信用背书，与银行、非银行金融机构、供应链企业等能提供融资服务的主体建立起合作关系，为平台用户提供订单融资、仓单融资等多种便捷的融资服务；另外，通过长时期的数据积累，平台会利用大数据对企业进行资信评级。具备良好资信的企业可以通过平台的信用背书，获得信用融资。

（摘自丁俊发．中国供应链管理蓝皮书（2017）［M］．北京：中国财富出版社，2017．有删减）

分析思考：

（1）案例中飞马国际所提供的服务与传统的物流服务有何异同？

（2）对于飞马的客户来说，飞马国际最大的价值在哪里？

（3）飞马国际凭什么可以提供这样的服务，也就是说它的竞争优势在哪里？

（4）通过这个案例，你认为第三方物流与第四方物流最大的区别在哪里？

## 本章小结

在物流流程设计过程中，需要使用的主要工具包括要因分析法、逻辑树和戴明环。

对于供应链规划来说，决定供应链的驱动方式是首先必须面临的问题。按照供应链的驱动方式来划分，可将供应链划分为推动式供应链和拉动式供应链。现实生活中完全采取推动式战略或者完全采取拉动式战略的并不多见，这是因为单纯的推动式或拉动式战略虽然各有优点，但也都存在缺陷。在推-拉组合战略中，供应链的某些层次，如最初的几层以推动的形式经营，其余的层次采用拉动式战略。推动式与拉动式的接口处被称为推-拉边界。

供应链管理中另一个重要的决策就是库存策略。其中供应商管理库存、联合库存管理和多级库存优化与控制是最常见的几种供应链库存策略。供应商管理库存模式能够突破传统的条块分割的库存管理模式，以系统的、集成的管理思想进行库存管理，使供应链系统能够得到同步化的运作；而联合库存管理模式是一种基于协调管理中心的库存管理系统；多级库存优化与控制是在单级库存控制的基础上形成的，根据配置方式的不同，多级库存优化与控制系统可分为串行系统、并行系统、纯组装系统、树型系统、无回路系统和一般系统等。

在供应链管理技术和工具中，最重要的当属协同规划、预测和补货（CPFR），这个由沃尔玛开发并使用的工具与其名称一致，主要包括协同、规划、预测和补货四个方面。CPFR的实施过程可分为：（1）识别可比较的机遇；（2）数据资源的整合运用；（3）组织评判；（4）商业规则界定。

供应链协同是指两个或两个以上的企业为了实现某种战略目标，通过公司协议或联合组织等方式而结成一种网络式联合体。供应链协同从实现范围上看由两个方面组成：企业内部的协同和企业间协同。其中，企业内部的协同是为了使企业内的各个职能部门、各个业务流程能够服从于企业的总目标而实行的不同部门、不同层次、不同周期的计划和运营体系的协同；企业间协同是指供应链上的成员在共享需求、库存、产能和销售等信息的基础上，根据供应链的供需情况实时地调整计划和执行交付或获取某种产品和服务的过程。

供应链计划由需求预测、库存计划和补库计划三部分组成。作为一个完善的有价值的库存计划工具，SCP系统提供一些功能用以帮助组织更快捷、更清晰、无风险地进行常规业务决策。要使一项完整的业务计划得以成功执行，不同部门之间的协作是必需的，而SCP系统使这种协作变得更加便利。

💧 **关键概念**

流程规划　要因分析法　逻辑树　戴明环　推-拉式供应链　供应商管理库存　联合库存管理　多级库存优化与控制　CPFR　SCC　SCP

💧 **思考题**

1．第四方物流的流程运作技术有哪些？它们各有哪些特点？

2．简述第四方物流流程改善的方法，并说明各自的优缺点。

3．简述第四方物流运作中供应链管理的三种工具的主要思想。

4．推动式供应链和拉动式供应链各自的优缺点是什么？在实践中应该根据什么来设计供应链的驱动方式？

5．简述供应链管理的三种策略的主要思想。

6．你认为CPFR主要的应用领域是什么？

7．实现企业间供应链协同的关键因素是什么？

8．在企业传统的库存决策中主要考虑哪些问题？它们与供应链中的库存决策有何异同？

9．为何要实行供应商管理库存？它能给企业带来何种好处？

# 第12章

## 第五方物流

### 学习目标

伴随着物流行业的飞速发展，在第三方物流的基础上，逐渐分化出了被称为第四方乃至第五方的物流服务模式。本章从第五方物流的概念入手，主要剖析了第五方物流的内涵及服务内容。通过本章的学习，我们将了解第五方物流产生的背景、第五方物流的概念；深刻理解第五方物流与第三方物流、第四方物流的本质联系和区别；学习第五方物流涉及的服务内容，包括面对的信息流的特征、信息平台的构成；掌握第五方物流服务平台与企业信息平台的目标及内容差异。

### 导入案例

#### 未来供应链管理的几个趋势

柔性供应链多年来一直是服装产业的热词，这是因为玩家们意识到，如果像以前那样对市场变化和消费者喜好反应迟缓，品牌的命运就是被快速遗忘直至消亡。以Zara为代表的快时尚品牌供应链反应速度是传统时尚品牌的十倍，仅需5个星期就可以将SKU全部更新一遍，这也使得Zara母公司Inditex迅速成长为全球第一大服饰零售商。为争夺越来越喜新厌旧的消费者，快时尚还在变得越来越快。

美国时装设计师协会将传统服装业的供应链称为一个"崩坏的系统"，是否能够利用新技术提升效率被认为是当下服装企业生存和决胜的关键。一个"聪明"的供应链系统，应该能够利用数据精准洞察消费趋势，辅助企业进行快速、贴切的商品企划决策，根据市场需求及时调整生产节奏，控制库存短缺或过剩造成的负担。

服装产业如何对供应链进行智慧化改造？供应链管理专家林至颖分享了经营者须把握的供应链升级新趋势。

#### 如何打造智慧供应链？

供应链是生产流通过程中，围绕"将产品或服务送达最终用户"这一过程的上下游企业形成的网链结构，其归根到底离不开其中的商流、物流、信息流和资金流。为使这些资源运转通畅，供应链管理需要达到七个目标：以顾客为核心，以市场需求为原动力；强调企业核心业务在供应链上的地位，避免所有环节一把抓；传统供应链管理系统中，商务伙伴之间经常关系恶劣，应改为建立紧密合作、共担风险、共享利益的关系；利用信息系统优化运作效率；缩短产品完成时间，使生产尽量贴近实时需求；对工作、实物、信息和资金流程进行合理设计、执行、检视和改进；减少各环节之间的成本。

电商和快时尚的出现使得消费品供应链管理的形态出现很大的差别。传统模式是商家生产产品，通过营销、广告等手段推给消费者；依靠平台和数据的供应链管理则是拉动式的，即先了解消费者真正需要的东西，再做产品设计和开发，让生产与开发过程紧密连接，在最短的时间内向消费者提供他们最喜欢的东西。

在智慧供应链的改造实践中，企业管理者和员工的意识往往比技术层面的问题更关键。要达成这些目标，企业经营思路应有以下转变：

转变一：变成本控制导向为投入产出导向

面对电商冲击时，传统供应链管理暴露出的最大问题往往是库存，因此企业应该用新的视角审视其投资和运营。传统模式下的成本控制导向思路是计算"我每花一块钱，要赚回多少块钱"；而互联网化的运营思路并不把成本作为核心考量，而更多地是一种投入产出的视角，要看投资是否可以提升供应链效率，防止缺货，减少库存，提高最终收益。

转变二：抛弃全知全能的心态

供应链管理要求企业重新思考自己的核心竞争力，把薄弱的、非核心的环节通过外包或与生态伙伴合作的方式解决。完全一体化的组织形式不能让供应链效率最大化；但如果完全放开和市场化，中间也会产生沟通和对接成本。要抛弃过往什么都要自己做的心态，核心是搞清楚自己在产业链里面的位置，用数据来连接上下游的伙伴，形成新的商业关系。与此同时，企业也要注意防范风险，与上下游合作伙伴形成良好的利益分配格局，健全监督机制，规范产品或服务的标准。

**未来供应链管理的几个新趋势**

一、供应链前端未来改造空间巨大

以品牌商为中心，前向供应链包含了设计、原材料及生产制造三种职能，后向供应链则包括分销/批发、零售、广告营销和消费者触达。后向供应链互联网化已经成熟，而前向才刚刚开始。目前企业的精力通常集中在靠近消费者的后端，对前端的智能化升级投入不够。未来产品设计与开发、供应商合规、原材料采购、工厂采购与生产控制、配送中心与货运代理、批发、增值服务等都是数字化的潜在空间。

二、数字化供应链的主要特征：敏捷、弹性、智慧

移动互联网的发展，使制造商生产的款式越来越多，每一个SKU之下货品数量变少，需求碎片化使生产也变得碎片化，这就要求供应链灵活程度必须提高。敏捷的供应链可以快速研发、生产、补货并及时配送。传统供应链开发一个系列的产品可能需要8个月乃至12个月，仅概念形成就需要5个月，确定面料又需要1个月，而通过数字化手段可以把研发周期缩短到1个星期。弹性则指让供应链随需而动，批量可大可小，根据需求自由切换。现在，全渠道经营的品牌商越来越多，供应链须适应电商和线下销售两套不同的节奏。全渠道服装供应链效率提升手段包括自建服装版房、简化样板审批流程；减少最低订货要求；开放生产地选择；未雨绸缪，进行策略性的原料采购和预订。

三、智慧供应链对于企业越发重要

正如趋势一提到的，前端供应链的效率正在变得越来越重要，因此，企业要关注在企划、生产和物流等节点上如何控制成本。新品满足市场需求的程度越高、开发速度越快，能让库存造成的损失越小，销售机会就越多。在生产方面，应综合考量零部件的通用性、原材料是否可得、生产工艺是否成熟及易于生产。在物流方面，要注意包装材料是什么、是否足够节约空间、是否便于运输、破损率有多高。

现在，不少服装企业已经通过电脑打版、用虚拟的3D模特试衣，在大批量生产之前，不用制作任何一件样衣。RFID（即射频识别技术）成本已经非常低廉，不只是服装行业，很多消费品行业通过电子标签做到了全供应链可视可追踪，以更好地分析和把握产品销售情况，指导生产和新品开发。物料或面料的创新也很重要，例如，可以与手机应用相连，实时监测体温、心率、湿度、紫外线等的运动服装面料正在开发中。

四、更加现实的第五方物流

第五方物流与供应链物流、电子商务物流、信息网络以及虚拟物流密切相关，是不拥有物流实物资产，却能借助电子商务、网络以及信息技术对整个供应链进行整体协调和物流运作的新型供应链物流解决方案。国内外对基于信息服务的第五方物流的研究，在概念内涵、发展模式、作用前景、物流信息平

台的构建和实现等方面取得了一定进展，但还是初步的。进一步的研究应该紧扣供应链、电子商务、信息、网络、虚拟物流等关键词，比如，现有信息技术的应用及创新，信息化过程中的标准化推进，虚拟物流的安全服务，不同供应链之间的信息共享等。

（资料来源：徐慧．柔性供应链被重视，下面三个趋势必然不可忽视［EB/OL］．（2017-09-08）［2021-10-08］．https://maimai.cn/article/detail?fid=172510442&efid=jQYu1UNJ9agV7-YKxD6TmQ）

案例思考：

（1）通过本案例，你认为物流未来发展的趋势是什么？

（2）对于资源有限的中小企业来说，应如何导入信息化实现"互联网+"？

（3）你认为第五方物流最根本的特征应该是什么？它应该向谁提供什么样的服务？

## 12.1　第五方物流概述

2002年，摩根士丹利在中国香港网丰物流集团进行投资调研的时候，第一次提出了第五方物流的概念。2004年3月初，在中国香港贸易发展局举办的粤港物流服务合作洽谈会上，香港网丰物流集团营运总裁冯祖期先生再一次提到了第五方物流的概念，第五方物流开始吸引众多物流界人士的关注和讨论。

香港网丰物流集团（以下简称网丰物流）成立于1999年，主要提供供应链管理、系统整合顾问、资讯系统和实体物流等服务。2001年7月，网丰物流被美国IDC市场调查公司评选为大中华区最具领导优势的电贸物流服务供应商。2002年，网丰物流自行开发的仓储物流管理系统（WMS）荣获香港2002年"资讯科技卓越成就奖"应用金奖。因此，冯祖期先生提出的第五方物流的概念是有理论基础和实践依据的，并非空穴来风。近几年，网丰物流一直都把研究重心放在第五方物流上，并且正在研究第五方物流系统平台。

### 12.1.1　第五方物流的概念及其内涵

当第三方物流逐渐成为物流管理发展的标准模式，跨企业的供应链系统管理理念越来越多地被实务中的企业及学界所接受时，专门提供系统解决方案，并大多脱胎于第三方物流、管理咨询机构以及信息技术服务商的第四方物流也应运而生。但在第四方物流的概念尚未取得共识，其服务内容和业态特征也不甚清晰的时候，一个更新的概念——"第五方物流"又被提了出来。

1.第五方物流的概念

第五方物流的概念一经出现，就一直存在着争论，至今也没有定论。现在主要有以下两种不同的观点：

（1）供应链信息服务

这种观点由第五方物流概念的最初提出者摩根士丹利提出，它将第五方物流界定为基于电子商务的供应链信息服务，涵盖了供应链的各方，并强调信息的所有权。对这种观点的其他类似表述还包括：基于全球化电子商务运作的物流网络（Gunasekaran & Ngai，

2003）；提供全面运作解决方案的电子商务物流服务商，能够弥补现有第三方物流、第四方物流的缺陷，满足客户需要（Vinay, et al., 2009）；主要利用信息系统策划、组织并执行物流解决方案的物流服务商（加拿大工业部与加拿大物流和供应链协会、加拿大制造商和出口商协会的联合报告）。基于上述观点，我们认为，第五方物流企业是专门为物流企业提供软件支持的信息公司，或者是专门进行物流信息管理服务的企业，也可以是在实际运作中提供电子商务技术去支持整个供应链，并且能够组合各接口的执行成员为企业的供应链协同服务，对物流业的发展趋势进行评价，专门为第一方、第二方、第三方和第四方提供物流信息平台、供应链物流系统优化、供应链集成、供应链资本运作等增值性服务的企业。

（2）基于电子商务的"虚拟物流"

另一种观点则由一家美国公司——TAG（The Abraham Group）提出并实践。这种观点认为，第五方物流是沟通第三方物流与新型第四方物流的桥梁，能够促使第三方物流现有的技术和基础设施驱动成本从供应链向虚拟企业组织转移。第五方物流最终将消除第三方物流和第四方物流，形成远程无人值守的供应链，发展成为"第零方物流"，即传统物流部门将只是买方和承运方之间集成化信息链中的一环。部分学者认同这一观点，他们认为，第五方物流不拥有物流运作的实物资产，却管理着整个物流网络，是"虚拟物流服务供应商"（Gepcke, 2003）。

国内也有学者认为，第五方物流是提供物流人才培训的一方（宋杨，2006），或是提供物流信息服务的一方（杨茅甄，2003）。

可以看出，第五方物流作为一种全新的物流模式，无论如何定义，其共同点都在于：①以信息、技术服务为手段；②不参与实际的物流运作；③以进一步提高物流系统效率为目的。

由此，我们可以认为，符合第五方物流的共同点的企业都可以称为第五方物流企业，它是一个对物流信息资源进行管理的物流企业，并不实际承担具体的物流运作活动，它是一个系统的提供者、优化者、组合者。所谓系统的提供者，是指第五方物流以IT技术为客户提供供应链上各个环节的信息整合服务，将平台系统放进客户的实际运作中，收集实时资讯，以发挥评估、监控、快速反馈运作信息的作用；所谓优化者，是指第五方物流可以促进物流标准化的实现，并可帮助客户企业提高物流运作效率；所谓组合者，是指第五方物流是一个用户之间可以寻求多种组合的多接口、多用户、跨区域、无时限的物流平台。

2.第五方物流的内涵

事实上，在第四方物流企业中已出现了新的分工专业化趋势，即为供应链提供物流信息管理服务和全程物流解决方案的咨询服务正在独立成为专业化企业，有关专家将这种物流信息管理服务企业命名为第五方物流企业。

第五方物流是在第四方物流的基础上建立起来的信息化物流网络，因此其有产生的土壤，有成长的条件，有成熟的环境。

由此可以看出，第四方物流是第三方物流的一种特殊形态，它是通过将专门进行物流整体解决方案的提供、流程诊断、流程优化的企业从第三方物流业态中剥离出来而形成的。随着供应链流程问题的日趋复杂化，为了解决这类问题而采用的信息系统也越来越复杂，这就需要更为专业的IT技术和人才。于是，在提供第四方物流服务的企业中又分化出了专门提供信息技术及信息整合服务的企业，这类企业被称为第五方物流企业。

不同类型的N方物流的提供者与所提供的服务如图12-1所示。

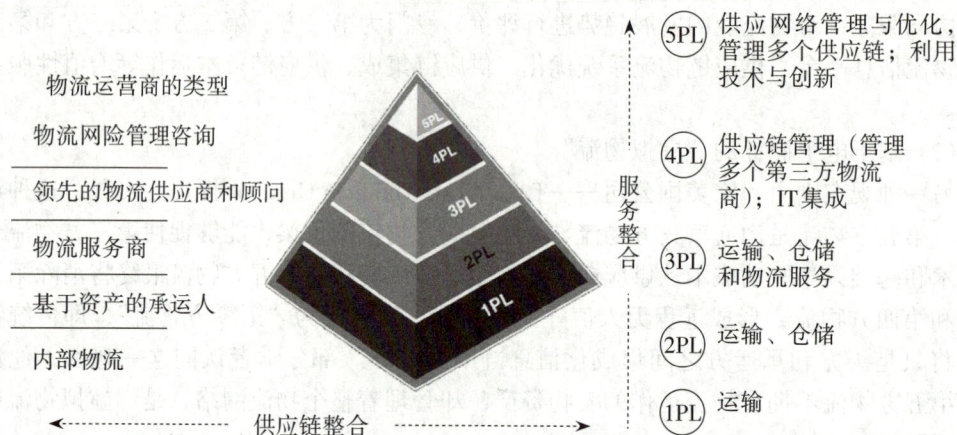

图 12-1　不同类型的N方物流的提供者与所提供的服务

3. 第五方物流的优势和劣势

（1）优势

①推进物流的信息化趋势。第五方物流正推动着现代物流业的发展，发展现代物流就要做好信息化，信息平台在供应链中具有重要的作用。随着科技的发展，信息平台将实现瞬时、实时、预估、优化，即所有供应链参与方都可以从任何地方、运用任何通信工具、在任何时间和任何系统内进行无缝连接，所有系统上的运作资料都可以让所有参与者在任何时间、任何地方拿到。20世纪60年代，管理大师彼得·德鲁克提出，物流管理是继降低资源消耗、提高劳动生产率之后的"第三利润源泉"。随着我国物流业竞争的日益激烈，利润空间的不断缩小，如何挖掘"第三利润源泉"成为物流界人士迫切关注的问题。目前，虽然现代物流的理念已经引入中国，但是我国物流业的管理和运作方式都还比较传统，仍存在管理落后、运作效率低等问题，还远远达不到现代物流的水平，物流的信息化发展也处于初始阶段。因此，企业需要加大信息化建设力度，提升信息技术的应用水平，更好地满足客户需求。

②实现专业的信息化服务。在电子商务时代，要提供最佳的服务，物流企业必须有良好的信息处理系统和传输系统。例如，美国洛杉矶西海报关公司与码头、机场、海关实现联网，当货物从世界各地起运时，客户便可以从该公司获得到达的时间、到泊（岸）的准确位置，从而使收货人与各仓储、运输公司等做好准备，使商品在几乎不停留的情况下，快速流动，直达目的地。又如，美国干货储藏公司有200多个客户，每天接受大量的订单，需要很好的信息系统，为此，该公司将许多表格编入了计算机程序，

大量的信息可迅速输入、传输。再如，美国橡胶公司（USCO）的物流分公司设立了信息处理中心，接受世界各地的订单，IBM公司只需按动键盘，即可接通USCO订货，通常在几小时内便可把货物送到客户手中。良好的信息系统能提供极佳的信息服务，从而赢得客户的信赖。

大型配送企业往往建立了有效客户信息反馈（ECR）系统和准时制（JIT）系统。有了它们，企业就可做到客户要什么就生产什么，而不是生产出东西等顾客来买。一般企业仓库商品的周转次数平均每年在20次左右，若利用客户信息反馈这种有效手段，仓库商品的周转次数可增加到24次。这样，仓库的吞吐量将大大增加。通过JIT系统，企业可从零售商店很快地得到销售反馈信息。这样，不仅实现了内部信息网络化，而且增加了配送货物的跟踪信息，从而大大提高了物流企业的服务水平，降低了成本，成本降低了，竞争力就增强了。

欧洲某配送公司通过远距离的数据传输，将若干家客户的订单汇总起来，在配送中心利用计算机系统编制出路径最佳化"组配拣选单"。配货人员只需到仓库检查一次，即可根据货物遗缺情况，配好订单上的全部货物。

在电子商务环境下，当前的物流业正在向全球化、信息化、一体化方向发展，商品与生产要素在全球范围内以空前的速度自由流动，电子数据交换技术与互联网的应用使物流效率大大提高，电子计算机的普遍应用提供了更多的需求和库存信息，提高了信息管理科学化水平，使产品流动更加容易和迅速。物流信息化包括商品代码和数据库的建立，运输网络合理化、销售网络系统化和物流中心管理电子化建设等，目前还有很多工作有待实施。可以说，没有专业化的信息管理，就没有现代化的物流。

（2）劣势

物流系统的外包除了技术方面的原因以外，还会受到环境因素的影响。由于第五方物流系统是一个全新的物流信息系统，如果要实施这个系统，原有的物流信息系统将基本被抛弃。对于那些大型物流公司来说，它们已经在自身的物流信息系统建设上耗费了巨额资金与大量的人力物力，有的在目前来说仍然处于领先位置。如果让它们抛弃现在的系统，放弃自己的优势，这是不现实的，没有几家公司愿意这样做。此外，第五方物流信息平台要求所有参与者的信息资料都是公开的、透明的，这样就会造成很多公司出于自身的商业机密、商业优势的考虑，而不愿意研究、使用这个系统平台。

### 12.1.2　第N方物流的本质特征

1. 第三方物流

第三方物流是根据合同为客户企业提供物流外包的服务，这种服务通常只涉及供应链的某个方面的功能，但也有可能涉及供应链上的所有功能。其中，最典型的物流服务是专业化的综合仓储及运输服务。通常，第三方物流提供的物流服务都是在市场条件下，根据客户供应链系统的范围及客户的定制需求做出被动响应的。

第三方物流服务提供商可分为以下四种类别：

（1）标准的第三方物流商，也可以看作第三方物流企业的基本形式。其主要提供物流最基本的功能性服务，如分拣、包装、仓储、运输和配送等。

（2）物流服务开发商，其以为客户提供增值物流服务作为主要盈利手段。这类增值服务包括：物流信息的跟踪及追溯；物流功能的交叉对接；特定的包装或物流加工处理；特殊的物流安保服务等。这类企业往往需要拥有强大的信息技术平台，并通过范围经济和规模经济的双重效应获得自身收益。

（3）物流运营商，用以响应客户企业对其物流流程的控制请求，但并不提供新的物流服务和承担物流系统的改善责任，主要针对特定的客户群。

（4）针对客户进行开发是第三方物流的最高级别，这类第三方物流提供商可对客户物流流程中的所有功能进行整合，并提供物流系统的整体运作。

越来越复杂的供应链功能结构，使企业不断将其专业技能及"核心竞争能力"以外的功能进行外包，从而造就了今天商务领域中外包和第三方物流服务的持续发展。例如，当今的美国有60%的企业正在使用超过一项的第三方物流的服务，其中朗讯科技曾一度拥有1 700家第三方物流供应商。供应链复杂性的不断提高也带来了对第四方物流服务的需求——专门替客户管理复杂的供应链网络。

2.第四方物流

第四方物流是一种非资产的、类似咨询公司的运作方式。其内容可以理解为管理和监督客户企业全球供应链上的多家第三方物流供应商。所以，第四方物流也可以被看成外包的外包或超级外包。第四方物流是对第三方物流的延伸和完善，它与第三方物流最本质的区别在于，第四方物流有能力创造和提供一种独特而全面的供应链解决方案。因此，从本质上讲，第四方物流是一个配置各种资源、能力以及拥有组织设计技术，以建立和运行供应链解决方案的集成商。

第四方物流是利用自身的专用计算机系统和智力资本，通过雇用或管理第三方物流为客户企业提供物流服务的。从表面上看，第四方物流也是为客户企业提供相应供应链功能的外包或"第三方"物流服务的。但与第三方物流不同的是，第四方物流服务的重点在于，作为一个独立的供应商为客户企业提供一套包括多种物流功能的综合商业解决方案。因此，第四方物流的一个基本特征是非资产运作，并通过"中立"原则选择合作伙伴。第四方物流的目标就是实现一种能够超越传统外包关系中通过资产减值转移产生的运作成本而获利的运营模式。

通过采用整体外包的方法，第四方物流已经成为一种能全面整合第三方物流供应商的能力，提供突破性供应链解决方案的领先咨询公司和技术提供商。不过，建立这种由第四方物流利用技能、策略、技术和全球影响力组成的战略联盟，往往需要几年时间，否则就是简单的重复。

有学者认为，第四方物流的出现是供应链外包从成本中心模式向创造收入模式转变的标志，这是企业外包的动因发生根本性转变的结果：为了使企业能够聚焦于核心业务而产生的外包，已经转变成了一种企业充分利用外部资源的新方式。第四方物流服务具有物流杠杆的作用，它可以帮助企业提高客户服务水平，加快新产品的推出速度和刺激市场的渗透。因此，第四方物流的主要竞争力在于帮助客户实现一次性初始长期投资带来的成本节约效应的持续。

虽然对于第四方物流服务的价值和作用还存在着争议，但对于拥有复杂的全球性供应链的企业来说，的确需要一个能够在物流方面帮助自己获得新的竞争力的供应链伙伴。经过长时间的讨论，学术界已经认同了第四方物流作为"整合物流的领导者"或者"复杂供应链的管理者"的角色，并且在无资产且没有被直接赋予经营责任的环境下，以提供公正的供应链战略监督和拥有高水平的全面管理经验为典型特征。

### 3. 第五方物流

在企业的物流外包领域，随着服务整合能力的重要性与日俱增，诸如流程重组或再造工程等已经显示出了巨大的价值。但是人们对于这个未来"超级整合者"的形式，仍然存在着争议。随着企业对物流领域中信息流重要性的日益关注，以及第四方物流与第三方物流仍然存在着界限不清的争议，第五方物流概念的提出也就顺理成章了。

第N方物流的本质特征及其演化如图12-2所示。

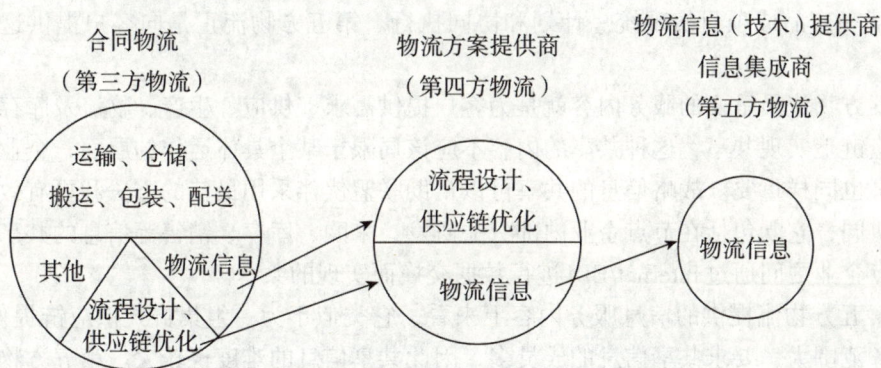

图12-2　第N方物流的本质特征及其演化

## 12.2　第五方物流服务中的信息流

与企业打造自身的供应链信息管理系统不同，第五方物流面临的是多家企业甚至多条供应链的信息整合需求。同时，随着供应链上企业的增多，需求的不确定、牛鞭效应以及信息共享障碍等问题会越发严重，最终会导致供应链恶化，造成节点企业运营成本上升、响应速度迟缓，无法形成合力创造联盟价值。这也是第五方物流在帮助客户进行信息整合的过程中需要解决的首要问题。第五方物流对多个企业实现信息共享，整合能力强，是其核心竞争力的重要体现。

在信息传递的过程中，需求信息从供应链下游到上游会产生波动或放大的现象，这称为牛鞭效应。供应链信息管理的一个重点就是如何减弱、消除这种效应。实现信息共享的目的就是消除牛鞭效应，降低供应链中需求信息的不确定性导致的商品短缺或者滞销损失。信息共享还能使相关企业通过资源共享减少交易成本，实现对客户订单的快速反应。另外，信息共享对于供应链的协调运行也起着非常重要的作用。信息技术的发展，使信息的获取及处理更加及时和精确，也使供应链中实现信息有效共享成为可能。例如，源自3D数据（如CAX技术等）的快速成型技术（RM）可以帮助企业实现最终产成品的快速制造。通过运用信息协调型供应链模式（一个负责供应链上信息共享、成员协调，且独立于各企业之外的供应链集中信息平台），可以促使供应链上的各个企业集成在一起，组成快速响应的虚拟企业。因此，如何帮助客户企业在供应链环境下实现全方位的信息共享，将是第五方物流面临的首要问题。

### 12.2.1　供应链中的关键信息流

供应链信息流是指整个供应链上信息的内容及流向。供应链信息流的内容包括供应链上的所有供需信息和管理信息，并伴随着所有权、实物和资金的流动而不断产生和变化。有效的供应链管理其实就是对信息流进行有效的管理。只有及时、准确地掌握需求和供给信息，提供准确的管理信息，并使相关的供应链成员企业都能实时获得，才有可能针对某一产品或项目实现统一计划和协同执行。第五方物流正是向客户提供这样的信息服务。

第五方物流最重要的服务内容就是为客户提供需求、供应、生产、物流及库存等信息并在供应链上实现共享，这种共享的内容不应该局限于某个具体运作的层面，企业战略信息的共享也同样重要。战略信息的共享可以帮助联盟伙伴采用最佳的方法和更有效的手段来实现协同，它既包括在节点企业内部有关研发、采购、库存、销售等信息的共享，也包括各节点企业之间通过Internet/EDI进行数据交换而实现的共享。

从第五方物流提供的信息服务内容上来看，它类似于为一组集群式供应链提供共享，由于服务范围大，要求共享信息的成员多，因此共享信息的难度也较大。第五方物流服务的难度还在于共享权限的设置，因为它有时会涉及多条供应链的交叉和重叠，这就需要重新设计一种共享机制，使得当不确定的客户需求发生时，可以让某些特定的信息被特定的联盟企业共享。

第五方物流服务对象的供应链形式有很多种，但一般都需要采用模块化和延迟策略。根据供应链的生产模式，我们可以将产品生产按照定制程度分为五类，即完全标准化、细分标准化、定制标准化、剪裁定制化和完全定制化（Lampel & Mintzberg，1996）。在此基础上，我们就可以根据定制程度对信息共享需求进行分类，以确定共享的范围。信息共享需求也相应地分为五个层次：常规共享、分销信息共享、组装信息共享、模块信息共享和全程信息共享。

为了在满足客户生产需要的同时，不引起成本的增加和提前期的延长，许多企业引入了延迟化生产模式。延迟化生产模式要求企业进行最终装配的产品都由标准化、模块化的零部件组成，通过对标准化零部件的组合装配以及附加其他的个性化模块或服务，来满足顾客个性化的需要。对于大规模定制（MC）来说，延迟化生产是一种非常有效的方式，但它同时也是带来供应链风险的重要因素。对于即时定制（IC）来说，模块标准化程度的降低使企业采用延迟化生产策略会产生更大的风险。

运作始于顾客需求，在定制化模式下，还需要考虑客户参与设计的过程，这就要求企业开辟与最终用户进行有效沟通的平台，如采用客户辅助设计平台或直接由客户依据一定的格式和标准提交设计图。这样一来，只有尽可能地利用企业集群的优势，通力协作，才有可能在延迟化生产模式下达到客户所要求的服务水平。

客户发出订单后，供应链必须快速做出反应，这就要求事前的预测更加准确。当然，通过增加标准模块组件品种和库存的方法也可以在一定程度上缩短交货周期，但这又会增加成本。采用延迟化生产模式时，企业必须使订单信息可以在相关企业中同步共享，这样才有可能实现并行处理，达到不增加成本而缩短交货周期的目标。另外，对于个性化需求来说，由第五方物流提供的信息集成共享还必须有一个前提，那就是需要对客户订单进行任务分解，并将子任务分发到各相关企业，然后在核心企业的协调下，并行地、快速地生产模块化组件（半成品）及组装成品。其中，统一预测信息对于延迟点之前供应商的组件生产准备非常重要。同时，供应商库存信息对于核心企业的任务规划也会产生重要影响。

如果有关信息得到有效共享，并实现了相关成员企业的并行处理，那么采购流程就可以大幅度简化了。在第五方物流的服务对象中，由于存在大量的同质加工企业，零配件或组件供应商的搜寻成本会大大降低，这可以避免企业出现由于联盟战略而造成的供应商更换成本过高的问题。可以看出，常规的单链结构供应链的信息集成方式在集群式供应链中已不再适用，必须采用全新的开放式异构系统集成方式。供应链的信息流模型如图12-3所示。

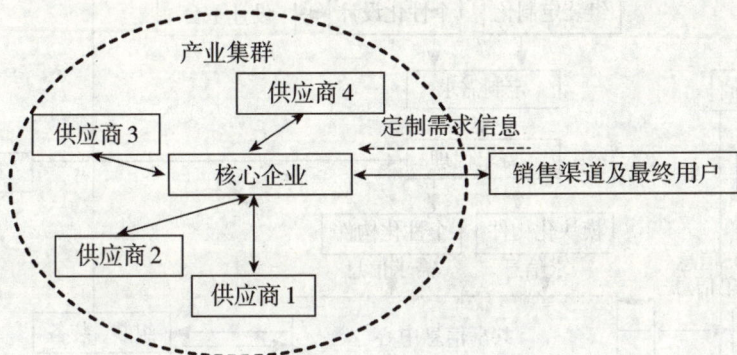

图12-3　供应链的信息流模型

### 12.2.2　第五方物流供应链信息流管理方案

若想同时对多条供应链的信息流进行管理，应主要从解决供应链的稳定性与需求的个性化矛盾入手，整合客户定制与设计平台，解决传统供应链难以满足的多级/多个供应商的模块化（组件）需求问题，在已有信息系统的基础上，建立综合供应链信息的共享控制中心，提出可行的集成方案。

建设第五方物流信息平台的关键是针对个性化定制产品的共享信息流权限的选择，这种选择切换应始于公共信息共享平台，然后由第五方物流服务提供方决定信息流向。这里应主要考虑对需求信息的分类，即订单分拆后的信息流程，包括完全基于标准组件的定制组装、大部分在已有组件中选择和完全定制（独特设计或量体裁衣）等类型。

由于涉及多条供应链，且产品种类繁多，因此应该设置基于产品结构的BOM信息库，建立 Ontology（软件工程本体）和 Rule Set（规则集），建立启发性 Demand Agent（需求代理）。对于模块化构件和定制完的个性化构件，基于产品的需求分发要求，在物流水平以及订单紧急的约束下，建立规则集，从而构建 Supply Agent（供应代理），通过两个 Agent 对需求进行分析、分发并完成物流的调配。预测信息将 POS（销售时点管理系统）信息和用户需求相结合，由核心企业进行预测，并依据 BOM（物料清单）信息库发出 Offer（订单），将相关信息提供给相关企业（主要是组件和标准模块的提供商）。如果某个提供商愿意接受该订单（可以设置为满足一定条件下的自动接受），则由发出 Offer 的核心企业根据一定规则进行自动配对选择，确定供应商后即由共享控制中心对对象企业进行供应链共享信息的授权，该项目结束后自动收回授权。这样，一条基于某个定制项目的供应链共享流程就建立了。在共享信息流中，客户和核心企业还要对设计结果、制造过程以及物流过程进行追踪，可以通过生产过程和物流过程的相关信息以及 RFID（射频识别）技术进行跟踪。

依据关键信息流及其处理流程，制定第五方物流供应链信息流框架，如图12-4所示。

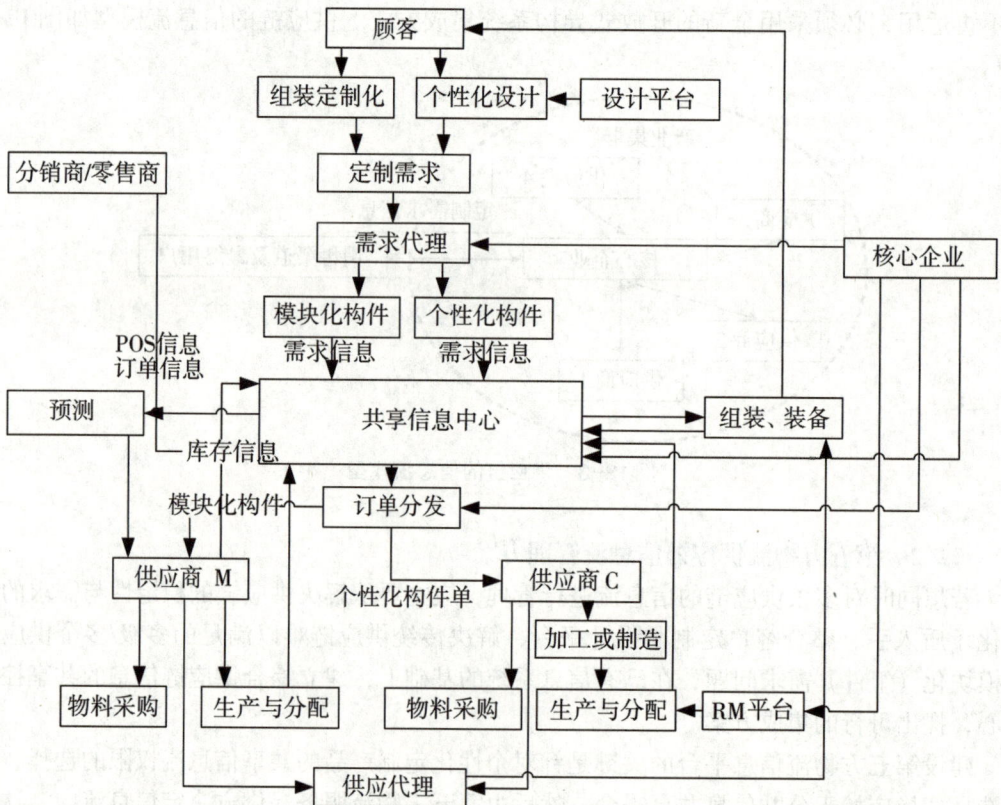

图12-4　第五方物流供应链信息流框架

## 12.3 第五方物流信息平台

如前所述，第五方物流是以供应链（物流）信息为主要服务手段的一种服务模式。无论是按照信息服务商的要求，还是按照"虚拟物流网络"组织者及协调者的要求，都对其所掌握及运营的信息平台提出了更高的专业性要求。这个信息平台将是整个供应链（虚拟物流组织）中信息整合过程的枢纽，是采集、传输、存储、处理、管理、发布各种物流信息，实现物流信息集成的基本技术载体。物流各参与方系统都要将其信息按照一定的编码规则和既定格式传输到这个平台上，然后根据自己的需求从信息平台中获取所需信息，通过对物流平台上一些服务的调用，实现各子系统信息平台的对接。这个信息平台在对信息进行处理的过程中，可采用分层的方法对无权获取部分信息的用户进行部分信息屏蔽，这样既能使不同的用户获得各自需要的数据，又能确保数据传输过程中的安全性及共享数据的互操作性和互用性。

### 12.3.1 基本要求

1.功能特征

（1）具有开放性的接口

第五方物流的信息平台为一个供应链组织或者虚拟的物流网络提供服务，其成员往往是通过共同的经营利益联合在一起的。所以，这个平台必须具备较好的开放性，以方便组织成员信息的接入和退出。同时，物流信息平台的关键是发挥信息集成功能，集中采集各种动态和静态物流信息，发布物流信息，提供电子商务平台系统与物流服务提供商系统对接通道。因此，开放性的接口对于系统来说就显得非常重要了，能够方便地与其他信息系统建立良好的对接是保障平台能够顺利运行的基本条件。

（2）具备商务智能

物流信息平台应该起到规范物流市场活动和提高物流运行效率的作用。平台内部集成了物流各参与方系统的大量的、可用的信息，但平台不应只是单纯的信息集成，还应该充分发挥自身强大的信息功能，具备数据仓库的数据检索、数据挖掘等BI功能，能够深层次地从大量物流信息中找到隐藏的、潜在的、有价值的信息，为物流业务管理和决策服务，并有效组织物流活动反馈信息。

（3）可自动在线交易

平台不仅能够为用户提供他们所需要的物流信息，而且要能够支持客户间的物流服务自动交易。这个功能将使客户的实时物流流程实现动态的运作优化。

2.技术要求

（1）格式

由于供应链组织（虚拟物流网络）的跨企业属性，容易造成成员子系统的异质性结构，从而造成各子系统之间信息交换的困难。因此，企业必须首先为这个平台确定标准的数据交换格式，如采用EDI（电子数据交换）、XML（可扩展标记语言）等电子商务格式，以解决这些异构系统之间的数据交换和信息共享问题。

（2）数据管理问题

由于物流信息平台汇集了大量的来自不同信息系统的信息，数据量大、数据类型多样化，因此，如何进行合理、有效的数据管理显得尤为重要。

（3）数据安全问题

电子物流业务交易中最重要的是数据安全问题，包括身份认证以及网上支付的安全等。因此，平台要有合理的身份审核制度以及可靠安全的防火墙，以保障网上交易的安全性，防止交易资料和关键数据丢失以及黑客攻击等；平台要运行稳定，易于维护。

### 12.3.2　基本模块构成

物流信息平台是以信息采集、信息处理、信息发布为主的系统，它由硬件、软件和数据资源组成，目的是及时、准确地采集、处理、传输、存储、发布物流信息。第五方物流信息平台的基本模块构成如图12-5所示。

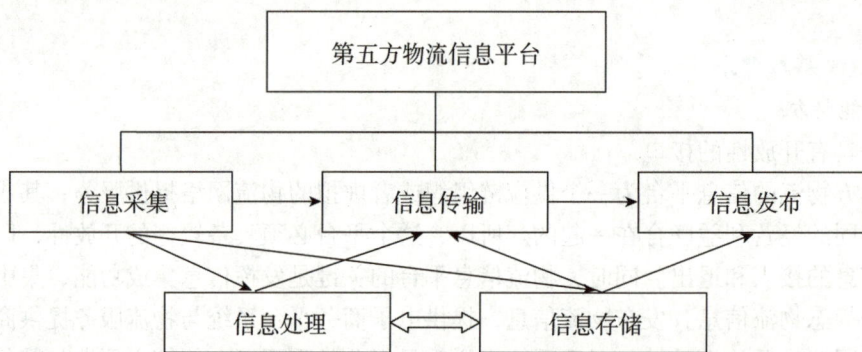

图12-5　第五方物流信息平台的基本模块构成

1.信息采集

信息采集是物流信息平台实现其他功能的基础。采集的作用是将分布在不同信息源的信息收集起来。在信息采集的过程中，应当坚持目的性、准确性、适用性、系统性、时效性和经济性等原则。信息采集一般要经过明确采集目的、形成并且优化采集方案、制订采集计划、信息采集、信息预处理、信息分类汇总等环节。

2.信息处理

通过各种途径和方法收集到的原始数据，需要经过综合加工处理，才能成为有用的信息。信息处理一般需要经过真伪鉴别、排错校验、融合、分类整理与分析等环节。信息处理的方式包括排序、分类、归并、查询、统计、数据挖掘、预测、模拟等，并需进行各种数学运算。

3.信息传输

采集来的信息需要传送到处理中心，在处理中心经过加工处理再传输到用户手中，这些都涉及信息的传输问题。信息通过传输形成信息流。信息流具有双向流特征，也就是说，信息传输包括正向传输和反馈两个方面。平台的信息传输既有不同层次之间的垂直传输，也有同一层次但不同系统之间的横向传输。为了提高传输的速度和效率，平台的设计者应当合理设置各个子系统，明确规定信息传输的级别、流程、时限，以及接收方和传递方的职责。

### 4.信息存储

信息进入信息平台后，经过加工处理形成有用的共享信息。由于不同信息的属性和时效不同，加上处理过的信息有的需要立即使用，有的暂时不用，有的只有一次利用的价值，有的具有多次、长期利用的价值，因此，必须将这些信息进行存储保管，以便随时调用。由于平台是一个复杂庞大的系统，需要存储的信息量非常大，这就需要依靠先进的信息存储技术来实现对信息的有效存储。

### 5.信息发布

建设物流信息平台的目的是实现信息共享，依据用户的要求保质保量地输出信息。衡量信息平台优劣的关键不在于信息的收集、加工、处理、传输等环节，而在于信息输出的实效、精度与数量等能否充分满足用户的要求。信息的发布还要根据信息的特点，选择合适的输出媒体、输出格式、输出方式，以确保信息传递便捷准确、使用方便以及保密性强等。

## 12.3.3　第五方物流信息平台的功能分析

根据第五方物流的服务特征，其物流信息平台应由以下几大功能构成：

### 1.公共信息中心

该模块主要解决物流信息平台的自我介绍和面向所有用户的基本服务问题。用户只要通过Internet连接到信息平台Web站点上，就可以获取站点上提供的相关物流信息：

（1）信息平台的基本信息，包括平台简介、平台功能导航等。

（2）行业信息发布，包括行业动态、物流政策法规等。

（3）物流信息搜索，包括招商引资、代理通告等相关情况。

（4）物流教育、咨询和培训，提供物流知识、物流研究和理论、培训信息等。

（5）水、陆运输价格，铁路和公路里程查询，货源和运力，航班船期，铁路车次等信息。

### 2.平台会员信息管理

（1）分别为第三方物流服务商和电子商务平台提供标准的接入接口，为电子商务平台和第三方物流服务商提供网上注册、网上基本信息维护的功能。基本信息主要包括电子商务平台的相关信息和第三方物流服务商的运营业务范围、提供的运营工具、可提供的运营路径等。

（2）为第三方物流等服务商提供可用物流资源信息，并负责给各物流服务商的网络进行信息维护。这里的信息主要是指第三方物流等服务商可以提供的物流系统的资源，即在不同的时间段里，可以提供的运输载体及数量，以及可以提供的仓储能力等，这里需要这些企业对数据进行实时更新。

### 3. 物流方案推荐

这是一个约束条件下的最优方案推荐系统。在电子商务平台确定了客户订单后，根据买方对货物运输的费用、到达时间等要求和现有在物流服务平台上发布的物流服务提供商能提供的物流服务，提出优化后的物流业务解决方案。物流方案主要涉及三个方面：运输路径的选择；运输载体的选择；物流服务提供商的选择。首先，根据购物订单中货物的发货地和目的地以及约束条件确定可选的运输路径；其次，根据货物的尺寸、体积和质量等，分析可以选用的运输载体，根据运输载体进一步缩小运输路径的范围；最后，对物流服务提供商进行选择，即在对物流成本、物流时间和物流质量等指标进行综合评价的基础上，对第三方物流服务商做出选择。

### 4. 参与方交互管理

这个模块的核心功能是提供一个通道，使进行交易的电子商务平台系统和第三方物流服务商系统能够进行直接的信息交流，以提高物流效率。

（1）客户物流服务咨询与反馈。客户可以通过电子商务平台提交自己的物流服务的具体需求。第五方物流信息服务平台通过物流方案推荐服务，给用户一个反馈信息，主要包括是否有物流服务提供商愿意承接此项物流业务，以及解决物流问题的具体方案等。

（2）客户通过电子商务平台发出物流订单，订单通过物流信息平台传送到物流服务商系统，物流服务商决定是否接受订单。如接受订单，则通过调用物流信息平台的服务从电子商务平台系统得到有关订单的详细信息。

### 5. 物流信息跟踪管理

（1）物流业务执行状态的跟踪。对第三方物流服务商业务指令的执行情况进行信息反馈，物流服务商系统实时修改相关物流业务的执行情况并通过固定的网络服务协议把信息传递到物流信息平台中。

（2）物流业务执行情况查询。各参与方都可以通过物流信息平台查询到与自己相关的物流业务的执行情况，这个过程并不需要查询者知道物流订单号，只需要电子商务平台用户登录自己的系统即可。

### 6. 诚信评价体系管理

建立关于各物流服务提供商、电子商务平台和客户的综合的诚信评价体系，尤其是第三方物流运作评价体系，将成为物流方案推荐系统中的一个约束条件。

### 7. 安全服务

安全服务是指提供一种安全的机制和框架，让所有服务请求和响应运行都处于这个安全环境之下，如信息的完整性、信息的机密性以及实体的确认和授权等组成了这个服务的安全要素的各个方面。在基于SOA（面向服务的体系结构）的第四方物流服务平台中，服务请求的通信是跨越主机和网络的，这就必须保证系统的传输安全。消息必须不能被第三方截获甚至解析出明文，更不能篡改消息的部分或者全部。在这个平台中，有的应用服务请求和响应消息是通过标准的SOAP（简单对象访问协议）消息承载的，消息的描述格式是XML，从而在一定程度上保证了传输的安全。

**8.系统管理**

这是指规定、控制用户访问和使用信息的权限,维护整个系统的正常运行,保证数据安全和系统正常运行。

### 12.3.4　第五方物流服务平台体系

**1.结构框架**

第五方物流服务平台以Web服务、J2EE（Java 2 Platform Enterprise Edition）等IT技术为依托,通过独立的第五方物流信息平台为各第三方物流服务商及电子商务平台建立统一、集中的信息平台和信用体系,协调和优化整个供应链上的物流资源,实现客户系统、电子商务平台、物流服务商系统之间的数据对接,统一电子商务平台和物流服务提供商的查询手段。第五方物流服务平台框架如图12-6所示,总体上可分为界面层、业务层、逻辑层、数据层和接口层。

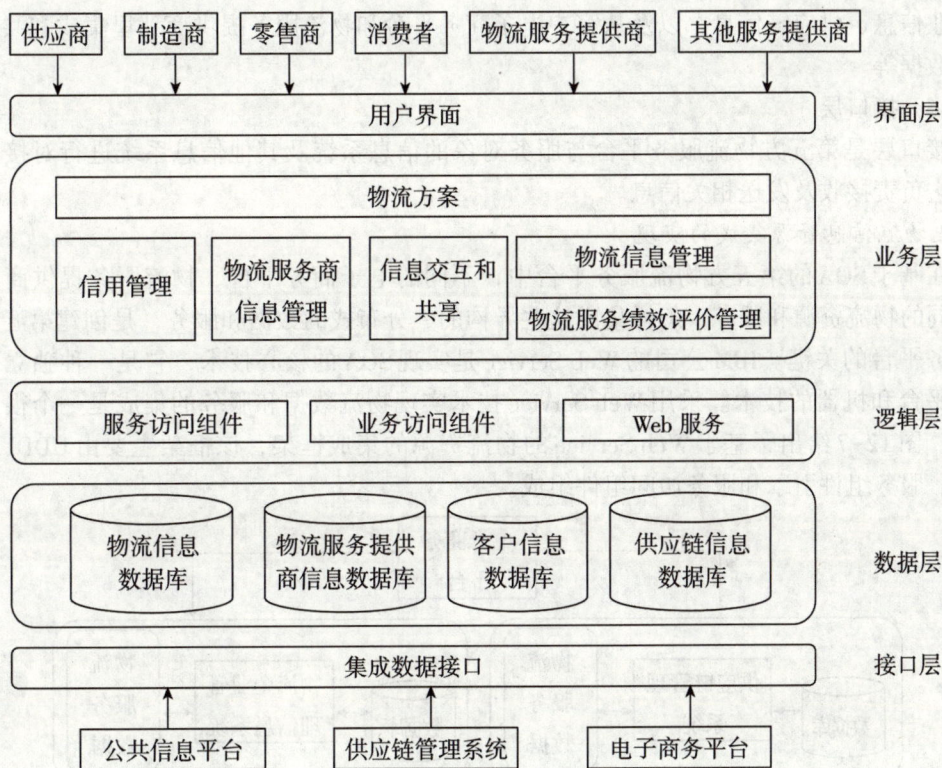

图12-6　第五方物流服务平台框架

**（1）界面层**

界面层是系统与用户交互的入口,以浏览器作为统一界面。客户可以通过浏览器或客户端发布和访问第五方物流的信息服务资源,也可以通过电子商务平台直接转到第五方物流服务平台,从而实现本地信息系统与第五方物流服务平台的数据共享,享受第五方物流服务平台提供的最佳物流方案推荐功能,并下达物流订单,查询自己的货物运输状态。消费者通过注册、登录也可以方便地查询到自己所购货物的运输状态，并在信用体系中对物流服务提供商和商家给予评价。

（2）业务层

业务层涵盖了第五方物流服务平台所有的核心功能，包括UDDI（统一描述、发现和集成协议）服务、最佳物流方案推荐、信息共享和交互、信用体系的建立、基本信息管理等业务。

（3）逻辑层

逻辑层包括具体实现第五方物流服务平台核心功能的业务组件。这些业务组件可以是EJB（Sun的JavaEE服务器端组件模型）、COM、CORBA（公共对象请求代理体系结构），也可以是细粒度的实现业务逻辑的Web服务。

（4）数据层

数据层能够提供第五方物流服务平台的各种支撑数据，包括物流基本信息、第三方物流企业信息、供应链信息，以及从客户电子商务平台和物流服务提供商那里集成和共享过来的数据等。

（5）接口层

接口层是第五方物流服务平台与服务对象的信息系统及其他信息系统进行对接的部分，它负责接收及发送相关信息。

2.物流信息资源集成的实现

在基于SOA的第五方物流服务平台中，不同的电子商务平台、物流服务提供商，提供不同的物流资源和服务，怎样集成这些异构的、分布式的数据和服务，是创建第五方物流服务平台的关键。IBM公司的Web Service是实现SOA的核心技术，它是一种独立于语言、平台和机器的技术。采用Web Service技术实现物流数据和服务的集成是一个很好的选择。图12-7给出了基于Web Service的物流资源的集成框架，该框架主要由UDDI服务中心、服务组件引擎和服务访问组件组成。

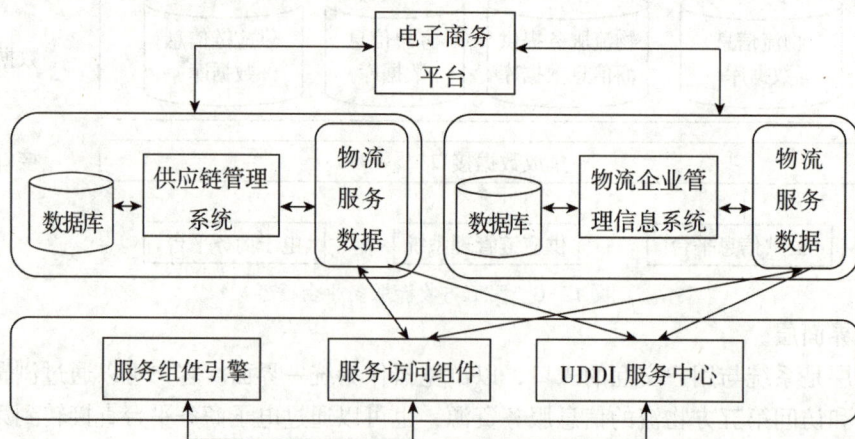

图12-7　基于Web Service的物流资源的集成框架

（1）UDDI服务中心

UDDI服务中心是多源、异构的物流资源集成框架的核心，它为各个物流服务提供商提供快速的服务注册和发现功能。标准的UDDI是一套基于Web的、分布式的、为Web服务提供信息注册中心的实现标准的规范。物流服务提供商、电子商务平台以Web服务的形式把物流信息发布到UDDI服务中心，第五方物流服务平台从这里通过服务访问组件查找并获取自己所需的物流资源与物流信息。

（2）服务组件引擎

服务组件引擎在UDDI服务中心的支持下，提供面向物流资源的智能搜索功能，支持发现平台最终需要的物流资源信息Web服务。

（3）服务访问组件

服务访问组件提供对物流服务提供商、电子商务平台等Web服务的访问功能。在做物流解决方案推荐时，客户（电子商务平台系统）的物流信息，如原材料的数量、发货时间、到货地点等，是必不可少的。客户只需把这些物流信息用XML定义数据格式，用WSDL（网络服务描述语言）封装数据访问接口，以Web服务的形式发布到第五方物流服务平台的UDDI服务中心，第五方物流服务平台的业务逻辑模块就可以通过访问UDDI服务中心获得Web服务描述和服务引用，然后通过服务引用获得客户的实时数据和历史数据，完成对客户的物流信息集成。客户已有的电子商务系统，也就是遗留系统，只要把旧的数据封装成Web服务，发布到UDDI服务中心，就可以被第五方物流服务平台集成，从而实现数据共享。

对于物流服务提供商和企业用户，物流信息集成和共享方式与一般客户相似。只需要在现有企业管理信息系统的基础上，把与物流相关的数据封装成Web服务，形成物流资源服务组件，物流资源服务组件负责把物流资源和物流信息发布到UDDI服务中心，第五方物流服务平台即可通过自身的服务组件引擎发现和调用这些服务，从而实现电子商务平台系统、物流服务提供商、企业用户之间的物流信息资源的集成。

▌延伸阅读资料：国务院办公厅关于积极推进供应链创新与应用的指导
意见

◆ 案例分析　　　　"物联网+区块链" 实现货物运输透明

2017年6月21日，IBM与哥伦比亚物流解决方案提供商AOS宣布达成一项合作关系，这两家企业共同为物流企业开发一套 "区块链+物联网（IoT）" 解决方案。

根据AOS创新主管Ricardo Buitrago所说，通过采用IBM Blockchain和IBM Watson来跟踪货车和商品的来源和状态，这种解决方案记录了交易处理和货物信息，为发货流程提供了透明性。

IBM哥伦比亚公司CTO乔治·贝尔加拉（Jorge Vergara）解释说："拥有合适的硬件、软件和云环境，能够保护我们的客户并确保区块链是安全的。我们正在全面思考如何确保尽可能安全以及保证最高的完整性。"

## 一、区块链

区块链起源于化名为"中本聪"（Satoshi Nakamoto）的学者在密码学邮件组发表的奠基性论文《比特币：一种点对点电子现金系统》，目前公认的区块链定义尚未形成。狭义的区块链是指将数据区块以链条的方式，按照时间先后顺序组合成特定数据结构，并以密码学保证的防止伪造与篡改的去中心化共享总账；广义的区块链是指采用分布式节点共识算法进行数据生成和更新，采取加密链式区块结构进行数据验证与存储，利用自动化脚本代码（智能合约）进行数据操作与编程的一种分布式计算范式与去中心化基础框架。区块链技术及核心优势主要包括去中心化、集体维护、安全可信、时序数据和可编程。

## 二、解决方案的工作原理

Buitrago表示货车将会安装RFID标签，这些标签包含了车辆数据、发货人姓名和货品详细信息。IoT传感器将跟踪发货流程以及货车的可用空间，并将数据记录在区块链上以便所有相关方能够访问。这个流程以往通常由人工来进行，速度慢并且容易出错。

Buitrago说："货车将会使用条形码进行密封，条形码信息会被放入区块链并当作一种衡量负载是否改变的安全性指标。此外，我们正在考虑登记每一辆车的GPS信号来记录路线和增加可追溯数据。"

这个解决方案整合了IBM Watson的IoT系统来检查一些因素，如天气和温度，这些因素可能会影响到行程和预计配送时间。

## 三、硬数据

思科和DHL的一份报告估计，IoT在物流行业和供应链方面的价值将达到1.9万亿美元。

物流公司经常会缺少能够反映自己的不足之处和运输周期中造成的损失的硬数据。Buitrago还表示："获得这些信息将是我们在物流运营中实施IoT解决方案能够带来的最大好处之一。"

但是，随着区块链变得更加高效并生成更加强大的网络效应，接下来的挑战将越来越大。

目前，已经有一家公司签署合约要使用这种新的解决方案。AOS拒绝告知这个公司的名字，不过Buitrago表示，这个解决方案计划在2017年7月份开始部署。目前这种解决方案只在哥伦比亚市场可用。

（作者根据IMB官网相关资料整理而得）

分析思考：

（1）案例中IMB与AOS是怎么样的一种合作关系？

（2）你认为在这个协议中IMB的服务对象是谁？AOS的服务对象又是谁？

（3）"物联网+区块链"与货物运输有什么关系？

（4）IMB作为这一解决方案的最终服务提供商，它具有什么样的优势？

（5）你认为有哪些国内企业可以提供类似服务？

## 💧 本章小结

物流管理和运作的专业化促进了物流外包业务的不断细化，以信息服务为主要内容的第五方物流便应运而生了。第五方物流一提出就产生了对其概念的争议，归纳目前存在的观点，主要有两种：一是将第五方物流界定为基于电子商务的供应链信息服务，涵盖了供应链的各方，并强调信息的所有权；二是认为第五方物流是沟通第三方物流与第四方物流的桥梁，其能够促使第三方物流的现有技术和基础设施驱动成本由供应链向虚拟企业组织转移。因此，第五方物流的特征是：（1）以信息、技术服务为手段；（2）不参与实际的物流运作；（3）以进一步提高物流系统效率为目的。

第四方物流是第三方物流的一种特殊形态，它是通过将专门进行物流整体解决方案的提供、流程诊断、流程优化的企业从第三方物流业态中剥离出来而形成的。随着供应链流程问题的日趋复杂化，为了解决这类问题而采用的信息系统也越来越复杂，这就需要更为专业的IT技术和人才。于是，在提供第四方物流服务的企业中又分化出了专门提供信息技术及信息整合服务的企业，这类企业被称为第五方物流企业。

与企业打造自身的供应链信息管理系统不同，第五方物流面临的是多家企业甚至多条供应链的信息整合需求。同时，随着供应链上企业的增多，需求的不确定、牛鞭效应以及信息共享障碍等问题会越发严重，最终会导致供应链恶化，造成节点企业运营成本上升、响应速度迟缓，无法形成合力创造联盟价值。这也是第五方物流在帮助客户进行信息整合的过程中需要解决的首要问题。第五方物流对多个企业实现信息共享，整合能力强，这是其核心竞争力的重要体现。

第五方物流是以提供供应链（物流）信息为主要服务手段的一种服务模式。无论是按照信息服务商的要求，还是按照"虚拟物流网络"组织者及协调者的要求，都对其所掌握及运营的信息平台提出了更高的专业性要求。这些要求包括：（1）具有开放性的接口；（2）具备商务智能；（3）可自动在线交易。第五方物流信息平台应包括八个基本功能模块：（1）公共信息中心；（2）平台会员信息管理；（3）物流方案推荐；（4）参与方交互管理；（5）物流信息跟踪管理；（6）诚信评价体系管理；（7）安全服务；（8）系统管理。

### 🔷 关键概念

供应链信息服务　虚拟物流　非资产运作　供应链信息流　第五方物流信息平台

### 🔷 思考题

1. 第五方物流有哪些不同的概念？如何理解不同概念之间的差异？
2. 简述第五方物流与第三方物流、第四方物流的联系与区别。
3. 第五方物流的服务内容是什么？
4. 成为第五方物流企业应具备哪些条件？
5. 第五方物流的供应链信息管理系统与企业自身的供应链管理系统有哪些不同？

# 主要参考文献

[1] 刘胜春，李严锋. 电子商务物流管理 [M]. 北京：科学出版社，2016.

[2] 朱道立，龚国华，等. 物流和供应链管理 [M]. 上海：复旦大学出版社，2005.

[3] 谢家平. 供应链管理 [M]. 上海：上海财经大学出版社，2008.

[4] 谢家平，葛夫财. 供应链管理 [M]. 上海：复旦大学出版社，2011.

[5] 蓝仁昌. 第四方物流 [M]. 北京：中国物资出版社，2009.

[6] 赵广华. 赢在供应链：第四方物流 [M]. 北京：经济管理出版社，2006.

[7] 杨小凯，张永生. 新兴古典经济学和超边际分析 [M]. 北京：中国人民大学出版社，2000.

[8] 马歇尔. 经济学原理：上卷 [M]. 朱志泰，译.北京：商务印书馆，1965.

[9] 李蔚田. 物流管理基础 [M]. 北京：北京大学出版社，2010.

[10] 邹辉霞. 供应链物流管理 [M]. 北京：清华大学出版社，2009.

[11] 王爽. 物流管理基础 [M]. 北京：首都经济贸易大学出版社，2009.

[12] 董宏达. 生产企业物流 [M]. 北京：清华大学出版社，2009.

[13] 杨永杰. 物流管理概论 [M]. 北京：化学工业出版社，2008.

[14] 李霞. 区域物流规划与管理 [M]. 北京：经济科学出版社，2008.

[15] 田源. 物流管理概论 [M]. 北京：机械工业出版社，2006.

[16] 张庆. 物流管理 [M]. 北京：科学出版社，2006.

[17] 刘连辉. 配送实务 [M]. 北京：中国物资出版社，2009.

[18] 任登魁. 第四方物流 [M]. 郑州：黄河水利出版社，2004.

[19] 张代恩. 运输合同、保管合同、仓储合同 [M]. 北京：中国法制出版社，1999.

[20] 王柏毅. 第三方物流经济理论应用分析 [J]. 商业经济，2008（4）.

[21] 王子龙，谭清美. 物流经济与社会分工 [J]. 科技与管理，2003，5（1）.

[22] 李正中，韩智勇. 企业核心竞争力：理论的起源及内涵 [J]. 经济理论与经济管理，2001（7）.

[23] 李兵. 电子商务环境下的第三方物流运作模式探讨 [J]. 中国管理信息化，2007（9）.

[24] 徐琪. 基于服务科学的物流服务创新模式研究 [J]. 科技进步与对策，2008，2（4）.

[25] 刘雨颉. 供应链环境下的第三方物流服务研究 [J]. 现代商业，2009（2）.

[26] 赵杨. 第三方物流企业的发展战略 [J]. 中国物流与采购，2004（12）.

[27] 欧阳文霞，王强. 第三方物流现状与发展战略 [J]. 经济师，2004（12）.

[28] 郑文生，郑亚琴. 关于第三方物流战略选择的若干思考 [J]. 商品储运与养护，2005（3）.

[29] 王婷，吴建华. 第三方物流企业战略联盟的发展模式分析 [J]. 天津理工学院学报，2004，20（4）.

[30] 韦国松，聂鸣，范体军. 第三方物流的风险分析与规避 [J]. 中国物流与采购，2006（3）.

[31] 朱维芳. 基于SWOT分析的我国第三方物流发展战略研究 [J]. 中国管理信息化（综合版），2007，10（7）.

[32] 董千里. 基于供应链管理的第三方物流战略研究 [J]. 中国软科学，2000（10）.

[33] 刘飞，孙东川. 我国第三方物流市场需求分析及发展策略 [J]. 中国流通经济，2002，16（4）.

[34] 任登魁. 第五方物流 [J]. 物流科技，2004，27（12）.

[35] 孙小婷，胡胜德. 第三方物流企业绩效评价研究 [J]. 中国集体经济，2010（15）.

[36] 王世珍. 第三方物流绩效评估指标体系构建研究 [J]. 科教导刊，2009（9）.

[37] 汪娅. 第三方物流企业运用BSC绩效管理的应用指标 [J]. 物流科技，2007，30（11）.

[38] 任春玉，王晓博，朱彦峰. 第三方物流企业绩效评价体系研究 [J]. 物流科技，2006（5）.

[39] 任建标，许志焱，季建华. 第三方物流服务绩效评价体系设计与应用 [J]. 上海管理科学，2002（4）.

[40] 商红岩，宁宣熙. 第三方物流企业绩效评价研究 [J]. 中国储运，2005（2）.

[41] 尤建新，林正平. 第三方物流企业关键绩效管理 [J]. 工业工程与管理，2007，12（4）.

[42] 邢光军，林欣怡，达庆利. 第四方物流研究的现状及展望 [J]. 物流科技，2007（6）.

[43] 许磊行. 第四方物流价值分析与发展战略 [J]. 物流技术，2005（10）.

[44] 宋华. 整合供应链服务提供商——第四方物流 [J]. 经济理论与经济管理，2003（8）.

[45] 孙永波，王道平. 我国第四方物流运作模式及其发展趋势研究 [J]. 北京工商大学学报，2007（6）.

[46] 张华芹，王翠萍. 企业供应链设计问题探讨 [J]. 山东财政学院学报，2007（1）.

[47] 李尔涛. 我国发展第四方物流存在的障碍及其对策 [J]. 物流技术，2008（3）.

[48] YE Q W，MA B J. Internet+and electronic business in China [M]. Bradford，UK：Emerald Publishing，2018.

[49] COHEN S，ROUSSEL J. Strategic supply chain management [M]. New York：McGraw-Hill，2005.

[50] TRAPPEY C V，LIN G，TRAPPEY A，et al. Deriving industrial logistics hub

reference models for manufacturing based economies ［J］. Expert Systems with Applications, 2011 (38).

［51］KLAUS P.Logistics research: a 50 years' march of ideas ［J］. Logistics Research, 2009, 1 (1).

［52］MAROPOULOS P, CHAUVE M, CUNHA C.Review of trends in production and logistic networks and supply chain evaluation ［M］. New York: Springer, 2008.

［53］HOSIE P, EGAN V, TAN A, et al.Drivers of fifth party logistics (5PL) service providers for supply chain management ［J］. Conradi Research Review, 2007, 4 (2).

［54］NAKAMOTO S. Bitcoin: a peer-to-peer electronic cash system ［EB/OL］. (2008-11-01) ［2019-06-20］. https: //bitcoin.org/bitcoin.pdf.

［55］IRELAND R K, CRUM C. Supply chain collaboration: how to implement CPFR and other best collaborative practices ［M］. Plantation: J. Ross Publishing, 2005.

［56］KUTLU S. Fourth party logistics: is it the future of supply chain outsourcing? ［M］. ［S.L.］: Best Global Publishing, 2007.

［57］SAGLIETTO L. Towards a classification of fourth party logistics (4PL) ［J］. Universal Journal of Industrial and Business Management, 2013, 1 (3): 104-116.

［58］HOSIE P, SUNDARDARAKANI B, TAN A W K, et al. Determinants of fifth party logistics (5PL): service providers for supply chain management ［J］. International Journal of Logistics Systems and Management, 2012, 13 (3): 287-316.

［59］BAG S, TELUKDARIE A, PRETORIUS J H C, et al. Industry 4.0 and supply chain sustainability: framework and future research directions ［J］. Benchmarking: An International Journal, 2021, 28 (5).

［60］BÜYÜKÖZKAN G, GÖÇER F. Digital supply chain: literature review and a proposed framework for future research ［J］. Computers in Industry, 2018 (97): 157-177.